普通高等教育"十三五"规划教材会计精品系列

内部控制学

夏宁／主编

立信会计出版社
LIXIN ACCOUNTING PUBLISHING HOUSE

图书在版编目(CIP)数据

内部控制学/夏宁主编. —上海:立信会计出版社,2018.3

普通高等教育"十三五"规划教材. 会计精品系列
ISBN 978-7-5429-5413-8

Ⅰ.①内… Ⅱ.①夏… Ⅲ.①企业内部管理—高等学校—教材 Ⅳ.①F272.3

中国版本图书馆 CIP 数据核字(2018)第 068680 号

策划编辑　孙　勇
责任编辑　王斯龙
封面设计　南房间

内部控制学
Neibu Kongzhixue

出版发行	立信会计出版社
地　　址	上海市中山西路 2230 号　邮政编码　200235
电　　话	(021)64411389　传　真　(021)64411325
网　　址	www.lixinaph.com　电子邮箱　lxaph@sh163.net
网上书店	www.shlx.net　电　话　(021)64411071
经　　销	各地新华书店
印　　刷	上海肖华印务有限公司
开　　本	787 毫米×1092 毫米　1/16
印　　张	18　插　页　1
字　　数	434 千字
版　　次	2018 年 3 月第 1 版
印　　次	2018 年 3 月第 1 次
印　　数	1—2100
书　　号	ISBN 978-7-5429-5413-8/F
定　　价	38.00 元

如有印订差错,请与本社联系调换

序

我国经济高速发展到今天,无论是从理论上还是在现实中都取得了长足的进步,我国内部控制体系也发生了巨大的变化。本教材经过精心的组织、研究与策划,以我国发布的内部控制基本规范及配套指引为基础,本着创新和全面的原则,致力于提高知识框架的完整性,同时满足不同行业读者的需求。本书的特色在于:

首先,教材体系的框架结构完整,内容充实,逻辑分明,充分体现了知识的全面性、系统性和层次性。本教材一方面将内部控制基本规范和配套指引展开详细论述,以帮助读者打好理论基础;另一方面针对银行业、保险业等不同行业进行具体分析说明,展现了内部控制体系的实际运用情况。此外,本教材单独阐述了内部控制环境中的个别重要因素,如人力资源、企业文化等。

其次,教材的编写与时俱进,努力契合现代经济发展的需求,具有创新性和先进性。在当下,内部控制的重要性日益提升。本教材在详细介绍基础知识的同时,也对相关理念进行了剖析,如内部控制的评价与监督、内部控制信息披露以及后金融危机时代的内部控制,并在此基础上对内部控制提出了新的思考和展望,思考了内部控制的发展趋势。

再次,教材写作方式独特,结合案例论述,方便读者理论联系实际。现在的学生大多只注重学习课本内容,而忽视了时事。本教材开篇以经典案例引入每章关键词,在帮助读者关注时事的同时指出论证内容的重要性。这种方式有利于培养读者的综合能力,兼顾理论与实际。

最后,从整体来看布局合理,教材的内容前后衔接,紧密联系,在一定程度上避免了相互隔离、知识疏远的现象发生。本教材通过引入大量案例和思考性问题,旨在提高读者认识问题、分析问题、解决问题的能力。

随着信息技术的高速发展,科学技术取代了人们的许多工作,现代社会对人们的要求也越来越高,因此,本教材的编写旨在培养读者的灵活性、创新性和探索精神。我们衷心期望本教材可以给读者的学习带来帮助,也真诚地希望能够得到读者的认可。与此同时,我们诚恳地希望读者提出宝贵的建议,使我们的教材能够不断地完善、进步。

编 者

2018 年 3 月

目 录

第一章　内部控制概论 ·· 1
　第一节　内部控制的起源与发展 ··· 1
　第二节　我国企业内部控制规范化进程 ··· 5
　第三节　内部控制的概念 ·· 7
　第四节　内部控制的基本原则 ·· 10
　第五节　内部控制的局限性 ·· 11

第二章　内部控制基本规范 ·· 14
　第一节　内部环境 ··· 14
　第二节　风险评估 ··· 18
　第三节　控制活动 ··· 21
　第四节　信息与沟通 ··· 23
　第五节　内部监督 ··· 25

第三章　内部控制应用指引 ·· 30
　第一节　组织架构 ··· 30
　第二节　发展战略 ··· 32
　第三节　人力资源 ··· 33
　第四节　社会责任 ··· 35
　第五节　资金活动 ··· 37
　第六节　资产管理 ··· 40
　第七节　研究与开发 ··· 42
　第八节　财务报告 ··· 44

第四章　企业内部控制评价指引 ·· 47
　第一节　内部控制评价概述及发展现状 ······································· 47
　第二节　内部控制评价的内容 ·· 50
　第三节　内部控制的评价程序与缺陷认定 ··································· 53
　第四节　内部控制评价报告 ·· 55

第五章 内部控制审计指引 … 65
- 第一节 内部控制审计总论 … 66
- 第二节 计划审计工作 … 68
- 第三节 实施审计工作 … 71
- 第四节 评价控制缺陷 … 77
- 第五节 完成审计工作 … 79
- 第六节 出具审计报告 … 81

第六章 保险公司内部控制 … 86
- 第一节 保险公司内部控制总论 … 87
- 第二节 内部控制活动 … 90
- 第三节 内部控制组织的实施与监控 … 98
- 第四节 内部控制评价与监管 … 100

第七章 行政事业单位内部控制 … 104
- 第一节 风险评估与控制方法 … 104
- 第二节 单位层面内部控制 … 109
- 第三节 业务层面内部控制 … 111

第八章 商业银行内部控制 … 121
- 第一节 商业银行内部控制总论 … 121
- 第二节 商业银行内部控制的职责 … 124
- 第三节 商业银行内部控制措施 … 126
- 第四节 内部控制保障 … 128
- 第五节 内部控制评价 … 130
- 第六节 内部控制监督 … 132

第九章 上海证券交易所上市公司内部控制指引 … 135
- 第一节 上海证券交易所内部控制指引 … 135
- 第二节 董秘与内部控制 … 142

第十章 企业文化与内部控制 … 145
- 第一节 企业文化 … 145
- 第二节 企业软文化对内部控制有效性的影响 … 149

第十一章　企业内部控制环境理论 ……………………………………………… 159
第一节　概述 ……………………………………………………………… 159
第二节　内部控制环境的"三分法" …………………………………… 163
第三节　内部控制环境的建设 …………………………………………… 170

第十二章　资本预算决策与内部控制方法 ……………………………………… 173
第一节　资本预算决策方法现状 ………………………………………… 173
第二节　模糊环境下的资本预算决策方法 ……………………………… 176
第三节　国有资本经营预算 ……………………………………………… 179
第四节　全面预算管理运行效率 ………………………………………… 181

第十三章　企业内部控制信息披露 ……………………………………………… 191
第一节　国外企业内部控制信息披露动向及综述 ……………………… 191
第二节　国内企业内部控制信息披露动向及综述 ……………………… 195
第三节　我国内部控制信息披露机制 …………………………………… 202
第四节　企业内部控制信息披露的思考与展望 ………………………… 204

第十四章　企业内部控制评价体系研究 ………………………………………… 207
第一节　企业内部控制评价体系概述 …………………………………… 207
第二节　超循环理论与企业内部控制评价 ……………………………… 211
第三节　内部控制评价体系构建的步骤 ………………………………… 213

第十五章　电力企业内部控制 …………………………………………………… 220
第一节　电力企业内部控制体系的构建 ………………………………… 220
第二节　电力企业内部风险评估 ………………………………………… 224
第三节　电力企业内部控制活动 ………………………………………… 228
第四节　信息的传递与沟通 ……………………………………………… 235

第十六章　后金融危机时代的内部控制 ………………………………………… 240
第一节　内部控制学说发展进程 ………………………………………… 240
第二节　内部控制需要进一步研究的问题 ……………………………… 246
第三节　当前形势下对内部控制的新要求 ……………………………… 248

第十七章　人力资源内部控制 …………………………………………………… 250
第一节　人力资源内部控制概述 ………………………………………… 250
第二节　人力资源引进与开发的内部控制 ……………………………… 252

| 第三节 | 人力资源使用的内部控制 | 255 |
| 第四节 | 人力资源退出的内部控制 | 259 |

第十八章 工程项目内部控制 262
第一节	工程项目内部控制概述	263
第二节	工程立项内部控制	264
第三节	工程招标内部控制	267
第四节	工程造价内部控制	269
第五节	工程建设内部控制	270
第六节	工程验收内部控制	274

附录 276

后记 279

第一章　内部控制概论

> **引入案例**
>
> ### 欣泰电气被强制退市
>
> 2016年7月8日,证券监督管理委员会新闻发言人张晓军表示,对丹东欣泰电气股份有限公司欺诈发行案正式作出行政处罚,启动强制退市程序。欣泰电气也成为中国证券市场第一家因欺诈发行被启动强制退市程序的上市公司,且在退市后不能重新上市。
>
> 欣泰电气从2011年11月开始其IPO申请,长达数年的造假之旅也就从那开始。截至2011年12月30日,虚构收回应收账款逾1亿元,少计提坏账准备659万元;虚增经营活动产生的现金流净额约1亿元;截至2012年12月31日和2013年6月30日,均虚构数额巨大的收回应收账款、少计提数额较大的坏账准备,虚增巨额的经营活动产生的现金流净额。
>
> 然而财务造假不是"一锤子买卖",一旦开始就很难停下来,欣泰电气正是为了圆上市前的一个谎而延续了4年的造假路,最终付出了沉重的代价。
>
> 造成欣泰电气悲剧的重要原因之一是其企业内部控制的失效。通过这起案件,我们可以初步感受到内部控制对组织的重要作用。那么内部控制究竟是一种什么机制?组织要通过内部控制达到什么样的目标?为了保障控制目标的实现,在内部控制的建立和实施过程中要遵循哪些原则?为什么内部控制不能绝对保证组织不出任何问题?它的局限性又是什么?

第一节　内部控制的起源与发展

现代意义上的内部控制是在长期的经营实践过程中,随着组织(单位)对内加强管理和对外满足社会需要而逐渐发展起来的自我检查、自我调整和自我制约的系统,其中凝聚了世界上古往今来的管理思想和实践经验(宋良荣,2006)。一般认为,内部控制起源于内部牵制(吴水澎、陈汉文等,2000;张宜霞,2008等)。在20世纪40年代内部控制概念被提出之前,内部控制的思想早已被应用到人们的经济活动中。具体来说,内部控制的起源与发展大致经历了5个发展阶段,分别是内部牵制阶段、内部控制制度阶段、内部控制结构阶段、内部控制整体框架阶段和风险管理框架阶段。

一、内部牵制阶段

早在公元前3000多年,在人类社会就已经出现内部控制的思想了。当时的内部控制主要体现在对公共财物的管理上,表现为以职务分离和账目核对为手段。例如:古埃及的运钞官、库外记录官和库内记录官的"三官牵制";古罗马帝国宫廷房的"双人记账制";古希腊官员任用控制制度;我国西周时期的分权控制方法、九府出纳制度和交互考核制度。这些制度设立目的比较单一,即通过提供有效的组织和经营,保证财产安全和完整,防止任何人或组织单独控制资产。这是早期内部控制制度的雏形,也称作内部牵制(internal check)。

我国古代典籍中对内部牵制也多有涉及。

> 一毫财赋之出,数人之耳目通焉。
>
> ——朱熹《周礼·理其财之所出》

> 凡有司官吏,不得于现任处所置买田宅。
>
> 凡府州县亲民官,任内部民妇女为妻妾者,杖八十。
>
> ——明代《大明律》

《柯氏会计辞典》对内部牵制的解释是:"以提供有效的组织和经营方式,防止错误和非法业务发生的业务流程设计。其主要特点是以任何个人或部门不能单独控制任何一项或一部分业务权利的方式进行组织上的责任分工,每项业务通过正常发挥其他个人或部门的功能进行交叉检查(cross-checked)或交叉控制(cross-controlled)。设计有效的内部牵制以便使各项业务能完整正确地经过规定的处理程序,而在这些规定的处理程序中,内部牵制机能永远是一个不可缺少的组成部分。"由此可见,内部牵制是以不相容职务分离为主要内容的流程设计,这是内部控制的最初形式和基本形态。

二、内部控制制度阶段

20世纪40年代,随着新技术的出现,生产的社会化程度空前提高,资本主义社会的企业出现了所有权与经营权的分离,股份制公司出现并迅速发展,内部牵制制度已不能满足现代企业管理的需要,在这种情况下,内部控制制度在内部牵制思想的基础上产生。

最早提出"内部会计控制(internal accounting control system)"概念的是1934年美国政府出台的《证券交易法》。该法规定,证券发行人应设计并维护一套能为下列目的提供合理保证的内部会计控制系统:①交易依据管理部门的一般和特殊授权执行;②交易的记录必须满足按公认会计准则或其他适当标准编制财务报表和落实资产责任的需要;③接触资产必须经过管理部门的一般和特殊授权;④按适当时间间隔,核对资产的账面记录与实物资产,如有差异,需查询原因并及时调整。

1936年,美国注册会计师协会(AICPA)在其发布的《注册会计师对财务报表的审查》公告中,首次正式使用"内部控制"这一专业术语。1949年,AICPA所属的审计准则委员会发表题为《内部控制:系统协调的要素及其对管理部门和独立公共会计师的重要性》的专题报告,正式提出了内部控制的权威定义,即"内部控制包括组织机构的设计和企业内部采取的所有互相协调的方法和措施。这些方法和措施都用于保护企业的财产,检查会计信息的准确性,提高经营效率,推动企业坚持执行既定的管理方针"。该定义明确提出了内部控制的 4 个目标,即保护资产、检查会计信息的准确性与可靠性,提高经营效率和促进既定管理政策的贯彻执行,不再仅仅局限于与财务会计部门直接关系的控制,而是从组织结构、内部控制方法与措施等方面完善内部控制。

1958 年,AICPA 审计程序委员会针对上述内部控制定义涉及范围过于宽广的局限性,又发布了审计程序公告第 29 号《独立审计人员评价内部控制的范围》,根据审计责任的要求,将内部控制划分为"内部会计控制(internal accounting control)"和"内部管理控制(internal administrative control)",即将与资产安全和会计记录准确性、可靠性直接相关的控制归为会计控制;将与贯彻管理方针、提高经营效率相关的控制归为管理控制。这就是内部控制"制度二分法"的由来。

在实际的经营活动中,内部管理控制与内部会计控制的界限很难划分清楚。为了明确两者之间的关系,1972 年,AICPA 在《审计程序公告第 1 号》中,重新阐述了内部管理控制和内部会计控制的定义:"内部管理控制包括,但不仅仅只限于组织机构的计划,以及与管理部门授权核准经济业务决策步骤上的有关程序和记录。这种对事项核准的授权活动是管理部门的职责,它直接与管理部门执行该组织的经营目标有关,是对经济业务进行会计控制的起点。"同时,明确阐述了内部会计控制制度的重要内容,包括组织规划、保护资产安全以及与财务报表可靠性有关的机构计划、程序和记录。经过不断地发现问题以及严谨地修改,内部控制较以前相比具有了更科学、更规范的定义,并在全世界范围内得到了广泛认可和推广,内部控制制度由此而生。

三、内部控制结构阶段

进入 20 世纪 80 年代,资本主义进一步发展,进入黄金阶段,内部控制制度也进入成熟期。

在这一时期,新的管理理念出现了,即系统管理理论,它认为:世界上任何实物都是由要素构成的系统,由于要素之间存在着复杂的非线性关系,系统必然具有要素所不具有的新特性,因此,应立足于整体来认识要素之间的关系(丁浩,2010)。系统管理理论将企业组织看作是人们建立起来的相互联系并共同运营的要素(子系统)所构成的系统。在公司管理的需要和系统管理理论的发展的背景下,1988 年,美国注册会计师协会发布《审计程序公告第 55 号》。在这个公告中,首次以"内部控制结构(internal control structure)"一词取代原有的"内部控制制度"一词,明确"企业的内部控制结构",包括为达成企业特定目标提供合理保证而建立的各种政策和程序。该公告认为企业内部控制在结构上分为"控制环境、会计制度和控制程序三个要素";其中,控制环境是指对建立、加强或削弱特定政策与程序的效率有重大影响的各种因素,包括管理者的经营作风、组织结构及其职能等;会计制度是指与各项经济业务的确认、归集、分类、分析、登记和编报等有关的方法;控制程序是指企业为保证目标的实现而建立的政策和程序,如明确各个员工的职责分工、经济业务和活动的批准权等。在这一阶段,内部控制被看作是由这三个要素组成的有机整体,内部控制的定义进一步得到发展和完善,使内部控制从制度二分法向内部控制结构转变,初步完成了从实践到理论的升华。

四、内部控制整体框架阶段

1992年9月,美国反欺诈财务报告全国委员会下属的发起人委员会(The Committee of Sponsoring Organization of the Tread way Commission,简称COSO委员会)发布了著名的《内部控制——整合框架》(Internal Control-Integrated Framework),并于1994年进行了修订。COSO委员会在《内部控制——整体框架》中,进一步完善了内部控制的定义:"由企业董事会、管理层和其他人员实施的,为经营的效果和效率、财务报告的可靠性、相关法规的遵循等目标的实现提供合理保证的过程。"COSO报告提出了内部控制的三大目标和五大要素。三大目标是经营目标、信息目标和合规目标。其中,经营目标是指内部控制要确保企业经营的效果和效率;信息目标是指内部控制要保证企业财务报告的可靠性;合规目标是指内部控制要遵守相应的法律、法规和规章制度。在这一报告中,内部控制要素被分为控制环境、风险评估、控制活动、信息与沟通和监控五个方面,它们既相互独立又相互联系,强调了内部控制的整体性、全面性和以人为本的特点。COSO报告是内部控制发展历程中一座重要的里程碑,已成为内部控制领域最为权威的文献之一,被各国审计准则制定机构、银行监督机构等机构所采纳。

拓展:2017年COSO正式版《企业风险管理框架》全面解析

五、风险管理框架阶段

21世纪初,安然、世通等财务舞弊和会计造假案件的发生,严重冲击了美国乃至国际资本市场的正常秩序,暴露出企业内部控制监管上的许多漏洞和不足。研究结果表明,内部控制存在缺陷是导致企业经营失败并最终铤而走险、欺骗投资者和社会公众的重要原因,此后国际资本市场大力强化内部控制。

2004年,COSO委员会在前人对内部控制科学、严谨的研究基础上,结合《萨班斯—奥克斯利法案》在财务报告方面的具体要求,发表了新的研究报告《企业风险管理——整合框架》(Enterprise Risk Management-Integrated Frame Work)。这个报告的出台,预示着COSO委员会对内部控制的认识和态度有了新变化,即更加倾向于在风险管理的背景下研究内部控制问题。

与1992年的《内部控制——整体框架》相比,《企业风险管理框架》更加关注企业风险管理这一更加宽泛的领域,增加了战略目标,扩大了报告目标的范围;在五个要素的基础上增加了目标设定、事项识别和风险应对三个风险管理要素。至此,内部控制的要素进一步扩展为控制环境、目标设定、事项识别、风险评估、风险应对、控制活动、信息与沟通、监控等八个要素,并提出战略目标、经营目标、报告目标和合法目标四类目标。

背景介绍　　**萨班斯—奥克斯利法案**

2002年6月18日,《2002上市公司会计改革与投资者保护法案》,这一由奥克斯利和参议院银行委员会主席萨班斯联合提出的会计改革法案在美国国会参议院银行委员会以17票赞成对4票反对通过。这一议案在美国国会参众两院投票表决通过后,在

2002年7月30日由布什总统签署成为正式法律,称作《2002年萨班斯—奥克斯利法案》(简称萨班斯法案)。

该法案以条款严苛著称,其中的404条款更是该法案中最难操作、最复杂、耗费成本最高的一个条款。404条款对管理层关于内部控制的报告作出严格的规定。管理层需要为公司建立和维持足够的与财务报告相关的内部控制;管理层还需每年报告:管理层有建立和维持足够的与财务报告相关的内部控制的责任;评估公司与财务报告相关的内部控制的有效性;另外,404条款还要求外部审计师对与财务报告相关的内部控制和管理层对内部控制的评价进行审计,并出具审计意见。如此一来,404条款增加了企业的审计成本,成为外国公司迈入美国股市的"高门槛",降低了其他国家企业到美国金融市场上市筹资的兴趣。

第二节 我国企业内部控制规范化进程

我国内部控制起步较晚,20世纪90年代后,我国内部控制才开始进入规范化建设阶段。在政府的高度重视和全面支持下,我国企业内部控制规范逐渐形成体系。

一、内部控制规范初次出现

20世纪90年代后,随着我国社会主义市场经济的发展,一系列有关公司规范的相关法律规定开始出台,我国政府开始大力倡导建立、健全内部控制。

1996年,中国注册会计师协会发布了《独立审计具体准则第9号——内部控制和审计风险》,明确要求注册会计师在审计过程中必须了解被审计单位的内部控制。作为我国现代历史上第一个与内部控制相关的行政规定,该准则的发布为我国现代内部控制建设揭开了新的篇章。

1999年修订的新《中华人民共和国会计法》(以下简称《会计法》),第一次以法律的形式对建立、健全内部控制提出原则性要求。财政部根据《会计法》的有关精神,于2001年6月发布了《内部会计控制规范——基本规范》和《内部会计控制规范——货币资金》,明确了单位建立和完善内部会计控制体系的基本框架和要求,以及货币资金内部控制的要求。从2002年9月起财政部又陆续发布了《内部会计控制规范——采购与付款》《内部会计控制规范——销售与收款》《内部会计控制规范——担保》等专项规范,对企业内部控制进行了更详细的规范。上述规范的发布也标志着我国内部控制规范建设进入一个更新、更高的境界。

二、内部控制规范的发展与创新

我国政府高度重视内部控制制度建设,在第十届全国人大四次会议上的《政府工作报告》中,指出要"完善公司治理,健全内控机制";2004年年底和2005年6月,国务院领导同志连续两次就强化企业内部控制问题作出重要批示。其中，2005年6月，国务院领导在财政部、国有资产监督管理委员会(以下简称国资委)和中国证券监督管理委员会(以下简称证监会)联合上报的《关于借鉴〈萨班斯法案〉完善我国上市公司内部控制制度的报告》上作出批示，同意"由财政部牵头，联合证监会及国资委，积极研究制定一套完整的公认的企业内部控制指引"。

2006年6月6日，国资委发布了《中央企业全面风险管理指引》，对内部控制、全面风险管理工作的总体原则、基本流程、组织体系、风险评估、风险管理策略、风险管理解决方案、监督与改进、风险管理文化、风险管理信息系统等进行了详细阐述，这是我国第一个全面风险管理的指导性文件；2006年7月15日，财政部、国资委、证监会、审计署、中国银行业监督管理委员会(以下简称银监会)、中国保险监督管理委员会(以下简称保监会)联合发起成立企业内部控制标准委员会，许多监管部门、大型企业、行业组织、中介机构、科研院所的领导和专家学者积极参与，为构建我国企业内部控制标准体系提供了组织和机制保障；与此同时，按照科学民主决策精神，相关部委公开选聘了86名咨询专家，组织开展了一系列内部控制科研课题，为构建我国内控标准体系提供技术支撑和理论支持。

2008年6月28日，财政部、证监会、审计署、银监会、保监会等五部委联合发布了《企业内部控制基本规范》，要求自2009年7月1日起在上市公司施行，鼓励非上市的其他大中型企业执行。事实上，国有企业必须执行。《企业内部控制基本规范》的发布，标志着我国企业内部控制规范体系建设取得重大突破，甚至有业内人士和媒体称之为中国版的"萨班斯法案"。

三、内部控制规范体系的形成

2010年4月15日，为确保企业内控规范体系能够顺利实施、平稳运行，财政部、证监会、审计署、银监会、保监会等五部委联合发布了《企业内部控制配套指引》。该配套指引包括《企业内部控制应用指引》(18项)、《企业内部控制评价指引》和《企业内部控制审计指引》。相关文件要求自2011年1月1日起配套指引先在境内外同时上市的公司施行，自2012年1月1日起扩大到在上海证券交易所、深圳证券交易所主板上市的公司施行；在此基础上，择机在中小板和创业板上市公司施行；同时，鼓励非上市大中型企业提前执行。至此，应用指引、评价指引和审计指引三项配套指引连同此前发布的《企业内部控制基本规范》，标志着我国企业内部控制规范体系基本建成，如图1-1所示。

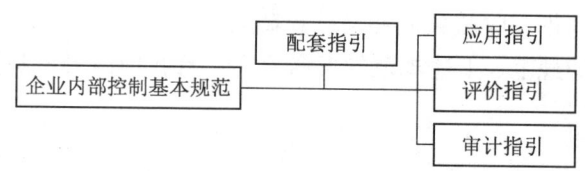

图1-1 我国企业内部控制体系

根据财政部、证监会、审计署、银监会和保监会联合颁布的《企业内部控制基本规范》及其配套指引，以及财政部、证监会发布的《关于2012年主板上市公司分类分批实施企业内部控制规范体系的通知》(财办会〔2012〕30号)的要求,在分类分批实施的基础上,我国所有主板上市公司应当在2014年实施企业内部控制规范体系。

根据《我国上市公司2014年实施企业内部控制规范体系情况分析报告》,截至2014年12月31日,沪、深交易所共有上市公司2 613家,其中2 571家上市公司披露了内部控制评价报告,占全部上市公司的98.39%。在2 571家披露了内部控制评价报告的上市公司中,2 538家公司的内部控制评价结论为整体有效,占披露了内部控制评价报告上市公司的98.72%,33家公司的内部控制评价结论为非整体有效,占披露了内部控制评价报告上市公司的1.28%。披露内部控制评价报告的上市公司的数量从2008年的1 076家增加到2014年的2 571家,披露内部控制评价报告的上市公司数在上市公司总数中的占比从2008年的67.17%增加到2014年的98.39%,可见无论是披露内部控制评价报告的公司数量还是比例,均呈现逐年增加的趋势。

由此可见,企业内部控制越来越受重视,理解并运用好内部控制,对于强化企业内部监督,帮助企业及时有效应对风险有着重要意义。

第三节　内部控制的概念

根据2008年6月28日五部委颁布的《企业内部控制基本规范》的规定,内部控制是指由企业董事会、监事会、经理层和全体员工实施的、旨在实现控制目标的过程。

这个概念强调了内部控制的实质是一种"过程",是实现目标的手段。这个过程有三层基本含义:第一,是指企业生产经营管理活动的全过程;第二,是指企业实施风险控制的全过程;第三,是指信息采集传递、财务报告编制及披露等实施的全过程。这个过程是受"人"影响的动态过程,是由企业董事会、监事会、经理层和全体员工执行,涉及企业经营管理的各个层级、各个方面和各项业务环节,具有全面、全员和全过程的特征。

按照《企业内部控制基本规范》的内容,内部控制的目标是合理保证企业经营管理遵循国家法律法规和有关监管要求、资产的安全完整、财务报告及管理信息的真实可靠和完整、提高企业的经营效率和效果、促进企业实现发展战略。具体可以分为战略目标、经营目标、报告目标、资产安全目标和合规目标,它们共同构成了内部控制目标体系不可或缺的一部分。

一、战略目标

内部控制的战略目标,是内部控制目标体系中最高层次的目标,其他目标都应建立在战略目标的基础上,并为战略目标服务。企业也日益意识到构建内部控制体系的目标,不仅仅局限于满足监管部门对于信息提供和披露方面的需求,更重要的是,要发挥内部控制制度对实现组织目标、提升企业经营效果和效率的重大作用。战略目标要求企业将短期利益与长远利益相结合,从战略的高度对企业进行管理,保证企业能够持续稳定地发展,提升企业的整体价值。

二、经营目标

内部控制的经营目标，是企业实现战略目标的核心和关键。战略目标是与企业使命有关的总括性目标，它的实现需要通过将其分解和细化为经营目标，没有经营目标，战略目标制定得再好也没有任何意义。

经营目标，是指通过合理的内部控制，提高企业的效率和效益，主要通过以下三个方式提高。

（1）内部控制要求组织各岗位分工明确、权责清楚，组织结构精简高效，使各部门和人员密切配合，沟通顺畅，提升经营效率和绩效。

（2）内部控制要求企业有及时有效的信息和沟通机制，能够保证相关信息准确、及时地在企业内部各层级之间传递，从而提高经济决策和反映效率。

（3）内部控制有着与岗位职责相一致的业绩考评制度，旨在对员工的绩效进行清楚地掌握和评估，根据不同的绩效而作出不同的奖励或惩罚措施，以此达到激励的效果。

企业应根据自身所处的内外部环境的不同，建立、健全有效的内部控制，提高企业的经营效率和效益。

三、报告目标

企业报告包括对内报告和对外报告。如果说战略目标和经营目标是站在企业自身的视角下提出的，那么报告目标则更多地服务于企业外部的需求。财务报告是外部使用者了解企业财务状况和经营成果的重要方式，而真实可靠的财务报告有利于企业的管理者、投资人、债权人等相关信息使用者进行决策。

内部控制的报告目标，是指通过有效的内部控制，对财务报告及管理信息的真实性、可靠性和完整性提供合理保证。为了达到财务报告的真实性、可靠性和完整性的目标，内部控制在运行过程中必须达到如下要求。

（1）保证财务报告的编制符合会计准则和相关会计制度的规定。

（2）保证所有交易和事项都能够在正确的会计期间内被及时地记录于适当的账户。

（3）保证定期核对账面资产与实物资产。

（4）保证会计信息经过有关人员复核，保证会计信息的真实、准确，并确认有关记录正确无误。

企业应当严格执行会计法律法规和国家统一的会计准则制度，注重对财务报告编制、对外提供和分析利用全过程的管理，明确相关工作流程和要求，落实责任制，确保财务报告的合法合规、真实完整和有效利用。

四、资产安全目标

内部控制的资产安全目标，是指通过合理的内部控制，保证资产的安全、完整。内部控制想要实现这一目标，必须达到如下要求。

(1) 资产的记录与保管一定要彻底分开。
(2) 对任何资产的任何方式的流动都必须进行详细的记录。
(3) 需要建立完善的资产管理制度,包括岗位职责制度、惩罚制度以及激励制度等。
(4) 需要对资产进行定期和不定期的盘点,并确保资产的账面记录与实有数量一致。

COSO委员会在《企业风险管理控制框架》中将内部控制目标定位为战略目标、经营目标、报告目标以及合规目标四类。而我国的《企业内部控制基本规范》重新将资产安全目标作为内部控制目标之一是有其实际意义的。我国作为一个产权多元化的国家,保护资产安全与完整是我们义不容辞的责任,但我国国有资产流失现象严重,所以资产安全对资产所有者而言有十分重要的现实意义。

五、合规目标

内部控制的合规目标,是指企业在经营管理过程中贯彻执行国家的政策和法律法规、各经济发展时期的方针政策以及在此基础上建立的企业的方针与计划,保证企业经营管理目标的实现,提高企业的经济效益。

层次一　　　　　　　　国务院

国务院批转证监会的《关于提高上市公司质量意见》的通知
国务院法制办发布的《上市公司监督管理条例(征求意见稿)》

层次二　　　　　　　财政部等五部委

《企业内部控制基本规范》
《企业内部控制评价指引》
《企业内部控制应用指引》
《企业内部控制审计指引》

层次三　　　　　　　　证券交易所

《上海证券交易所上市公司内部控制指引》
《深圳证券交易所主板上市公司规范运作指引》
《深圳证券交易所中小板上市公司规范运作指引》
《深圳证券交易所创业板上市公司规范运作指引》

层次四　　　　　　　行业监管机构

《商业银行内部控制指引》
《证券公司内部控制指引》
《保险公司内部控制基本准则》等

图1-2　中国内部控制法规体系概览

上述五个目标构成了一个完整的内部控制目标体系,即通过有效的内部控制,保证企业在遵守相关法律法规的前提下，能够做到保证企业资产的安全完整，保证财务报告及其他信息的真实可靠，提升企业的经营效益和效率，从而实现其战略目标。我国内部控制法规体系如图1-2所示。

第四节　内部控制的基本原则

内部控制的基本原则是企业建立和实施内部控制都应遵循的具有普遍性和指导性的法则和原则，具体包括全面性原则、重要性原则、制衡性原则、适应性原则和成本效益原则五个方面。

一、全面性原则

内部控制的全面性原则是指内部控制应当贯穿决策、执行、监督、反馈等各个环节，覆盖企业及其所属单位的各项业务和管理活动，包括内部控制设计的全面性和实施过程中的全面性。内部控制设计的全面性是指企业在内部控制制度设计过程中要考虑与企业运行相关的各个方面，避免内部控制出现空白和漏洞。它既要包括与内部控制直接相关的一系列业务流程，也要包括组织架构、人力资源、发展战略、企业文化和社会责任等非财务因素的企业层次内部控制。内部控制实施过程中的全面性是在内部控制制度运行过程中要全面推行，而不是推行部分。内部控制是一个有机整体，是一项系统工程，需要企业董事会、管理层及全体员工共同参与并承担相应的职责，而不仅仅是部分职能部门参与。

二、重要性原则

内部控制的重要性原则是指内部控制应当在兼顾全面的基础上突出重点，针对重要业务与事项、高风险领域与环节采取更为严格的控制措施，确保不存在重大缺陷。在实务中对重要性原则一般从业务事项的数量因素和性质因素两方面来考虑。企业在内部控制过程中作出重要性判断时，通常会运用重要性水平，这是作重要性判断时必须考虑的数量因素，通常用某个基数的一定比例来表示，如资产、收入或净利润的百分比等。在业务事项的性质方面，如果某一笔经济业务性质特殊，不单独披露就会影响使用者作出判断，甚至会导致遗漏重要事实，不利于所有者以及其他利益相关者对企业的实际情况作出正确认识，就应当严格核算，单独反映，重点提示，从而确保经济业务活动安全和有效运行。

三、制衡性原则

内部控制的制衡性原则是指企业的内部机构、岗位设置和权责分配应当科学合理并符合内部控制的基本要求,确保不同部门、岗位之间权责分明并相互制约、相互监督。企业应当科学界定决策、管理、执行、监督各层面的地位、职责与任务,形成有效的分工和制衡机制,切实发挥相关机构的职能作用,为企业内部控制的建立和实施提供强有力的组织结构保障和工作机制保障。履行内部控制监督检查职责的部门应当具有良好的独立性。任何人不得拥有凌驾于内部控制之上的特殊权力。

四、适应性原则

内部控制的适应性原则是指内部控制应当合理体现企业经营规模、业务范围、业务特点、风险状况以及所处具体环境等方面的要求,并随着企业外部环境的变化、经营业务的调整、管理要求的提高等不断改进和完善。适应性原则要求内部控制的设计必须与我国企业所处的具体环境相协调,必须与国家有关法律、法规相协调,必须与企业经营管理实践相协调。同时,企业应当建立畅通的信息与沟通渠道及合理的监督机制,适时地对企业的内部控制进行评估,发掘潜在的问题并采取相应的措施。

五、成本效益原则

内部控制的成本效益原则是指内部控制应当在保证内部控制有效性的前提下,合理权衡成本与效益的关系,争取以合理的成本实现更为有效的控制。这就要求企业在资源有限的情况下,必须结合实际情况、抓住重点,将控制成本花费在会对企业经营成果甚至企业成败有重大影响的环节,保证内部控制精简高效。在内部控制的设计中,如果片面强调内部控制的完整性,直接借鉴成熟企业现成的内部控制制度,反而会严重脱离企业实际,不但会在一定程度上降低企业的经营管理的效率,甚至还可能给企业造成一定程度的损失。

总之,企业应当遵照内部控制的上述基本原则,将内部控制的基本要素与企业内部的各个层级、各项业务和各个环节有机结合,以确保有效实现内部控制的基本目标。

第五节 内部控制的局限性

内部控制不是万能的,并不是有了内部控制就可以规避所有的经营风险,高枕无忧,企业也不一定会持续稳定地发展。健全内部控制体系只是企业持续发展的必要条件,就算企业有健全的内部控制体系,也不能百分之百保证企业持续健康发展。但如果内部控制缺失,企业一定不会健康发展。内部控制无论在多大程度上有效,都只能为被审计单位实现财务报告目标提供合理保证。内部控制实现目标的可能性受其固有限制的影响,再加上经济环境的变化和人为因素的影响,内部控制体系必然存在局限性。

一、成本限制

内部控制的设计和实施要受企业人力、物力、财力等各方面的影响和制约,同时由于企业资源有限,内部控制受到成本效益原则的制约,不可能对所有的经济业务实施内部控制,这就要求管理层在设计和实施某项内部控制时要权衡内部控制的利弊得失,同时实现内部控制的有效和高效。

二、人员素质

内部控制在贯彻决策、执行、监督、反馈等各个环节都会受到人员素质的影响。内部控制的决策会因领导层的人为判断失误而失效;内部控制的设计会因设计人员的能力、工作经验的限制存在缺陷;同时,内部控制的实施也可能由于执行人员的自身能力或外部原因、状态不佳等情形而失效。

三、滥用职权

内部控制作为企业管理的一种手段和工具,势必会按照管理人员的计划和方法运行。但任何控制程序都不能避免负责执行和监督控制的管理人员的自身舞弊行为的发生。许多重大舞弊发生和财务报告失真的一个重要原因就是管理层的干预。一旦有担任具有控制职能职位的管理人员滥用职权、权责不当的类似情形发生时,那么即使内部控制的设计是科学合理的,但是它的执行也是无效的。

四、串通舞弊

内部控制制度要想达到控制目的,其前提是公司员工遵守公司章程,按规定办事,但当员工合伙舞弊或内外串通共谋时,内部控制也是无效的。例如,当保管员和财产记录人员合伙作假窃取公司财产,出纳和会计合伙非法挪用公司资金,业务人员同顾客、采购人员同供应商串谋时,无论多么完善的控制制度都难以防范舞弊行为的发生。

企业应当建立反舞弊机制,坚持惩防并举、重在预防的原则,明确反舞弊工作的重点领域、关键环节和有关机构在反舞弊工作中的职责权限,规范舞弊案件的举报、调查、处理、报告和补救程序。

企业至少应当将下列情形作为反舞弊工作的重点。

(1) 未经授权或者采取其他不法方式侵占、挪用企业资产,牟取不当利益。

(2) 在财务报告和信息披露等方面存在的虚假记载、误导性陈述或者重大遗漏等。

(3) 董事、监事、经理及其他高级管理人员滥用职权。

(4) 相关机构或人员串通舞弊。

五、非经常性事项

内部控制一般针对经常或重复发生的常规业务而设计。因而一旦发生异常或未预计的经济业务,有可能因企业内外环境的变化、不正常的业务类型或特殊的业务性质而影响内部控制自身的有效性。

本章小结

内部控制作为企业重要的管理制度之一,在企业的生产经营中发挥着越来越重要的作用。本章先从内部控制的起源开始,介绍内部控制的发展历程和我国内部控制的规范化进程。结合我国《企业内部控制基本规范》给出内部控制的定义,并由定义引出内部控制的目标体系及基本原则。当然,内部控制并不是万能的,本章的最后介绍了内部控制的缺陷,希望同学们可以全面看待内部控制的作用。

思考题

1. 内部控制的发展经历了哪几个阶段?
2. 结合所学知识和周围实际情况,谈谈你是如何理解内部控制的?
3. 内部控制的目标有哪些?
4. 内部控制有哪些基本原则?
5. 内部控制存在哪些缺陷?

第二章 内部控制基本规范

引入案例

长虹巨亏20亿元的背后

四川长虹集团是一家集电视、空调、冰箱、IT、通讯、网络、消费电子、生活家电及新型平板显示器件等产业研发、生产、销售、服务为一体的多元化、综合型跨国企业集团。2016年4月8日晚,长虹旗下上市公司四川长虹(600839.SH)发布2015年年度报告。2015年,四川长虹实现营业总收入648.48亿元,较上年增长8.77%;实现利润总额—14.40亿元;净利润—17.25亿元,归属于上市公司股东的净利润—19.76亿元。

与惨淡业绩相伴的是,过去一年里长虹先后经历了员工涉嫌挪用资产、董事长赵勇被举报、公司骗取补贴疑云等一系列负面消息。而备受投资者瞩目的长虹对军工资产零八一集团的收购计划,也于2016年1月宣布终止。

长虹集团在经营过程中存在管理松弛、内控弱化、资产流失、营私舞弊、损失浪费等问题。昔日家电巨头如今业绩惨淡。由此可见,建立和实施有效的内部控制对企业的健康生存和发展至关重要。我国的《企业内部控制基本规范》在合理借鉴以美国COSO委员会报告为代表的国外内部控制框架的基础上,结合我国国情进行了较大调整和改进,其规定,企业内部控制由五大要素构成,分别是内部环境、风险评估、控制活动、信息与沟通和内部监督。那么这些要素的具体内容是什么?本章将针对内部控制五大要素展开论述。

第一节 内部环境

内部环境是影响、制约内部控制建立与执行的各种因素的总称,是实施内部控制的基础,一般包括组织架构、内部审计机制、人力资源政策、企业文化等。

一、组织架构

根据《企业内部控制应用指引第1号——组织架构》的定义,组织架构是指企业按照国家有关法律法规、股东大会决议、企业章程,结合本企业实际情况,明确董事会、监事会、经理层和企业内部各层级机构设置、职责权限、人员编制、工作程序和相关要求的制度安排。科学合理的组织架构能够为企业内部控制的有效实施创造良好条件。反之,一旦企业的组织架构存在不合理的情形甚至缺陷,有可能会影响一系列生产、经营、管理活动。

一般来说,企业的组织架构分为治理结构和内部机构两个层面。

(一) 治理结构

治理结构指的是治理层面的组织架构,是企业与外部主体发生各项经济关系的法人所必备的组织基础,又称法人治理结构,治理结构根据权力机构、决策机构、执行机构和监督机构相互独立、权责明确、相互制衡的原则实现对企业的治理。治理结构是由股东大会、董事会、监事会和管理层组成的,决定企业内部决策过程和利益相关者参与企业治理的办法,其主要作用在于协调企业内部不同产权主体之间的经济利益矛盾,减少代理成本。

企业应当依据国家相关法律法规的规定,结合企业章程和实际情况,建立规范的法人治理结构,促进企业内部控制的有效运行。根据规定,公司股东大会享有法律法规和企业章程规定的合法权利,依法行使企业经营方针、筹资、投资、利润分配等重大事项的表决权;董事会对股东大会负责,依法行使企业的经营决策权;监事会对股东大会负责,监督企业董事、经理和其他高级管理人员依法履行职责;经理层负责组织实施股东大会、董事会决议事项,主持企业的生产经营管理工作。在《企业内部控制基本规范》中也明确了董事会、监事会和经理层在内部控制中的职责,规定董事会是决策机构,负责内部控制的建立健全和有效实施;监事会是监督机构,负责对董事会建立与实施内部控制进行监督;经理层是日常管理机构,负责组织和领导企业内部控制的日常运行。

(二) 内部机构

公司制企业中股东大会、董事会、监事会和经理层这四个法定刚性机构为内部控制机构的建立、职责分工与制约提供了基本的组织框架,但并不能满足内部控制对企业组织结构的要求,内部控制机制的运作还必须在这一组织框架下设立满足企业生产经营所需要的职能机构。

按照《企业内部控制基本规范》的规定,企业应当结合业务特点和内部控制要求设置内部机构,明确职责权限,将权利与责任落实到各责任单位。设置科学合理的内部机构,能够适应企业经营管理的实际需要和外部环境的变化,有利于减少管理层级和提高管理效能,避免机构重叠和效率低下,促进内部控制的有效实施。同时,企业应当通过编制内部管理手册,使全体员工掌握内部机构设置、岗位职责、业务流程等情况,明确权责分配,正确行使职权。企业应当根据经营目标、职能划分和管理要求,通过内部管理制度汇编、员工手册、组织结构图、业务流程图、岗位描述、权限指引等适当方式,明确高级管理人员、各职能部门和分支机构以及基层作业单位的职责权限,将权利与责任分解到具体岗位,形成科学有效的职责分工和制衡机制。

二、内部审计机制

健全内部审计机构、加强内部审计监督是营造守法、公平、公正的内部环境的重要保证。企业应当加强内部审计工作，在企业内部形成有权必有责、用权受监督的良好氛围。

（一）审计委员会

企业应当在董事会下设立审计委员会。审计委员会成员应具备良好的职业操守和专业胜任能力，审计委员会及其成员应当具有相应的独立性。审计委员会应当直接对董事会负责。上市公司的审计委员会主席一般应由独立董事担任，非上市公司的审计委员会主席应由独立于企业管理层的人员担任。

企业应当赋予审计委员会监督企业内部控制建立和实施情况的相应职权。审计委员会在企业内部控制建立和实施中承担的职责一般包括。

(1) 审核企业内部控制及其实施情况，并向董事会作出报告。
(2) 指导企业内部审计机构的工作，监督检查企业的内部审计制度及其实施情况。
(3) 处理有关投诉与举报，督促企业建立畅通的投诉与举报途径。
(4) 审核企业的财务报告及有关信息披露内容。
(5) 负责内部审计与外部审计之间的沟通协调。

（二）内部审计机构

按照《内部审计具体准则第23号》规定，内部审计机构应接受董事会或最高管理层的领导，保持与董事会或最高管理层的良好关系，协助董事会或最高管理层履行职责，实现董事会、最高管理层与内部审计机构在组织治理中的协同作用。

内部审计机构依照法律规定和企业授权开展审计监督，其工作范围不应受到人为限制。内部审计机构对审计过程中发现的重大问题，视具体情况，可以直接向审计委员会或者董事会报告。内部审计人员应当具备内审人员从业资格，拥有与工作职责相匹配的道德操守和专业胜任能力。

企业应当加强内部审计工作，保证内部审计机构设置、人员配备和工作的独立性。内部审计机构应当结合内部审计监督，对内部控制的有效性进行监督检查。内部审计机构对监督检查中发现的内部控制缺陷，应当按照企业内部审计工作程序进行报告；对监督检查中发现的内部控制重大缺陷，有权直接向董事会及审计委员会、监事会报告。

三、人力资源政策

根据《企业内部控制应用指引第3号——人力资源》的定义，人力资源是指企业组织生产经营活动而录(任)用的各种人员，包括董事、监事、高级管理人员和一般员工，其本质是企业组织中各种人员所具有的脑力和体力的总和。

人力资源政策是影响企业内部环境的关键因素。企业的人力资源政策应当科学、规范、公平、公开、公正，有利于调动员工在内部控制和经营管理活动中的积极性、主动性和创造性。

（一）人力资源的引进与开发

企业应当根据人力资源总体规划，结合生产经营实际需要，制订年度人力资源需求计划,完善人力资源引进制度,规范工作流程,按照计划、制度和程序组织人力资源引进工作。同时,根据人力资源能力框架要求,明确各岗位的职责权限、任职条件和工作要求,遵循德才兼备、以德为先和公开、公平、公正的原则,通过公开招聘、竞争上岗等多种方式选聘优秀人才,重点关注选聘对象的价值取向和责任意识,避免因人设事或设岗,确保选聘人员能够胜任岗位职责要求。

企业应当重视并加强员工培训,制定科学、合理的培训计划,提高培训的针对性和实效性,不断提升员工的道德素养和业务素质。建立员工培训长效机制,营造尊重知识、尊重人才和关心员工职业发展的文化氛围,加强后备人才队伍建设,促进全体员工的知识、技能持续更新,不断提升员工的服务效能。

(二) 人力资源的使用与退出

企业应当建立和完善人力资源的激励约束机制,设置科学的业绩考核指标体系,对各级管理人员和全体员工进行严格考核与评价,以此作为确定员工薪酬、职级调整和解除劳动合同等的重要依据,确保员工队伍处于持续优化状态;制定与业绩考核挂钩的薪酬制度,切实做到薪酬安排与员工贡献相协调,着重体现效率优先,兼顾公平;制定各级管理人员和关键岗位员工定期轮岗制度,明确轮岗范围、轮岗周期、轮岗方式等,形成相关岗位员工的有序持续流动,全面提升员工素质。

企业应当按照有关法律法规规定,结合企业实际,建立健全员工退出(辞职、解除劳动合同、退休等)机制,明确退出的条件和程序,确保员工退出机制得到有效实施。企业关键岗位人员离职前,应当根据有关法律法规的规定进行工作交接或离任审计。

企业应当重视人力资源建设,根据发展战略,结合人力资源现状和未来需求预测,建立人力资源发展目标,制定人力资源总体规划和能力框架体系,优化人力资源整体布局,明确人力资源的引进、开发、使用、培养、考核、激励、退出等管理要求,实现人力资源的合理配置,全面提升企业核心竞争力。

四、企业文化

按照《企业内部控制应用指引第5号——企业文化》的定义,企业文化是指企业在生产经营实践中逐步形成的价值观、经营理念和企业精神,以及在此基础上形成的行为规范的总称。企业文化主要包括企业的整体价值观,高级管理人员的管理理念,职业操守与行为准则等。

(一) 企业整体价值观

高级管理人员有责任在企业范围内培育健康向上的整体价值观,培养员工的社会责任感和遵纪守法意识,倡导爱岗敬业、进取创新、团队协作和遵规守纪精神。

(二) 高级管理人员的管理理念

高级管理人员应当树立有利于实现企业内部控制目标的管理理念和经营风格,强化风险意识,避免个人风险偏好可能给企业带来的不利影响和损失。

(三) 职业操守与行为准则

企业应当根据高级管理人员、中层管理人员和一般员工的职责权限,结合不同层级人员对实现企业内部控制目标的影响程度和不同要求,分别制定适合不同层级人员的职业操守准则或者行为守则,并明确相应的监督约束机制。

高级管理人员应当恪守以诚实守信为核心的职业操守,有责任制定并完善信息披露管理制度,明确重大信息披露事项的判定标准和报告程序,确定信息披露事项的收集、汇总和披露程序,不断强化为投资者、债权人和社会公众提供真实、可靠、完整的会计信息和依法应当披露的其他信息的法制意识和责任意识,不得损害投资者、债权人、客户、员工和社会公众的利益。

企业员工应当遵守员工行为守则,加强职业道德修养和业务学习,自觉遵守与企业内部控制有关的各项规定,勤勉尽责。

企业高级管理人员有责任加强对员工职业道德宣传引导、教育培训和监督检查,为建立和实施内部控制营造良好的氛围和环境。

总之,企业应当采取切实有效的措施,积极培育具有自身特色的企业文化,引导和规范员工行为,打造以主业为核心的企业品牌,形成整体团队的向心力,促进企业长远发展。

第二节 风 险 评 估

一、风险的概念

企业在日常经营活动中会遇到各种不确定性事件,这些事件发生的概率及其影响程度都是不确定的,也直接或间接地影响企业目标实现的程度。简单来说,风险就是未来的不确定性对企业实现其既定目标的影响。风险客观存在于企业的各种经营活动中,换句话说,企业的任何商业活动都是存在风险的。但与此同时,在市场竞争中,企业也会在风险中收获利益。企业追求的利润率越高,冒的风险就越大,两者在一定程度上是呈正比的。风险意味着我们可能从中获利,也可能血本无归。因此企业要想取得预期的回报,就必须对风险进行有效的评估、控制。

二、风险的分类

所有企业,无论其规模、结构和行业性质如何,都面临着诸多来自企业内外部大不相同的风险,影响企业既定目标的实现。对于风险的分类标准也不是绝对的,应根据企业的战略需要和所处环境等进行确定。

风险按其来源可分为外部风险和内部风险。企业的外部风险来自企业经营的外部环境,包括外部环境本身和外部环境的变化对企业目标的影响,如社会政治风险、供应链风险、市场风险、竞争对手风险、技术革新风险、法律法规风险、自然地理环境风险和灾害风险。企业的内部风险来源于企业的决策和经营活动。如公司治理风险、资产管理风险、公共关系管理风险、人力资源管理风险、信息安全风险和融资风险。

风险按其是否为企业带来盈利为标准,可以分为纯粹风险和机会风险。一般对企业风险进行初步定性分析时,会采取此分类方法。纯粹风险是指不含盈利的可能性的风险,这种风险只会给企业带来损失,如灾害风险。机会风险是盈利与损失的可能性并存的风险,如战略风险、市场风险等,它们可能会给企业带来负面影响,也可能是正面影响,因此需要企业进行风险评估和风险控制。

风险按照管理的有效性分为固有风险和剩余风险。固有风险是指不实施任何风险管理手段本来就存在的风险,而剩余风险是指实施某一风险管理手段后仍然存在的风险。

目前国际上比较通用的分类把风险分为战略风险、财务风险、运营风险和危害性风险。一般情况下,对企业风险进行发生原因分析及制定风险管理策略时,常采用此分类方法。战略风险是指不确定因素对整个企业的发展方向、企业文化、信息和生存能力的影响。财务风险是指利率和汇率的变动、股票价格和商品价格波动、信用政策等不确定因素对企业现金流的影响以及公司在理财方面的行为对企业财务目标的影响。运营风险是指供应链的管理、运营资源的合理调配、关键人员的流动、监督检查等不确定性因素对公司预期经营目标方面的影响。危害性风险是指自然环境恶化、地震、洪水、火灾、台风等不确定性的因素对实现安全管理目标的影响。

三、风险评估

企业在生产经营活动中,面临诸多风险,如果没有妥善处理好这些风险,会给企业带来不同程度的损失。风险评估就是对某一事件或事物带来的影响或损失的可能程度进行量化测评。按照《企业内部控制基本规范》中的定义,风险评估是指单位及时识别、科学分析经营活动中与实现控制目标相关的风险,合理确定风险应对策略。它是实施内部控制的重要环节。

在风险评估过程中,企业需要考虑:确定保护的对象或者资产,明确它们的直接和间接价值;识别企业资产面临的潜在威胁,分析导致威胁的原因以及威胁发生的可能性,资产中存在的可能会被威胁所利用的弱点等;一旦威胁事件发生,企业会遭受怎样的损失或者面临怎样的负面影响;企业应该采取怎样的安全措施才能将风险带来的损失降低到最低程度。简单来说,风险评估过程包括目标设定、风险识别、风险分析和风险应对四个方面。

1. 目标设定

我国《企业内部控制基本规范》第二十条规定,企业应当根据设定的控制目标,全面系统持续地收集相关信息,结合实际情况,及时进行风险评估。

风险评估的先决条件是组织各个层级的目标的确立。管理层应当按照战略目标,设定相关的经营目标、报告目标、合规目标与资产安全目标。明确相应的具体目标,以便识别和分析相关的风险。管理层也要考虑这些目标与组织的可持续性关系。

目标设定是企业风险评估的起点,是风险识别、风险分析和风险应对的前提。企业应当根据设定的目标,合理确定企业整体风险承受能力和具体业务层次上的可接受的风险水平,并努力将风险控制在这个水平内。目标设定是否科学、有效,取决于其是否符合企业的风险偏好和风险承受度。

风险偏好是指企业在实现其目标的过程中愿意接受的风险水平。可以从定性和定量两个角度对风险偏好加以度量。

风险承受度是指企业在目标实现的过程中对差异的可承受风险限度,是企业在风险偏好的基础上设定的对相关目标实现过程中所出现的差异的可接受水平,也被称作风险承受能力。风险承受度包括整体风险承受能力和业务层面的可接受风险水平。

2. 风险识别

风险识别是指对企业面临的尚未发生的潜在的各种风险进行系统的归类分析并对风险性质进行鉴定的过程。

风险识别有以下几个特征。

(1) 风险识别是一个重复的过程。风险的识别需要针对企业内外部环境的变化而持续进行,是一项动态的过程。随着主体的活动,新的风险也会不断出现,这需要企业时刻保持警惕,识别企业当前或未来所面临的潜在风险。

(2) 风险识别是一个复杂、全面的过程。风险识别过程不可能局限在某一部门或某一个环节。需要企业自上而下的各个部门全面参与并积极配合。不同层次的员工会从不同角度看待同一项风险,他们所感受的风险水平并不相同,因此对企业风险进行评估必须是一个全面系统的过程。

(3) 风险识别是一个科学系统的过程。企业在进行风险识别时,可以采取座谈讨论、问卷调查、案例分析、咨询专业机构意见等方法科学识别相关的风险因素,并注意总结、吸取企业过去的经验教训和同行业的经验教训,加强对高危性、多发性风险因素的关注。在充分调研和科学分析的基础上,准确识别影响企业内部控制目标实现的内部风险因素和外部风险因素,如表2-1所示。

表2-1 企业识别风险关注的因素

内部风险因素	高级管理人员职业操守、员工专业胜任能力、团队精神等人员素质因素;经营方式、资产管理、业务流程设计、财务报告编制与信息披露等管理因素;财务状况、经营成果、现金流量等基础实力因素;研究开发、技术投入、信息技术运用等技术因素;营运安全、员工健康、环境污染等安全环保因素
外部风险因素	经济形势、产业政策、资源供给、利率调整、汇率变动、融资环境、市场竞争等经济因素;法律法规、监管要求等法律因素;文化传统、社会信用、教育基础、消费者行为等社会因素;技术进步、工艺改进、电子商务等科技因素;自然灾害、环境状况等自然环境因素

3. 风险分析

在风险识别的基础上，企业应当根据实际情况，针对不同的风险类别确定科学合理的定性、定量分析标准。根据风险分析的结果，依据风险的重要性水平，运用专业判断，采用定性与定量相结合的方法，按照风险发生的可能性大小及其对企业影响的严重程度进行风险排序，确定应当重点关注和优先控制的风险。

4. 风险应对

企业应当根据风险分析的结果，结合风险承受度，综合运用风险规避、风险降低、风险分担和风险承担等风险应对策略，实现对风险的有效控制。

风险规避是指企业对超出其整体风险承受能力或者具体业务层次上的可接受风险水平之内的风险，通过放弃或者停止与该风险相关的业务活动以避免和减轻损失的策略。风险规避是四种风险应对策略中最为简单也是最为消极的一种，通过远离风险源和潜在风险来规避风险，虽然规避了风险，但在某种程度上也规避了潜在的获得收益的可能性。并且，企业在采取此策略的同时还应该考虑企业规避风险所花费的成本。

风险降低是指企业对在其整体风险承受能力和具体业务层次上的可接受风险水平之内的风险，在权衡成本效益之后愿意单独采取进一步的控制措施以降低风险、提高收益或者减轻损失的策略。风险降低可以积极改善风险的特性，使其可以被企业接受，同时又不丧失获得收益的机会。常见的风险降低途径有预防风险和减少风险，通过与预防措施、控制措施和补救措施相衔接，实现事前、事中和事后的风险降低。

风险分担是指企业对在其整体风险承受能力和具体业务层次上的可接受风险水平之内的风险，在权衡成本效益之后愿意借助他人力量，采取包括业务分包、购买保险等进一步的控制措施以降低风险、提高收益或者减轻损失的策略。企业通过对风险的分析、评估，确定风险类别及危害，进而确定合作主体，以便风险发生时共同抵御。常见的合作主体有：投资者之间、投资者与创业投资家之间、创业投资家内部、创业投资公司之间、创业投资家与创业企业家之间、创业企业家内部、外部机构与各创业投资主体之间等。承担分担风险的合作主体按照约定的合同条款，在风险发生时，合同双方分别履行各自义务，共同承担风险，从而实现风险的现实分担。

风险承担是指企业对在其整体风险承受能力和具体业务层次上的可接受风险水平之内的风险，在权衡成本效益之后无意采取进一步控制措施的，实行风险承担。

风险应对策略的制定是一个持续、连续的过程，应该与企业的具体业务或者事项相联系，针对不同的业务、不同的发展阶段，持续收集与风险变化相关的各种信息，定期或者不定期地开展风险评估，及时调整风险应对策略。

第三节 控制活动

一、控制活动概述

根据《企业内部控制基本规范》中的定义，控制活动是指企业应当结合风险评估结果,通过手工控制与自动控制、预防性控制与发现性控制相结合的方法,运用相应的控制措施,将风险控制在可承受度之内。

控制活动是企业内部控制的最重要、最主要的组成部分,它在内部控制中处于核心地位。企业应当根据内部控制目标,结合风险应对策略,综合应用控制措施,对各种业务和事项实施有效控制。

二、控制活动的措施

控制措施一般包括:不相容职务分离控制、授权审批控制、会计系统控制、财产保护控制、预算控制、运营分析控制和绩效考评控制等。

(一) 不相容职务分离控制

不相容职务分离控制要求企业全面系统地分析、梳理业务流程中所涉及的不相容职务,实施相应的分离措施,明确各部门、各岗位的职责权限,形成各司其职、各负其责、相互制约的工作机制。

所谓的不相容职务是指需要两人或两人以上的,以达到相互制约、相互监督的目的的职务。不相容职务通常包括:授权、批准、业务经办、会计记录、财产保管、稽核检查等。企业应当根据各项经济业务与事项的流程和特点,系统、完整地分析、梳理执行该经济业务与事项涉及的不相容职务,并结合岗位职责分工采取分离措施。有条件的企业,可以借助计算机信息技术系统,通过权限设定等方式自动实现不相容职务的相互分离。

(二) 授权审批控制

授权审批控制是指在职务分工控制的基础上,由企业权力机构或上级管理者明确规定有关业务经办人员的职责范围和业务处理权限与责任,使所有的业务经办人员在办理每项经济业务时都能事先得到适当的授权,并在授权范围内办理有关经济业务,承担相应的经济责任和法律责任。

授权批准的形式通常有常规授权和特别授权两类。常规授权是指企业在日常经营管理活动中按照既定的职责和程序进行的授权。特别授权是指企业在特殊情况、特定条件下进行的授权,通常是临时性的、应急性的授权。企业应当编制常规授权的权限指引,规范特别授权的范围、权限、程序和责任,严格控制特别授权。

(三) 会计系统控制

会计系统控制要求企业依据《会计法》、国家统一规定的会计制度,制定适合本企业的会计制度,明确会计凭证、会计账簿和财务报告以及相关信息披露的处理程序,规范会计政策的选用标准和审批程序,建立、完善会计档案保管和会计工作交接办法,实行会计人员岗位责任制,充分发挥会计的监督职能,确保企业财务报告真实、可靠和完整。

(四) 财产保护控制

财产保护控制要求企业建立财产日常管理制度和定期清查制度,采取财产记录、实物保管、定期盘点、账实核对等措施，确保财产安全。企业应当加强各项资产管理，全面梳理资产管理流程，及时发现资产管理中的薄弱环节，切实采取有效措施加以改进，并关注资产减值迹象，合理确认资产减值损失，不断提高企业资产管理水平。

（五）预算控制

预算控制要求企业实施全面预算管理制度，明确各责任单位在预算管理中的职责权限，规范预算的编制、审定、下达和执行程序，强化预算约束。企业应当加强全面预算工作的组织领导，明确预算管理体制以及各预算执行单位的职责权限、授权批准程序和工作协调机制。企业实行预算控制时，应当关注企业是否存在下列风险：不编制预算或预算不健全，可能导致企业经营缺乏约束或盲目经营；预算目标不合理、编制不科学，可能导致企业资源浪费或发展战略难以实现；预算缺乏刚性、执行不力、考核不严，可能导致预算管理流于形式。

（六）运营分析控制

运营分析是指以真实可靠的会计信息和其他资料为依据，采用科学的分析方法对一段时期内的经营管理活动情况进行系统的分析研究，旨在全面地了解经营情况，发现和解决经营过程中的问题，并按照客观规律指导和控制企业经营活动。运营分析控制要求企业建立运营情况分析制度，经理层应当综合运用生产、购销、投资、筹资、财务等方面的信息，通过因素分析、对比分析、趋势分析等方法，定期开展运营情况分析，发现存在的问题，及时查明原因并加以改进。

（七）绩效考评控制

绩效考评包括绩效考核和绩效评价，企业应当了解各项经营活动和相关职能部门当期业绩的实际情况，通过将其与预算、计划目标等进行对比，完成对其经营业绩的考核和评价工作。绩效考评控制要求企业建立和实施绩效考评制度，科学设置考核指标体系，对企业内部各责任单位和全体员工的业绩进行定期考核和客观评价，将考评结果作为确定员工薪酬以及职务晋升、评优、降级、调岗、辞退等的依据。

第四节　信息与沟通

一、信息与沟通概述

（一）信息的定义与分类

信息对组织推进内控、促进其目标实现是非常必要的。企业应当准确识别、全面收集来源于企业外部及内部的与企业经营管理相关的财务及非财务信息，并且使用相关的、有质量的信息为内部控制的有效运行提供信息支持。

信息按照来源的不同，可以分为内部信息和外部信息。

内部信息主要包括会计信息、生产经营信息、资本运作信息、人员变动信息、技术创新信息、综合管理信息等。企业可以通过会计资料、经营管理资料、调查研究报告、会议记录纪要、专项信息反馈、内部报刊网络等渠道和方式获取所需的内部信息。

外部信息主要包括政策法规信息、经济形势信息、监管要求信息、市场竞争信息、行业动态信息、客户信用信息、社会文化信息、科技进步信息等。企业可以通过监管部门、社会中介机构、行业协会组织、业务往来单位、市场调查研究、外部来信来访、新闻传播媒体等渠道和方式获取所需的外部信息。

（二）沟通的定义与分类

沟通是一个持续和不断重复地提供、分享和获得必要的信息的过程。在一个组织中，沟通是指组织内部以及组织和外部进行信息交换的过程。

沟通按照沟通的对象不同，可以分为内部沟通和外部沟通。

内部沟通是一个手段，目的是保证信息可以在整个组织向上、向下、横向扩散，使信息在管理层、各个部门和企业员工之间及时畅通流动。

企业应当采取互联网、电子邮件、电话传真、信息快报、例行会议、专题报告、调查研究、员工手册、教育培训、内部刊物等多种方式，实现所需的内部信息、外部信息在企业内部准确、及时地传递和共享，确保董事会、管理层和企业员工之间有效沟通。

外部沟通包括两个部分：将外部的相关信息传入组织内部，以及根据其要求和期望，提供信息给外部的相关方。企业有责任建立良好的外部沟通渠道，对外部有关方面的建议、投诉和收到的其他信息进行记录，并及时予以处理、反馈。外部沟通应当重点关注以下方面。

（1）与投资者和债权人的沟通。企业应当根据《中华人民共和国公司法》(以下简称《公司法》)、《中华人民共和国证券法》(以下简称《证券法》)等法律法规和企业章程的规定，通过股东大会、投资者会议、定向信息报告等方式，及时向投资者报告企业的战略规划、经营方针、投融资计划、年度预算、经营成果、财务状况、利润分配方案以及重大担保、合并分立、资产重组等方面的信息，听取投资者的意见和要求，妥善处理企业与投资者之间的关系。

（2）与客户的沟通。企业可以通过客户座谈会、走访客户等多种形式，定期听取客户对消费偏好、销售政策、产品质量、售后服务、货款结算等方面的意见和建议，收集客户需求和客户的意见，妥善解决可能存在的控制不当问题。

（3）与供应商的沟通。企业可以通过供需见面会、订货会、业务洽谈会等多种形式与供应商就供货渠道、产品质量、技术性能、交易价格、信用政策、结算方式等问题进行沟通，及时发现可能存在的控制不当问题。

（4）与监管机构的沟通。企业应当及时向监管机构了解监管政策和监管要求及其变化，并相应完善自身的管理制度；同时，认真了解自身存在的问题，积极反映诉求和建议，努力加强与监管机构的协调。

(5) 与外部审计师的沟通。企业应当定期与外部审计师进行会晤,听取外部审计师有关财务报表审计、内部控制等方面的建议,以保证内部控制的有效运行以及双方工作的协调。

(6) 与律师的沟通。企业可以根据法定要求和实际需要,聘请律师参与有关重大业务、项目和法律纠纷的处理,并保持与律师的有效沟通。

二、信息与沟通的内容

企业应当建立信息与沟通制度,明确内部控制相关信息的收集、处理和传递程序,确保信息及时沟通,促进内部控制有效运行。

(一) 信息的收集与整理

企业应当对收集的各种内部信息和外部信息进行合理筛选、核对、整合,提高信息的有用性。

(二) 信息的传递

企业应当将内部控制相关信息在企业内部各管理级次、责任单位、业务环节之间,以及与外部投资者、债权人、客户、供应商、中介机构和监管部门等有关方面进行沟通和反馈。重要信息应当及时传递给董事会、监事会和经理层。对信息沟通过程中发现的问题,应当及时报告并加以解决。

在信息传递过程中,应充分发挥信息技术的作用。企业应当加强对信息系统开发与维护、访问与变更、数据输入与输出、文件储存与保管、网络安全等方面的控制,保证信息系统安全稳定运行。

第五节 内部监督

一、内部监督的概述

(一) 内部监督的定义

内部监督是指单位对内部控制建立与实施情况进行监督检查,评价内部控制的有效性,对于发现的内部控制缺陷及时加以改进。它是实施内部控制的重要保证。

(二) 内部监督的分类

内部监督分为日常监督和专项监督。

日常监督是指企业对建立与实施内部控制的情况进行常规、持续的监督检查；专项监督是指在企业发展战略、组织结构、经营活动、业务流程、关键岗位员工等发生较大调整或变化的情况下，对内部控制的某一或者某些方面进行有针对性的监督检查。

专项监督的范围和频率应当根据风险评估结果以及日常监督的有效性等予以确定。

二、内部监督的机构及职责

企业内部监督机构主要包括企业董事会所属审计委员会、内部审计机构或者实际履行内部控制监督职责的其他有关机构。

内部监督机构应当根据国家法律法规要求和企业授权，采取适当的程序和方法，对内部控制的建立与实施情况进行监督检查，形成检查结论并出具书面检查报告。履行内部控制监督检查职责的机构，应当加强队伍职业道德建设和业务能力建设，不断提高监督检查工作的质量和效率，树立并增强监督检查的权威性。

三、内部监督的程序

企业应当制定内部控制缺陷认定标准，对监督过程中发现的内部控制缺陷，应当分析缺陷的性质和产生的原因，提出整改方案，采取适当的形式及时向董事会、监事会或者经理层报告。

（一）制定内部控制缺陷标准

内部控制缺陷，是指内部控制的设计存在漏洞，不能有效防范错误与舞弊，或者内部控制的运行存在弱点和偏差，不能及时发现并纠正错误与舞弊的情形。

按照影响企业内部控制目标实现的严重程度，内部控制缺陷分为重大缺陷、重要缺陷和一般缺陷。重大缺陷，是指一个或多个控制缺陷的组合，可能导致企业严重偏离控制目标。当存在任何一个或多个内部控制重大缺陷时，应当在内部控制评价报告中作出内部控制无效的结论。重要缺陷，是指一个或多个控制缺陷的组合，其严重程度低于重大缺陷，但仍有可能导致企业偏离控制目标。重要缺陷的严重程度低于重大缺陷，不会严重危及内部控制的整体有效性，但也应当引起董事会、经理层的充分关注。一般缺陷，是指除重大缺陷、重要缺陷以外的其他控制缺陷。将内部控制评价中发现的内部控制缺陷划分为重大缺陷、重要缺陷和一般缺陷，需要借助一套可系统遵循的认定标准，在认定过程中还需要内部控制评价人员充分运用职业判断。一般而言，如果一个企业存在的内部控制缺陷达到了重大缺陷的程度，我们就不能说该企业的内部控制是整体有效的。

内部控制缺陷的重要性和影响程度是相对于内部控制目标而言的。企业在确定内部控制缺陷的认定标准时，可以结合自身情况和关注的重点，在充分考虑内部控制缺陷的重要性及其影响程度的基础上，自行确定内部控制重大缺陷、重要缺陷和一般缺陷的具体认定标准。

企业对内部控制缺陷的认定，应当以构成内部控制的内部监督要素中的日常监督和专项监督为基础,结合年度内部控制评价,由内部控制评价机构进行综合分析后提出认定意见,按照规定的权限和程序进行审核,由董事会予以最终确定。

(二) 实施监督

企业应当针对潜在的内部控制缺陷,采取相应的预防性控制措施,尽量限制缺陷的产生,或者当缺陷发生时,尽可能降低风险和损失。同时,企业应当结合内部控制监督检查工作,定期对内部控制的健全性、合理性与有效性进行自我评估,形成书面评估报告。评估报告应当全面反映企业一定时期内建立与实施内部控制的总体情况。内部控制自我评估的方式、范围、程序和频率,由企业根据经营业务调整、经营环境变化、业务发展状况、实际风险水平等多种因素合理确定,但是至少应当每3年进行一次,法律、行政法规和有关监管规则另有规定的除外。

(三) 记录和报告内部控制缺陷

企业应当以书面或者其他适当的形式,按照规定的程序和要求,妥善保存内部控制建立与实施过程中的相关记录或者资料,确保内部控制建立与实施过程的可验证性。

内部控制缺陷报告应当采取书面形式,可以单独报告,也可以作为内部控制评价报告的一个重要组成部分报告。一般而言,内部控制的一般缺陷、重要缺陷应定期报告,重大缺陷应立即报告。对于重大缺陷和重要缺陷及整改方案,应向董事会、监事会或经理层报告并审定。如果出现不适合向经理层报告的情形,如存在与管理层舞弊相关的内部控制缺陷,或存在管理层凌驾于内部控制之上的情形,应当直接向董事会、监事会报告。对于一般缺陷,可以向企业经理层报告,并视情况考虑是否需要向董事会、监事会报告。

(四) 内部缺陷整改

企业对在监督检查过程中发现的内部控制缺陷,应当及时采取应对策略,切实将风险控制在可承受度之内,并追究有关部门或相关人员的责任,减少控制缺陷可能给企业带来的损害,维护内部控制的严肃性和权威性。同时,对于监督检查中发现的重大缺陷或者重大风险,应当采取适当的形式及时向董事长、审计委员会和经理汇报。通过内部监督,可以发现内部控制建立与实施中存在的问题和缺陷,进而采取相应的整改计划和措施,切实落实整改,促进内部控制系统的改进。

综合案例

华为是如何有效进行内部控制的?

华为基于组织架构和运作模式设计并实施了内部控制(以下简称内控)体系,发布的内控管理制度及内控框架适用于公司所有流程(包括业务和财务)、子公司,以及业务单元。该内控体系基于COSO模型而设计,包括控制环境、风险评估、控制活动、信息与沟通、监督五大部分,同时涵盖了对财务报告的内控,以确保财务报告的真实、完整、准确。

控制环境

控制环境是内控体系的基础。华为致力于倡导及维护公司诚信文化,高度重视职业道德,严格遵守与企业公民道德相关的法律法规。公司制定了员工商业行为准则(BCG),明确全体员工(包括高管)在公司商业行为中必须遵守的基本业务行为标准,并例行组织全员培训,确保员工阅读、了解并遵从 BCG。华为建立了完善的治理架构,包括董事会、董事会下属专业委员会、职能部门以及各级管理团队等,各机构均有清晰的授权与明确的问责机制。在组织架构方面,华为对各组织明确了其权力和职责的分离,以相互监控与制衡。公司财务总监(CFO)负责全公司内控管理,业务控制部门向公司 CFO 汇报内控缺陷和改进情况,协助 CFO 建设内控环境。内部审计部门对公司所有经营活动的控制状况进行独立的监督评价。

风险评估

华为设立了专门的内控与风险管理部门,定期开展针对全球所有业务流程的风险评估,对公司面临的重要风险进行识别、管理与监控,预测外部和内部环境变化对公司造成的潜在风险,并就公司整体的风险管理策略及应对方案提交公司决策。各流程责任人负责识别、评估与管理相关的业务风险并采取相应的内控措施。公司已建立内控与风险问题的改进机制,能够有效管理重大风险。

控制活动

华为建立了全球流程与业务变革管理体系,发布了全球统一的业务流程架构,并基于业务流程架构任命了全球流程责任人负责流程和内控的建设。全球流程责任人针对每个流程识别业务关键控制点和职责分离矩阵,并应用于所有区域、子公司和业务单元;例行组织实施针对关键控制点的月度遵从性测试并发布测试报告,从而持续监督内控的有效性;围绕经营痛点进行内控优化,以提升运营效率和效益,帮助业务目标达成;每半年进行半年度控制评估,对流程整体设计和各业务单元流程执行的有效性进行全面评估,向审计委员会报告评估结果。

信息与沟通

公司设立了多维度的信息与沟通渠道,及时获取来自客户、供应商等的外部信息,并建立了公司内部信息的正式传递渠道。同时,公司在内部网站上建立了所有员工可以自由沟通的心声社区。公司管理层通过日常会议与各级部门定期沟通,以有效传递管理导向,保证管理层的决策得到有效落实。同时,公司在内部网站上发布所有业务政策和流程,并定期由各级管理者或流程责任人组织业务流程和内控培训,确保所有员工能及时掌握信息。公司亦建立了各级流程责任人之间的定期沟通机制,以方便回顾内控执行状况,跟进和落实内控问题改进计划。

监督

公司设立了内部投诉渠道、调查机制、防腐机制与问责制度,并在与供应商签订的"诚信廉洁合作协议"中明确相关规则,供应商能根据协议内提供的渠道,举报员工的不当行为,以协助公司对员工的诚信和廉洁进行监察。内部审计部门对公司整体控制状况进行独立和客观的评价,并对违反商业行为准则的经济责任行为进行调查,审计和调查结果报告给公司高级管理层和审计委员会。此外,华为建立了对各级流程责任人和区域管理者的内控考核、问责及弹劾机制,并例行运作。审计委员会和公司 CFO 定期审视公司内控状况,听取内控问题改进计划与执行进展的汇报,并有权要求内控状况不理想的流程责任人和业务管理者汇报原因及改进计划,或向人力资源委员会提出问责建议或弹劾动议。

思考题

结合案例和本章所学知识,回答以下问题:
1. 在华为的内部控制体系中,控制环境主要包括哪些内容?
2. 华为的风险评估流程是怎样的?
3. 华为的控制活动有哪些措施?
4. 为确保信息有效沟通,华为采取了哪些措施?
5. 华为的内部监督机构有哪些?它们各自的职责是什么?

参考文献

[1] 宋良荣.商业银行内部控制[M].上海:立信会计出版社,2006.
[2] 吴水澎,邵贤弟,陈汉文.企业内部控制理论的发展与启示[J].会计研究,2000(5).
[3] 张宜霞.企业内部控制论[M].大连:东北财经大学出版社,2008.
[4] 丁浩.内部控制理论的产生与发展演进[J].时代金融,2010(4).
[5] 王永.浅述内部控制基本原则[J].中国乡镇企业会计,2012(2).
[6] 中华人民共和国财政部.《企业内部控制评价指引》.
[7] 中华人民共和国财政部.《企业内部控制应用指引》.
[8] 中华人民共和国财政部.《企业内部控制基本规范》.

第三章 内部控制应用指引

引入案例

传化公司的成功之道

浙江传化股份有限公司(以下简称传化公司),国家火炬计划重点高新技术企业,是中国目前应用领域最广、系列最全、规模最大的专用化学品生产商之一。公司主营业务为有机硅及有机氟精细化学品等原辅材料的生产、加工和销售等。因其属于精细化工行业,所以对于环境风险、安全风险非常敏感,但由于企业的内部控制工作开展得较早,建立了健全、有效的内部控制体系,因而该企业拥有严格的安全生产管理流程、操作规范和应急预案,安全生产责任追究制度严明,安全生产工作得到强化。

自传化公司成立以来从没有发生过环境安全事故,公司严格控制污水处理率达到100%,并符合国家标准。环境风险和安全风险得到了有效控制。公司的内部控制系统较为完整统一,并且实施效果明显,能够持续有效运行,在2009—2011年期间,由浙江天健会计师事务所评价后认定为"有效控制"。总之,其内部控制体系很有借鉴价值。

例如,传化公司用资产减值损失率、资产处置损失率两个量化指标来反映资产安全效率:资产处置损失率连续3年处于下降态势。可以看出,传化公司力图从资产存货水平和存储方式等方面寻求资产安全效率的提升,从而有效控制资产损失,控制成本费用,同时根据数据显示,传化公司利润获得较大幅度的增长,3年来净资产利润率平均增长率达12.65%,可见指标衡量不仅对绩效有直接影响,对企业生产、财务等方面均有影响。

[资料来源:李连华,杨忠智,唐国平.企业内部控制效率提升路径研究——基于传化股份公司的经验与借鉴[J].会计研究.2014(07)]

第一节 组 织 架 构

一、组织架构的概念及风险

组织架构是指企业按照国家有关法律法规、股东(大)会决议、企业章程,结合本企业实际,明确股东(大)会、董事会、监事会、经理层和企业内部各层级的机构设置、职责权限、人员编制、工作程序和相关要求的制度安排。

在设计与运行组织架构时可能会存在以下风险：一是组织架构形同虚设，使其缺乏科学决策，缺乏良性运行机制和执行力，可能导致企业经营失败，难以实现发展战略。二是可能存在设计不科学的组织架构，导致权责分配不合理，可能导致机构重叠，推诿扯皮，运行效率低下。

二、组织架构的内容与作用

组织架构设计的主要目的是明确董事会、监事会和经理层的职责权限、任职条件、议事规则和工作程序，确保决策、执行和监督，以及部门之间相互监督并形成制衡。董事会、监事会和经理层的产生程序应当合法合规，其人员构成、知识结构、能力素质应当满足履行职责的要求，如表3-1所示。

表3-1　合理组织架构下董事会、监事会和经理层的职责要求

董事会	对股东大会负责	依法行使企业的经营决策权，明确各专门委员会的职责权限、任职资格、议事规则和工作程序，为董事会科学决策提供支持
监事会	对股东大会负责	监督企业董事、经理和其他高级管理人员依法履行职责
经理层	对董事会负责	主持企业的生产经营管理工作，经理和其他高级管理人员的职责分工应当明确

组织架构的设计优化是一个不断调整完善的过程，比如，美国通用电气公司（GE），从1981年起，以组织的扁平化为重心，进行业务重组，将原本低效臃肿的官僚体制逐步变为如今经典灵活的组织架构，效率提高，人力资源得到充分利用，才有了如今具有传奇色彩的 GE 跨国大企业。

三、组织架构设计与运行

企业组织架构的设计，应遵守科学、精简、高效、透明、制衡的原则，综合考虑企业性质、发展战略文化理念和管理要求等因素，合理设置内部职能机构，明确各机构的职责权限，避免职能交叉、缺失或权责过于集中，形成各司其职、各负其责、相互制约、相互协调的工作机制。

定期对组织架构设计与运行的效率和效果进行全面评估，发现组织架构设计与运行中存在缺陷的，应当进行优化调整。企业组织架构调整应当充分听取董事、监事、高级管理人员和其他员工的意见，按照规定的权限和程序进行决策审批。重大事项、决策、人事任免或大额资金支付业务，应当按职权范围实行决策审批或联签。企业拥有子公司的，应当建立科学的投资管控制度，根据各企业实际情况通过合法有效的形式，为履行出资人职责、维护出资人权益而设定标准，重点关注子公司特别是异地、境外子公司的发展战略、年度财务预决算、重大投融资、重大担保、大额资金使用、主要资产处置、重要人事任免、内部控制体系建设等重要事项。

第二节 发展战略

一、发展战略的概念及风险

发展战略是指企业在对现实状况和未来趋势进行综合分析和科学预测的基础上，制订并实施的长远发展目标与战略规划。

发展战略可能存在的风险如下。

（1）缺乏明确的发展战略或发展战略实施不到位，可能会导致企业盲目发展，难以形成竞争优势，丧失发展机遇和动力。

（2）发展战略过于激进，脱离企业实际能力或偏离主业，可能导致企业过度扩张，甚至经营失败。

（3）发展战略因主观原因频繁变动，可能导致资源浪费，甚至危及企业的生存和持续发展。

二、发展战略的制定规则

为防止潜在风险发生，企业应当在以下要求的基础上，根据本企业的实际情况制定发展战略。

（1）在充分调查研究，科学分析预测和广泛征求意见的基础上制定发展目标。

（2）综合考虑宏观经济政策，国内外市场需求变化，技术发展趋势，行业及竞争对手状况，可利用资源水平和自身优势与劣势等影响因素。比如，神华集团提出目标要建设具有国际竞争力的世界一流煤炭综合能源企业，是通过实施架构优化，提升管控水平，结合国情与自身电力市场优势，考虑国家法律法规要求，来创建"国际一流"发电企业的。

（3）根据发展目标制定战略规划，战略规划应当明确发展的阶段性和发展程度，确定每个发展阶段的具体目标、工作任务和实施路径。

（4）在董事会下设立战略委员会，或制定相关机构负责发展战略管理工作，履行相应职责。

（5）明确战略委员会的职责和议事规则，对战略委员会会议的召开程序、表决方式、提案审议、保密要求和会议记录等作出规定，确保议事过程规范透明，决策程序科学民主。

（6）战略委员会应当组织有关部门对发展目标和战略规划进行可行性研究和科学论证，形成发展战略方案；必要时，可借助中介机构和外部专家的力量为其履行职责提供专业咨询意见。战略委员会成员应当具有较强的综合素质和实践经验，其任职资格和选任程序应当符合有关法律法规和企业章程的规定。

（7）董事会应当严格审议战略委员会提交的发展战略方案，重点关注其全局性、长期性和可行性。董事会在审议方案中如果发现重大问题,应当责成战略委员会对方案作出调整。企业的发展战略方案经董事会审议通过后,报经股东大会批准实施。

三、发展战略的实施监控

实时监控要求根据发展战略,制订年度工作计划,编制全面预算,将年度目标分解、落实,同时,完善发展战略管理制度,确保发展战略有效实施。例如,新疆电力公司,对影响自身发展的内外部环境因素进行了具体分析,在确定公司战略目标,整合优化新疆电网、加快农电改造和无电区建设、引导新能源电力发展、积极转变公司发展方式、人力资源战略和协同发展战略等七个方面提出了战略规划。

战略委员会应当加强对发展战略实施情况的监控,定期收集和分析相关信息,对于明显偏离发展战略的情况,应当及时报告。重视发展战略的宣传工作,通过内部各层级会议和教育培训等有效方式,将发展战略及其分解落实情况传递到内部各管理层级和全体员工。由于经济形势、产业政策、技术进步、行业状况以及不可抗力等因素发生重大变化,确需对发展战略作出调整的,应当按照规定权限和程序调整发展战略。

第三节 人力资源

一、人力资源的概念及风险

人力资源是指企业组织生产经营活动而录用的各种人员,包括董事、监事、高级管理人员和一般员工,本质是组织中各种人员脑力、体力的综合。人员负责制定组织的目标,并参与实施各项控制活动。反过来,内部控制也会影响人员的行动,内控意识会施加到每个人身上,使之理解自身的责任与权限。

企业人力资源管理至少应当关注以下风险。

(1) 人力资源缺乏或过剩,结构不合理,开发机制不健全,可能导致企业发展战略难以实现。

(2) 人力资源激励约束制度不合理,关键岗位人员管理不完善,可能导致人才流失,经营效率低下或者关键技术、商业秘密和国家机密泄露。

(3) 人力资源退出机制不当,可能导致法律诉讼或企业声誉受损。

二、人力资源的引进与开发

(一) 引进人力资源

在引进人力资源的总体制定上,企业应当根据人力资源总体规划,结合生产经营实际需求,制订年度人力资源需求计划,完善人力资源引进制度,规范工作流程,按照计划、制度和程序组织人力资源引进工作。

人力资源包括聘用、定岗、培训、评价、咨询、晋升、薪酬和补偿活动。分解到各岗位，企业必须根据人力资源能力框架要求，明确职责权限、任职条件和工作要求，遵循德才兼备、以德为先和公开、公平、公正的原则，通过公开招聘、竞争上岗等多种方式选聘优秀人才，重点关注选聘对象的价值取向和责任意识。

(二) 引进流程

(1) 依法签订劳动合同，建立劳动用工关系。涉及关键技术、知识产权、商业秘密或国家机密的工作岗位，应当签订有关岗位保密协议，明确保密义务。

(2) 建立试用期和岗前培训制度。对试用人员进行严格考察，促进选聘员工全面了解岗位职责，掌握岗位基本技能，适应工作要求。试用期满考核结束后，才可正式上岗。

(3) 建立员工培训长效机制。营造尊重知识、尊重人才和关心员工职业发展的文化氛围，加强后备人才队伍建设，促进全体员工的知识、技能持续更新，不断提升员工的服务效能。

(4) 选聘人员应当实行岗位回避制度。避免因人设事或设岗，确保选聘人员能够胜任岗位职责要求。

三、人力资源的使用与退出

(一) 人力资源使用的相关机制

(1) 与业绩考核挂钩的薪酬制度，切实做到薪酬安排与员工贡献相协调，体现效率优先，兼顾公平。

(2) 各级管理人员和关键岗位员工定期轮岗制度，明确轮岗范围、轮岗周期、轮岗方式等，形成相关岗位员工的有序持续流动，全面提升员工素质。

(二) 人力资源退出的要求

员工退出(辞职、解除劳动合同、退休等)机制，应明确退出的条件和程序，确保员工退出机制得以实施；对于考核不能胜任岗位要求的员工，应当及时暂停其工作，安排再培训，或调整工作岗位，安排转岗培训；仍不能满足岗位职责要求的，应当按照规定的权限和程序解除劳动合同。如富士康跳楼事件，作为反面案例，富士康在工作压力、跨文化冲突、劳资关系等方面出现了人力资源管理问题，足以引起警戒。

此外，还应做到与退出员工依法约定保守关键技术、商业机密、国家机密和竞业限制的期限，确保知识产权、商业机密和国家机密的安全；企业关键岗位人员离职前，应当根据有关法律法规的规定进行工作交接或离任审计；定期对年度人力资源计划执行情况进行评估，总结人力资源管理经验，分析存在的主要缺陷和不足，完善人力资源政策，促进企业整体团队充满生机和活力。

第四节 社会责任

一、社会责任的概念及风险

从古典经济理论的角度来说,我们认为利润最大化是管理者唯一的社会责任,而社会经济学的观点则表示,管理层除了获取利润,还应保障与改善社会福利。

社会责任是指企业在经营发展过程中应当履行的,除法律和经济要求之外的社会职责和义务,主要包括安全生产、产品质量服务、环境保护、资源节约、促进就业、员工权益保护等。

企业至少应当关注在履行社会责任方面的下列风险。

(1) 安全生产措施不到位,责任不落实,可能会导致企业发生安全事故,破坏短期利益。

(2) 产品质量低劣,侵害消费者利益,可能导致企业巨额赔偿,形象受损,甚至破产。

(3) 环境保护投入低,资源耗费大,经济效益与社会效益不协调,造成环境污染或者资源枯竭,可能导致企业巨额赔偿,缺乏发展动力。

(4) 保护员工权益力度不够,可能导致员工积极性受挫,影响企业发展和社会稳定。

二、社会责任与产品

(一) 安全生产

安全生产要求建立严格的安全生产管理体系、操作规范和应急预案,强化安全生产责任追究制度,切实做到安全生产;并设立安全管理部门和安全监督机构,负责企业安全生产的日常监督管理工作。

安全生产要求。

(1) 在人力、物力、资金、技术等方面提供必要的保障,健全检查监督机制,确保各项安全措施落实到位,不得随意降低保障标准和要求。

(2) 采用多种形式增强员工安全意识,重视岗位培训,对于特殊岗位实行资格认证制度。

(3) 加强生产设备的经常性维护管理,及时排除安全隐患。如果发生生产安全事故,应当启动应急预案,妥善处理,排除故障,追究责任。

(二) 产品质量

生产活动上,根据国家和行业相关产品质量的要求,切实提高产品质量和服务水平,努力为社会提供安全健康的产品和服务,最大程度地满足消费者的需求,对社会和公众负责,接受社会监督,承担社会责任。

生产流程上,建立严格的产品质量控制和检验制度,严把质量关,禁止缺乏质量保障、危害人民生命健康的产品流向社会;在我国,农业企业由于自身的行业特性,使得农业企业的社会责任问题更受关注。农产品及其安全与人们的健康甚至生命紧密相连,但相继发生的"三聚氰胺"奶粉、双汇"瘦肉精"等食品安全事件着实令人大跌眼镜,对企业社会责任感也深表怀疑。

产品售后服务上,售后发现存在严重质量缺陷、隐患的产品,应当及时召回或采取其他有效措施,最大程度地降低或消除缺陷、隐患产品的社会危害。对消费者提出的投诉和建议应当妥善处理,切实保护消费者的权益。

三、社会责任与生态

(1) 重视生态保护,加大对环保工作的人力、物力、财力的投入和技术支持,不断改进工艺流程,降低能耗和污染物排放水平,实现清洁生产;加强对废气、废水、废渣的综合治理,建立废料回收和循环利用制度。

(2) 重视资源节约和保护,着力开发利用可再生资源,防止对不可再生资源进行掠夺性或毁灭性开发。

(3) 重视国家产业结构相关政策,特别关注产业结构调整的发展要求,加快高新技术开发和传统产业改造,切实转变发展方式,实现低投入、低消耗、低排放和高效率。

(4) 建立资源保护和资源节约的监控制度,定期开展监督检查,发现问题,及时采取措施予以纠正。污染物排放超过国家有关规定的,应当承担治理或相关法律责任。发生紧急、重大环境污染事件时,应当启动应急机制,及时报告并处理。例如,引起两起特大爆炸事件的厦门PX项目(即对二甲苯,是化工生产中非常重要的原料),翔鹭腾龙集团(PX项目方)虽发布了市民公开信,宣称PX低毒并环保,但原国家环保总局公布的环评报告显示其污染排放始终未达标,并且项目的专用码头就处于厦门海洋珍稀物种国家级自然保护区,严重威胁珍稀物种的生存。厦门市政府及时召开市民座谈会与专项会议,最终停止了PX项目落户厦门。

四、社会责任与就业

(1) 与员工签订并履行劳动合同,依据按照分配、同工同酬的原则,建立科学的员工薪酬制度和激励机制,不得克扣或无故拖欠员工薪酬。建立高级管理人员与员工薪酬的正常增长机制,切实保持合理水平,维护社会公平。为员工办理社会保险,足额缴纳社会保险费,保障员工依法享受社会保险待遇。按照有关规定做好健康管理工作,预防、控制和消除职业危害;按期对员工进行非职业性健康监护,对从事有职业危害作业的员工进行职业性健康监护。

(2) 企业应当遵守法定的劳动时间和休息休假制度,确保员工的休息休假权利;加强职工代表大会和工会组织建设,维护员工合法权益,积极开展员工职业教育培训,创造平等发展机会;尊重员工人格,维护员工尊严,杜绝性别、民族、宗教、年龄等各种歧视,保障员工身心健康;按照产学研用相结合的社会需求,积极创建实习基地,大力支持社会有关方面培养、锻炼社会需要的应用型人才;积极履行社会公益方面的责任和义务,关心帮助社会弱势群体,支持慈善事业。

第五节 资金活动

一、资金活动的概念及风险

资金活动,是指企业筹资、投资和资金营运等活动的总称。

企业资金活动至少应当关注下列风险。

(1) 筹资决策不当,引发资本结构不合理或无效融资,可能导致企业筹资成本过高或债务危机。

(2) 投资决策失误,引发盲目扩张或丧失发展机遇,可能导致资金链断裂或资金使用效益低下。

(3) 资金调度不合理、营运不畅,可能导致企业陷入财务困境或资金冗余。

(4) 资金活动管控不严,可能导致资金被挪用、侵占、抽逃或遭受欺诈。

企业应当根据自身发展战略,科学确定投融资目标和规划,完善严格的资金授权、批准、审验等相关管理制度,加强资金活动的集中归口管理,明确筹资、投资、营运等各环节的职责权限和岗位分离要求,定期或不定期检查和评价资金活动情况,落实责任追究制度,确保资金安全和有效运行。

企业财会部门负责资金活动的日常管理,参与投融资方案等的可行性研究。总会计师或分管会计工作的负责人应当参与投融资决策过程。企业有子公司的,应当采取合法有效措施,强化对子公司资金业务的统一监控。有条件的企业集团,应当探索财务公司、资金结算中心等资金集中管控模式。

二、筹集资金

(一) 筹资前

筹资前,应根据筹资目标和规划,结合年度全面预算,拟订筹资方案,明确筹资用途、规模、结构和方式等相关内容,对筹资成本和潜在风险作出充分估计。企业可以根据实际需要,聘请具有相应资质的专业机构进行可行性研究。境外筹资还应考虑所在地的政治、经济、法律、市场等因素。应对筹资方案进行科学论证,不得依据未经论证的方案开展筹资活动。重大筹资方案应当形成可行性研究报告,全面反映风险评估情况。

(二) 筹资中

筹资中,应对筹资方案进行严格审批,重点关注筹资用途的可行性和相应的偿债能力。重大筹资方案,应当按照规定的权限和程序实行集体决策或者联签制度。筹资方案需经有关部门批准的,应当履行相应的报批程序。筹资方案发生重大变更的,应当重新进行可行性研究并履行相应审批程序。

企业应根据批准的筹资方案,严格按照规定权限和程序筹集资金。银行借款或发行债券,应当重点关注利率风险、筹资成本、偿还能力以及流动性风险等;发行股票应当重点关注发行风险、市场风险、政策风险以及公司控制权风险等。

企业通过银行借款方式筹资的,应当与有关金融机构进行洽谈,明确借款规模、利率、期限、担保、还款安排、相关的权利义务和违约责任等内容。双方达成一致意见后签署借款合同,据此办理相关借款业务。

企业通过发行债券方式筹资的,应当合理选择债券种类,对还本付息方案作出系统安排,确保按期、足额偿还到期本金和利息。企业通过发行股票方式筹资的,应当依照《中华人民共和国证券法》等有关法律法规和证券监管部门的规定,优化企业组织架构,进行业务整合,并选择具备相应资质的中介机构协助企业做好相关工作,确保符合股票发行条件和要求。

(三) 筹资后

筹资后,企业应当加强债务偿还和股利支付环节的管理,对偿还本息和支付股利等作出适当安排。按照筹资方案或合同约定的本金、利率、期限、汇率及币种,准确计算应付利息,与债权人核对无误后按期支付。企业应当选择合理的股利分配政策,兼顾投资者近期和长远利益,避免分配过度或不足。股利分配方案应当经过股东(大)会批准,并按规定履行披露义务。

企业应当加强筹资业务的会计系统控制,建立筹资业务的记录、凭证和账簿,按照国家统一会计准则制度,正确核算和监督资金筹集、本息偿还、股利支付等相关业务,妥善保管筹资合同或协议、收款凭证、入库凭证等资料,定期与资金提供方进行账务核对,确保筹资活动符合筹资方案的要求。

三、投资资金

(1) 企业应当根据投资目标和规划,合理安排资金投放结构,科学确定投资项目,拟订投资方案,重点关注投资项目的收益和风险。企业选择投资项目应当突出主业,谨慎从事股票投资或衍生金融产品等高风险投资。境外投资还应考虑政治、经济、法律、市场等因素的影响。

(2) 企业采用并购方式进行投资的,应当严格控制并购风险,重点关注并购对象的隐性债务、承诺事项、可持续发展能力、员工状况及其与本企业治理层及管理层的关联关系,合理确定支付对价,确保实现并购目标。

(3) 企业应当加强对投资方案的可行性研究，重点对投资目标、规模、方式、资金来源、风险与收益等作出客观评价。企业根据实际需要，可以委托具备相应资质的专业机构进行可行性研究，提供独立的可行性研究报告。

(4) 企业应当按照规定的权限和程序对投资项目进行决策审批，重点审查投资方案是否可行、投资项目是否符合国家产业政策及相关法律法规的规定，是否符合企业投资战略目标和规划、是否具有相应的资金能力、投入资金能否按时收回、预期收益能否实现，以及投资和并购风险是否可控等。重大投资项目，应当按照规定的权限和程序实行集体决策或者联签制度。

(5) 投资方案需经有关管理部门批准的，应当履行相应的报批程序。投资方案发生重大变更的，应当重新进行可行性研究并履行相应审批程序。企业应当根据批准的投资方案，与被投资方签订投资合同或协议，明确出资时间、金额、方式、双方权利义务和违约责任等内容，按规定的权限和程序审批后履行投资合同或协议。企业应当指定专门机构或人员对投资项目进行跟踪管理，及时收集经被投资方审计的财务报告等相关资料，定期组织投资效益分析，关注被投资方的财务状况、经营成果、现金流量以及投资合同履行情况，如发现异常情况，应当及时报告并妥善处理。

(6) 企业应当加强对投资项目的会计系统控制，根据对被投资方的影响程度，合理确定投资会计政策，建立投资管理台账，详细记录投资对象、金额、持股比例、期限、收益等事项，妥善保管投资合同或协议、出资证明等资料。企业财会部门对于被投资方出现财务状况恶化、市价当期大幅下跌等情形的，应当根据国家统一的会计准则制度规定，合理计提减值准备、确认减值损失。

(7) 企业应当加强对投资收回和处置环节的控制，并对投资收回、转让、核销等决策和审批程序作出明确规定。企业应当重视投资到期本金的回收。转让投资应当由相关机构或人员合理确定转让价格，报授权批准部门批准，必要时可委托具有相应资质的专门机构进行评估。核销投资应当取得不能收回投资的法律文书和相关证明文件。企业对于到期无法收回的投资，应当建立责任追究制度。

四、营运资金

(1) 企业应当加强资金营运全过程的管理，统筹协调内部各机构在生产经营过程中的资金需求，切实做好资金在采购、生产、销售等各环节的综合平衡，全面提升资金营运效率。

(2) 企业应当充分发挥全面预算管理在资金综合平衡中的作用，严格按照预算要求组织协调资金调度，确保资金及时收付，实现资金的合理占用和营运良性循环。企业应当严禁资金的体外循环，切实防范资金营运中的风险。

(3) 企业应当定期组织召开资金调度会或资金安全检查，对资金预算执行情况进行综合分析，发现异常情况，及时采取措施妥善处理，避免资金冗余或资金链断裂。企业在营运过程中出现临时性资金短缺的，可以通过短期融资等方式获取资金。资金出现短期闲置的，在保证安全性和流动性的前提下，可以通过购买国债等多种方式，提高资金效益。

（4）企业应当加强对营运资金的会计系统控制，严格规范资金的收支条件、程序和审批权限。企业在生产经营及其他业务活动中取得的资金收入应当及时入账，不得账外设账，严禁收款不入账、设立"小金库"。

（5）企业办理资金支付业务时，应当明确支出款项的用途、金额、预算、限额、支付方式等内容，并附原始单据或相关证明，履行严格的授权审批程序后，方可安排资金支出。企业办理资金收付业务时，应当遵守现金和银行存款管理的有关规定，不得由一人办理货币资金全过程业务，严禁将办理资金支付业务的相关印章和票据集中交予一人保管。

第六节 资产管理

一、资产管理的概念及风险

资产，是指企业在过去的交易或事项中形成的、由企业拥有或控制的、预期能为企业带来经济流入的资源。这里主要指存货、固定资产和无形资产。

企业资产管理至少应当关注下列风险。

（1）存货积压或短缺，可能导致流动资金占用过量、存货价值贬损或生产中断。

（2）固定资产更新改造不够、使用效能低下、维护不当、产能过剩，可能导致企业缺乏竞争力、资产价值贬损、安全事故频发或资源浪费。

（3）无形资产缺乏核心技术、权属不清、技术落后、存在重大技术安全隐患，可能导致企业法律纠纷、缺乏可持续发展能力。所以应当加强各项资产管理，全面梳理资产管理流程，及时发现资产管理中的薄弱环节，切实采取有效措施加以改进，并关注资产减值迹象，合理确认资产减值损失，不断提高企业资产管理水平。

企业应当重视和加强各项资产的投保工作，采用招标等方式确定保险人，降低资产损失风险，防范资产投保舞弊。

二、存货管理

（1）企业应当采用先进的存货管理技术和方法，规范存货管理流程，明确存货取得、验收入库、原料加工、仓储保管、领用发出、盘点处置等环节的管理要求，充分利用信息系统，强化会计、出入库等相关记录，确保存货管理全过程的风险得到有效控制。

（2）企业应当建立存货管理岗位责任制，明确内部相关部门和岗位的职责权限，切实做到不相容岗位相互分离、制约和监督。企业内部除存货管理部门、监督部门及仓储人员外，其他部门和人员接触存货，应当经过相关部门特别授权。

（3）企业应当重视存货验收工作，规范存货验收程序和方法，对入库存货的数量、质量、技术规格等方面进行查验，验收无误方可入库。外购存货的验收，应当重点关注合同、发票等原始单据与存货的数量、质量、规格等核对一致。涉及技术含量较高的货物，必要时可委托具有检验资质的机构或聘请外部专家协助验收。自制存货的验收,应当重点关注产品质量,检验合格的半成品、产成品才能办理入库手续,不合格品应及时查明原因、落实责任、报告处理。其他方式取得存货的验收,应当重点关注存货来源、质量状况、实际价值是否符合有关合同或协议的约定。

(4) 企业应当建立存货保管制度,定期对存货进行检查,重点关注下列事项。

第一,存货在不同仓库之间流动时应当办理出入库手续。

第二,应当按仓储物资所要求的储存条件储存,并健全防火、防洪、防盗、防潮、防病虫害和防变质等管理规范。

第三,加强对生产现场的材料、周转材料、半成品等物资的管理,防止浪费、被盗和流失。

第四,对代管、代销、暂存、受托加工的存货应单独存放和记录,避免与本单位存货混淆。

第五,结合企业实际情况,加强存货的保险投保,保证存货安全,合理降低存货意外损失风险。

(5) 企业应当明确存货发出和领用的审批权限,大批存货、贵重商品或危险品的发出应当实行特别授权。仓储部门应当根据经审批的销售(出库)通知单发出货物。企业仓储部门应当详细记录存货入库、出库及库存情况,做到存货记录与实际库存相符,并定期与财会部门、存货管理部门进行核对。企业应当根据存货采购间隔期和当前库存,综合考虑企业生产经营计划、市场供求等因素,充分利用信息系统,合理确定存货采购日期和数量,确保存货处于最佳库存状态。

(6) 企业应当建立存货盘点清查制度,结合本企业实际情况确定盘点周期、盘点流程等相关内容,核查存货数量,及时发现存货减值迹象。企业至少应当于每年年度终了开展全面盘点清查,盘点清查结果应当形成书面报告。盘点清查中发现的存货盘盈、盘亏、毁损、闲置以及需要报废的存货,应当查明原因、落实并追究责任,按照规定权限批准后处置。

三、固定资产管理

(1) 企业应当加强对房屋建筑物、机器设备等各类固定资产的管理,重视固定资产维护和更新改造,不断提升固定资产的使用效能,积极促进固定资产处于良好运行状态。

(2) 企业应当制定固定资产目录,对每项固定资产进行编号,按照单项资产建立固定资产卡片,详细记录各项固定资产的来源、验收、使用地点、责任单位和责任人、运转、维修、改造、折旧、盘点等相关内容。企业应当严格执行固定资产日常维修和大修理计划,定期对固定资产进行维护保养,切实消除安全隐患。企业应当强化对生产线等关键设备运转的监控,严格操作流程,实行岗前培训和岗位许可制度,确保设备安全运转。

(3) 企业应当根据发展战略,充分利用国家有关自主创新政策,加大技改投入,不断促进固定资产技术升级,淘汰落后设备,切实做到保持本企业固定资产技术的先进性和企业发展的可持续性。企业应当严格执行固定资产投保政策,对应投保的固定资产项目按规定程序进行审批,及时办理投保手续。

（4）企业应当规范固定资产抵押管理,确定固定资产抵押程序和审批权限等。

（5）企业将固定资产用作抵押的,应由相关部门提出申请,经企业授权部门或人员批准后,由资产管理部门办理抵押手续。企业应当加强对接收的抵押资产的管理,编制专门的资产目录,合理评估抵押资产的价值。

（6）企业应当建立固定资产清查制度,至少每年进行全面清查。对固定资产清查中发现的问题,应当查明原因,追究责任,妥善处理。企业应当加强对固定资产处置的控制,关注固定资产处置中的关联交易和处置定价,防范资产流失。

四、无形资产管理

（1）企业应当加强对品牌、商标、专利、专有技术、土地使用权等无形资产的管理,分类制定无形资产管理办法,落实无形资产管理责任制,促进无形资产有效利用,充分发挥无形资产对提升企业核心竞争力的作用。

（2）企业应当全面梳理外购、自行开发以及其他方式取得的各类无形资产的权属关系,加强无形资产权益保护,防范侵权行为和法律风险。无形资产具有保密性质的,应当采取严格保密措施,严防泄露商业秘密。企业购入或者以支付土地出让金等方式取得的土地使用权,应当取得土地使用权有效证明文件。企业应当定期对专利、专有技术等无形资产的先进性进行评估,淘汰落后技术,加大研发投入,促进技术更新换代,不断提升自主创新能力,努力做到核心技术处于同行业领先水平。

（3）企业应当重视品牌建设,加强商誉管理,通过提供高质量产品和优质服务等多种方式,不断打造和培育主业品牌,切实维护和提升企业品牌的社会认可度。

第七节 研究与开发

一、研究与开发的概念及风险

研究与开发,是指企业为获取新产品、新技术、新工艺等所开展的各种研发活动。
企业开展研发活动至少应当关注下列风险。

（1）研究项目未经科学论证或论证不充分,可能导致创新不足或资源浪费。

（2）研发人员配备不合理或研发过程管理不善,可能导致研发成本过高、舞弊或研发失败。

（3）研究成果转化应用不足、保护措施不力,可能导致企业利益受损。

企业应当重视研发工作,根据发展战略,结合市场开拓和技术进步要求,科学制定研发计划,强化研发全过程管理,规范研发行为,促进研发成果的转化和有效利用,不断提升企业自主创新能力。

二、立项与研究

（1）企业应当根据实际需要，结合研发计划，提出研究项目立项申请，开展可行性研究，编制可行性研究报告。企业可以组织独立于申请及立项审批之外的专业机构和人员进行评估论证，出具评估意见。

（2）研究项目应当按照规定的权限和程序进行审批，重大研究项目应当报经董事会或类似权力机构集体审议决策。审批过程中，应当重点关注研究项目促进企业发展的必要性、技术的先进性以及成果转化的可能性。

（3）企业应当加强对研究过程的管理，合理配备专业人员，严格落实岗位责任制，确保研究过程高效、可控。

（4）企业应当跟踪检查研究项目进展情况，评估各阶段研究成果，提供足够的经费支持，确保项目按期、保质完成，有效规避研究失败风险。企业研究项目委托外单位承担的，应当采用招标、协议等适当方式确定受托单位，签订外包合同，约定研究成果的产权归属、研究进度和质量标准等相关内容。

（5）企业与其他单位合作进行研究的，应当对合作单位进行尽职调查，签订书面合作研究合同，明确双方投资、分工、权利义务、研究成果产权归属等。企业应当建立和完善研究成果验收制度，组织专业人员对研究成果进行独立评审和验收。对于通过验收的研究成果，企业可以委托相关机构进行审查，确认是否申请专利或作为非专利技术、商业秘密等进行管理。对于需要申请专利的研究成果，应当及时办理有关专利申请手续。

（6）企业应当建立严格的核心研究人员管理制度，明确界定核心研究人员范围和名册清单，签署符合国家有关法律法规要求的保密协议。

（7）企业与核心研究人员签订劳动合同时，应当特别约定研究成果归属、离职条件、离职移交程序、离职后保密义务、离职后竞业限制年限及违约责任等内容。

三、开发与保护

（1）企业应当加强研究成果的开发，形成科研、生产、市场一体化的自主创新机制，促进研究成果转化。研究成果的开发应当分步推进，通过试生产充分验证产品性能，在获得市场认可后方可进行批量生产。

（2）企业应当建立研究成果保护制度，加强对专利权、非专利技术、商业秘密及研发过程中形成的各类涉密图纸、程序、资料的管理，严格按照制度规定借阅和使用。禁止无关人员接触研究成果。

（3）企业应当建立研发活动评估制度，加强对立项与研究、开发与保护等过程的全面评估，认真总结研发管理经验，分析存在的薄弱环节，完善相关制度和办法，不断改进和提升研发活动的管理水平。

第八节 财务报告

一、财务报告的概念及风险

财务报告，是指反映企业某一特定日期财务状况和某一会计期间经营成果、现金流量的文件。

企业编制、对外提供和分析利用财务报告，至少应当关注下列风险。

(1) 编制财务报告违反会计法律法规和国家统一的会计准则制度，可能导致企业承担法律责任和声誉受损。

(2) 提供虚假财务报告，误导财务报告使用者，造成决策失误，干扰市场秩序。

(3) 不能有效利用财务报告，难以及时发现企业经营管理中存在的问题，可能导致企业财务和经营风险失控。

此外，企业还应该严格执行会计法律法规和国家统一的会计准则制度，加强对财务报告编制、对外提供和分析利用全过程的管理，明确相关工作流程和要求，落实责任制，确保财务报告合法合规、真实完整和有效利用。

总会计师或分管会计工作的负责人负责组织领导财务报告的编制、对外提供和分析利用等相关工作。企业负责人应对财务报告的真实性、完整性负责。

二、财务报告的编制

(1) 企业编制财务报告，应当重点关注会计政策和会计估计，对财务报告产生重大影响的交易和事项的处理应当按照规定的权限和程序进行审批。企业在编制年度财务报告前，应当进行必要的资产清查、减值测试和债权、债务核实。

(2) 企业应当按照国家统一的会计准则制度规定，根据登记完整、核对无误的会计账簿记录和其他有关资料编制财务报告，做到内容完整、数字真实、计算准确，不得漏报或者随意进行取舍。企业财务报告列示的资产、负债、所有者权益金额应当真实可靠。各项资产计价方法不得随意变更，如有减值，应当合理计提减值准备，严禁虚增或虚减资产。

(3) 各项负债应当反映企业的现时义务，不得提前、推迟或不确认负债，严禁虚增或虚减负债。所有者权益应当反映企业资产扣除负债后由所有者享有的剩余权益，由实收资本、资本公积、留存收益等构成。企业应当做好所有者权益保值增值工作，严禁虚假出资、抽逃出资、资本不实。

(4) 企业财务报告应当如实列示当期收入、费用和利润。各项收入的确认应当遵循规定的标准，不得虚列或者隐瞒收入，推迟或提前确认收入。各项费用、成本的确认应当符合规定，不得随意改变费用、成本的确认标准或计量方法，虚列、多列、不列或者少列费用、成本。利润由收入减去费用后的净额、直接计入当期利润的利得和损失等构成。不得随意调整利润的计算、分配方法,编造虚假利润。

(5) 企业财务报告列示的各种现金流量由经营活动、投资活动和筹资活动的现金流量构成,应当按照规定划清各类交易和事项的现金流量的界限。附注是财务报告的重要组成部分,对企业财务状况、经营成果、现金流量的报表中需要说明的事项作出真实、完整、清晰的说明。企业应当按照国家统一的会计准则制度编制附注。

(6) 企业集团应当编制合并财务报表,明确合并财务报表的合并范围和合并方法,如实反映企业集团的财务状况、经营成果和现金流量。企业编制财务报告,应当充分利用信息技术,提高工作效率和工作质量,减少或避免编制差错和人为调整导致的差错。

三、财务报告的对外提供

依照法律法规和国家统一的会计准则制度的规定,企业应当及时对外提供财务报告。企业财务报告编制完成后,应当装订成册,加盖公章,由企业负责人、总会计师或分管会计工作的负责人、财会部门负责人签名并盖章。

财务报告须经注册会计师审计的,注册会计师及其所在的事务所出具的审计报告,应当随同财务报告一并发布。企业对外提供的财务报告应当及时整理归档,并按有关规定妥善保存。

四、财务报告的分析利用

(1) 企业应当重视财务报告分析工作,定期召开财务分析会议,充分利用财务报告反映的综合信息,全面分析企业的经营管理状况和存在的问题,不断提高经营管理水平。企业财务分析会议应吸收有关部门负责人参加。总会计师或分管会计工作的负责人应当在财务分析和利用工作中发挥主导作用。

(2) 企业应当分析企业的资产分布、负债水平和所有者权益结构,通过资产负债率、流动比率、资产周转率等指标分析企业的偿债能力和营运能力;分析企业净资产的增减变化,了解和掌握企业规模和净资产的不断变化过程。

(3) 企业应当分析各项收入、费用的构成及其增减变动情况,通过净资产收益率、每股收益等指标,分析企业的盈利能力和发展能力,了解和掌握当期利润增减变化的原因和未来发展趋势。

(4) 企业应当分析经营活动、投资活动、筹资活动现金流量的运转情况,重点关注现金流量能否保证生产经营过程的正常运行,防止资金短缺或闲置。

(5) 企业定期的财务分析应当形成分析报告,构成内部报告的组成部分。财务分析报告结果应当及时传递给企业内部有关管理层级,充分发挥财务报告在企业生产经营管理中的重要作用。

本章小结

本章以财政部颁布的《企业内部控制应用指引》为指导,介绍了内部控制实际应用到企业当中可能会经历的风险与实际操作时的要求,在配套指引乃至整个内部控制规范体系中占据主体地位。《企业内部控制应用指引》是为企业按照内部控制原则和要素建立健全本企业内部控制所提供的指引,为企业管理层对本企业内部控制有效性进行自我评价提供的指引,为注册会计师和会计师事务所执行内部控制审计业务的指引。

思考题

1. 如何理解《企业内部控制应用指引》中各要素之间的关系及其作用?
2. 《企业内部控制应用指引》中与社会责任相关的方面有哪些?
3. 《企业内部控制应用指引》中资产管理关注的风险要求有哪些?
4. 《企业内部控制应用指引》要求如何正确利用财务报告?

第四章 企业内部控制评价指引

> **引入案例**

戴尔公司的内部控制评价

戴尔公司(以下简称戴尔)是美国本土上市公司,其中 2003—2006 年与 2007 年第一季度报表出现错报,得知供应商存在大额支付款项、准备金和应计项目会计处理不当等会计和财务报告问题时,戴尔审计委员会开展独立调查,管理层执行额外检查程序,对报表进行重述并对财务报告内部控制进行评价。

评价内容主要包括如下几项。

(1) 是否对披露控制和程序有关要求的记录、处理、汇总和报告的信息提供合理保证。

(2) 管理层根据 COSO 内部控制框架对公司财务报告内部控制(ICOFR)的有效性进行评价,判定公司的 ICOFR 在报表日是否有效。

经过近 1 年的调查取证,对 2003—2006 财年及 2007 财年第一季度的报表进行了重述。由于英特尔提供了高达数十亿美元的折扣,以及戴尔本身在有关战略准备金的计提和转回科目方面存在严重错报,给了投资者很大的误导,并且在戴尔接受美国证券交易委员会(SEC)调查时,戴尔的涉事高管人员都与 SEC 达成和解,因此可以认为戴尔没有遵循一般公认会计原则(GAAP)和证券法相关的规定,导致出现重大缺陷。

管理层考虑上述事项的影响,最终认为存在两方面的重大缺陷,并在评价报告中予以揭示。

第一节 内部控制评价概述及发展现状

一、内部控制评价概念

内部控制评价是内部控制自我监督机制的重要组成部分,由企业董事会或管理层等评价企业内部控制建立和实施的有效性。对于企业内部治理来说,内部控制评价可以建立健全内部控制体系,帮助企业管理并解决体系上的漏洞,提高企业竞争能力,促进内部控制目标的实现。对于投资者来说,内部控制评价可以在市场秩序得到有效进行的基础上获得利益保障。

企业的内部控制评价可以从评价原则、评价内容、评价程序、缺陷认定、评价报告等方面进行判定,其基本要求至少包括以下几项。

(1) 评价原则应包括全面性、重要性、客观性。

(2) 评价内容应包含内部控制五要素。

(3) 评价程序应包括制定评价工作方案、组成评价工作组、实施现场测试、认定控制缺陷、汇总评价结果、编报评价报告等环节。

(4) 缺陷认定应按其影响程度分为重大缺陷、重要缺陷和一般缺陷。

(5) 评价报告至少应披露董事会声明、评价总体情况、评价依据、评价范围、评价程序和方法、缺陷认定情况、整改情况以及内部控制有效性的结论等内容。

二、内部控制评价原则

(一) 全面性

评价工作要求包括内部控制的建立和实施,涉及企业及其所属单位的各个环节和各个方面,即控制涵盖企业经营的业务和事项,不留下死角。通过整合、协调内部控制的控制要素和各项控制流程,增强信息的传递效率,减小信息不对称的可能性,以适当的成本实现有效的内部控制。

事实上,业务单元或活动水平越多的企业,拥有越复杂的控制架构。虽然不同层面、不同行业的控制架构略有不同,但至少以下几点是要求得到合理保证的:运营效果与效率之比适当;财务报告可靠;遵守法律法规。比如,中航油新加坡公司由于内部控制评价的不全面,出现一股独大、决策独断专行、财务报告造假、盲目进行原油期货交易等问题,最终导致巨额亏损。

(二) 重要性

评价工作要求作重要性评价,针对重要的控制点和业务流程,关注重要业务单位、重大业务事项和高风险领域。在考虑投入产出多少的情况下,这样保证了成本效益比值的合理化,提高了内部控制效率。

重要性原则要求评价工作优先沟通相关重要业务事项,迅速识别关键因素,并解决妨碍该目标实现的问题,在企业组织中建立向下、向上和平行的沟通。例如,在工业企业的进货方面,要考虑是否存在政策和方法改进收货和检验的程序,是否对技术给予充分关注,是否有相应措施处理危险物料,以上这些都是需要优先考虑的重要事项。

(三) 客观性

评价工作要求准确揭示经营管理的风险状况,如实反映内部控制建立与实施的有效性,从两个角度进行评价:其一是要满足外部利益相关者进行科学决策的信息需求,其二是应满足企业管理者自我评估的需要。

客观性原则要求评价工作确立明确的道德指引,并在整个企业组织范围内进行沟通,管理层应保持高度诚信,对于违背政策程序等行为,要采取惩戒措施。例如,山东潍坊亚星化学股份有限公司因为没有及时公告重大风险,在有关对外担保、票据贴现款方面未履行信息披露义务,在 2012 年 4 月 23 日被证监会处罚。

三、我国内部控制评价发展现状

由于缺乏统一的内部控制评价标准,初期我国企业内部控制基础普遍薄弱。随着我国现代企业制度改革的深入,为完善内部控制信息的披露,出于对投资者利益的保护,管理当局逐渐明确了企业内部控制应承担的责任,并出台一系列重要文件规范。

如今我国对构建内部控制评价体系十分重视,2008 年《企业内部控制基本规范》颁布,2009 年《企业内部控制评价指引》和《企业内部控制应用指引》相继修订。其实早在 2005 年,针对我国企业内部控制问题,在借鉴了《萨班斯—奥克斯利法案》后,国务院明确要求"由财政部、国资委和证监会合作,积极研究制定一套完整公认的企业内部控制指引"。2006 年上海证券交易所、深圳证券交易所分别发布了《上海证券交易所上市公司内部控制制度指引》《深圳证券交易所上市公司内部控制指引》,对审计委员会和风险管理委员会评价内部控制制度作出了相关规定。截至目前,我国的内部控制评价体系发展历程如表 4-1 所示。

表 4-1 我国内部控制评价体系发展历程

时间	主体	文件	内容
2000 年 11 月	证监会	《公开发行证券公司信息披露编报规则》	要求公开发行证券的商业银行、保险公司、证券公司要建立健全内部控制制度,其招股说明书正文应专设一项说明内部控制制度的完整性、合理性和有效性
2001 年 6 月	财政部	《内部会计控制规范——基本规范》	指导企业制定适合自身业务特点和管理要求的内部控制制度
2006 年 7 月 15 日	国资委、财政部、证监会、审计署、银监会、保监会	成立内部控制标准委员会	为构建我国企业内部控制标准体系,提供组织和机制保障
2008 年 6 月 28 日	财政部、证监会、审计署、银监会、保监会	《企业内部控制基本规范》	标志着我国企业内部控制规范体系建设取得重大突破,也标志着我国的企业管理步入国际通用控制规范轨道。为构建科学合理的内部控制评价指标体系提供依据
2010 年 4 月 26 日	财政部会同证监会、审计署、银监会、保监会	《企业内部控制配套指引》	包括了《企业内部控制应用指引》《企业内部控制评价指引》《企业内部控制审计指引》。标志着中国企业内部控制规范体系基本建成

第二节 内部控制评价的内容

一、内部环境评价

内部环境是内部控制构成要素的基础。其评价包括以下四个维度。
（1）主体员工的诚信、道德价值观和胜任能力。
（2）管理层的经营理念和核心价值观。
（3）管理层权力和责任的分配以及组织和开发员工的方式。
（4）董事会的重视程度和指导情况。

总的来说，内部环境为企业组织设定了基调，影响并控制着员工的思维意识。企业应当以组织架构、发展战略、人力资源、企业文化、社会责任等方面为依据，对内部环境的设计及实际运行情况进行认定和评价。

（1）组织架构上，要求提供必要的信息流，适当合理建设组织架构，方便管理经营活动。如何妥善协调个人工作安排与总体发展目标、总体最终目标与阶段性目标之间的关系是内部控制的重要环节。

（2）发展战略上，要求拥有全方位的视角，将信息系统进行全面规划、设计和实施，支持企业业务并帮助完成其经营使命。明确当前发展的阶段与发展程度，综合考虑国家宏观政策、市场需求与企业自身优势劣势。

（3）人力资源上，完善员工聘用、培训、晋升和薪酬上的各项政策与程序的完备程度；充分核查以前有行为失当或无法接受员工的背景；合理制定员工续聘和晋升标准、员工行为守则与其他行为指引。

（4）企业文化上，应从以下两方面考虑：管理层的理念和经营风格，是否充分及时向董事会或专门委员会成员报告信息，是否通报敏感信息、调查事项和不当行为；最高管理层和运营管理层互动频率，是否经常及时与首席财务官、会计负责人、内部审计师、外部审计师会谈；包括对财务报告的态度和行动，是否选择稳健的会计政策。企业文化说到底是企业的"人化"，人是企业文化的核心和主旋律，企业文化建设与人息息相关。比如，"顺丰快递员被打不还手"事件曾引发社会热议，但顺丰集团总裁王卫表示："如果这事不追究到底，我不配再做顺丰总裁！"顺丰人对自身品牌的认可以及一流的服务意识可见一斑。

（5）社会责任上，结合诚信与道德价值观，制定相应可接受的经营实务范围、利益冲突时的道德行为准则以及当薪酬与业绩效益挂钩时的程度要求。

二、风险评估机制评价

COSO将风险评估分为三步骤：评估风险的重要性；评估风险发生的概率、频率；考虑如何管理风险及采取何种措施。其将风险来源也分为三方面：来自外部的企业层面风险;来自内部的企业层面风险;具体活动层面的风险。

风险评估方法通常包括定性法、定量法和定性与定量相结合的方法。定性法中主要有四级法和三级法,四级法是把评价结论分为优良、良好、一般、差,三级法分为可信赖程度高、可信赖程度一般和可信赖程度低。定量法一般是以百分制或十分制为基础,按照评价标准,确定各要素中的关键指标的权重或分值,从而计算出实际得分,再评出等级。定性与定量相结合的方法是将其分为若干要素,建立重要系数,求得综合得分。

识别和分析风险是一个持续的过程,有些内容应长久反复地考虑,比如,在市场改变之后,有关市场开拓计划是否与整体战略计划相一致;技术变革是否会带来生产工艺落后风险;供应商生产能力是否能满足企业生产的需求。

识别出风险之后,就要进行风险分析。管理层需对有关风险进行假设评估,评估风险发生的可能性和应当采取的措施,包括以下事项:是否存在机制可以有效预测识别风险;是否存在机制可以有效管理风险,降低风险的严重性。比如,拥有大运量的城市轨道交通地铁,如果对预测出的风险置之不理,可能会出现重大伤亡事故。在对北京地铁10号线黄庄站地下管线的安全性进行分析和预测后,检测人员发现测试值未超过管线安全性要求,而且黄庄站地层存在着比较多的空洞和管线漏水,因此施工单位对管线及地层作出了加固措施,排除了安全隐患。

风险评估是指对企业组织内外环境多种风险进行的评估。对风险评估机制进行评价,目的在于,通过识别和分析风险,为风险管理奠定基础。《企业内部控制应用指引》要求开展风险评估机制评价时,以《企业内部控制基本规范》有关风险评估的要求,以及该指引中各项应用指引所列主要风险为依据,对日常经营管理过程中的风险识别、风险分析、应对策略等进行认定和评价。

三、控制活动评价

控制活动包括确保管理层指令能够得到贯彻执行的各项政策和程序,以及审批、授权、验证经营业绩、评价资产保护和职责分离等一系列活动。

控制活动遍及整个组织,企业组织开展控制活动评价,应结合本企业的内部控制制度,以企业内部控制基本规范和应用指引中的控制措施为依据,对相关控制措施的设计和运行情况进行认定和评价。

根据《企业内部控制应用指引》的规定,控制活动的内容包括组织架构、发展战略、人力资源、社会责任、企业文化、资金活动、采购业务、资产管理、销售业务、研究与开发、工程项目、担保业务、业务外包、财务报告、全面预算、合同管理、内部信息传递和信息系统等18项内容。

根据《企业内部控制基本规范》的规定,控制活动有七个方面,包括不相容职务分离、授权审批、会计系统、财产保护、预算控制、运营分析和绩效考评。

控制环节有多项,包括高层审核、直接的职能或活动管理、信息处理、实物控制、业绩指标、职责分离等。

(1)高层审核:管理层以实际业绩与预算业绩和基准指标对比,提出高层复核意见,评价控制系统的运营报告,采取整改措施。

(2) 直接的职能或活动管理:管理者通过控制活动评价控制系统的运营报告。

(3) 信息处理:控制借助的 IT 系统将会针对系统、数据、程序文件等的合规性进行检查。

(4) 实物控制:企业对实物资产进行监控,通过财产记录、实物保管和定期盘点,保障实物财产的安全。

(5) 业绩指标:对业绩指标的分析可以通过适当分析与深入调查来进行。

(6) 职责分离:不相容职责分离意在减少错误或不当行为引起的风险,形成各司其职、相互牵制的工作机制。

控制活动有手工控制、IT 控制和管理控制之分,也可以分为预防性控制、纠正性控制和检查性控制。总体来说,控制活动运用非常广泛,各项活动政策及执行的程序都包含其中。

四、信息与沟通评价

信息与沟通是指企业员工为了更好履行其责任,从内外部范围获取与沟通有关的信息。企业员工承担着个人活动与他人活动之间的联系,包括履行最高管理层向下传达的信息和传递基层向上汇报的信息。

信息包括来自内部和外部的资讯,内部信息来源于不同组织层级的沟通,外部信息来源于与外部利益相关方等多种渠道的沟通。取得内外部信息的方式都需要信息系统的建立与修正。依据本企业整体策略规划的需要,建立或修正有利于获取新资讯的信息系统,制定或改善关键内部信息定期报告的方式。在广义上,COSO 将信息系统分为手工式、自动式和概念式。在狭义上,信息系统分为正式或非正式的。

信息质量的重要性是内部控制评价的关注点,而判断信息是否具有高质量的条件有:信息内容是否适当;是否及时;是否反映最新情况;是否准确;是否向当事方开放。

内部沟通分为向上与向下两方面,向上即员工向管理层提出提高生产力等改善的建议,管理层应及时接纳,给予精神或物质上的奖励;向下即管理层向员工分派工作任务和控制责任,员工应充分了解自身的工作目标、任务等。

外部沟通是多方面的,包括与客户、供应商等各方建立沟通渠道。沟通的关键是基于利益相关方的最终底线与边界之上,建立开放性与外界沟通渠道,提出具体相关需求。

为开展信息与沟通评价,应以《企业内部控制基本规范》和各项应用指引为依据,对信息收集、处理和传递的及时性、反舞弊机制的健全性、财务报告的真实性、信息系统的安全性,以及利用信息系统实施内部控制的有效性等进行认定和评价。

五、内部监督评价

内部监督评价是指根据有关内部监督的要求,以及各项应用指引中有关日常管控的规定,对内部监督机制的有效性进行认定和评价,重点关注监事会、审计委员会、内部审计机构等是否在内部控制设计和运行中有效发挥监督作用。

长期以来,内部监督被认为是内部审计师的职责,但内部监督并不只是由内部审计师来负责,管理层的各项监督活动也有利于内部控制系统的有效运转。简单地说,企业活动中要求定期复核、要求调整的职能或流程可视为内部监督活动。所以,实际企业运营过程中,内部监督评价包括经营管理常规职能、与外部当事方的沟通、企业结构、监管活动和存货盘点与资产调节等。除了借助日常运营活动中取得的信息,获取必要证据,调节符合的财务报告系统中相应的管理信息,以便证实控制功能的法规程度,内部监督还要借助外部信息判断内部信息的正误,调查有欠公允的事项,保证当内部控制出现问题时可以及时进行重新评估,具体如表4-2所示。而以下方面也经常会成为持续性监督的关键点:回应审计建议的程度、管理层获知控制程度、询问职工的频率和内部审计的有效性。

表 4-2 内部监督评价来自企业内外的监控

项目	企业内部评价	企业外部评价
主体	董事会、管理层、监事会及内部审计等	注册会计师等
原则	成本效益,强调内部控制效率	内部控制的有效性
影响	一般认为,追求利益最大化是企业建立内部控制的内在动因,因此在对内部控制设计和运行满足其有效性的前提下,应尽可能地减少成本增加收益,追求利益最大化	由于注册会计师无法获得企业内部控制相关的控制成本与控制收益的信息,所以无法对其进行评价,只能关注控制的最终效果,即达到控制目标的程度

第三节 内部控制的评价程序与缺陷认定

一、内部控制评价的程序

企业应当按照《企业内部控制评价指引》规定的程序,有序开展内部控制评价工作。内部控制评价程序通过制定评价工作方案、组成评价工作组、实施现场测试、认定控制缺陷、汇总评价结果、编制评价报告等环节,借鉴分权学说和社会契约理论,有力构建上市公司内部控制评价的理论框架。

1. 制定评价工作方案

企业内部控制评价部门制定评价工作方案时,须以内部控制评价目标为开端,明确评价主体、评价标准、评价方法、评价范围、工作任务、进度安排等一系列准备内容,上报授权机构审批后实施。企业可以授权内部审计部门或专门机构负责内部控制评价的具体组织实施工作。

2. 组成评价工作组

企业全员广泛参与自主评价程序评价,评价工作组应由企业内部相关机构熟悉情况的业务骨干参加。尊重与遵守程序,包括评价目标确定程序,评价主体、评价标准、评价方法的确定程序，以及评价程序的制定与履行。

建立评价质量交叉复核制度，对评价工作底稿进行严格审核，评价工作组负责人对所认定的评价结果签字并提交，由企业内部控制评价部门确认。工作组成员实行回避制度，对部门内的内部控制评价工作应当避免。

3. 实施现场测试

根据评价方案中既定的评价程序，按照评价指标的选取原则，对评价对象开展评价工作。在内部控制综合评价的步骤和方法的基础上，建立内部控制综合评价的指标体系。

4. 认定控制缺陷

对被评价单位进行现场测试，综合运用个别访谈、调查问卷、专题讨论、穿行测试、实地查验、抽样和比较分析等方法，充分收集能判断被评价单位内部控制设计和运行是否有效的证据，按照评价的具体内容，如实填写评价工作底稿，研究分析内部控制缺陷。

5. 汇总评价结果

对所选取的指标运用矩阵法和加权评价法进行评价打分，可以采用实证研究的方法定性描述评价结果。在对实际案例分析时，运用内部控制综合评分法，验证评价体系的合理性、评价方法的可行性及评价结果的可靠性。根据实际案例中的问题分析其存在的原因，应该围绕评价原则、主体、程序、方法和内容五个方面，提出宏观方面的措施，制定具有操作性的应用指南和案例指导等措施。

6. 编制评价报告

在汇总评价结果的基础上，参照相关法律法规对内部控制评价的责任主体、评价的程序和方法、评价内容、报告的格式、缺陷信息的披露等多方面进行详细的描述性统计分析，剖析在内部控制自我评价过程中存在的问题，对内部控制存在的问题及其他要披露的事项进行详细的披露和报告，形成内部控制评价报告。

二、内部控制缺陷的认定

内部控制缺陷包括设计缺陷和运行缺陷。企业的内部控制问题会影响企业长远稳定发展，严重的内部控制缺陷会给企业带来严重的经济损失。

关于企业对内部控制缺陷的认定，企业应先从内部寻找问题的所在，以日常监督为基础，究其根源，找到内部控制缺陷所在，结合年度内部控制评价，由内部控制评价部门进行综合分析后提出认定意见，按照规定的权限和程序进行专项监督审核后予以最终认定，继而采取相应有效的改进措施，完善自身的内部控制制度体系。

企业在日常监督、专项监督和年度评价工作中，应当充分发挥内部控制评价工作组的作用。内部控制评价工作组应当根据现场测试获取的证据，对内部控制缺陷进行初步认定，并按其影响程度分为重大缺陷、重要缺陷和一般缺陷，如表4-3所示。内部控制缺陷按严重程度可以进一步划分为完全有效(不存在缺陷)、基本有效(存在一般缺陷)和无效(存在重要或重大缺陷)三个层次。

表 4-3　内部控制缺陷按影响程度分类

分类	内容
重大缺陷	一个或多个控制缺陷的组合，可能导致企业严重偏离控制目标
重要缺陷	一个或多个控制缺陷的组合，其严重程度和经济后果低于重大缺陷，但仍有可能导致企业偏离控制目标
一般缺陷	除重大缺陷、重要缺陷之外的其他缺陷

第四节　内部控制评价报告

一、内部控制评价报告披露内容

企业应根据《企业内部控制基本规范》《企业内部控制应用指引》和《企业内部控制评价指引》，设计内部控制评价报告的种类、格式和内容，明确内部控制评价报告编制程序和要求，按照规定的权限报经批准后，以每年的 12 月 31 日作为年度内部控制评价报告的基准日。内部控制评价报告应于基准日后 4 个月内报出。

内部控制评价报告应当分别对内部环境、风险评估、控制活动、信息与沟通、内部监督等要素进行设计，对内部控制评价过程、内部控制缺陷认定及整改情况、内部控制有效性的结论等相关内容作出披露。

内部控制评价报告至少应当披露下列内容。
(1) 董事会对内部控制报告真实性的声明。
(2) 内部控制评价工作的总体情况。
(3) 内部控制评价的依据。
(4) 内部控制评价的范围。
(5) 内部控制评价的程序和方法。
(6) 内部控制缺陷及其认定情况。
(7) 内部控制缺陷的整改情况及重大缺陷拟采取的整改措施。
(8) 内部控制有效性的结论。

企业应当根据年度内部控制评价结果，结合内部控制评价工作底稿和内部控制缺陷汇总表等资料，按照规定的程序和要求，及时编制内部控制评价报告。内部控制评价报告应当报经董事会或类似权力机构批准后对外披露或报送相关部门。

企业内部控制评价部门应当关注自内部控制评价报告基准日至内部控制评价报告发出日之间，是否发生影响内部控制有效性的因素，并根据其性质和影响程度对评价结论进行相应调整。企业内部控制审计报告应当与内部控制评价报告同时对外披露或报送。

企业应当建立内部控制评价工作档案管理制度。内部控制评价的有关文件资料、工作底稿和证明材料等应当妥善保管。

二、内部控制评价报告实例

江苏奥力威传感高科股份有限公司
内部控制自我评价报告

根据《企业内部控制基本规范》及其配套指引的规定和其他内部控制监管要求(以下简称企业内部控制规范体系),结合江苏奥力威传感高科股份有限公司(以下简称本公司或公司)内部控制制度和评价办法,在内部控制日常监督和专项监督的基础上,我们对公司截至2016年12月31日(内部控制评价报告基准日)的内部控制有效性进行了评价。

一、重要声明

按照企业内部控制规范体系的规定,建立健全和有效实施内部控制,评价其有效性,并如实披露内部控制评价报告是公司董事会的责任。监事会对董事会建立和实施内部控制进行监督,管理层负责组织领导企业内部控制的日常运行。公司董事会,监事会及董事、监事、高级管理人员保证本报告内容不存在任何虚假记载、误导性陈述或重大遗漏,并对报告内容的真实性、准确性和完整性承担个别及连带法律责任。公司内部控制的目标是合理保证企业经营管理合法合规、资产安全、财务报告及相关信息真实完整,提高经营效率和效果,促进企业实现发展战略。由于内部控制存在的固有局限性,故仅能为实现上述目标提供合理保证。此外,由于情况的变化可能导致内部控制变得不恰当,或对控制政策和程序遵循的程度降低,根据内部控制评价结果推测未来内部控制的有效性具有一定的风险。

二、内部控制评价结论

董事会认为,截至2016年12月31日,公司已按照企业内部控制规范体系和相关规定的要求在所有重大方面保持了有效的内部控制。内部控制制度涵盖了财务管理、关联交易管理、对外担保管理、信息披露管理、子公司管理等环节,能够适合公司管理和发展的需要,对公司规范运作、加强管理、提高效率、防范经营风险以及公司的长远发展起到了积极作用。在内部控制评价报告基准日至内部控制评价报告发出日之间,未发生影响内部控制有效性评价结论的因素。

三、内控控制评价工作情况

公司按照《公司法》《证券法》《企业内部控制基本规范》《企业内部控制配套指引》《深圳证券交易所上市公司内部控制指引》以及《公开发行证券的公司信息披露编报规则第21号——年度内部控制评价报告的一般规定》等法律法规的要求,依照公司章程的规定,本着对全体股东负责的态度,对公司2016年度内部控制情况进行了全面深入地检查,在了解掌握公司各项内控管理制度及其实施工作的基础上,对公司的内部控制情况进行了评价。现将公司2016年度内部控制自我评价情况作如下报告。

(一)公司基本情况

本公司前身为扬州奥力威传感器有限公司,系经扬州市对外经济贸易委员会扬经贸资字(1993)第 367 号文批准,于 1993 年 11 月 19 日在扬州市工商行政管理局注册成立,取得注册号为"工商企合苏扬字第 00913 号"企业法人营业执照。2010 年 9 月 22 日,经公司股东会审议通过,扬州奥力威传感器有限公司整体改制为股份有限公司。2010 年 10 月 10 日,经江苏省扬州工商行政管理局核准,公司名称变更为"江苏奥力威传感高科股份有限公司"。2016 年 3 月 16 日,经中国证券监督管理委员会《关于核准江苏奥力威传感高科股份有限公司首次公开发行股票的批复》(证监许可〔2016〕541 号)核准,获准向社会公开发行人民币普通股(A 股)股票 1 667 万股,每股面值为人民币 1 元,每股发行价格为人民币 24.92 元。2016 年 4 月 29 日,公司正式在深交所挂牌上市。公司现有注册资本为 6 667 万元,营业执照注册号:91321000608707880C;经营范围:生产、销售传感器及配件、工程塑料件、汽车配件及相关模具;技术开发,经营进出口业务(国家限定企业经营或禁止进出口的商品除外)。公司注册地:江苏省扬州高新技术产业开发区祥园路 158 号,办公地:江苏省扬州高新技术产业开发区祥园路 158 号。

(二)公司建立内部控制制度的目标和遵循的原则

1. 公司建立内部控制制度的目标

(1)建立和完善符合现代公司管理要求的内部组织结构,形成科学的决策机制、执行机制和监督机制保证公司经营管理目标的实现。

(2)建立行之有效的风险控制系统,强化风险管理,保证公司各项经营活动的正常有序运行。

(3)建立良好的公司内部控制环境,堵塞漏洞、消除隐患,防止并及时发现和纠正错误及舞弊行为,保护公司资产的安全、完整。

(4)规范本公司会计行为,保证会计资料真实、完整,提高会计信息质量。

(5)确保国家有关法律法规和本公司内部规章制度的贯彻执行。

2. 公司内部控制的建立遵循的基本原则

(1)内部控制符合国家有关法律法规、财政部颁布的《内部会计控制规范——基本规范(试行)》及相关具体规范以及本公司的实际情况。

(2)内部会计控制约束公司内部涉及会计工作的所有人员,任何个人都不得拥有超越内部控制的权利。

(3)内部会计控制涵盖公司内部涉及会计工作的各项经济业务及相关岗位,并针对业务处理过程中的关键控制点,落实到政策、执行、监督、反馈等各个环节。

(4)内部会计控制保证公司内部涉及会计工作的机构、岗位的合理设置及其职责权限的合理划分,坚持不相容职务相互分离,确保不同机构和岗位之间权责分明、相互制约、相互监督。

(5)内部控制遵循成本效益原则,合理地控制成本,达到最佳的控制效果。

(6)内部控制随着外部环境的变化、单位业务职能的调整和管理要求的提高,需要不断修订和完善。

(三)公司的内部控制制度与控制程序

1. 内部环境

本公司的控制环境反映了治理层和管理层对于控制的重要性的态度,控制环境的好坏直接决定着内部控制制度能否顺利实施及实施的效果。本公司本着规范运作的基本理念,正积极努力地营造良好的控制环境,主要体现在以下几个方面:

1) 对诚信和道德价值观念的沟通与落实

诚信和道德价值观念是控制环境的重要组成部分,影响公司重要业务流程的设计和运行。本公司一贯重视这方面氛围的营造和保持,建立了《员工行为规范》《员工工作手册》等一系列的内部规范,并通过严厉的处罚制度和高层管理人员的身体力行将这些规范多渠道、全方位地有效落实。

2) 对胜任能力的重视

本公司管理层高度重视特定工作岗位所需的胜任能力水平的设定,以及对达到该水平所必需的知识和能力的要求。公司还根据实际工作的需要,针对不同岗位展开多种形式的后期培训教育,使员工能胜任目前所处的工作岗位。

3) 治理层的参与程度

本公司治理层的职责在公司的章程和政策中已经予以了明确规定。治理层通过其自身的活动并在审计委员会的支持下,监督公司会计政策以及内部、外部的审计工作和结果。治理层的职责还包括了监督用于复核内部控制有效性的政策和程序设计是否合理,执行是否有效。

4) 管理层的理念和经营风格

公司经营管理团队以公司的使命、愿景、核心价值观为基础,结合公司发展战略,充分发挥公司文化的功能,积极培育有利于授权的工作环境;营造良好的学习氛围;充分调动了员工主动参与公司管理的积极性;树立守法、诚信、进取的良好企业形象,并通过实际行动影响相关方。

5) 组织结构

公司为有效地计划、协调和控制经营活动,已合理地确定了本公司的形式和性质,并贯彻不相容职务相分离的原则,比较科学地划分了公司内各部门的职责权限,形成相互制衡机制。公司由总经理全面主持日常生产经营和管理工作,聘用的高级管理人员均具备一定的学历和管理经验,各部门权限分明,确保控制措施有效执行。

6) 职权与责任的分配

本公司采用向个人分配控制职责的方法,建立了一整套执行特定职能(包括交易授权)的授权机制,并确保每个人都清楚地了解报告关系和责任。为对授权使用情况进行有效控制及对公司的活动实行监督,公司逐步建立了预算控制制度,能较及时地按照情况的变化修改会计系统的控制政策。财务部门通过各种措施较合理地保证业务活动按照适当的授权进行;较合理地保证交易和事项能以正确的金额,在恰当的会计期间,及时地记录于适当的账户,使财务报表的编制符合企业会计准则的相关要求。

7) 人力资源政策与实务

本公司已建立和实施了较科学的聘用、培训、轮岗、考核、奖惩、晋升和淘汰等人事管理制度,并聘用了足够的人员,使其能完成所分配的任务。

2. 风险评估

本公司制定了"成为管理精细、成本领先、技术先进的汽车零部件供应商"的长远整体目标,并辅以具体策略和业务流程层面的计划将公司经营目标明确地传达到每一位员工。本公司建立了有效的风险评估过程,以识别和应对公司可能遇到的包括经营风险、环境风险、财务风险等重大且普遍影响的变化。

3. 控制活动

本公司主要经营活动都有必要的控制政策和程序。管理层在预算、利润和其他财务和经营业绩都有清晰的目标,公司内部对这些目标都有清晰的记录和沟通,并且积极地对其加以监控。本公司财务部按照《公司法》《会计法》和《企业会计准则》等法律法规及其补充规定,制定了财务管理制度,包括预算管理等规定,并明确了会计凭证、会计账簿和财务报告的处理程序,以保证:

(1) 业务活动按照适当的授权进行。

(2) 交易和事项能以正确的金额,在恰当的会计期间,及时地记录于适当的账户,使财务报表的编制符合企业会计准则的相关要求。

(3) 对资产的记录和记录的接触、处理均经过适当的授权。

(4) 账面资产与实存资产定期核对。

(5) 实行会计人员岗位责任制,聘用适当的会计人员,使其能够完成分配的任务。这些任务包括:①记录所有有效的经济业务;②适时地对经济业务的细节进行充分记录;③经济业务的价值用货币进行正确地反映;④经济业务记录和反映在正确的会计期间;⑤财务报表及其相关说明能够恰当反映公司的财务状况、经营成果和现金流量情况。

本公司建立的相关控制程序,主要包括:交易授权控制、责任分工控制、凭证与记录控制、资产接触与记录使用控制、独立稽查控制、电子信息系统控制等。

(1) 交易授权控制:明确了授权批准的范围、权限、程序、责任等相关内容,公司内部的各级管理层必须在授权范围内行使相应的职权,经办人员也必须在授权范围内办理经济业务。本公司在交易授权上区分交易的不同性质采用两种层次的授权即一般授权和特别授权。对一般性交易如购销业务、费用报销等业务采用各职能部门和分管领导审批制度;对于非常规性交易,如收购、兼并、投资、增发股票等重大交易,需经董事会或股东大会审批。

(2) 责任分工控制:合理设置分工,科学划分职责权限,贯彻不相容职务相分离及每一个人工作能自动检查另一个人或更多人工作的原则,形成相互制衡机制。不相容的职务主要包括:授权批准与业务经办、业务经办与会计记录、会计记录与财产保管、业务经办与业务稽核、授权批准与监督检查等。

(3) 凭证与记录控制:合理制定了凭证流转程序,经营人员在执行交易时能及时编制有关凭证,编妥的凭证及早送交会计部门以便记录,已登账凭证依序归档。各种交易必须作相关记录(如员工工资记录、永续存货记录、销售发票等),并且将记录同相应的分录独立比较。

(4) 资产接触与记录使用控制:本公司严格限制未经授权的人员对财产的直接接触,防止各种实物资产被盗、毁损和流失。采取定期盘点、财产记录、账实核对、财产保险等措施,以使各种财产安全完整。

(5) 独立稽查控制:本公司专门设立内审机构,对货币资金、有价证券、凭证和账簿记录、物资采购、消耗定额、付款、工资管理、委托加工材料、账实相符的真实性、准确性、手续的完备程度进行审查、考核。

(6) 公司已制定了较为严格的电子信息系统控制制度,在电子信息系统开发与维护、数据输入与输出、文件储存与保管等方面做了较多的工作。

(四) 信息系统与沟通

本公司为向管理层及时有效地提供业绩报告建立了比较强大的信息系统,信息系统人员(包括财务会计人员)恪尽职守、勤勉工作,能够有效地履行赋予的职责。本公司管理层也提供了适当的人力、财力以保障整个信息系统的正常、有效运行。本公司针对可疑的不恰当事项和行为建立了有效的沟通渠道和机制,使管理层就员工职责和控制责任能够进行有效沟通。组织内部沟通的充分性使员工能够有效地履行其职责;与客户、供应商、监管者和其他外部人士的有效沟通,使管理层面对各种变化能够及时采取适当的进一步行动。

(五) 对控制的监督

本公司定期对各项内部控制进行评价,同时一方面建立各种机制使相关人员在履行正常岗位职责时,就能够在相当程度上获得内部控制有效运行的证据;另一方面通过外部沟通来证实内部产生的信息或者指出存在的问题。本公司管理层高度重视内部控制的各职能部门和监管机构的报告及建议,并采取各种措施及时纠正控制运行中产生的偏差。

四、公司主要内部控制制度及执行情况

本公司已通过了 ISO/TS16949 质量认证,建立了较为完整的部门职责条例,对部门职责分工及权限相互制衡监督机制作了明确规定。公司内部控制制度建设时充分考虑内部环境、风险对策、控制活动、信息沟通、检查监督等要素,控制活动涵盖公司财务管理、固定资产管理、投资融资管理、物资采购、信息披露等方面。公司制定并完善了《股东大会议事规则》《董事会议事规则》《监事会议事规则》《独立董事工作制度》《关联交易管理制度》《募集资金管理制度》《董事会秘书工作制度》《信息披露管理制度》《对外投资管理制度》《对外担保管理制度》《子公司管理制度》《计提资产减值准备和损失处理内部控制制度》等一系列基本管理制度。

本公司已对内部会计控制制度设计和执行的有效性进行自我评估,现对公司主要内部会计控制制度及执行情况进行如下说明。

(一) 基本控制制度

1. 公司治理方面

公司已按照《公司法》《证券法》和有关监督部门的要求及《江苏奥力威传感高科股份有限公司章程》(以下简称《公司章程》)的规定,建立了合理的决策机制。按照《公司章程》的规定,股东大会的权利规定符合《公司法》《证券法》的规定,股东大会每年至少召开一次,在《公司法》规定的情形下可召开临时股东大会。董事会由5名董事组成,其中包括独立董事2名,董事会经股东大会授权全面负责公司的经营和管理,制定基本管理制度等,是公司经营决策中心,对股东大会负责。公司监事会由三名监事组成,其中包括一名职工监事。公司管理层负责制订具体的工作计划,并及时取得经营、财务信息,以对计

划执行情况进行考核,并根据实际执行情况分析结果,对计划做出适当的修订。

2. 日常管理方面

公司经营管理团队通过月度、季度、年终例会等各类会议与调研等方式,在各职能部门收集、测量、分析、汇总公司经营的各类数据和信息基础上,获取公司整体绩效的重要数据和信息,并应用比较分析、趋势分析与因果分析等方法,定期进行分析与评审,及时掌握公司综合指标,以及存在的问题与不足,展开系统的改进与创新。

3. 人力资源方面

公司已建立和实施了较科学的聘用、培训、教育管理、考勤、考核、晋升等人事管理制度,并聘用足够的人员,使其能完成所分配的任务。

4. 信息系统方面

随着ERP项目信息化建设的不断推进,公司收集、处理信息的能力得到了极大提高,为快速反应提供了有力的信息支持。此后,公司又陆续实施了奥力威办公自动化系统(OA)、人事工资系统等,极大地发挥了信息系统在数据传送、数据分析、规范流程、科学决策方面的重要作用。随着PDM项目系统的应用,借助信息化集成产品开发平台,建立产品、物料的统一化自动编码体系,实现产品开发数据、版本、开发过程、变更过程的规范化统一管理和PDM的集成应用,促进设计、工艺数据重用和知识共享,提升奥力威产品创新能力和企业核心竞争力,从而确保企业的持续性发展。

(二) 业务控制制度

1. 基础管理方面

公司进一步建立健全了公司所制定的企业发展战略管理、经营管理、人力资源管理、财务管理、物资管理、生产管理、质量管理、信息披露管理、后勤管理等各项基础管理规章制度,明确公司各职能部门职责,对业务流程进行整合优化,强调跨部门之间横向沟通,消除部门壁垒,责任到人并进行月度和年度的各层各级的述职和报告工作,同时与考核挂钩。

2. 采购供应管理方面

公司已合理规划和落实采购与付款业务的机构和岗位,明确了存货供应商的选择、评审、请购、审批、采购、验收程序。公司结合行业及业务特点,在原料申购、供应商选择、货物验收方面加强了管理。在货款支付方面,详细规定了付款办法,应付账款与预付账款的支付必须在相关手续齐备后才能办理。

3. 生产管理方面

公司严格按客户订单组织生产,真正实现以订单为中心和以市场为导向,真实地反映并充分满足市场需求。公司严格履行ISO/TS16949:2009质量管理体系标准,对公司产品从开发到生产全过程进行严格监管和产品性能检测,从而为公司高品质产品提供了良好的保证。

4. 质量管理方面

企业以质量作为一切工作的核心,通过全员参与的质量管理和控制,以高质量的产品和优质的服务使顾客得到最高的满意度,最终使企业获取最大的经济效益。针对顾客投诉业务处理,质量部设立了专职人员负责处理客诉,并严格按客诉处理的流程及时解决,在主要销售市场,还专门设立常驻客服人员,为顾客在第一时间内解决问题,实现快速的反应。

5. 销售管理方面

公司制定了比较可行的销售政策,对销售业务的机构和人员的职责权限等相关内容做了明确规定。公司已经建立货款催收和考核制度,保证了应收账款收款的及时性。

6. 信息披露管理

公司制定了《信息披露管理制度》,明确了公司信息披露事务管理部门、具体负责人及职责,对信息披露的内容、标准、审核披露程序等方面均进行了严格的规定,并切实遵照执行。公司按照规定真实、准确、完整、及时地披露了公司所有公告,维护了广大股东及利益相关方的合法权益。

7. 募集资金管理方面

为规范募集资金存放与使用管理,及时获得募集资金使用信息,保证募集资金投资项目按照上市公司有关规定进行披露,公司制定了《募集资金管理制度》,对公司募集资金投资项目的类别、项目管理流程、募集资金的存放与使用的审核管理、募集资金投资项目信息披露等环节均作出了详细的规定。公司募集资金投资项目实际投入与计划投入基本相符,不存在将募集资金用于质押、委托贷款或其他变相改变募集资金用途的情形。

(三) 资产管理控制制度

货币资金的收支与保管业务,公司已建立了严格的授权批准程序,办理货币资金业务的不相容岗位已作分离,有关机构和人员存在相互制约关系。公司已按《现金管理暂行条例》和《内部会计控制规范——货币资金》,明确了现金的使用范围及办理现金收支业务时应遵循的规定;已按《收付结算办法》及有关规定制定了银行存款的结算程序。公司没有影响货币资金安全的重大不适当之处。

公司已建立了实物资产管理的岗位责任制度,能对实物资产的验收入库、领用、发放、保管及处置等关键环节进行控制,采取了职责分工、实物定期盘点、财产记录、账实核对等措施,能够较有效地防止各种实物资产的被盗、偷拿、毁损和流失。

公司已建立了固定资产管理程序。固定资产的款项必须在相关资产已经落实,审批手续齐备下才能支付。固定资产的验收分别由行政管理部门、工程部门实施。公司已逐步建立健全资本性支出预算控制制度。

(四) 对外投资管理、对外担保、关联交易控制制度

为严格控制风险,公司制定了对外投资管理制度,按公司投资决策管理制度,对对外投资的决策机构进行了具体的权限划分。公司严格控制担保行为,建立了担保决策程序,对担保原则、担保标准和条件等相关内容作了规定,明确了对被担保企业资信情况评价,能够及时掌握被担保人的经营和财务状况,以防范潜在的风险,避免和减少可能发生的损失。本年度无对外担保和关联交易事项。

(五) 工资费用控制制度

公司已建立了较为完备的成本费用控制系统,能做好成本费用管理的各项基础工作、明确费用的开支标准和范围。公司已经逐步建立了预算控制制度和财务分析系统,及时对比实际业绩和计划目标,并将结果作用于实际工作。但公司预算控制目前主要侧

重于成本费用的控制和销售目标的完成,与全面预算管理要求有一定差距。

（六）内部监督控制制度

公司目前的治理结构和现有的内部控制基本能够适应公司管理的要求,能够对编制真实、完整、公允的财务报表提供合理的保证,能够对公司各项业务活动的健康运行及国家有关法律法规和单位内部规章制度的贯彻执行提供保证,并且得到了较为有效的执行。

五、公司内部控制制度执行中发现的重大缺陷说明

本公司现有内部控制制度基本能够适应公司管理的要求,能够为编制真实、完整、公允的财务报表提供合理保证,能够为公司各项业务活动的健康运行及国家有关法律法规和公司内部规章制度的贯彻执行提供保证,能够保护公司资产的安全、完整。但公司预算管理建设和内部审计有待加强。

六、公司准备采取的措施

对于目前公司在内部控制方面存在的不足,本公司拟采取以下措施加以改进提高:加强预算管理制度建设,包括公司全面财务预算管理制度和部门预算管理制度,使公司各项经营管理活动有具体可行的努力目标。全力支持内部审计部门的工作,切实解决内部审计发现的问题,以便于内部控制制度的进一步完善和有效运行。

七、公司对内部控制的自我评价意见（结论）

综上所述,本公司管理层认为,根据《内部会计控制规范——基本规范(试行)》的要求,于2016年12月31日在所有重大方面保持了与财务报表相关的有效的内部控制。

江苏奥力威传感高科股份有限公司
2017年3月20日

本章小结

本章在财政部颁布的评价指引基础上,总结概括了内部控制评价的原则、内容,介绍了内部控制贯穿于企业所有层次和部门的一系列活动,并阐述评价的程序与缺陷认定,以保证管理层能够有效执行指令,最后从各个层面说明评价报告应包含的内容。因此,内部控制的评价相关知识应当熟练掌握。

思考题

1. 内部控制评价应遵循哪些原则？应评价哪些内容？
2. 内部控制评价内容的控制要素包括哪些？
3. 内部控制程序通过哪些途径来认定？
4. 内部控制报告包括哪些内容？

参考文献

[1] Treadway委员会发起组织委员会(COSO). 内部控制：整合框架[M]. 大连：东北财经大学出版社，2008.

[2] 罗伯特·R,穆勒·布林克. 现代内部审计[M]. 北京：中国工信出版社，2006.

[3] 李凤鸣. 内部控制学[M]. 北京：北京大学出版社，2012.

第五章　内部控制审计指引

引入案例

海南橡胶的内控漏洞

海南天然橡胶产业集团股份有限公司（以下简称海南橡胶）是农业产业化国家重点龙头企业，是中国最大的天然橡胶资源拥有者和控制者，也是中国最大的天然橡胶加工企业。从其在中国天然橡胶资源所占的份额来看，海南橡胶无疑是行业的龙头老大。但就是这样一家被国家大力扶持并实力雄厚的大企业，却存在着很大的内控漏洞。

在立信会计师事务所2016年公布的内部控制审计报告中，海南橡胶的财务报告内部控制存在如下重大及重要缺陷。

（1）为了防范大股东及关联方占用上市公司资金，海南橡胶制定了《防范大股东及其他关联方资金占用制度》。在审计过程中，注册会计师注意到2015年度关联方上海增石资产管理有限公司存在占用海南橡胶全资子公司资金的情况。截至2015年12月31日，合计尚欠款70 100万元。上述关联方占用海南橡胶全资子公司资金的情况表明，海南橡胶《防范大股东及其他关联方资金占用制度》运行存在重大缺陷，未能达到控制目标。

（2）为了防范套期保值业务风险，海南橡胶制定了《套期保值业务管理办法》，但套期保值业务制度未对交易头寸设定交易数量目标，存在业务部门为逐利而放大交易头寸的风险；另外，套期保值业务制度也未对内部交易套期保值作出限制，存在业务人员以内部交易为标的进行套期保值的风险，而内部交易套期保值与公司规避风险的经营目标并不相符。在审计过程中，注册会计师注意到海南橡胶2015年度套期保值业务交易量已超过现货交易量。上述套期保值业务制度设计及运行存在的重要缺陷，难以保证有效控制套期保值业务的风险并实现经营目标。

海南橡胶在内控自评过程中识别到关联方占用资金，以及套期保值业务制度在设计和运行方面存在的缺陷，至该内部控制审计报告发出之日起，公司已就关联方资金占用的事项完成整改，并要求相关责任人对套期保值业务存在的缺陷提出整改方案，必须严格执行、落实到位，尽早完成缺陷整改。

——摘抄自2015年海南橡胶内部控制审计报告

有效的内部控制能够为财务报告及相关信息的真实完整性提供合理保证，那么什么是内部控制审计？内部控制审计究竟有什么作用？

第一节 内部控制审计总论

一、国外内部控制审计演变

20世纪初,在审计师对财务报表进行审计时,内部控制只是审计师自行选择的环节。由于罗宾斯公司事件的推动,美国会计师协会于1939年首次规定审计程序要增加内部控制评价,实现了内部控制与审计相结合。这是内部控制审计制度的萌芽。

20世纪后半叶,美国社会各界要求抑制财务舞弊的现象,从注册会计师协会到民间组织开始关注内部控制的研究,发现大多数财务舞弊的行为都和内部控制的缺陷脱不了干系,内部控制审计也随之兴起。之后,美国COSO委员会,于1992年发布了《内部控制——整合框架》,为实施内部控制审计奠定了基础。这是内部控制审计制度的发展时期。

21世纪初,美国公司发生了一系列财务丑闻,美国国会出台了萨班斯法案,该法案的颁布标志着美国外部审计对上市公司的财务报告内部控制信息有效性首次进入强制性监管阶段。2004年6月美国公众公司监督委员会(PCAOB)发布了第2号审计准则(AS No. 2),用以指导注册会计师出具内部控制审核报告。至此,现代审计业迈向财务报表审计与内部控制审计并重的新时代。2007年7月PCAOB发布了第5号审计准则(AS No. 5)。第5号审计准则很大程度上改变了审计思路和方式,指引注册会计师将风险关注点转向内部控制的重要方面。此后,内部控制审计进入了成熟时期,其任务则转为建立内部控制审计制度的整体框架,至此,以萨班斯法案为标志的内部控制审计制度最终确立。

欧洲各国以及日本也对内部控制十分重视,积极研究内部控制理论与实施。欧盟已经在起草"第八号指引",日本注册会计师协会也颁布了内部控制评价与审计准则。企业严格执行内部控制制度,并认可注册会计师审计已经成为全球化进程中内部控制发展必不可少的环节。

二、我国内部控制审计发展

改革开放以来,我国的市场经济不断发展,企业面临的财务风险也随之增加,为遏制贪污腐败、财务舞弊等行为,政府及有关部门出台了一系列有关内部控制的相关规定。但由于中国的资本市场建立时间较短,为了鉴证内部控制的有效性,更好的完善企业内部控制体系,2002年2月,我国注册会计师协会发布《内部控制审核指导意见》,正式确立了我国的内部控制审计制度。2003年基于COSO框架的《内部审计具体准则第5号——内部控制审计》提出,从被审计单位的控制环境、风险评估过程、信息系统和沟通、控制活动、对控制活动的监督五个方面评价内部控制系统。

为了规范注册会计师执行企业内部控制审计业务,明确工作要求,保证执业质量,根据《企业内部控制基本规范》《中国注册会计师鉴证业务基本准则》及相关执业准则,2010

年4月26日,财政部会同审计署、证监会、银监会、保监会发布了《企业内部控制审计指引》。

截至2016年4月30日,40家事务所共为1 530家上市公司出具了2015年内部控制审计报告,其中,沪市主板1 006家,深市主板471家,中小企业板46家,创业板7家。从审计报告意见类型看,1 444家上市公司被出具了标准无保留意见审计报告,70家上市公司被出具了带强调事项段的无保留意见审计报告,16家上市公司被出具了否定意见审计报告。在1 530份内部控制审计报告中,非标准内部控制审计报告86份,占5.62%,非标准内部控制审计报告的数量和比例都较2014年度(78份,比例为5.32%)有所上升。

三、内部控制审计的内涵

内部控制审计是指会计师事务所接受委托,对特定基准日内部控制设计与运行的有效性进行审计,包括确认和评价企业控制设计和控制运行缺陷和缺陷等级,分析缺陷形成原因,提出改进内部控制建议。

建立健全和有效实施内部控制,出具内部控制自我评价报告,评价内部控制的有效性是企业董事会的责任。按照本《企业内部控制审计指引》的要求,在实施审计工作的基础上对内部控制的有效性发表审计意见,出具内部控制审计报告,则是注册会计师的责任。

注册会计师执行内部控制审计工作,应当获取充分、适当的证据,为发表内部控制审计意见提供合理保证;应当对财务报告内部控制的有效性发表审计意见;对内部控制审计过程中注意到的非财务报告内部控制的重大缺陷,在内部控制审计报告中增加"非财务报告内部控制重大缺陷描述段"予以披露。

四、整合审计

注册会计师可以单独进行内部控制审计,也可将内部控制审计与财务报表审计整合进行(以下简称整合审计)。在整合审计中,注册会计师应当对内部控制设计与运行的有效性进行测试,以同时实现下列目标。

(1) 获取充分、适当的证据,支持其在内部控制审计中对内部控制有效性发表的意见。

(2) 获取充分、适当的证据,支持其在财务报表审计中对控制风险的评估结果。

财务报表审计和内部控制审计存在多方面的共同点。注册会计师基于统一的风险评估,为财务报表审计和内部控制审计制定整合的审计计划,有助于实现整合审计的目标,减少重复工作,提高审计效率和效果。

具体而言,财务报表审计与内部控制审计至少在以下几个方面是可以整合共享的。

(1) 重要性水平的确定。

(2) 固有风险的评估。

(3) 集团审计中重要组成部分和非重要组成部分的确定。

(4) 重要账户、列报及其相关认定的确定。
(5) 内部控制设计与运行有效性的测试。
(6) 内部控制缺陷的识别和评价。

为了规范注册会计师执行内部控制审计业务,明确工作要求,提高执业质量,维护公众利益,中国注册会计师协会制定了《企业内部控制审计指引实施意见》,并于2012年1月1日起施行。

在审计工作的具体执行过程中,注册会计师还需要按照《企业内部控制审计指引实施意见》第九部分中有关"审计证据和结论的相互参照"的指引,在财务报表审计过程中,要考虑内部控制审计中实施的、所有针对内部控制设计与运行有效性的测试结果对所实施计划的实质性程序性质、时间安排和范围的影响。反过来,也要在内部控制审计过程中评价财务报表审计中所实施实质性程序的结果对控制有效性结论的影响。实务中,在整合审计的情况下,注册会计师可以只编制一套整合的审计工作底稿,它同时涵盖了财务报表审计与内部控制审计的整个过程,能够有效地实现整合审计的目标,并同时满足财务报表审计和内部控制审计的需要。

第二节 计划审计工作

只有当内部控制审计的前提条件得到满足,并且会计师事务所符合独立性要求,具备专业胜任能力时,会计师事务所才能接受或保持内部控制审计业务。

一、签订业务约定书

(一) 内部控制审计的前提条件

在确定内部控制审计的前提条件是否得到满足时,注册会计师应当:
(1) 确定被审计单位采用的内部控制标准是否适当;
(2) 就被审计单位认可并理解其责任与治理层和管理层达成一致意见。
被审计单位的责任包括:
(1) 按照适用的内部控制标准,建立健全和有效实施内部控制,以使财务报表不存在由于舞弊或错误导致的重大错报;
(2) 对内部控制的有效性进行评价并编制内部控制评价报告;
(3) 向注册会计师提供必要的工作条件,包括允许注册会计师接触与内部控制审计相关的所有信息(如记录、文件和其他事项),允许注册会计师在获取审计证据时不受限制地接触其认为必要的内部人员和其他相关人员等。

(二) 签订单独的内部控制审计业务约定书

如果决定接受或保持内部控制审计业务,会计师事务所应当与被审计单位签订单独的内部控制审计业务约定书。业务约定书应当至少包括下列内容。

(1) 内部控制审计的目标和范围。
(2) 注册会计师的责任。
(3) 被审计单位的责任。
(4) 指出被审计单位采用的内部控制标准。
(5) 提及注册会计师拟出具的内部控制审计报告的形式和内容,以及对在特定情况下出具的内部控制审计报告可能不同于预期形式和内容的说明。
(6) 审计收费。

二、编制审计计划

注册会计师在接受相关审计委托方的审计委托之后,接下来就是进行计划审计工作,编制审计计划,以便对企业内部审计的工作方向、程序等问题做出合理的规划与安排。

注册会计师应当恰当地计划内部控制审计工作,配备具有专业胜任能力的项目组,并对助理人员进行适当的督导,构成审计项目组。

在计划审计工作时,注册会计师应当评价下列事项对内部控制、财务报表以及审计工作的影响。

(1) 与企业相关的风险。
(2) 相关法律法规和行业概况。
(3) 企业组织结构、经营特点和资本结构等相关重要事项。
(4) 企业内部控制最近发生变化的程度。
(5) 与企业沟通过的内部控制缺陷。
(6) 重要性、风险等与确定内部控制重大缺陷相关的因素。
(7) 对内部控制有效性的初步判断。
(8) 可获取的、与内部控制有效性相关的证据的类型和范围。

注册会计师应当以风险评估为基础,选择拟测试的控制,确定测试所需收集的证据。内部控制的特定领域存在重大缺陷的风险越高,给予该领域的审计关注就越多,注册会计师应当贯彻风险导向审计的思路,恰当地计划内部控制审计工作,制订总体审计策略和具体审计计划。

(一) 总体审计策略

(1) 确定内部控制审计业务特征,以界定审计范围。例如,被审计单位采用的内部控制标准、注册会计师预期内部控制审计工作涵盖的范围、对组成部分注册会计师工作的参与程度、注册会计师对被审计单位内部控制评价工作的了解以及拟利用被审计单位内部相关人员工作的程度等。

对于按照权益法核算的投资,内部控制审计范围应当包括针对权益法下相关会计处理而实施的内部控制,但通常不包括针对权益法下被投资方的内部控制。

内部控制审计范围应当包括被审计单位在内部控制评价基准日（最近一个会计期间截止日，以下简称基准日）或在此之前收购的实体，以及在基准日作为终止经营进行会计处理的业务。注册会计师应当确定是否有必要对与这些实体或业务相关的控制实施测试。

如果法律法规的相关豁免规定允许被审计单位不将某些实体纳入内部控制评价范围，注册会计师可以不将这些实体纳入内部控制审计的范围。

（2）明确内部控制审计业务的报告目标，以及计划审计的时间安排和所需沟通的性质。例如，被审计单位对外公布或报送内部控制审计报告的时间、注册会计师与管理层和治理层讨论内部控制审计工作的性质、时间安排和范围，注册会计师与管理层和治理层讨论拟出具内部控制审计报告的类型和时间安排以及沟通的其他事项等。

（3）根据职业判断，考虑用以指导项目组工作方向的重要因素。例如，财务报表整体的重要性和实际执行的重要性、初步识别的可能存在重大错报的风险领域、内部控制最近发生变化的程度、与被审计单位沟通过的内部控制缺陷、对内部控制有效性的初步判断、信息技术和业务流程的变化等。

（4）考虑初步业务活动的结果，并考虑对被审计单位执行其他业务时获得的经验是否与内部控制审计业务相关（如适用）。

（5）确定执行内部控制审计业务所需资源的性质、时间安排和范围。例如，项目组成员的选择以及对项目组成员审计工作的分派，项目时间预算等。

（二）具体审计计划

注册会计师应当在具体审计计划中体现下列内容。
（1）了解和识别内部控制的程序的性质、时间安排和范围。
（2）测试控制设计有效性的程序的性质、时间安排和范围。
（3）测试控制运行有效性的程序的性质、时间安排和范围。

在计划审计工作的过程中，注册会计师应当对企业内部控制自我评价工作进行评估，判断是否利用企业内部审计人员和其他相关人员的工作，应当对其专业胜任能力和客观性进行充分评价，人员、内部控制评价人员和其他相关人员的工作以及可利用的程度，相应减少可能由注册会计师执行的工作。注册会计师利用企业内部审计人员、内部控制评价，与某项控制相关的风险越高，可利用程度就越低，注册会计师应当更多地对该项控制亲自进行测试。尽管利用了他人的工作，但由于注册会计师应当对发表的审计意见独立承担责任，所以其责任不能因为利用企业内部审计人员、内部控制评价人员和其他相关人员的工作而减轻。

（三）对应对舞弊风险的考虑

在计划和实施内部控制审计工作时，注册会计师应当考虑财务报表审计中对舞弊风险的评估结果。在识别和测试企业层面控制以及选择其他控制进行测试时，注册会计师应当评价被审计单位的内部控制是否足以应对识别出的、由于舞弊导致的重大错报风险，并评价为应对管理层和治理层凌驾于控制之上的风险而设计的控制。

被审计单位为应对这些风险可能设计的控制包括。
(1) 针对重大的非常规交易的控制,尤其是针对导致会计处理延迟或异常的交易的控制。
(2) 针对期末财务报告流程中编制的分录和作出的调整的控制。
(3) 针对关联方交易的控制。
(4) 与管理层的重大估计相关的控制。
(5) 能够减弱管理层和治理层伪造或不恰当操纵财务结果的动机和压力的控制。

如果在内部控制审计中识别出旨在防止或发现并纠正舞弊的控制存在缺陷,注册会计师应当按照《中国注册会计师审计准则第1141号——财务报表审计中与舞弊相关的责任》的规定,在财务报表审计中制定重大错报风险的应对方案时考虑这些缺陷。

第三节　实施审计工作

一、采用自上而下的方法

注册会计师应当采用自上而下的方法选择拟测试的控制。自上而下的方法始于注册会计师从财务报表层次对内部控制整体风险的了解,然后将关注重点放在企业层面的控制上,并将工作逐渐下移至重要账户、列报及其相关认定。随后,验证其对被审计单位业务流程中风险的了解,并选择能足以应对评估的每个相关认定的重大错报风险的控制进行测试。

自上而下的方法分为下列步骤。
(1) 从财务报表层次初步了解内部控制整体风险。
(2) 识别、了解和测试企业层面控制。
(3) 识别重要账户、列报及其相关认定。
(4) 了解潜在错报的来源并识别相应的控制。
(5) 选择拟测试的控制。

二、识别、了解和测试企业层面控制

注册会计师应当识别、了解和测试企业层面控制。企业层面控制对内部控制有效性有重要影响。注册会计师对企业层面控制的评价,可能增加或减少本应对其他控制进行的测试。

(一) 企业层面控制对其他控制及其测试的影响

不同的企业层面控制在性质和精确度上存在差异,注册会计师应当从下列方面考虑这些差异对其他控制及其测试的影响。

(1) 某些企业层面控制，如与控制环境相关的控制，对及时防止或发现并纠正相关认定的错报的可能性有重要影响。虽然这种影响是间接的，但这些控制仍然可能影响注册会计师拟测试的其他控制，以及测试程序的性质、时间安排和范围。

(2) 某些企业层面控制旨在识别其他控制可能出现的失效情况，这样能够监督其他控制的有效性，但还不足以精确到及时防止或发现并纠正相关认定的错报。当这些控制运行有效时，注册会计师可以减少对其他控制的测试。

(3) 某些企业层面控制本身能够精确到足以及时防止或发现并纠正相关认定的错报。如果一项企业层面控制足以应对已评估的错报风险，注册会计师就不必测试与该风险相关的其他控制。

(二) 企业层面控制的内容

企业层面控制包括下列内容。
(1) 与控制环境(即内部环境)相关的控制。
(2) 针对管理层和治理层凌驾于控制之上的风险而设计的控制。
(3) 被审计单位的风险评估过程。
(4) 对内部信息传递和期末财务报告流程的控制。
(5) 对控制有效性的内部监督(即监督其他控制的控制)和内部控制评价。

此外，集中化的处理和控制(包括共享的服务环境)、监控经营成果的控制以及针对重大经营控制及风险管理实务的政策也属于企业层面控制。

(三) 对期末财务报告流程的评价

期末财务报告流程对内部控制审计和财务报表审计有重要影响，注册会计师应当对期末财务报告流程进行评价。

期末财务报告流程包括。
(1) 将交易总额登入总分类账的程序。
(2) 与会计政策的选择和运用相关的程序。
(3) 总分类账中会计分录的编制、批准等处理程序。
(4) 对财务报表进行调整的程序。
(5) 编制财务报表的程序。

注册会计师应当从下列方面评价期末财务报告流程。
(1) 被审计单位财务报表的编制流程，包括输入、处理及输出。
(2) 期末财务报告流程中运用信息技术的程度。
(3) 管理层中参与期末财务报告流程的人员。
(4) 纳入财务报表编制范围的组成部分。
(5) 调整分录及合并分录的类型。
(6) 管理层和治理层对期末财务报告流程进行监督的性质及范围。

三、识别重要账户、列报及其相关认定

注册会计师应当基于财务报表层次识别重要账户、列报及其相关认定。

如果某账户或列报可能存在一个错报,且该错报单独或连同其他错报将导致财务报表发生重大错报,则该账户或列报为重要账户或列报。判断某账户或列报是否重要,应当依据其固有风险,而不应考虑相关控制的影响。

如果某财务报表认定可能存在一个或多个错报,且这些错报将导致财务报表发生重大错报,则该认定为相关认定。判断某认定是否为相关认定,应当依据其固有风险,而不应考虑相关控制的影响。

为识别重要账户、列报及其相关认定,注册会计师应当从下列方面评价财务报表项目及附注的错报风险因素。

(1) 账户的规模和构成。
(2) 易于发生错报的程度。
(3) 账户或列报中反映的交易的业务量、复杂性及同质性。
(4) 账户或列报的性质。
(5) 与账户或列报相关的会计处理及报告的复杂程度。
(6) 账户发生损失的风险。
(7) 账户或列报中反映的活动引起重大或有负债的可能性。
(8) 账户记录中是否涉及关联方交易。
(9) 账户或列报的特征与前期相比发生的变化。

在识别重要账户、列报及其相关认定时,注册会计师还应当确定重大错报的可能来源。注册会计师可以通过考虑在特定的重要账户或列报中错报可能发生的领域和原因,确定重大错报的可能来源。

在内部控制审计中,注册会计师在识别重要账户、列报及其相关认定时应当评价的风险因素。这些因素与财务报表审计中考虑的因素相同,因此,在这两种审计中识别的重要账户、列报及其相关认定应当相同。

如果某账户或列报的各组成部分存在的风险差异较大,被审计单位可能需要采用不同的控制来应对这些风险,注册会计师应当分别予以考虑。

四、测试控制设计和运行的有效性

注册会计师应当测试内部控制设计与运行的有效性。

如果某项控制由拥有有效执行控制所需的授权和专业胜任能力的人员按规定的程序和要求执行,能够实现控制目标,从而有效地防止或发现并纠正可能导致财务报表发生重大错报的错误或舞弊,则表明该项控制的设计是有效的;如果某项控制正在按照设计运行、执行人员拥有有效执行控制所需的授权和专业胜任能力,能够实现控制目标,则表明该项控制的运行是有效的;如果被审计单位利用第三方的帮助完成一些财务报告工

作的,注册会计师在评价负责财务报告及相关控制的人员的专业胜任能力时,可以一并考虑第三方的专业胜任能力。

注册会计师获取的有关控制运行有效性的审计证据包括如下几项。

(1) 控制在所审计期间的相关时点是如何运行的。
(2) 控制是否得到一贯执行。
(3) 控制由谁或以何种方式执行。

五、测试控制有效性的程序

注册会计师应当根据与内部控制相关的风险,确定拟实施审计程序的性质、时间安排和范围,获取充分、适当的证据。与内部控制相关的风险越高,注册会计师需要获取的证据越多。

在连续审计中,注册会计师在确定测试的性质、时间安排和范围时,应当考虑以前年度执行内部控制审计时了解的情况。

注册会计师通过测试控制有效性获取的审计证据,取决于其实施程序的性质、时间安排和范围的组合。此外,就单项控制而言,注册会计师应当根据与控制相关的风险对测试程序的性质、时间安排和范围进行适当的组合,以获取充分、适当的审计证据。

注册会计师测试控制有效性的程序,按其提供审计证据的效力,由弱到强排序通常为:询问、观察、检查和重新执行。询问本身并不能为得出控制是否有效的结论提供充分、适当的审计证据。

测试控制有效性的程序,其性质在很大程度上取决于拟测试控制的性质。某些控制可能存在反映控制有效性的文件记录,而另外一些控制,如管理理念和经营风格,可能没有书面的运行证据。

对缺乏正式的控制运行证据的被审计单位或业务单元,注册会计师可以通过询问并结合运用其他程序,如观察活动、检查非正式的书面记录和重新执行某些控制,获取有关控制是否有效的充分、适当的审计证据。

注册会计师在测试控制设计的有效性时,应当综合运用询问适当人员、观察经营活动和检查相关文件等程序。注册会计师执行穿行测试通常足以评价控制设计的有效性。

注册会计师在测试控制运行的有效性时,应当综合运用询问适当人员、观察经营活动、检查相关文件以及重新执行等程序。

六、控制测试的时间安排

对控制有效性测试的实施时间越接近基准日,提供的控制有效性的审计证据越有力。为了获取充分、适当的审计证据,注册会计师应当在下列两个因素之间作出平衡,以确定测试的时间。

(1) 尽量在接近基准日实施测试。
(2) 实施的测试需要涵盖足够长的期间。

整改后的内部控制需要在基准日之前运行足够长的时间,注册会计师才能得出整改后的内部控制是否有效的结论。因此,在接受或保持内部控制审计业务时,注册会计师应当尽早与被审计单位沟通这一情况,并合理安排控制测试的时间,留出提前量。例如,注册会计师在基准日前3个月完成期中测试工作。此外,由于对企业层面控制的评价结果将影响注册会计师测试其他控制的性质、时间安排和范围,注册会计师可以考虑在执行业务的早期阶段对企业层面控制进行测试。

七、控制测试的范围

注册会计师在测试控制的运行有效性时,应当在考虑与控制相关的风险的基础上,确定测试的范围(样本规模)。

注册会计师确定的测试范围,应当足以使其获取充分、适当的审计证据,为基准日内部控制是否不存在重大缺陷提供合理保证。

1. 测试人工控制的最小样本规模

在测试人工控制时,如果采用检查或重新执行程序,注册会计师测试的最小样本量区间如表5-1所示。

表5-1 测试人工控制的最小样本量区间

控制运行频率	控制运行总次数	测试的最小样本量区间
每年1次	1	1
每季1次	4	2
每月1次	12	2~5
每周1次	52	5~15
每天1次	250	20~40
每天多次	大于250	25~60

在运用表5-1时,注册会计师应当注意下列事项。

(1)测试的最小样本量是指所需测试的控制运行次数。

(2)注册会计师应当根据与控制相关的风险,基于最小样本量区间确定具体的样本规模。

(3)表5-1假设控制的运行偏差率预期为零。如果预期偏差率不为零,注册会计师应当扩大样本规模。

(4)如果注册会计师不能确定控制运行频率,但是知道控制运行总次数,仍可根据"控制运行总次数"一列确定测试的最小样本规模。

2. 测试自动化应用控制的最小样本规模

信息技术处理具有内在一贯性。在信息技术一般控制有效的前提下,除非系统发生变动,否则注册会计师只要对自动化应用控制的运行测试一次,即可得出所测试自动化应用控制是否运行有效的结论。

3. 发现偏差时的处理

如果发现控制偏差,注册会计师应当确定其对下列事项的影响。

(1) 与所测试控制相关的风险的评估。

(2) 需要获取的审计证据。

(3) 控制运行有效性的结论。

评价控制偏差的影响需要注册会计师运用职业判断,并受到控制的性质和所发现偏差数量的影响。如果发现的控制偏差是系统性偏差或人为有意造成的偏差,注册会计师应当考虑舞弊的可能迹象以及对审计方案的影响。

在评价控制测试中发现的某项控制偏差是否为控制缺陷时,注册会计师可以考虑的因素包括。

(1) 该偏差是如何被发现的。例如,如果某控制偏差是被另外一项控制所发现的,则可能意味着被审计单位存在有效的发现性控制。

(2) 该偏差是与某一特定的地点、流程或应用系统相关,还是对被审计单位有广泛影响。

(3) 就被审计单位的内部政策而言,该控制出现偏差的严重程度。例如,某项控制在执行上晚于被审计单位政策要求的时间,但仍在编制财务报表之前得以执行,还是该项控制根本没有得以执行。

(4) 与控制运行频率相比,偏差发生的频率大小。

由于有效的内部控制不能为实现控制目标提供绝对保证,单项控制并非一定要毫无偏差地运行,才能被认为有效。在按照表5-1所列示的样本规模进行测试的情况下,如果发现控制偏差,注册会计师应当考虑偏差的原因及性质,并考虑采用扩大样本量等适当的应对措施以判断该偏差是否对总体不具有代表性。例如,对每日发生多次的控制,如果初始样本量为25个,当测试发现一项控制偏差,且该偏差不是系统性偏差时,注册会计师可以扩大样本规模进行测试,所增加的样本量至少为15个。如果测试后再次发现偏差,则注册会计师可以得出该控制无效的结论。如果扩大样本量没有再次发现偏差,则注册会计师可以得出控制有效的结论。

八、控制变更时的特殊考虑

在基准日之前,被审计单位可能为提高控制效率、效果或弥补控制缺陷而改变控制。

对内部控制审计而言,如果新控制实现了相关控制目标,且运行了足够长的时间,使注册会计师能够通过对该控制进行测试评价其设计和运行的有效性,则无须测试被取代的控制。

对财务报表审计而言,如果被取代控制的运行有效性对控制风险的评估有重大影响,注册会计师应当测试被取代控制的设计和运行的有效性。

第四节 评价控制缺陷

一、控制缺陷的分类

内部控制缺陷按其成因分为设计缺陷和运行缺陷。

设计缺陷是指缺少为实现控制目标所必需的控制,或现有控制设计不适当、即使正常运行也难以实现预期的控制目标。

运行缺陷是指现存设计适当的控制没有按设计意图运行,或执行人员没有获得必要授权或缺乏胜任能力,无法有效地实施内部控制。

内部控制存在的缺陷,按其严重程度分为重大缺陷、重要缺陷和一般缺陷。

重大缺陷是内部控制中存在的、可能导致不能及时防止或发现并纠正财务报表出现重大错报的一项控制缺陷或多项控制缺陷的组合。

重要缺陷是内部控制中存在的、其严重程度不如重大缺陷,但足以引起负责监督被审计单位财务报告的人员(如审计委员会或类似机构)关注的一项控制缺陷或多项控制缺陷的组合。

一般缺陷是内部控制中存在的、除重大缺陷和重要缺陷之外的控制缺陷。

二、评价控制缺陷的严重程度

注册会计师应当评价其识别的各项控制缺陷的严重程度,以确定这些缺陷单独或组合起来,是否构成内部控制的重大缺陷。但是,在计划和实施审计工作时,不要求注册会计师寻找单独或组合起来不构成重大缺陷的控制缺陷。

控制缺陷的严重程度取决于如下因素。

(1) 控制不能防止或发现并纠正账户或列报发生错报的可能性的大小。

(2) 因一项或多项控制缺陷导致的潜在错报的金额大小。

控制缺陷的严重程度与错报是否发生无关,而取决于控制不能防止或发现并纠正错报的可能性的大小。

在评价一项控制缺陷或多项控制缺陷的组合是否可能导致账户或列报发生错报时,注册会计师应当考虑的风险因素包括以下几点。

(1) 所涉及的账户、列报及其相关认定的性质。

(2) 相关资产或负债易于发生损失或舞弊的可能性。

(3) 确定相关金额时所需判断的主观程度、复杂程度和范围。

(4) 该项控制与其他控制的相互作用或关系。

(5) 控制缺陷之间的相互作用。

(6) 控制缺陷在未来可能产生的影响。

评价控制缺陷是否可能导致错报时,注册会计师无须将错报发生的概率量化为某特定的百分比或区间。

如果多项控制缺陷影响财务报表的同一账户或列报,错报发生的概率会增加。在存在多项控制缺陷时,即使这些缺陷从单项看不重要,但组合起来也可能构成重大缺陷。因此,注册会计师应当确定,对同一重要账户、列报及其相关认定或内部控制要素产生影响的各项控制缺陷,组合起来是否构成重大缺陷。

在评价因一项或多项控制缺陷导致的潜在错报的金额大小时,注册会计师应当考虑的因素包括如下几项。

(1) 受控制缺陷影响的财务报表金额或交易总额。

(2) 在本期或预计的未来期间受控制缺陷影响的账户余额或各类交易涉及的交易量。

在评价潜在错报的金额大小时,账户余额或交易总额的最大多报金额通常是已记录的金额,但其最大少报金额可能超过已记录的金额。通常,小金额错报比大金额错报发生的概率更高。

在确定一项控制缺陷或多项控制缺陷的组合是否构成重大缺陷时,注册会计师应当评价补偿性控制的影响。在评价补偿性控制是否能够弥补控制缺陷时,注册会计师应当考虑补偿性控制是否有足够的精确度以防止或发现并纠正可能发生的重大错报。

三、表明可能存在重大缺陷的迹象

如果注册会计师确定发现的一项控制缺陷或多项控制缺陷的组合将导致审慎的管理人员在执行工作时,认为自身无法合理保证按照适用的财务报告编制基础记录交易,应当将这一项控制缺陷或多项控制缺陷的组合视为存在重大缺陷的迹象。下列迹象可能表明内部控制存在重大缺陷。

(1) 注册会计师发现董事、监事和高级管理人员的任何舞弊。

(2) 被审计单位重述以前公布的财务报表,以更正由于舞弊或错误导致的重大错报。

(3) 注册会计师发现当期财务报表存在重大错报,而被审计单位内部控制在运行过程中未能发现该错报。

(4) 审计委员会和内部审计机构对内部控制的监督无效。

四、被审计单位对存在缺陷的控制进行整改

如果被审计单位在基准日前对存在缺陷的控制进行了整改,整改后的控制需要运行足够长的时间,才能使注册会计师得出其是否有效的审计结论。注册会计师应当根据控制的性质和与控制相关的风险,合理运用职业判断,确定整改后控制运行的最短期间(或整改后控制的最少运行次数)以及最少测试数量。整改后控制运行的最短期间(或最少运行次数)和最少测试数量如表5-2所示。

表 5-2　整改后控制运行的最短期间(或最少运行次数)和最少测试数量

控制运行频率	整改后控制运行的最短期间或最少运行次数	最少测试数量
每季1次	2个季度	2
每月1次	2个月	2
每周1次	5周	5
每天1次	20天	20
每天多次	25次(分布于涵盖多天的期间,通常不少于15天)	25

如果被审计单位在基准日前对存在重大缺陷的内部控制进行了整改,但新控制尚没有运行足够长的时间,注册会计师应当将其视为内部控制在基准日存在重大缺陷。

第五节　完成审计工作

一、形成审计意见

注册会计师应当评价从各种来源获取的审计证据,包括对控制的测试结果、财务报表审计中发现的错报以及已识别的所有控制缺陷,形成对内部控制有效性的意见。在评价审计证据时,注册会计师应当查阅本年度涉及内部控制的内部审计报告或类似报告,并评价这些报告中指出的控制缺陷。

在对内部控制的有效性形成意见后,注册会计师应当评价企业内部控制评价报告对相关法律法规规定的要素的列报是否完整和恰当。

二、获取书面声明

注册会计师完成审计工作后应当获取经被审计单位签署的书面声明。书面声明的内容应当包括如下内容。

(1) 被审计单位董事会认可其对建立健全和有效实施内部控制负责。

(2) 被审计单位已对内部控制进行了评价,并编制了内部控制评价报告。

(3) 被审计单位没有利用注册会计师在内部控制审计和财务报表审计中执行的程序及其结果作为评价的基础。

(4) 被审计单位根据内部控制标准评价内部控制有效性得出的结论。

(5) 被审计单位已向注册会计师披露识别出的所有内部控制缺陷,并单独披露其中的重大缺陷和重要缺陷。

(6) 被审计单位已向注册会计师披露导致财务报表发生重大错报的所有舞弊,以及其他不会导致财务报表发生重大错报,但涉及管理层、治理层和其他在内部控制中具有重要作用的员工的所有舞弊。

（7）注册会计师在以前年度审计中识别出的且已与被审计单位沟通的重大缺陷和重要缺陷是否已经得到解决，以及哪些缺陷尚未得到解决。

（8）在基准日后，内部控制是否发生变化，或者是否存在对内部控制产生重要影响的其他因素，包括被审计单位针对重大缺陷和重要缺陷采取的所有纠正措施。

学者吴溪等人提出，在内部控制审计中收到非无保留意见的公司有着更高的财务舞弊概率，但它们的财务报表审计若为无保留意见则市场的负面反应并不激烈。所以，如果被审计单位拒绝提供或以其他不当理由回避书面声明，注册会计师应当将其视为审计范围受到限制，解除业务约定或出具无法表示意见的内部控制审计报告。此外，注册会计师应当评价拒绝提供书面声明这一情况对其他声明（包括在财务报表审计中获取的声明）的可靠性的影响。

注册会计师应当按照《中国注册会计师审计准则第1341号——书面声明》的规定，确定声明书的签署者、涵盖的期间以及何时获取更新的声明书等。

三、沟通相关事项

对于重大缺陷和重要缺陷，注册会计师应当以书面形式与管理层和治理层沟通。注册会计师认为审计委员会和内部审计机构对内部控制的监督无效的，也应当就此以书面形式直接与董事会和经理层沟通。书面沟通应当在注册会计师出具内部控制审计报告之前进行。

注册会计师应当以书面形式与管理层沟通其在审计过程中识别的所有其他内部控制缺陷，并在沟通完成后告知治理层。在进行沟通时，注册会计师无须重复自身、内部审计人员或被审计单位其他人员以前书面沟通过的控制缺陷。

虽然并不要求注册会计师执行足以识别所有控制缺陷的程序，但是注册会计师应当沟通其注意到的内部控制的所有缺陷。内部控制审计不能保证注册会计师能够发现严重程度低于重大缺陷的所有控制缺陷。注册会计师不应在内部控制审计报告中声明，在审计过程中没有发现严重程度低于重大缺陷的控制缺陷。

如果发现被审计单位存在或可能存在舞弊或违反法规行为，注册会计师应当按照《中国注册会计师审计准则第1141号——财务报表审计中与舞弊相关的责任》《中国注册会计师审计准则第1142号——财务报表审计中对法律法规的考虑》的规定，确定并履行自身的责任。

四、内部控制审计工作底稿

注册会计师应当按照《中国注册会计师审计准则第1131号——审计工作底稿》的规定，编制内部控制审计工作底稿，完整记录审计工作情况，在审计工作底稿中清楚地显示内部控制审计的过程和结果。

注册会计师应当就下列内容形成审计工作记录。

（1）制订的内部控制总体审计策略和具体审计计划及重大修改情况。

(2) 对企业层面控制的识别、了解和测试。
(3) 确定重要账户、列报及其相关认定的过程,包括对拟测试组成部分的确定。
(4) 选择拟测试控制的主要过程及结果。
(5) 测试控制设计和运行有效性的程序及结果。
(6) 利用他人工作的程度,以及对他人胜任能力和客观性的评估。
(7) 对识别的控制缺陷的评价。
(8) 可能导致出具非标准内部控制审计报告的其他审计发现。
(9) 形成的审计结论和意见。
(10) 其他重要事项。

第六节 出具审计报告

注册会计师在完成内部控制审计工作后,应当出具内部控制审计报告。标准内部控制审计报告应当包括下列要素。
(1) 标题。
(2) 收件人。
(3) 引言段。
(4) 企业对内部控制的责任段。
(5) 注册会计师的责任段。
(6) 内部控制固有局限性的说明段。
(7) 财务报告内部控制审计意见段。
(8) 非财务报告内部控制重大缺陷描述段。
(9) 注册会计师的签名和盖章。
(10) 会计师事务所的名称、地址及盖章。
(11) 报告日期。

一、出具无保留意见内部控制审计报告的条件

符合下列所有条件的,注册会计师应当对财务报告内部控制出具无保留意见的内部控制审计报告。
(1) 企业按照《企业内部控制基本规范》《企业内部控制应用指引》《企业内部控制评价指引》以及企业自身内部控制制度的要求,在所有重大方面保持了有效的内部控制。
(2) 注册会计师已经按照《企业内部控制审计指引》的要求计划和实施审计工作,在审计过程中未受到限制。

二、内部控制存在重大缺陷时的处理

注册会计师如果认为内部控制存在一项或多项重大缺陷,除非审计范围受到限制,

否则注册会计师应当对内部控制发表否定意见。否定意见的内部控制审计报告还应当包括重大缺陷的定义、重大缺陷的性质及其对内部控制的影响程度。

如果重大缺陷尚未包含在企业内部控制评价报告中，注册会计师应当在内部控制审计报告中说明重大缺陷已经识别、但没有包含在企业内部控制评价报告中。如果企业内部控制评价报告中包含了重大缺陷，但注册会计师认为这些重大缺陷未在所有重大方面得到公允反映，注册会计师应当在内部控制审计报告中说明这一结论，并公允表达有关重大缺陷的必要信息。此外，注册会计师还应当就这些情况以书面形式与治理层沟通。

如果对内部控制的有效性发表否定意见，注册会计师应当确定该意见对财务报表审计意见的影响，并在内部控制审计报告中对重大缺陷作出详细说明。

三、审计范围受到限制时的处理

注册会计师只有实施了必要的审计程序，才能对内部控制的有效性发表意见。如果审计范围受到限制，注册会计师应当解除业务约定或出具无法表示意见的内部控制审计报告。

如果法律法规的相关豁免规定允许被审计单位不将某些实体纳入内部控制的评价范围，注册会计师可以不将这些实体纳入内部控制审计的范围。这种情况不构成审计范围受到限制，但注册会计师应当在内部控制审计报告中增加强调事项段或者在注册会计师的责任段中，就这些实体未被纳入评价范围和内部控制审计范围这一情况，作出与被审计单位类似的恰当陈述。注册会计师应当评价相关豁免是否符合法律法规的规定，以及被审计单位针对该项豁免作出的陈述是否恰当。如果认为被审计单位有关该项豁免的陈述不恰当，注册会计师应当提请其作出适当修改。如果被审计单位未作出适当修改，注册会计师应当在内部控制审计报告的强调事项段中说明被审计单位的陈述需要修改的理由。

在出具无法表示意见的内部控制审计报告时，注册会计师应当在内部控制审计报告中指明审计范围受到限制，无法对内部控制的有效性发表意见，并单设段落说明无法表示意见的实质性理由。注册会计师不应在内部控制审计报告中指明所执行的程序，也不应描述内部控制审计的特征，以避免报告使用者对无法表示意见的误解。如果在已执行的有限程序中发现内部控制存在重大缺陷，注册会计师应当在内部控制审计报告中对重大缺陷作出详细说明。

只要认为审计范围受到限制将导致无法获取发表审计意见所需的充分、适当的审计证据，注册会计师就不必执行任何其他工作即可对内部控制出具无法表示意见的内部控制审计报告。在这种情况下，内部控制审计报告的日期应为注册会计师已就该报告中陈述的内容获取充分、适当的审计证据的日期。

在因审计范围受到限制而无法表示意见时，注册会计师应当就未能完成整个内部控制审计工作的情况，以书面形式与管理层和治理层沟通。

四、强调事项

注册会计师如果认为内部控制虽然不存在重大缺陷,但仍有一项或多项重大事项需要提请内部控制审计报告使用者注意,就应当在内部控制审计报告中增加强调事项段予以说明。注册会计师应当在强调事项段中指明,该段内容仅用于提醒内部控制审计报告使用者关注,并不影响对内部控制发表的审计意见。

如果确定企业内部控制评价报告对要素的列报不完整或不恰当,注册会计师应当在内部控制审计报告中增加强调事项段,说明这一情况并解释得出该结论的理由。

五、非财务报告内部控制缺陷

注册会计师对在审计过程中注意到的非财务报告内部控制缺陷,应当区别具体情况予以处理。

(1) 注册会计师认为非财务报告内部控制缺陷为一般缺陷的,应当与企业进行沟通,提醒企业加以改进,但无须在内部控制审计报告中说明。

(2) 注册会计师认为非财务报告内部控制缺陷为重要缺陷的,应当以书面形式与企业董事会和经理层沟通,提醒企业加以改进,但无须在内部控制审计报告中说明。

(3) 注册会计师认为非财务报告内部控制缺陷为重大缺陷的,应当以书面形式与企业董事会和经理层沟通,提醒企业加以改进;同时应当在内部控制审计报告中增加非财务报告内部控制重大缺陷描述段,对重大缺陷的性质及其对实现相关控制目标的影响程度进行披露,提示内部控制审计报告使用者注意相关风险。

六、期后事项

在基准日后至审计报告日前(以下简称期后期间),内部控制可能发生变化,或出现其他可能对内部控制产生重要影响的因素。注册会计师应当询问是否存在这类变化或因素,并获取被审计单位关于这类变化或因素的书面声明。

注册会计师应当针对期后期间,询问并检查下列信息。

(1) 在期后期间出具的内部审计报告或类似报告。
(2) 其他注册会计师出具的涉及被审计单位内部控制缺陷的报告。
(3) 监管机构发布的涉及被审计单位内部控制的报告。
(4) 注册会计师在执行其他业务中获取的、有关被审计单位内部控制有效性的信息。

此外,注册会计师还应当考虑获取期后期间的其他文件,并按照《中国注册会计师审计准则第1332号——期后事项》的规定,对其进行检查。

如果知悉对基准日内部控制有效性有重大负面影响的期后事项,注册会计师应当对内部控制发表否定意见。如果注册会计师不能确定期后事项对内部控制有效性的影响程度,应当出具无法表示意见的内部控制审计报告。

如果管理层在评价报告中披露了基准日之后采取的整改措施，注册会计师应当在内部控制审计报告中指明不对这些信息发表意见。

注册会计师可能知悉在基准日并不存在、但在期后期间发生的事项。如果这类期后事项对内部控制有重大影响，注册会计师应当在内部控制审计报告中增加强调事项段，描述该事项及其影响，或提醒内部控制审计报告使用者关注企业内部控制评价报告中披露的该事项及其影响。

在出具内部控制审计报告后，如果知悉在审计报告日已存在的、可能对审计意见产生影响的情况，注册会计师应当按照《中国注册会计师审计准则第 1332 号——期后事项》第四章第二节和第三节的规定办理。如果被审计单位更正以前公布的财务报表，注册会计师应当按照《中国注册会计师审计准则第 1332 号——期后事项》第四章第三节的规定重新考虑以前发表的内部控制审计意见的适当性。

七、其他信息

如果企业内部控制评价报告中除包括法定要求的信息外，还包括其他信息，且该报告的使用者有理由认为该报告包括这些其他信息，注册会计师应当在内部控制审计报告中指明不对这些其他信息发表意见。

如果认为其他信息含有对事实的重大错报，注册会计师应当就此与管理层进行讨论。如果讨论后仍认为存在对事实的重大错报，注册会计师应当以书面形式将其看法告知管理层和治理层。

如果其他信息未包含在企业内部控制评价报告中，而是包含在年度财务报告中，注册会计师无须在内部控制审计报告中指明且不用对其发表意见。但是，如果注册会计师认为其他信息中存在对事实的重大错报，应当按照上述要求办理。

本章小结

1. 内部控制审计的产生和发展。
2. 内部控制审计的含义及其责任划分。
3. 整合审计的含义。
4. 计划审计工作分为总体审计策略和具体审计计划。
5. 控制缺陷的分类。
6. 实施审计计划的步骤。
7. 内部控制审计报告的分类。

思考题

1. 内部控制审计与财务报表审计有哪些共同点与区别？
2. 注册会计师如何基于内部控制审计与财务报表审计的共同点，整合审计工作以同时实现内部控制审计和财务报表审计的目标？

3. 注册会计师如何计划内部控制设计与运行有效性的测试工作，以实现内部控制审计和财务报表审计的有机整合？

4. 在内部控制审计过程中，注册会计师如何区分财务报告内部控制和非财务报告内部控制？

5. 如何理解内部控制审计与企业内部控制自我评价之间的关系，如两者的测试范围是否需要一致？注册会计师需要对企业内部控制自我评价执行什么工作？

6. 如果集团企业有部分子公司尚未按照企业内部控制规范体系的标准建立健全其内部控制，注册会计师应当如何考虑其对内部控制审计的影响？

7. 在开展整合审计时，会计师事务所如何组建项目组？

8. 确定与控制相关的风险对确定控制测试的性质、时间安排和范围有什么作用？

参考文献

[1] 吴溪，杨育龙，陈旭霞. "非清洁"内控审计意见的市场反应充分吗？[J]. 审计研究，2016(1).
[2] 韩丽荣，盛金. 内部控制审计制度变迁的制度经济学分析[J]. 求是学刊，2014，41(1).

第六章 保险公司内部控制

引入案例

保险为网贷"善后",内部控制要做好

近几年,各种各样的网贷平台在我们的视野中频频出现,很多保险公司联合网贷平台开发履约保证保险产品。

所谓的履约保证保险,简单来说,就是指保险公司向投资人承诺,如果债务人不按照合同约定或法律规定履行义务,则由保险公司承担赔偿责任的一种保险形式。履约保证保险的一大特点是连带责任赔付金额会很大,一旦出现问题,保险公司将会蒙受巨大损失。

对于保险公司来说,如果平台没有违约事件发生,那么这样的合作对双方来说都是共赢的,保险公司可以从中收取不菲的保费,P2P平台也因为有保险公司的背书而吸引到投资者。

2016年,已有10余家保险公司与不同的P2P平台进行了履约保证保险方面的合作,为网贷提供保险保障,包括平安保险、中国人寿、天安财险、太平财险以及众安保险等均有涉及履约保证保险。

但侨兴电信、侨兴债券私募债项目违约,导致浙商财险面临巨额理赔,这一事件引发了各方关注。因此,保险公司与P2P平台联合开发的履约保证保险产品也重新受到了各方的关注。

今年1月份,保监会注意到相关合作,也发布了《关于加强互联网平台保证保险业务管理的通知》,对保险公司在选择平台、内部控制管理方面进行了一些风险提示及规定。

具体主要有几点:首先,从风险控制方面,保监会提示保险公司应建立内部控制风险管理制度,如遇第三方风险评估机构合作,实行交叉验证审核等;其次,保险公司应该慎重选择合作对象,明确双方权益义务;最后,保险公司还应该确保保险业务规模与资本实力相匹配。

保监会的政策出台后,P2P行业将其解读为利好政策,随后也不断有保险公司加入与P2P平台合作的行列,10月26日,土豆金服与长安责任保险达成了"房产抵押+履约保证保险"业务的合作,2016年7月,众信金服与中华财险也签署了合作协议,由中华财险为众信金服提供履约保证保险。

由此看来,越来越多的保险平台希望从中赚钱,不过此次浙商财险血淋淋的案例,也说明保险公司应做好保险公司内部控制工作,更为谨慎地进行业务审核。

第一节 保险公司内部控制总论

一、保险公司内部控制的发展

我国自从 1979 年恢复保险业以来,借着改革开放的大好时代,保险事业的发展突飞猛进,取得了突破性进展。1985 年 3 月 3 日,国务院颁布实施《保险企业管理暂行条例》,这是新中国成立之后第一部对保险企业管理的法律文件。

但是保险企业在业务管理上缺乏严格的内控制度,出现各种违规经营行为,1998 年大连原中保财产保险有限公司的个人携款潜逃案,北京原中保人寿保险有限公司的假存单案和西安永安保险有限公司因资本金不足而被人民银行接管事件等,这些深刻的教训引起人们的反思,内控制度作为强化管理的一种手段,必须在经营管理中得到发展。所以,中国保险监督管理委员会为防范保险公司经营风险,力求规范保险行业的市场秩序,促进保险事业稳步、健康发展,建立健全保险公司内部控制制度,于 1999 年发布了《保险公司内部控制制度建设指导原则》,但其中没有关于内部控制信息披露方面的要求。

2010 年 8 月 10 日中国保险监督管理委员会发布了关于印发《保险公司内部控制基本准则》的通知。《保险公司内部控制基本准则》加强了保险公司内部控制建设,提高了保险公司风险防范能力和经营管理水平,促进保险公司合规、稳健、有效经营,保护保险公司和被保险人等其他利益相关者的合法权益,它在内部控制内涵、目标、要素和控制主体等多方面对《企业内部控制基本规范》进行了贯彻、发展和创新。

目前,针对保险行业乱象,严格的保险公司行业监管仍在进行中,让"保险业姓保,保监会姓监"是保险公司和保监会面临的任务。已有多家中资保险机构、外资保险机构即将迎来监管部门的大排查,保险公司内部控制、股权的真实性以及关联交易的可靠性成为重点排查对象。

二、保险公司内部控制的目标

保险公司的内部控制,是保险公司各层级的机构和人员,依据各自的职责,采取适当措施,合理防范和有效控制经营管理中的各种风险,防止公司经营偏离发展战略和经营目标的机制和过程。

保险公司内部控制的目标主要有五个,一般把它概括为行为合规性、资产安全性、信息真实性、经营有效性和战略保障性五个目标。

(1) 行为合规性目标。保证保险公司的经营管理行为遵守法律法规、监管规定、行业规范、公司内部管理制度和诚信准则。

(2) 资产安全性目标。保证保险公司资产安全可靠,防止公司资产被非法使用、处置和侵占。

(3) 信息真实性目标。保证保险公司财务报告、偿付能力报告等业务、财务及管理信息的真实、准确、完整。

(4) 经营有效性目标。增强保险公司决策执行力，提高管理效率，改善经营效益。

(5) 战略保障性目标。保障保险公司实现发展战略，促进稳健经营和可持续发展，保护股东、被保险人及其他利益相关者的合法权益。

三、保险公司内部控制的原则

保险公司建立和实施内部控制的基本原则主要有：全面和重点相统一、制衡和协作相统一、权威性和适应性相统一、有效控制和合理成本相统一。

(1) 全面和重点相统一。保险公司应当建立全面、系统、规范化的内部控制体系，覆盖所有业务流程和操作环节，贯穿经营管理全过程。在全面管理的基础上，对公司重要业务事项和高风险领域实施重点控制。

(2) 制衡和协作相统一。保险公司内部控制应当在组织架构、岗位设置、权责分配、业务流程等方面，通过适当的职责分离、授权和层级审批等机制，形成合理制约和有效监督。在制衡的基础上，各职能部门和业务单位之间应当相互配合，密切协作，提高效率，避免相互推诿或工作遗漏。

(3) 权威性和适应性相统一。保险公司内部控制应当与绩效考核和问责相挂钩，任何人不得拥有不受内部控制约束的权力，未经授权不得更改内部控制程序。在确保内部控制权威性的基础上，公司应当及时调整和定期优化内部控制流程，使之不断适应经营环境和管理要求的变化。

(4) 有效控制和合理成本相统一。保险公司内部控制应当与公司实际风险状况相匹配，确保内部控制措施满足管理需求，风险得到有效防范。在有效控制的前提下，合理配置资源，尽可能降低内部控制成本。

四、保险公司内部控制体系的组成部分

保险公司内部控制体系由三个部分组成，分别是：内部控制基础、内部控制程序、内部控制保证。

（一）内部控制基础

保险公司应当加强内部控制基础建设，为有效实施内部控制营造良好环境。内部控制基础包括公司治理、组织架构、人力资源、信息系统和企业文化等。

(1) 建立规范的公司治理，形成授权清晰、运作规范、科学有效的决策、执行、监督机制。公司董事会、监事会和管理层应当对内部控制高度重视，带头认真履行内控职能。保监会副主席陈文辉指出，保险公司治理结构不完善，是造就"野蛮人"的基因。保监会正在启动保险法人机构公司治理现场评估工作，2017 年，保监会要求昆仑健康保险公司在 3 月 6 日提交第二次书面回复，说明公司主要股东近 3 年的主营业务情况、财务状况及

入股昆仑健康的资金来源。这也是保监会建立公开询问制度后，首次在保险公司中使用。

（2）根据保险业务流程和内部控制的需要，建立合理的组织架构。保险公司应按照便于管理、易于考核、简化层级、避免交叉的原则，科学设置内设机构、分支机构和工作岗位，明确职责分工，规定清晰的报告路线。

（3）建立与内部控制需要相适应的人力资源政策，确保关键岗位的人员具有专业胜任能力并定期接受相关培训，公司关键岗位的考核、薪酬、奖惩、晋升等人力资源政策应当与内部控制成效相挂钩。

（4）建立安全实用、覆盖所有业务环节的信息系统，尽可能使各项业务活动信息化、流程化、自动化，减少或消除人为干预和操作失误，为内部控制提供技术保障和系统支持。

（5）培育领导高度重视、内控人人有责和违规必受追究的内控企业文化，形成以风险控制为导向的管理理念和经营风格，提高全体员工的风险防范意识，使内控制度得到自觉遵守。

（二）内部控制程序

保险公司应当根据风险规律，合理设计内嵌于业务活动的内部控制流程，努力实现对风险的过程控制。内部控制程序包括识别评估风险、设计实施控制措施等。

（1）对经营管理和业务活动中可能面临的风险因素进行全面系统的识别分析，发现并确定风险点，同时对重要风险点的发生概率、诱发因素、扩散规律和可能损失进行定性和定量评估，确定风险应对策略和控制重点。

（2）根据风险识别评估的结果，科学设计内部控制政策、程序和措施并严格执行，同时根据控制效果不断改进内部控制流程，将风险控制在预定目标或可承受的范围内。

（三）内部控制保证

保险公司应当建立多层次、全方位的监控体系，实现对内部控制活动的事前、事中、事后有效监控，为实现内控目标提供保证。内部控制保证包括信息沟通、内控管理、内部审计、应急机制和风险问责等。

（1）建立信息和沟通机制，促进公司信息的广泛共享和及时充分沟通，提高经营管理透明度，防止舞弊事件的发生。

（2）建立内控管理及评价机制，通过对公司内部控制的整体设计和统筹规划，推动各内部控制责任主体对风险进行实时监测和定期排查，并据此调整和改进公司的内部控制流程。

（3）加强对内部控制的审计检查，定期根据检查结果对内部控制的健全性、合理性和有效性进行评估，并按照规定的报告路线及时向审计对象、合规管理职能部门和上级领导进行反馈和报告。

（4）建立内控风险应急管理机制，制订周全和可操作性强的应急预案，明确各种风险情形下的应对措施，尽可能减少内控风险的影响和损失。

(5) 严格内部控制责任追究,对于违反内部控制要求的行为,不管是否造成损失,都要进行严肃处理,追究当事人和领导责任。

五、内部控制活动的层次

保险公司内部控制活动分为前台控制、后台控制和基础控制三个层次。前台控制是对直接面对市场和客户的营销及交易行为的控制活动;后台控制是对业务处理和后援支持等运营行为的控制活动;基础控制是对为公司经营运作提供决策支持和资源保障等管理行为的控制活动。

保险公司应当根据保险公司业务流程特点和资源优化配置要求,按照控制风险、提升服务、降低成本、提高效率的原则,科学建立和合理划分内部控制活动的重点和层次。

第二节 内部控制活动

保险公司内部控制活动包括销售控制、运营控制、基础管理控制和资金运用控制。

一、销售控制

保险公司应当以市场和客户为导向,以业务品质和效益为中心,组织实施销售控制活动;应当根据不同渠道和方式销售活动的特点,制定有针对性的内部控制制度,强化对销售过程的控制,防范销售风险。

(一)销售人员和机构控制

(1) 建立并实施科学统一的销售人员管理制度,规范对各渠道销售人员的甄选录用、组织管理、教育培训、业绩考核、佣金和手续费、解约离职等。

(2) 建立代理机构合作管理制度,规范与代理机构合作过程中的资格审核、合同订立、保费划转和佣金手续费结算等。

(二)销售过程和品质控制

(1) 规范销售宣传行为,严格按照监管规定和内部权限编写、印制和发放各类宣传广告材料,确保宣传广告内容真实、合法,杜绝广告宣传中的误导行为。

(2) 规范销售展业行为,采取投保风险提示、客户回访、保单信息查询、佣金手续费控制、电话录音、定期排查及反洗钱监测等方式,建立销售过程和销售品质风险控制机制,有效发现、监控销售中的误导客户、虚假业务、侵占保费、不正当竞争、非法集资和洗钱等行为,提升业务品质。

(3) 规定客户回访的业务范围和条件、回访比例、回访频率、回访记录等回访要求及后续处理措施,加强销售风险监控。

（4）规范与代理等中介机构的合作行为，严格实行保费收取与佣金支付收支两条线管理，定期对保费和重要单证进行清点对账，确保账账一致、账实相符，防止保费坐扣和单证流失。

（三）佣金手续费控制

保险公司应当严格规范佣金、手续费的计算和发放流程，防范虚列、套取、挪用、挤占佣金和手续费的行为；应当杜绝任何形式的商业贿赂行为。

二、运营控制

保险公司应当以效率和风险控制为中心，按照集中化、专业化的要求，组织实施运营控制活动；应当针对运营活动的不同环节，制定相应的管理制度，强化操作流程控制，确保业务活动正常运转，防范运营风险。

（一）产品控制

（1）明确产品开发流程，规范客户需求和市场信息收集、分析论证、条款费率确定、审批报备、测试下发和跟踪管理等控制事项，提高保险公司的产品研发和创新能力，提高产品适应性，防范产品定价及条款法律风险。

（2）建立产品开发职能部门及领导决策机构，规范产品开发的程序、条件、审批权限和职责，明确总精算师（精算责任人）和法律责任人的职责和权限，确保产品开发过程规范、严谨。

（3）根据市场需求调查结果，从市场前景、盈利能力、定价和法律风险等方面对新产品进行科学论证和客观评价，依据评价结果和规定权限进行内部审查，并按照监管规定履行报批或报备义务。

（二）承保控制

（1）建立清晰的承保操作流程，规范投保受理、核保、保单缮制和送达等控制事项。

（2）在投保受理时，应当对投保资料进行初审，建立投保信息录入复核机制，确保投保资料填写正确、完整，录入准确；应当明确核保的评点标准、分级审核权限、作业要求和核保人员资质条件等，以及明确承保调查的条件、程序和要求。

（3）在满足规定条件的前提下缮制保单，采取适当校验和监控措施，确保保单内容准确，及时送达客户。

（三）理赔控制

（1）建立标准、清晰的理赔操作流程和高效的理赔机制，规范报案受理、现场查勘、责任认定、损失理算、赔款复核、赔款支付和结案归档等控制事项，确保理赔质量和理赔时效。

（2）在接到报案时应当及时登记录入，主动向客户提供简便、明确的理赔指引；明确理赔的理算标准、分级处理权限、作业要求和理赔人员资质条件等，以及明确现场查勘的条件、时限、程序和要求，采取查勘与理算、理算与复核操作人员分离及利益相关方回避等措施，防止理赔错误和舞弊行为。

(3) 建立重大、疑难案件会商和复核调查制度，明确其识别标准和处理要求，防范虚假理赔或错误拒赔。

(四) 保全控制

(1) 建立规范统一的保全管理制度，规范保险合同续期收费、合同内容及客户资料变更、合同复效、生存给付和退保等控制事项。

(2) 明确各项保全管理措施的操作流程、审查内容及标准、处理权限和作业要求等，防范侵占客户保费、冒领保险金、虚假业务和违规批单退费等侵害公司和客户权益的行为。

(五) 收付费控制

(1) 建立规范统一的收付费管理制度，明确规定收付费的管理流程、作业要求和岗位职责，防止侵占、挪用及违规支付等行为，确保资金安全。

(2) 原则上实行收付费岗位与业务处理岗位人员及职责的分离。实行一站式服务等方式的，应当采取其他措施实施有效监控。

(3) 原则上采取非现金收付费方式，并确保将相关资金汇入保险合同确定的款项所有人或其授权账户。确有必要采取现金方式的，应当采取其他措施实施有效监控。

(4) 收付费时应当严格按照规定核对投保人、被保险人或受益人以及实际领款人的身份，确认其是否具备收付费主体的资格。

(六) 再保险控制

(1) 建立再保险管理制度，规范再保险计划、合同订立、合同执行、再保险人资信跟踪管理等控制事项，完善业务风险分散和保障机制。

(2) 加强自身经营管理数据及再保险市场的跟踪分析，准确把握再保险需求，科学安排再保险计划，合理订立再保险合同，确保及时、足额分保，并及时准确向再保险人提供分保业务信息。

(3) 持续跟踪了解再保险人的资信状况，建立必要的应对措施，防范再保险信用风险。

(七) 业务单证控制

(1) 建立业务单证管理制度，规范投保单、保单、保险卡、批单、收据、发票等保险单证的设计、印制、存放、申领和发放、使用、核销、作废、遗失等控制事项。

(2) 应当全程监控分支机构、部门和个人申领重要有价空白单证的名称、时间、数量和流水号，严格控制重要有价空白单证的领用数量和持有期限，做到定期回缴、核销和盘点。

(八) 会计处理控制

(1) 规范会计核算流程，提高会计数据采集、账目和报表生成的自动化水平，实现业务系统和财务系统无缝连接，减少人工干预，确保会计处理的准确性和效率。

(2) 应当依据真实的业务事项进行会计处理，不得在违背业务真实性的情况下调整会计信息。保险公司应当加强原始凭证与财务数据的一致性核对，做到账账、账实和账表相符，确保会计信息真实、完整、准确。

(3) 加强会计原始凭证管理，逐步采取影像扫描等方式辅助归档保存。

(九) 客户服务电话中心控制

(1) 建立客户电话中心管理制度，规范电话咨询、查询、投诉受理、报案登记、挂失登记、客户回访、业务转办、业务办理跟踪反馈等控制事项。

(2) 建立统一的客户服务专线，24小时开通电话服务，保障电话接通率，统一服务礼仪和标准，及时将客户需求提交相关业务部门处理，提高客户服务质量。

(十) 反洗钱控制

(1) 依据《中华人民共和国反洗钱法》及相关监管规定，建立健全反洗钱控制制度，明确反洗钱的职能机构、岗位职责和报告路线。

(2) 建立客户身份识别、客户资料和交易记录保存、大额及可疑交易发现和报告等反洗钱内部操作规程，并通过宣传培训、定期演练和检查等方式，确保相关岗位工作人员严格遵守操作规程，及时将可疑信息上报有关机构。

三、基础管理控制

基础管理属于内部控制活动中的一种，控制主要包括战略规划、人力资源管理、计划财务、精算法律、信息系统管理、行政管理、分支机构管理和风险管理等活动的全过程控制。其中，风险管理既是保险公司基础管理的重要组成部分，也是内部控制监控的重要环节。

2016年，保险业全面实行第二代偿付能力监管体系，决定资本高低的标准从原来的"规模大小"变为"风险高低"。保监会副主席陈文辉断言，保险公司的核心竞争力是风险管理，而非资产管理。

保险公司应当按照制度化、规范化的要求，组织实施基础管理控制活动；针对基础管理的各项职能和活动，制定相应的管理制度并组织实施，确保基础管理有序运转、协调配合，为公司业务发展和正常运营提供支持和服务。

(一) 战略规划控制

(1) 强化战略规划职能，规范战略规划中的信息收集、战略决策制定、论证和审批、决策执行评估和跟踪反馈等控制事项，为研发机构提供必备的人力财力保障，提高战略研究的指导性和实用性,确保公司经营目标的合理性和决策的科学性。

(2) 加强对国内外宏观经济金融形势、自身经营活动及业务发展情况的及时分析和深入研究,合理制定、及时调整公司整体经营管理流程与组织架构设置,制定科学的业务发展规划,并为公司的承保和投资等业务活动提供及时、有效的决策支持。

(3) 加强对公司业务经营情况的实时分析,定期分析评估经营管理和财务状况,合理设定分支机构经营计划和绩效指标,并实时予以指导和监督,保证公司战略目标有效执行。

(二)人力资源管理控制

(1) 保险公司应当建立人力资源管理制度,规范岗位职责及岗位价值设定、招聘、薪酬、绩效考核、培训、晋级晋职、奖惩、劳动保护、辞退与辞职等控制事项,为公司经营管理和持续发展提供人力资源支持。

(2) 根据经营管理需要,合理设定工作岗位及人员编制,制定清晰的岗位职责及报告路线,明确不同岗位的适任条件,适时进行岗位价值评估。

(3) 明确员工招聘、薪酬管理、轮岗晋级、辞职辞退等工作的标准、程序和要求,合理制定不同岗位的绩效考核指标、权重及考核方式和程序,建立与公司发展相适应的激励约束机制。

(4) 制订系统的员工培训计划,明确规定不同专业岗位员工培训的时间、内容、方式和保障等,提高员工的专业素质和胜任能力。

(三)计划财务控制

(1) 建立严密的财务管理制度,规范公司预算、核算、费用控制、资金管理、资产管理、财务报告等控制事项,降低公司运营成本,提高资产创利能力。

(2) 建立预算制度,实行全面预算管理,明确预算的编制、执行、分析、调整、考核等操作流程和作业要求,严格预算执行与调整的审批权限,控制费用支出和预算偏差,确保预算执行。

(3) 建立完善的准备金精算制度,按照国家有关法律法规要求以及审慎性经营的原则,及时、足额计提准备金。保险公司应当加强公司偿付能力状况的分析,提高偿付能力管理的有效性。2016 年以来,个别保险公司在举牌上市公司时使用了大量的万能险资金,这种态势的迅速蔓延成功引起了监管部门的注意。保监会先是初步限制了中短存续期产品,又严格规定了万能险责任准备金评估利率上限,2017 年万能险整改初见成效,各保险公司万能险保费收入大幅下降。

(4) 明确现金、有价证券、空白凭证、密押、印鉴、固定资产等资金与资产的保管要求和职责权限。严格实行收支两条线,对包括分支机构在内的公司资金实行统一管理和实时监控,确保资金及时上划集中。定期核对现金和银行存款账户,定期盘点,确保各项资产的安全和完整。

(5) 建立信息统计管理制度,明确统计岗位职责,规范统计数据的收集、汇总、审核、分析、报送、管理等活动,有效满足公司内外部信息统计需求。

(四) 精算法律控制

(1) 完善精算和法律职能,配备足够的专业精算和法律人员,明确其在相关管理和服务工作中的流程、权限及作业要求,为公司业务经营和日常管理提供专业支持。

(2) 在产品开发、责任准备金计提、资产负债匹配管理等方面充分运用精算技术,提高经营管理的专业化、精细化水平,防范定价失误、准备金提取不足及资产负债不匹配等风险。

(3) 在制度制定、合同订立和管理、重大事项决策和处置、纠纷诉讼等方面,应当有法律职能部门和专业人员的提前介入和充分参与,防范法律风险。

学者樊毅等人从精算内控的九个环节——风险评估、产品设计、产品定价、负债评估、资产评估、资产/负债管理、偿付能力、经验监控、利润分析着手,对我国保险公司建立有效精算内控提出建议。

(五) 信息系统管理控制

2010年6月,中国保监会主席吴定富在中国太平洋保险集团上海数据中心进行调研时指出,当前和今后一个时期内保险业创新发展的重要趋势无疑是推进保险信息化建设,当今时代,信息技术是建设现代保险业的基础平台。

(1) 建立信息系统管理制度,规范信息系统的统筹规划、设计开发、运行维护、安全管理、保密管理、灾难恢复管理等控制事项,提高业务和财务处理及办公的信息化水平,建立符合业务发展和管理需要的信息系统。

(2) 统筹规划信息系统的开发建设,整合公司的信息系统资源,形成不同业务单位、部门、人员广泛共享的信息平台。

(3) 对信息系统使用实行授权管理,及时更新和完善信息系统安全控制措施,加强保密管理和灾难恢复管理,提高信息系统运行的稳定性和安全性。

(六) 行政管理控制

(1) 分别制定相应制度,规范采购、招投标、品牌宣传、文件及印章管理、后勤保障等行政管理行为,提高行政管理效率,为公司高效运转提高有力支持。

(2) 明确采购及招投标的程序、条件和要求,规范采购行为,尽可能实现集中统一采购,降低采购成本,防范舞弊风险。

(3) 统筹规划、合理配置品牌宣传和商业广告资源,统一公司品牌标识、职场视觉形象、员工礼仪和服务规范等,整合、提升公司的品牌形象。

(4) 制定文件及印章管理制度,确保文件流转安全顺畅、保存完整,合理设置印章的种类,规范印章设计、刻制、领取、交接、保管、使用和销毁等控制事项,规定用印章进行审批登记和档案管理。

(七) 分支机构控制

2017年2月份,中国保监会强势出击,对前海人寿、恒大人寿这些投资出现违规的企业进行处罚后,又接着派出由监管部牵头的调查组赴山东调查核实个别保险公司分支机构批设情况。

(1) 通过授权委托书或内部管理规定等方式,根据总公司的战略规划和管理能力,统一制定分支机构组织设置、职责权限和运营规则,建立健全分支机构管控制度,实现对分支机构的全面、动态、有效管控。

(2) 通过规范的授权方式,对不同层级分支机构的业务流程、财务和资金管理、人力资源管理、行政管理、内部控制建立统一、标准、明确的管理要求。保险公司可以根据不同分支机构的经营和管控能力,在有章可循和可调控的前提下,适度采取差异化的业务政策或控制权限,提高分支机构的业务发展能力。

(3) 通过信息技术手段和明确的报告要求,全面、实时、准确掌控分支机构经营管理信息,定期对分支机构的业务、财务和风险状况进行分析和监测,实现对分支机构经营管理的过程控制。

(4) 从业务、合规和风险等方面全面、科学设置分支机构考核目标,加强对分支机构及其高管人员的审计监督,严格执行公司问责制度,确保分支机构依法合规经营。

四、资金运用控制

2015年12月7日,为进一步加强保险资金运用内部控制建设,提升保险机构资金运用内部控制管理水平,有效防范和化解风险,根据《中华人民共和国保险法》《保险资金运用管理暂行办法》及相关规定,中国保监会制定了《保险资金运用内部控制指引》及《保险资金运用内部控制应用指引》(第1号～第3号)。

保险资金运用内部控制是保险机构开展合规经营,保障保险资金安全的重要基础。保险机构应当根据《保险资金运用内部控制指引》及应用指引要求,建立健全保险资金运用内部控制制度并组织实施。

保险资金运用是保险公司经营活动中相对独立的组成部分,是内部控制的重点领域。保险公司应当以安全性、收益性、流动性为中心,按照集中、统一、专业、规范的要求,组织实施资金运用控制活动;针对资金运用的不同环节,制定相应的管理制度,规范保险资金运用的决策和交易流程,防范资金运用中的市场风险、信用风险、流动性风险和操作风险及其他风险;委托资产管理公司或其他机构运用保险资金的,应当确保其内部控制措施满足保险公司的内控要求。

(一) 资产战略配置控制

保险公司应当在法律法规要求的投资品种和比例范围内,根据经营战略和整体发展规划,在资本金和偿付能力约束下,制订中长期资产战略配置计划,明确投资限制和业绩基准,努力实现长期投资目标,有效控制资产配置战略风险。

(二) 资产负债匹配控制

保险公司应当以偿付能力和保险产品负债特性为基础,加强成本收益管理、期限管理和风险预算,确定保险资金运用风险限额,科学评估资产错配风险。

保险公司资金运用部门应当加强与公司产品开发、精算、财务和风险管理等职能部门的沟通,提高资产负债匹配管理的有效性。

(三) 投资决策控制

保险公司应当制定清晰的投资决策流程,明确权限分配,建立相对集中、分级管理、权责统一的投资决策授权制度,确定授权的标准、方式、时效和程序。

保险公司重要投资决策应当有充分依据和书面记录,重要投资决策应当事先进行充分研究并形成研究报告。保险公司应当规定研究工作的流程、决策信息的采集范围、报告的标准格式等,并采用先进的研究方法和科学的评价方式,确保研究报告独立、客观、准确。

(四) 交易行为控制

保险公司应当建立独立的投资交易执行部门或岗位,实行集中交易。对于非交易所内交易的,保险公司应当通过岗位分离等其他监控措施,有效监控交易过程中的询价、谈判等关键行为,防范操作风险;建立完善的交易记录制度,完整准确记录交易过程和交易结果,定期进行核对并做好归档管理,其中对交易所内进行的交易应当每日核对。

保险公司在交易管理过程中,应当严格执行公平交易制度,确保不同性质和来源的资金利益得到公平对待。

(五) 资产托管控制

保险公司应当实行投资资产第三方托管和监督;应当建立投资资产第三方托管制度,规范托管方甄选、合同订立和信息交换等控制事项;应当对托管机构的信用状况及资金清算、账户管理和风险控制等方面的能力素质进行严格考核和持续跟踪,确保托管机构资质符合监管要求及自身管理需要。

保险机构聘请独立第三方审计机构开展年度外部审计工作时,应当对保险资金运用内部控制进行专项审计,并于每年4月30日前向中国保监会报送上一年度专项审计报告。第三方审计机构应当按照《保险资金运用内部控制指引》及应用指引要求开展保险资金运用内部控制审计业务,并接受中国保监会对该审计业务的质询和检查。第三方审计机构应当恪守审计职业道德,诚实守信,勤勉尽责,遵守保险行业相关协会业务规范。

中国保监会将根据市场和监管需要,丰富和完善保险资金运用内部控制体系和标准,加强监管力度,充分发挥第三方审计作用,将审计结果作为保险机构投资管理能力要件、资金运用创新业务试点审慎性条件以及保险资金运用内控与合规计分评价事项。

2017年2月24日,保监会公布对前海人寿有关违法案件作出行政处罚。其中,董事长姚振华被撤职并且被处罚10年内禁止进入保险业。前海人寿存在以下2项违法行为,一是编制提供虚假资料的行为,二是违规运用保险资金的行为。

虽然在资本市场上一向稳定的保险资金被个别的违规现象抹了黑,但保险资金一直在扶持实体经济,且"拓宽保险资金支持实体经济渠道"这一内容被首次写入了政府工作报告。

第三节　内部控制组织的实施与监控

保险公司应当建立由董事会负最终责任、管理层直接领导、内控职能部门统筹协调、内部审计部门检查监督、业务单位负首要责任的分工明确、路线清晰、相互协作、高效执行的内部控制组织体系。

一、内部控制组织的职责

（一）董事会的职责

保险公司董事会要对公司内控的健全性、合理性和有效性进行定期研究和评价。公司内部控制组织架构设置、主要内控政策、重大风险事件处置应当提交董事会讨论和审议。

董事会具体承担内部控制管理职责的专业委员会，应当有熟悉公司业务和管理流程、对内部控制具备足够专业知识和经验的专家成员，为董事会决策提供专业意见和建议。

（二）监事会的职责

保险公司监事会负责监督董事会、管理层履行内部控制职责，对其疏于履行内部控制职能的行为进行质询。对董事及高管人员违反内部控制要求的行为，应当予以纠正并根据规定的程序实施问责。

监事会应当有具备履行职责所需专业胜任能力的成员。

（三）管理层的职责

保险公司管理层应当根据董事会的决定，建立健全公司内部组织架构，完善内部控制制度，组织领导内部控制体系的日常运行，为内部控制提供必要的人力、财力、物力保证，确保内部控制措施得到有效执行。

保险公司应当明确合规负责人或董事会指定的管理层成员具体负责内部控制的统筹领导工作。

（四）内控职能部门的职责

保险公司内控管理职能部门负责对保险公司内部控制的事前、事中的统筹规划，组织推动、实时监控和定期排查。

保险公司可以指定合规管理部门或风险管理部门作为内控管理职能部门，或者对现有管理资源进行整合，建立统一的内部控制、合规管理及风险管理职能力量。

（五）业务单位的职责

保险公司直接负责经营管理、承担内部控制直接责任的业务单位、部门和人员，应当参与制定并严格执行内部控制制度，按照规定的流程和方式进行操作。同时，对内部控制缺陷和经营管理中发生的风险问题，应当按照规定时间和路线进行报告，直至问题得到整改处理。

（六）内部审计的职责

保险公司内部审计部门对内部控制履行事后检查监督职能。内部审计部门应当定期对公司内部控制的健全性、合理性和有效性进行审计，审计范围应覆盖公司所有主要风险点。审计结果应按照规定的时间和路线进行报告，并向同级内控管理职能部门反馈，确保内控缺陷及时彻底整改。

保险公司内部审计部门应当与内控管理职能部门分离。

二、内部控制问责

保险公司应当建立内控问责制度，根据内控违规行为的情节严重程度、损失大小和主客观因素等，明确划分责任等级，规定具体的处理措施和程序。

保险公司对已经发生的内控违规行为，应当严格执行内控问责制度，追究当事人责任。因内控程序设计缺陷导致风险事故发生的，要同时追究内控职能部门的责任。上级管理人员对内控违规行为姑息纵容或分管范围内同类内控事件频繁发生的，要承担管理责任。

三、透明度和反舞弊机制

（1）加强透明度和反舞弊机制建设，防止责任主体隐瞒违规行为造成损失扩大或内控缺陷得不到及时整改，防范通过隐秘手法谋取不正当利益的故意违规行为。

（2）通过专门措施加强内外部经营管理信息的收集和分析，并通过网络平台、内部刊物、定期沟通和会议交流等方式实现信息广泛共享。凡是不涉及商业秘密、知识产权和个人隐私的信息，都可以在企业内部公开。

（3）建立举报投诉机制，设置便于举报投诉的途径，明确举报投诉的处理原则和程序并让所有员工知晓，保护举报投诉人的合法权益。

（4）根据相关法律法规的要求对外披露内部控制信息，自觉接受社会公众的监督。

四、对外包业务的控制

保险公司将部分业务环节或管理职能授权或承包给外部机构实施完成的，应当确保外包机构符合保险公司的内控要求，并对其外包业务的内控风险承担责任。外包业务的内控管理工作应当接受监管机构的监管。

第四节　内部控制评价与监管

一、内部控制评价制度

保险公司应当制定内部控制评价制度,每年对内部控制体系的健全性、合理性和有效性进行综合评估,编制内部控制评估报告。

保险公司内部控制评价制度应当包括实施内控评价的主体、时间、方式、程序、范围、频率、上报路线以及报告所揭示问题的处置和反馈等内容。

保险公司内部控制评价应当由公司内部审计部门、内控管理职能部门和业务单位分工协作,配合完成。

保险公司应当将内部控制评价作为对公司经营管理风险点进行梳理排查和整改完善的持续性、系统性工作。

(一) 内控评估报告

保险公司实施完成内部控制评价工作以后,应当编制内部控制评估报告。保险公司可以根据本单位实际指定内部审计部门或内控管理职能部门牵头负责评估报告的编制工作。

(二) 内部控制评估报告

保险公司内部控制评估报告应当至少包括以下内容。
(1) 本公司内部控制评价工作的基本情况,包括内部控制评价的程序、标准、方法和依据。
(2) 本公司建立内部控制体系的工作情况,包括董事会、监事会和管理层在内部控制建设所做的具体工作。
(3) 本公司内部控制的基本框架和主要政策。
(4) 本公司内部控制存在的重大缺陷、面临的主要风险及其影响。
(5) 本公司上一年度发生的违规行为和风险事件及其处理结果。
(6) 对内控缺陷及主要风险拟采取的改进措施和风险应对方案。
(7) 对本公司内部控制健全性、合理性、有效性的评价结果,并根据监管部门的评价标准,得出自评得分及等级。

(三) 评价结果分类

保险公司内控评价结果分以下四类。
(1) 合格。合格是指保险公司内部控制基本健全、合理、有效。
(2) 一般缺陷。一般缺陷是指保险公司内部控制设计基本合理,基本覆盖重要业务环节和高风险领域,但无法保证有效执行,存在运行缺陷。

(3) 重大缺陷。重大缺陷是指保险公司内部控制未能完全覆盖重要业务环节和高风险领域,且无法保证有效执行,同时存在设计缺陷和运行缺陷。

(4) 实质性漏洞。实质性漏洞是指保险公司因内部控制设计或运行的严重缺陷,导致公司发生重大风险事件或重大舞弊行为,造成公司财务或声誉损失,严重影响经营目标实现。

二、内部控制的监管

(一) 内部控制报告的审议和报备

保险公司内部控制评估报告应当提交董事会审议。审议通过后的内部控制评估报告,应当于每年4月30日前以书面和电子文本方式同时报送中国保监会。

上报中国保监会的内控评估报告应当附董事会声明,声明内容包括:董事会对建立健全和有效实施内部控制履行了指导和监督职责。董事会及其全体成员对报告内容的真实性、准确性和完整性承担个别及连带责任。

保险公司不报、漏报、瞒报或提供虚假的内控评估报告的,依据《保险法》第一百七十一至一百七十三条及其他相关规定予以处罚。

(二) 内控评估报告的鉴证和披露

中国保监会可以根据监管需要,要求保险公司在内控评估报告报送前,取得外部审计机构的鉴证结论。

保险公司应当根据信息披露的相关规定,披露内控评估报告的全部或部分内容。

保监会可以考虑同财政部、证监会配合,共同制定、联合发布各项监管制度,不仅可以降低成本,同时有利于上市保险公司灵活适应不同监管部门发布的相关监管规定。

(三) 抽查和监管评价

中国保监会可以根据监管需要,对保险公司内部控制情况进行检查。检查方式包括对部分内控环节或业务单位进行抽查以及组织进行全面评价两种。

中国保监会采取全面评价方式,可以委托独立的中介机构进行,保险公司应当配合并承担相应费用。

中国保监会派出机构负责对辖区内保险公司分支机构内部控制进行检查。

(四) 检查结果处置

中国保监会对经检查发现内部控制存在重大缺陷及实质性漏洞的保险公司,应当下发监管意见函,要求公司限期整改并反馈。

对内控违规行为和风险事件负有直接责任和管理责任的当事人,应当按照监管规定予以处罚。公司内控存在严重问题,董事会、监事会及管理层成员负有责任的,应当追究其责任。

近年来,保监会贯彻落实保险资金运用监管工作,大力进行风险防范,连续出台了多项政策,包括保险资金运用内控指引、信息披露、资产负债匹配管理、进一步规范股票投资等一系列的制度,同时加大现场检查和非现场监测力度,对有关公司采取风险提示、约谈主要负责人、下发监管函、暂停股票委托投资资格等监管举措。2016年12月,保监会派出检查组对恒大人寿开展现场调查,发现该公司投资内控管理薄弱并且存在未按监管规定开展股票委托投资业务等多种问题,在深入调查取证的基础上,保监会按照法定程序和《中华人民共和国保险法》等法律法规的有关规定,作出行政处罚及监管措施决定。

本章小结

1. 保险公司内部控制的目标、原则、组成、层次。
2. 保险公司销售控制、运营控制、基础管理控制和资金运用控制的内容和基本要求。
3. 保险公司内部控制的组织架构。
4. 保险公司内控评价制度的内容。内控评价的实施主体和过程。

思考题

中国人寿系统内控大纲(摘要)

中国人寿系统内部控制主要框架标准包括治理结构、机构设置及权责分配、内部审计、人力资源政策、企业文化等方面的内容。各单位在健全内部控制的过程中,要按照监管要求和现代企业治理要求,进一步完善公司治理结构,完善决策机制,建立相应的激励约束机制,建立良好的人力资源管理机制,建立科学合理的组织机构,保证不兼容岗位的分离,塑造全员参与、全过程控制的内部控制文化,为内部控制的有效运行和经营管理的有效开展创造有利的环境。

借鉴国际先进理念和技术,结合本系统实际,中国人寿系统内部控制采用"四目标、六要素、十二模块"的标准。"四目标"分别为企业战略、经营目标、报告目标和合规目标。"六要素"分别为控制目标、控制流程、风险控制点、控制措施、控制制度、检查与调试。"十二模块"分别为中国人寿系统内部控制基本原则、集团管控系统、寿险业务系统、年金业务系统、财险业务系统、资产管理系统、实业管理系统、人力资源管理系统、财务管理系统、信息管理系统、监控系统、内控运行机制。

1. 控制目标

主要描述内部控制需要达到的目标,包括:此项工作对于公司经营管理、部门职责所要实现的目标,保证此项工作符合监管要求,控制此项工作开展过程中的潜在风险等。

2. 控制流程

对现有工作流程进行梳理,并从提高工作水平、防范金融风险的角度出发,对工作流程进行优化。主要描述工作步骤和流程,对于目前的工作流程中所存在的不足进行合理优化和完善,以提高内部控制的管理效率和有效性。

3. 风险控制点

在描述控制流程的基础上,进行风险识别、评估,查找梳理操作和管理工作中具有潜在风险的主要环节。每一项工作的风险控制点一般应为对本项工作控制目标的实现具有重要意义的控制事项。在选定的风险控制点中,一般应选取本项工作中最为重要的一个控制事项,确定为关键控制点。

4. 控制措施

在风险识别的基础上,进行风险控制和管理。描述实现此项工作内部控制所采取的主要管理措施和控制措施。一个事项的控制措施不以数量为标准,关键在于针对性和有效性。

5. 控制制度

在梳理优化流程、识别、评估、控制风险的基础上,建立规章制度,确保有章可循。描述公司针对此项工作已经建立的控制制度以及准备建立的制度。

6. 检查与调试

从系统工程的角度,对操作和管理过程进行检查和调试。

中国人寿系统内部控制主要框架标准体现了保险公司内部控制的什么思想?

参考文献

[1] 樊毅,张宁. 基于精算视角的保险公司内部控制分析[J]. 统计与决策,2009(9).

[2] 方红星,孙嚞. 交叉上市保险公司内部控制信息披露及其市场反应——基于中国人寿和中国平安的经验研究[J]. 财经问题研究,2009(8).

[3] 晋晓琴. 全面提升我国保险公司的内部控制水平——解读《保险公司内部控制基本准则》[J]. 商业会计,2011(12).

[4] 周会船. 论加强财产保险公司内部控制制度的建设[J]. 南京社会科学,2000(9).

第七章　行政事业单位内部控制

> **引入案例**
>
> **蚌埠市财政局内部控制工作的建立与落实**
>
> 根据《财政部关于开展行政事业单位内部控制基础性评价工作的通知》(财会〔2016〕11号)精神，蚌埠市财政局为指导行政事业单位开展内部控制建立与实施工作，贯彻落实《财政部关于全面推进事业单位内部控制建设的指导意见》(财会〔2015〕24号)，制定了《蚌埠市财政局关于开展行政事业单位内部控制基础性评价工作的实施方案》。
>
> 安徽省蚌埠市为能够在内部控制建设过程中，及时发现内部控制基础的不足和缺陷，从而建立和健全内部控制，实施了如下方案。
>
> (1) 加强领导。蚌埠市财政局成立了蚌埠市行政事业单位内部控制基础性评价工作领导小组，由分管副局长担任组长，会计科、国库科和各支出科室科长任成员。加强组织和领导，促进统筹协调，形成推动内部控制基础性评价工作的合力。
>
> (2) 明确目标。蚌埠市财政局要求各县、区财政部门以及市直各部门迅速行动起来，广泛动员，全面参与，精心组织。在2016年8月上旬全面启动内部控制基础性评价工作。各单位要高度重视内部控制，将评价、加分、减分、特别说明等在内的内部控制基础性评价报告向单位负责人汇报、说明，同时找出内控建设的缺陷和不足，针对不足之处予以改进和完善，着力提高内部控制实施的效率和效果。各单位可以将本单位内部控制基础性评价得分与同类型其他单位进行横向对比，通过对比可以看出本单位内部控制体系的缺陷，并以全面改进，突出重点的方式完善内部控制，提高内部控制水平。同时，要求内部控制基础性评价报告要作为2016年决算报告的重要组成部分予以披露。
>
> (3) 加强宣传监督。蚌埠市财政局要求各县、区财政局以及市直各部门悉心总结经验教训，加强宣传力度，做好信息披露报送等工作，贯彻落实对本县、区(部门)内部控制基础性评价工作执行情况的评价、监督，从而确保内部控制建立实施和基础性评价工作能够如期顺利高质量地完成。

第一节　风险评估与控制方法

行政事业单位内部控制是指行政事业单位为了合理保证本单位的经济活动符合法律规范，维护资产安全和使用有效，并合理保证财务信息真实完整，以防范和控制经济活动风险而制定的一系列相应制度、措施和程序。行政事业单位在建立与实施内部控制制度过程中,应当遵循全面性、重要性、制衡性和适应性原则,明确业务流程与环节,把握业务节点,全面分析经济活动风险,识别并抓住关键风险点,采取相应风险应对措施,在此基础上建立健全单位各项内部管理制度,并采取有效措施保证实施。

一、风险定期评估机制

行政事业单位应当建立经济活动风险定期评估机制,对经济活动中存在的风险进行完整、系统、客观和深刻地评估。经济活动风险至少应当每年被评估一次,以便及时发现风险,但当外部客观环境、经济业务活动、单位组织架构或内部管理控制要求等出现重大变化时,应及时对经济活动风险进行重新评估考量。

行政事业单位开展经济活动风险评估时需根据本单位组织架构,结合实际情况,成立风险评估工作小组,由单位领导担任组长。经济活动风险评估结果要以书面报告形式及时提交单位领导成员,作为完善内部控制的依据,单位负责人应对本单位内部控制的建立健全和有效实施负责。

某市疾控中心为应对频发的公共卫生安全事件,在2013年就开展了风险定期评估工作。该疾控中心采用德尔菲评估法,依据事先确定的风险评估框架,让专家独立发表意见,使用统一问卷,经过多次专家调查,反复征询意见,最后归纳为专家基本一致的看法,作为风险评估的结果。风险评估分为了专题风险评估和日常风险评估,前者主要是针对国内外重要突发公共卫生事件、事故灾难、自然灾害等开展全面的专项公共卫生风险评估;后者主要指定期开展的风险评估,目前为季度风险评估。随着风险评估工作的不断推进,该疾控中心也在逐步增加评估频率,在条件允许的情况下,力求每月、每日对日常监测到的突发公共卫生事件开展风险评估。

行政事业单位进行风险评估活动主要有四个步骤:鉴别风险、设定控制目标、分析和评价风险以及寻求风险应对措施,如表7-1所示。

表7-1 行政事业单位风险评估程序

步骤	内容
鉴别风险	鉴别风险是风险管理的基础,是针对单位面临的各种不确定因素,加以系统连续的确认。行政事业单位面临的内部风险主要有:管理风险、道德风险、财务风险以及安全环保因素带来的风险;外部风险主要有:经济风险、社会风险、法律政策风险以及由自然环境因素产生的风险。
设定控制目标	内部控制目标作为关键步骤,决定了内部控制实施的方向及方法。该目标是对于确定的控制对象,结合本单位的责任和宗旨,而设定的一种能控制该风险的标准。内部控制目标包含整体目标和针对各控制对象的具体目标,具体目标应以整体目标为基准,同时又有自身的侧重点。
分析和评价风险	风险分析和评价是在鉴别风险、确定控制目标的基础上,采用定性和定量的方法进一步分析风险发生的领域、原因,评价风险的性质及其带来的影响。风险分析评价要结合控制目标,为风险应对措施提供基础和依据。
风险应对措施	风险应对措施是指在风险分析的基础上,综合考虑本单位职责使命等具体实际情况,提出的各种降低、化解风险的办法,通过综合考量从中选出最优的解决方案。风险应对措施一般包括:回避风险、减轻风险、转移风险、承担风险。

二、单位层面风险评估

(一) 内部控制的组织

单位应当设立内部控制专项职能部门或牵头部门。大部分内控牵头部门由财务部担任,但各单位需根据本单位实际情况,综合考虑各部门的性质、职能来确定。风险内控倡导全员参与,但全员参与在实际执行中会出现全员不参与的情况。行政事业单位应建立内部控制专项职能部门,作为协调部门,专门负责内控工作的组织、推行和完善;在各部门间建立联动机制,多个部门联合起来,共享信息,依照既定方案系统、灵活地执行内部控制制度。

福建省地税局建立部门联动机制共同推进内控机制建设,成立了由党组书记任组长的内控机制建设领导小组,下设办公室,督察内审处承担日常组织和协调工作,与机关党委、驻省地税局纪检组相配合,对各单位、各部门内控机制建设情况进行监督和检查(整理自国家税务总局网站)。

(二) 内部控制的建设与完善

单位经济活动的决策、执行、监督必须实现岗位有效分离,各不相容职位要有特定部门、人员负责,不可交叉重叠,职责重复,以避免内控失效。各部门权责一致,权利与所承担的责任相适应,不断建立健全议事决策机制,岗位责任制度、内部监督制度、反馈机制等制度,使内部控制形成闭合回路,管理的链条也会更加清晰、完整。

国家税务总局专门印发通知,要求进一步深化税务系统内控机制建设,推进内控机制建设覆盖至各级税务机关、覆盖税收执法和行政管理"两权"运行的全过程,着力完善制度防线、流程防线、信息防线、监督防线,确保权力运行不出轨(整理自国家税务总局网)。

(三) 内部控制关键岗位人员的管理

单位要制订员工培训计划,不断提升人员的业务能力和专业素质。在确定人员配备时,应全面考虑职工自身资格、能力,考虑是否符合相应职位的要求。在确定人员配备后,还要定期评价其工作表现,定期考核绩效,激励督促职工不断提升自我素质,完善工作。此外,还要有效建立轮岗机制,促进复合人才的培养,预防腐败,促进交流,加强协作。

(四) 财务信息的编报

行政事业单位应按照国家统一的会计制度,对经济业务事项进行账务处理。按照《行政单位会计制度》《事业单位会计制度》《行政单位财务规则》《事业单位财务规则》和《行政事业单位会计决算报告制度》等国家统一的会计制度编制财务会计报告。若单位由于工作组织失误或不当,延迟报送会计决算报告,甚至数据差错严重,给全国行政事业单位会计决算报告工作造成恶劣影响,应依法对相关负责人进行责任追究。

三、经济活动业务层面风险评估

(一) 预算管理

预算管理是内部控制中一项重要的控制措施,它能使单位总体目标分解为各部门、各职位以及个人的具体行动目标,能够有效约束各责任部门,实现单位整体目标。单位预算编制应以各部门间充分沟通协调为基础,与资产配置相结合,与具体的工作相对应,严禁流于形式,松散空洞。北京市公安局公安交通管理局,下属的12个预算单位,分别为局机关本级、车辆管理所、东城交通支队等,严格执行预算管理,加强预算执行力度,强化了公共服务(源自北京市公安局公安交通管理局网)。

预算在执行中应严格按照批复额度和开支范围进行,不断考量预算执行进度是否合理,是否存在无预算、超预算支出等问题,强调预算的"硬性约束",科学合理设计预算考核指标体系,以定量指标为主,辅之以必要的定性指标,公开、公平、公正地进行预算考核。考核结果应与执行部门人员工资薪金、职务相联系,落实预算奖惩。

在编制决算报告时,要坚持真实性、完整性、准确性、及时性原则,公允反映预算执行情况,分析预算差异原因,为内部控制管理决策提供可靠依据。

(二) 收支管理

行政单位收入包括财政拨款收入和其他收入,事业单位收入包括财政补助收入、事业收入、上级补助收入、附属单位上缴收入、经营收入和其他收入等收入。单位收入要实现归口管理,按照规定及时向财会部门提供收入的有关凭据,不可虚造伪造凭据。严格按照财务印章、票据管理办法规定保管和使用印章、票据。

单位发生支出事项时,要按照规定审核各类凭据的真实性、可靠性、合法性,严禁使用虚假票据套取资金,一经发现,将承担严重法律后果。财务行为应在法律法规许可的范围内,各单位要正当、节约动用资金,用较少的财力多办实事,实现绩效最大化。

(三) 政府采购管理

政府采购是在综合考虑国家财政能力的情况下实行的,因此必须遵照《中华人民共和国政府采购法》,公平、公正、公开地按照预算和计划组织政府采购业务。例如,北京市通州区交通局购置执法服装,及时将招标成果在网站上公示,秉承公平、公正、公开的原则,规范政府采购管理。建立和健全政府采购的配套措施,有利于加快向服务型政府转型的脚步,推动经济的改革发展。政府采购应当按照规定组织政府采购活动和执行验收程序,严格遵照验收标准,避免以权谋私,权钱交易等腐败行为。采购业务活动中的档案应规范保存,不可擅自更改、销毁。

(四) 资产管理

单位要实现资产归口管理并明确资产使用相应责任,将责任书面化、制度化,以便考核追责。定期对资产进行清查盘点,存在账实不符时及时汇报,调查原因,切勿不了了之,使国有资产流失。资产处置时也应按规定处置,不可私自报废,要记录归档,保存相关票据。

(五) 建设项目管理

单位要按照概算投资,严格执行审核审批程序。同时要建立有效的招投标控制机制,不可存在截留、挤占、挪用、套取建设项目资金的情形。在建设项目完成后,需按照规定保存建设项目相关档案并及时办理移交手续。

(六) 合同管理

合同是行政事业单位与外界经济往来的重要纽带。合同实行归口管理,明确需要签订合同的经济活动性质、条件、范围及影响,树立法律观念,切实监控合同履行情况,还需建立合同纠纷协调机制,减少失误,防范和控制合同风险,保证合同顺利按计划完成执行。

四、单位内部控制方法

(1) 不相容岗位职务分离。科学、合理界定和设置内部控制关键岗位,清晰划分权力和责任,实施相应的分离措施,如货币资金的保管与清查,采购合同的订立与审批等。不相容岗位职务分离是内控首要的控制方法,易形成相互制约、相互监督的工作机制。

(2) 内部授权审批控制。明确各岗位办理业务和事项的权限界限、审批流程和相关责任,建立重大事项集体决策和会签制度,建立突发事项审批决策机制。相关工作人员应在批准范围内行使职权。内部授权审批控制是集权决策与合理授权的平衡。近年来,突发公共卫生事件多起,各地卫生局先后制定、修改、完善了突发事项的审批决策机制,在加强内部控制的同时,又提高了工作效率和质量。

(3) 归口管理。依据本单位实际情况,按照权责适应的原则,各部门各司其职,各负其责,采取成立联合工作小组并确定牵头部门或牵头人员等方式,对有关经济活动实行统一管理,防止出现重复管理和多头管理。归口管理讲求在管理中根据权责特性,按适用的方法渠道实施管理,做到不缺位、不错位、不越位。

为理顺社会保险业务工作上合下分问题,使社会保险制度改革工作顺利进行,福建省在机构改革之前,先将分散在人事部门的机关,事业单位的养老、医疗等社会保险和民政部门的农村社会保险的业务工作归口劳动部门统一管理,各部门各司其职(源自福建省人民政府办公厅)。

(4) 预算控制。预算控制能够清楚展示计划与控制的密切联系。预算作为计划工作的终端,可以转化成为相应的控制标准。预算控制是强化对经济活动的预算约束,使预算管理贯穿于单位经济活动的全过程。预算控制要防止和计划脱节,同时要注意预算刚性与灵活性的平衡把握。

(5) 财产保护控制。财产保护包括财产的账务保护和实物保护。单位应当建立资产日常管理制度和定期清查机制,明确财产管理流程,加强接触控制,采取资产记录和建档、实物保管、定期盘点、账实核对、财产保险等措施,确保资产安全完整。

(6) 会计控制。单位应当建立健全本单位财会管理制度,加强会计机构建设,提高会计人员业务能力,强化会计人员岗位责任制度,规范会计基础工作,明确会计凭证、会计账簿和财务会计报告处理程序,加强会计档案管理,保证会计资料的真实、可靠和完整。内部会计控制需要单位内部涉及会计财务工作的各类经济业务及相关职位,针对业务处理过程中的关键控制节点,在决策、执行、监督、反馈等各个环节实施执行。

(7) 单据控制。单据控制是对单位发生经济活动的痕迹进行控制,是内部控制的强有力工具。它要求单位根据国家有关规定和单位的经济活动业务流程,在内部管理制度中明确界定各项经济活动所涉及的表单和票据,要求相关工作人员按照规定填制、审核、归档、保管单据,建立对单据的内外结合控制体系,保证交易与事项的真实性、合法性。

(8) 信息内部公开。单位应当建立健全经济活动相关信息内部公开制度,根据国家有关规定和单位的实际情况,确定信息内部公开的内容、范围、方式和程序。在信息内部公开时,要坚持依法公开原则和及时性原则,拒绝形式主义,注重实效,强化监督,公开形式应简明易懂,灵活多样,提高信息透明性和规范性。对公立学校而言,信息内部公开内容一般会涉及学校重大事项的决策和执行、年度资产管理和资产变动、学校每学期经费收支、教职工考核评优等。其公开多以固定宣传栏、职工代表大会、校园网等形式进行。

第二节 单位层面内部控制

一、内部控制的组织

一方面,单位应当单独设立内部控制职能部门或确定内部控制的牵头部门,使其负责组织、统筹协调内部控制工作。内控职能部门或牵头部门的设置和确定能在组织层面上使内部控制工作更加系统、规范,这也是内部控制工作有序高效进行的必要保证,是进行内部控制首先要考虑的工作。

另一方面,应当充分发挥财会、内部审计、纪检监察、政府采购、基建、资产管理等部门或岗位在内部控制中的作用。在内部部门之间建立联动机制,多个部门联合,增强交流,共享信息,依照既定方案系统地,又不失灵活性地执行内部控制制度。

二、决策机制

根据单位不相容岗位职务分离的控制方法,单位经济活动的决策、执行和监督应当相互分离,不可交叉重叠,不可出现一人兼任决策和执行等职务,从而增强内部控制,预防腐败,加强风险防范。

单位应当建立健全集体研究、专家论证和技术咨询相结合的议事决策机制,避免集体决策走形式主义,避免决策一人独断,使决策具备科学性、客观公正、公平。重大经济事项的内部决策,应当由单位领导班子集体研究决定,要增强权力的制约和制衡,作出更符合实际的正确决策。

重大经济事项的认定标准应当根据有关规定和本单位实际情况确定，一经确定，不得随意变更。当出现突发情况和异常事件时，要提请领导班子讨论决定，不可只凭工作人员主观推测。认定标准要从定性和定量两个方面确定，要考虑客观实际，既要具备刚性，也要灵活有度，从实际出发。

三、岗位责任制

岗位责任制是指依据各个工作岗位的工作特性和业务事项特点，明确界定所属职权和责任，并比照既定的工作标准进行考核、评价、激励与惩罚而确立起来的制度。认真落实岗位责任制度，可以促进各项工作的规范化、制度化、科学化。要建立健全岗位责任制度，首先应当清晰地了解掌握本单位的工作性质、服务范围和任务，人员编制和结构，然后以特定任务设置岗位，再根据岗位特点设定从事此项任务的人员。单位应当坚持把责任落实到具体负责的个人，使得每个人各司其职，各尽其责。岗位责任制有助于使事事有负责人，避免人浮于事，苦乐不均，充分发挥各项岗位应有的作用。

新疆通信管理局自2016年以来，在内控建设方面进一步查缺补漏，规范内部各项业务流程，分解和落实工作责任，梳理优化各项业务流程及相关制度，有效提高了新疆管局公共服务的水平，共计梳理出各项工作制度52个、工作流程规范24个，行政事业单位内部控制基础性评价指标评分大幅提高，内控建设成效显著（源自新疆维吾尔自治区通信管理局）。

关键岗位责任制度尤为重要，行政事业单位内部控制关键岗位主要为：预算业务管理、收入与支出业务管理、政府采购业务管理、资产管理、建设项目管理、合同管理以及内部监督等经济活动的关键岗位。

单位应当建立健全内部控制关键岗位责任制度，分清岗位权责及其分工，确保不相容岗位的相互分离、相互制约和相互监督。权力的分立、责任的明确能够促进工作人员清正廉洁。

四、人员安排

单位应当实行内部控制关键岗位工作人员的轮岗制度，确定轮岗周期。轮岗可分为同一岗位在不同部门之间轮换，或不同岗位在同一部门间轮换，定期轮换和不定期轮换等。若组织不具备轮岗的条件，则可以选择性采取专项审计等替代性控制措施。实行轮岗制度，新的工作职责对干部和员工提出了新的不同要求，紧迫感和危机感会促使职工学习更多的专业知识，不断提升自我的综合素质、业务能力。同时，也可增添新鲜感和兴趣性，改变以往一成不变，按部就班的工作方式，干部职工可以从多角度体会不同岗位的方式方法，促进工作交流，增强凝聚力，打造精诚干事的工作队伍。

内部控制关键岗位工作人员应当具备与其工作岗位相适应的资格和能力。单位应当加强内部控制关键岗位工作人员业务培训和职业道德教育，不断提升其业务水平和综合素质。员工培训是提升职业技能水平、实现人事相匹配的重要途径。社会环境、政策在不断变化,因此加强培训与教育是内部控制必不可少的环节。培训不只是一次性的,更不只是针对技术岗位,再学习和教育是增强工作效率、服务质量的有效措施,对内部控制的影响深远。

五、财务会计工作

单位应当根据《会计法》的规定建立会计机构,配备具有相应资格和能力的会计人员。单位应当根据实际发生的经济业务事项按照《行政单位会计制度》《事业单位会计制度》《行政单位财务规则》《事业单位财务规则》和《行政事业单位会计决算报告制度》等国家统一的会计制度及时进行账务处理、编制财务会计报告,确保财务信息真实、完整。此外,还应健全财务管理机制,杜绝账外有账,账目不实,账实不符,提高财务人员责任观念。单位应当正视财务管理工作的迫切性与必要性,严格遵守相关准则和规定。

六、现代信息技术

在现代信息技术的影响下,一些手工操作下的内部控制措施失去意义,有些转为计算机操作下的内部控制措施。宁波市国税局纪检组长支勇认为,管理痕迹化、责任可追溯的内控信息化特点,可以有效防止人为因素对税收执法和行政管理的干扰,有效克服人为监督控制不够客观、不够公正、不够公平的弊端,为远程监督提供了便利和可能,为防范风险提供了手段,也为税务系统的风险控制构筑了防火墙。

电算化会计的控制主体已经不再单单是人,其许多控制方法是借助会计软件而实现的。使用电算化会计信息系统,会计处理工作可以由计算机去完成,控制的重心就由传统意义上的财务部门转移到现代化电子数据处理部门。电算化背景下,原手工操作的单一制度控制已经转变为制度控制和程序控制的结合。为此,单位应当结合科技发展形势,充分运用现代科学技术手段加强内部控制。对信息系统建设实施归口管理,将经济活动及其内部控制流程嵌入单位信息系统中,减少或消除人为干预、操纵因素,保护信息真实、安全。

第三节 业务层面内部控制

一、预算业务控制

(一)基础工作

预算业务相对于其他业务来讲,是一个涉及范围广、专业要求高、复杂庞大的系统性工作,一个不起眼的小环节出现差错都可能影响全部预算工作的如期进行。因此,要特别重视预算管理工作的制度建设。用规章制度规范预算业务工作,可使其有据可循。单位应当在预算编制、审批、执行、决算与评价环节中建立和健全预算内部管理制度。此外,各项制度应在实践中不断得到完善,以适应新的环境和形势。制度建设要切实可行,在满足管理需要的前提下,尽可能简便易执行,避免频频修改,维护制度的严肃性。

单位应当合理设置预算工作岗位,明确相关岗位的职责权限,确保预算编制、审批、执行、评价等不相容岗位相互分离,既相互协作又相互监督。

(二) 预算编制

单位在预算编制中,要运用科学的方法、规范的程序,尽量细化预算项目,保证数据精准,内容完整,编制及时。

单位应当正确把握预算编制有关政策,确保预算编制相关人员及时全面掌握相关规定,要不断组织人员学习理解最新政策,加强宣传教育与职业技能培训,避免预算编制与实际脱节,不符合实际情况,导致预算失效。

单位应当在内部预算编制、预算执行、资产管理、基建管理、人事管理等部门或岗位建立沟通机制,统筹协调。按照规定进行项目评审,增强信息畅通性,确保预算编制部门及时取得和有效运用与预算编制相关的信息。

需根据内设各部门的职责及分工,对按照法定程序审批的预算,在单位内部进行指标分解、审批下达。预算编制部门要根据工作计划分解预算目标,细化预算编制,提高预算编制的科学性。同时,为了切实发挥预算对经济业务的管控作用,要规范内部预算追加调整程序。

(三) 预算执行

单位应当根据审批后的预算计划来安排各项收入支出,理应严格执行预算计划,不可架空预算,流于形式。在预算执行过程中,建立执行分析机制,定期通报各部门预算执行情况,定期召开预算执行分析会议。要不断分析解决预算执行中存在的问题,追究问题的责任人,提出整改措施,纠正执行中偏离预算目标的行为,确保严格执行,提高预算执行的有效性。

例如,四川省财政厅在预算执行管理上,为确保严格执行预算,因公出国(境)经费预算和出国(境)计划两者缺一均不得安排出国(境)活动;接待费报销凭证"三单",即原始票据、派出单位公函和接待清单,不齐全或者内容不一致的,财务部门不得报销。

(四) 决算管理

单位应当加强决算管理,遵照《部门决算管理制度》,按照"科学、规范、统一、高效"的原则,确保决算结果具备真实性、完整性、准确性和及时性;应当按照综合预算管理规定,如实反映年度内全部收入,在年终前应全部上缴本年各项应缴国库款和应缴财政专户款,并按支出渠道如实列报本年各项支出明细。

单位可以用定性分析和定量分析加强决算分析工作,其中定量分析是基础,定性分析起辅助作用。常用的定量分析方法有因素分析法、比较分析法、比率分析法等。在决算分析基础上,要不断强化决算分析结果的运用加强对决算数据的分析,建立健全单位预算与决算相互反映、相互促进的协调机制。同时,要充分利用计算机网络技术,推动部门决算数据信息共享,提高数据的利用效率和部门之间的协调配合。

(五)预算绩效管理

单位需要加强预算绩效管理,构建决算评价指标体系,其主要包括:预算约束力评价、部门收入支出结构评价、部门项目资金使用情况评价、部门人员控制及收支合理合规性评价、人均收支与情况评价等。不同单位应结合本单位实际情况,科学分类排序指标信息,合理使用评价结果,努力构建"预算编制有目标、预算执行有监控、预算完成有评价、评价结果有反馈、反馈结果有应用"的全过程预算绩效管理机制。

二、收入业务控制

(一)基础工作

单位应当建立健全收入内部管理制度。根据单位工作业务性质,考虑人员安排,合理设置岗位,明确相关岗位的职责权限,使得收款、会计核算等不相容岗位相互分离。

单位应当建立健全支出内部管理制度,确定单位经济活动的各项支出标准,明确支出报销流程,按照相关规定办理支出事项,并且要合理设置岗位,明确相关岗位的职责权限,确保支出申请和内部审批、付款审批和付款执行、业务经办和会计核算等不相容岗位相互分离。

根据国家规定可以举借债务的单位应当建立和健全债务内部管理制度,明确债务管理岗位的职责权限,不得将办理债务业务的全过程交由一人负责。大额债务的举借和偿还属于重大经济事项,应当进行充分论证,合理分析,并由单位领导班子集体研究决定,促进决策的公正性,减轻重大财务风险。同时,单位必须做好债务的会计核算以及档案保管等工作,加强债务的对账和检查控制工作,定期与债权人核对债务余额,明确双方权利义务,进行债务清理,防范、控制财务风险。

(二)收入管理控制

单位的各项收入应当由财会部门进行会计核算,并实行归口管理,严禁设立账外账,严禁设立小金库。业务部门在签订涉及收入的合同协议后,应当及时将合同等有关材料提交给单位的财会部门,使其作为账务处理依据,确保各项收入应收尽收,能够及时入账。财会部门应当定期检查收入金额与合同约定金额是否相符;对应收未收项目应当及时查明情况,明确责任主体,建立催收机制,落实催收责任。

行政事业性收费、政府性基金、国有资源有偿使用收入等属于政府的非税收入。政府非税收入的所有权归属国家、使用权应当归政府、管理权在财政部门。有政府非税收入收缴职能的单位,应当按照规定项目和标准征收政府非税收入,按照规定开具财政票据,做到收缴分离、票款一致,并及时、足额上缴国库或财政专户,不得以任何形式截留、挪用或者私分支出管理控制。

(三) 支出管理控制

单位应当按照支出业务的类型,明确内部各支出工作关键岗位的职责权限,重要的支出岗位有:审批、审核、支付、核算和归档等。实行国库集中支付的,需要严格按照财政国库管理制度有关规定执行。

(1) 加强支出审批控制。明确支出的内部审批权限、程序、责任和相关控制措施,优化审批程序,审批人应当在授权范围内审批,不得越权审批。财务支出对单位来说关系重大,审批程序的合理与否会影响到行政事业单位的外在形象与其他各项工作的开展。

(2) 加强支出审核控制。对各类单据全面审核,其中重点审核单据的来源是否合法合规,内容是否真实、完整,其使用是否正确,是否符合预算,审批手续是否完备齐全。支出凭证应当附反映支出明细内容的原始单据,并由经办人员签字或盖章,超出规定标准的支出事项应由经办人员说明原因,同时要附上审批依据,确保与经济业务事项相符。

江西新干县财政局不断强化预算刚性约束,加强一般性支出控制,努力降低行政成本,严格执行人大批准的预算方案,坚持做到"有预算不超支、无预算不拨款",对未纳入年初预算的经费,一律不再审批拨付任何费用(源自财政部网站)。

(3) 加强支付控制。明确业务的报销流程,按照规定办理资金支付手续。签发的支付凭证应当及时进行登记。使用公务卡结算的单位,应当按照公务卡使用和管理有关规定办理业务。

(4) 加强支出的核算和归档控制。由财会部门根据支出凭证及时准确登记账簿,同时与支出业务相关的合同、附件等材料也应当提交财会部门,作为账务处理的依据。

(四) 票据管理控制

票据管理是财务规范管理的重要组成部分,是提升经济发展,有效遏制贪腐的重要举措。单位应当建立和健全票据管理制度,财政票据、发票等各类票据的申领、启用、核销、销毁均应履行规定手续。单位还应当按照规定设置票据专门管理人员,建立票据台账,做好票据的保管和序时登记工作。票据应当按照连续编号使用,不得拆本使用,做好废旧票据管理。负责保管票据的人员要配置单独的保险柜等保管安全设备,并做到人走柜锁,钥匙由专人保管。

云南红河州弥勒市财政局为规范票据管理,在票据发放上坚持"凭证领购、验旧领新、定期限量"原则,要求各用票单位设置建立票据管理制度,建立管理台账,设立财政票据专柜或专库保管财政票据,设置财政票据专管员负责财政票据的领购、使用、保管、核销、年检等管理工作。在票据核销工作中严格坚持"验旧领新"原则,对发现问题的责令改正,出现严重问题的依法处理,审验合格的,才可继续领购财政票据(源自财政部网站)。

三、政府采购业务控制

单位应当建立健全政府采购预算与计划管理、政府采购活动管理、验收管理等政府采购内部管理制度；明确相关岗位的职责权限，确保政府采购需求制定与内部审批、招标文件准备与复核、合同签订与验收、验收与保管等不相容岗位相互分离。

（1）单位需要加强对政府采购业务预算与计划的管理。单位应建立预算编制、政府采购和资产管理等部门或岗位之间的沟通协调机制；根据本单位实际需求和相关标准编制政府采购预算，按照已批复的预算安排政府采购计划。例如，山东肥城市政府严把采购预算关，在执行过程中，严格把关，对各采购单位采购预算一般不予变更，对无预算或超预算采购的，财政部门不予支付采购资金，真正做到"采则编，编则采"。

（2）应当加强对政府采购活动的管理。政府采购活动要实施归口管理，在政府采购活动中建立政府采购、资产管理、财会、内部审计、纪检监察等部门或岗位相互协调、相互制约的机制。单位应当加强对政府采购申请的内部审核，按照规定选择政府采购方式、发布政府采购信息。对政府采购进口产品、变更政府采购方式等事项应当加强内部审核，严格履行审批手续，不得越权审批。

（3）单位需要加强对政府采购项目验收的管理。根据规定的验收制度和政府采购文件，由指定部门或专人对所购物品的品种、规格、数量、质量和其他相关内容进行验收，并出具验收证明。山东肥城市政府为把好履约验收关，定期对合同履约情况进行抽查，重点针对重大敏感项目、出现过质疑投诉的项目，纠正不按招投标文件及合同履约行为，并对整改不力的中标供应商予以曝光，净化政府采购市场（源自财政部网站）。

（4）要加强对政府采购业务质疑投诉答复的管理。需指定牵头部门负责、相关部门参加，按照国家有关规定做好政府采购业务质疑投诉答复工作。单位应当加强对政府采购业务的记录控制。妥善保管政府采购预算与计划、各类批复文件、招标文件、投标文件、评标文件、合同文本、验收证明等政府采购业务相关资料。定期对政府采购业务信息进行分类统计，并在内部进行通报。

（5）单位应当加强对涉密政府采购项目安全保密的管理。对于涉密政府采购项目，单位应当与相关供应商或采购中介机构签订保密协议，或者在合同中设定保密条款，履行保密义务。

四、资产控制

（一）货币资金

单位应当建立健全货币资金管理岗位责任制，合理设置岗位，不得将货币资金业务的全过程交由一人全权办理，确保不相容岗位相互分离。特别注意出纳不得兼管稽核、会计档案保管和收入、支出、债权、债务账目的登记工作。

严格禁止一人保管收付款项所需的所有印章。财务专用章应当让专人保管，个人名章应当由本人或由其授权的人员保管。负责保管印章的人员要配置单独的保管设备，同时要做到人走柜锁。按照规定应当由有关负责人签字或盖章的，应当严格履行签字或盖章手续。

单位应当加强货币资金的核查控制。指定不办理货币资金业务的会计人员定期、不定期地抽查盘点库存现金，核对银行存款账户余额，抽查银行对账单、银行日记账及银行存款余额调节表，核对账实是否相符、账账是否相符。对调节不符、可能存在重大问题的未达账项应当及时查明原因，追究责任，并按照相关规定严肃处理。

单位应当加强对银行账户的管理，开立、变更和撤销银行账户要严格遵照规定的审批权限和程序，不可越权审批，无视制度。

（二）实物资产和无形资产

行政单位国有资产包括行政单位用国家财政性资金形成的资产、国家调拨给行政单位的资产、行政单位按照国家规定组织收入形成的资产，以及接受捐赠和其他经法律确认为国家所有的资产，其表现形式为实物资产和无形资产等。单位应当加强对实物资产和无形资产的管理，明确有关部门和岗位的职责权限，强化对实物资产和无形资产配置、使用和处置等关键环节的管理控制。

教育部针对高校国有资产管控发文，按照《中共中央国务院关于深化体制机制改革加快实施创新驱动发展战略的若干意见》（中发〔2015〕8号）要求，逐步实现直属高校与下属公司剥离，今后学校原则上不再新办企业。在国家有关剥离具体方案出台前，学校要以管资本为主加强对所属企业国有资产监管，依法依规办理企业国有资产报批报备手续，规范国有产权转让行为，防范国有资产流失。

（1）对资产实施归口管理，明确资产使用和保管责任人，落实资产使用人在资产管理中的责任。贵重资产、危险资产、有保密等特殊性要求的资产，必须指定由专人使用、专人保管，并规定严格的接触限制条件和审批程序。

（2）按照国有资产管理相关规定，明确资产的调剂、租借、对外投资、处置的程序、审批权限和责任。行政单位拟将占有、使用的国有资产对外出租、出借的，必须事先上报同级财政部门审核批准，未经批准，不得对外出租、出借。资产管理要与预算管理、财务管理、价值管理相结合，做好国有资产的使用管理工作，做到物尽其用，充分发挥国有资产的使用效益，保障其安全完整，防止国有资产使用中的不当损失和浪费。

（3）建立资产台账，加强资产的实物管理，对所占有、使用的国有资产应当定期清查盘点，做到家底清楚，账、卡、实相符，防止国有资产流失。财务会计、资产管理、资产使用等部门或岗位应当定期对账，发现不符的情况时，应当及时查明原因，将国有资产责任落实到人，并按照相关规定严肃处理。

（4）建立资产信息管理系统，做好资产的统计、报告、分析工作，实现对资产的动态管理。行政单位报送资产统计报告，应当做到真实、准确、及时、完整，并对国有资产占有、使用、变动、处置等情况作出文字分析说明。

（三）对外投资

单位要合理设置岗位，明确相关岗位的职责权限，确保对外投资的可行性研究与评估、对外投资决策与执行、对外投资处置的审批与执行等不相容岗位相互分离。单位对外投资，应当由单位领导班子集体研究决定，提高"投资可行性论证报告"的客观性、可靠性及真实性。此外，要加强对投资项目的追踪管理，及时、全面、准确地记录对外投资的价值变动和投资收益情况。合理建立责任追究制度,对在对外投资中出现重大决策失误、未履行集体决策程序和不按规定执行对外投资业务的部门及人员,应当追究相应的责任。此外,单位应建立健全对外投资项目经营责任体制,将考核奖惩制度予以逐步规范和完善。

五、建设项目控制

(一) 基本工作

单位应当建立健全建设项目内部管理制度。单位应当合理设置岗位,明确内部有关部门和岗位的职责权限,确保项目建议和可行性研究与项目决策、概预算编制与审核、项目实施与价款支付、竣工决算与竣工审计等不相容岗位相互分离。

(二) 决策机制

单位应当建立与建设项目相关的议事决策机制,严禁任何个人单独决策或者擅自改变集体决策意见。决策过程及各方面意见应当形成书面文件,与相关资料一同妥善归档保管。

(三) 审核制度

单位应当建立与建设项目相关的审核机制。项目建议书、可行性研究报告、概预算、竣工决算报告等应当由单位内部的规划、技术、财会、法律等相关工作人员或者根据国家有关规定委托具有相应资质的中介机构进行审核,出具评审意见。

(四) 组织执行

单位应当依据国家有关规定组织建设项目招标工作,依照国家招投标法的规定,坚持公平、公正、平等竞争的原则,接受有关部门的监督。单位应当采取签订保密协议、限制接触等必要措施,确保标底编制、评标等工作在严格保密的情况下进行。

单位应当按照审批单位下达的投资计划和预算对建设项目资金实行专款专用,严禁截留、挪用和超批复内容使用资金。财会部门应当加强与建设项目承建单位的沟通,准确掌握建设进度,加强价款支付审核,按照规定办理价款结算。单位应当实行国库集中支付的建设项目,按照财政国库管理制度相关规定支付资金。

经批准的投资概算是工程投资的最高限额,如有调整,应当按照国家有关规定报经批准。单位建设项目工程洽商和设计变更应当按照有关规定履行相应的审批程序。

(五) 档案管理

单位应当加强对建设项目档案的管理,做好相关文件、材料的收集、整理、归档和保管工作。对不同来源、不同载体的档案要进行规范化、系统化整理,维持归档材料间的内在联系,区分资料的保存价值,方便运用管理,主动积极地提供档案,开发档案相关信息资源。

(六) 竣工决算

建设项目竣工后,单位应当按照规定的时限及时办理竣工决算,组织竣工决算审计,并根据批复的竣工决算和有关规定 办理建设项目档案和资产移交等工作。建设项目已实际投入使用但超时限未办理竣工决算的,单位应当根据对建设项目的实际投资暂估入账,转作相关资产管理。

六、合同控制

(一) 基本工作

单位应当建立健全合同内部管理制度。单位应当合理设置岗位,明确合同的授权审批和签署权限,妥善保管和使用合同专用章,严禁未经授权擅自以单位名义对外签订合同,严禁违规签订担保、投资和借贷合同。

单位应当对合同实施归口管理,归口管理是按照工作的特点和性质,系统分类,各司其职,各尽其责,防止出现多重管理;应当建立财会部门与合同归口管理部门的沟通协调机制,实现合同管理与预算管理、收支管理相结合。

(二) 合同订立

单位应当加强对合同订立的管理,明确合同订立的范围和条件。对于影响重大、涉及较高专业技术或法律关系复杂的合同,应当组织法律、技术、财会等工作人员参与谈判,必要时可聘请外部专家参与相关工作。谈判过程中的重要事项和参与谈判人员的主要意见,应当予以记录,形成书面文件,并妥善保管。

(三) 合同履行

单位应当对合同履行情况实施有效监控。合同履行过程中,因对方或单位自身原因导致可能无法按时履行的,应当及时采取应对措施。单位应当建立合同履行监督审查制度,对合同履行中签订补充合同,或变更、解除合同等应当按照国家有关规定进行审查。

财会部门应当根据合同履行情况办理价款结算和进行账务处理。未按照合同条款履约的,财会部门应当在付款之前向单位有关负责人报告。

合同归口管理部门应当加强对合同登记的管理,定期对合同进行统计、分类和归档,详细登记合同的订立、履行和变更情况,实行对合同的全过程管理。与单位经济活动相关的合同应当同时提交财会部门作为账务处理的依据。

单位应当加强合同信息安全保密工作,未经批准,不得以任何形式泄露合同订立与履行过程中涉及的国家秘密、工作秘密或商业秘密。

(四) 合同纠纷

单位应当加强对合同纠纷的管理。合同发生纠纷的,单位应当在规定时效内与对方协商谈判。合同纠纷协商一致的,双方应当签订书面协议;合同纠纷经协商无法解决的,经办人员应向单位有关负责人报告,并根据合同约定选择仲裁或诉讼方式合理妥善解决。

七、评价与监督

行政事业单位的内部评价和监督,是促使内部控制不断完善,不断发展的重要环节。单位应当建立健全内部监督制度,明确各相关部门或岗位在内部监督中的职责权限,规定内部监督的程序和要求,不断对内部控制的建立与实施情况进行内部监督检查和自我评价。

为进一步加强行政事业单位内部控制建设,规范行政事业单位内部控制报告的编制、报送、使用及报告信息质量的监督检查等工作,促进行政事业单位内部控制信息公开,提高行政事业单位内部控制报告质量,财政部提出自2017年3月1日起施行行政事业单位内部控制报告管理制度。

陕西省国税局局长席七万曾说:"监督是执法风险、行政风险和廉政风险的安全阀。风险如同一架天平,一边是权力,那么另一边一定得放上等量的制约和监督砝码。"

内部监督应当与内部控制的建立和实施保持相对独立,不相容岗位应相互分离。

内部审计部门或岗位应当定期或不定期检查单位内部管理制度和机制的建立与执行情况,以及内部控制关键岗位及人员的设置情况等,及时发现内部控制存在的问题并提出改进建议。单位应当结合本单位实际情况,确定具体的内部监督检查的方法、范围和频率。

单位负责人应当指定专门部门或专人负责对单位内部控制的有效性进行评价,并出具单位内部控制自我评价报告。

江西专员办为保证内部控制的有效实施,组织开展了对全办的内部控制自查评价工作,做到了:组织领导到位,内部控制归口管理处室办公室组织成立自查评价工作小组,制定自查评价实施方案,向全办印发通知文件;自查实施到位,全办各处室全面梳理业务和职责流程,按照2016年实际开展的业务工作填写《处室业务统计表》,确保业务全覆盖,并明确每项工作的重点业务、涉及岗位及人员姓名、关键岗位、工作流程、关键环节、涉及信息系统名称,为接受自查评价打好基础;评价反馈到位,自查评价工作小组根据自查结果,填写《各处室内部控制自查结果汇总表》《处室内部控制自查评价表》,对各处室控制环境、控制活动、信息与沟通、内部监督四个方面的内部控制工作内容进行打分评价,同时梳理好的经验做法。

内部控制自我评价与内部监督的比较如表7-2所示。

表 7-2　内部控制自我评价与内部监督的比较

内部控制自我评价	含义	由行政事业单位组织,对本单位内部控制是否有效进行评价,得出评价结论,出具评价报告
	执行主体	由专门部门或专人负责,评价内控有效性,出具单位内部控制自我评价报告
	内容	内部控制自我评价是评价单位内控是否有效,内控有效性体现在内部控制设计和执行两个方面
	评价报告	评价报告应对单位内部控制的有效性提出意见,指出不足和缺陷,并给出更正建议。评价报告应提交给本单位负责人,负责人当回应其中内部控制不足点和更正建议,并且督促其落实
内部监督	含义	内部监督是单位监督检查本单位内部控制的组织、实施等情况
	执行主体	内部监督应当与内部控制的建立和实施保持相对独立,不相容岗位相互分离。若该单位设立独立内部审计部门或者专职内审岗位,则内部监督的主体为内部审计部门或者专职内审岗位;若该单位没有设置内审部门或岗位,则应当指定部门或岗位实施监督;若上级单位将所有下属单位都纳入内部控制建设,则上级单位的内部监督主体也可同时成为下属单位的内部监督主体
	内容要求	内部监督的部门或岗位应当定期、不定期检查单位内控机制建立与执行情况,内部控制关键岗位及人员的设置情况等,及时发现内部控制缺陷,并提出整改措施

国务院财政部门及其派出机构和县级以上地方各级人民政府财政部门应当对单位内部控制的建立和实施情况进行监督检查,有针对性地提出检查意见和建议,并督促单位进行整改。

国务院审计机关及其派出机构和县级以上地方各级人民政府审计机关对单位进行审计时,应当调查了解单位内部控制建立和实施的有效性,揭示相关内部控制的缺陷,有针对性地提出审计处理意见和建议,并督促单位进行整改。

第八章 商业银行内部控制

> **引入案例**

烟台商业银行支行行长携巨款私逃事件

烟台市商业银行是于1997年11月,由12家城市信用社合并建立的地方性股份制商业银行,注册资本在初始成立时为1.28亿元,在多次增资扩股之后,注册资本已达20亿元。2009年3月,烟台银行正式成立。烟台银行是在原烟台市商业银行的基础上成立的一家股份制商业银行。刘维宁任烟台银行某支行行长。

2011年,烟台银行严格实行了"末位淘汰"制,制度规定:各个支行年末存款总额要按由高到低的顺序排名,排名是最后一位的支行,其行长将被降职。该项制度在2011年前早就开始执行,但是一直没有得到严格遵守。刘维宁所在的支行在2011年前连续排名倒数第一。刘维宁凭借着与董事长庄永辉的密切联系,得到了庄永辉的庇护,2011年前一直稳居行长的位置。2011年,在年末绩效考核中,其他多家支行行长就刘维宁所在支行的业绩提出了反对意见,此时,董事长庄永辉不能再对其睁一只眼闭一只眼,刘维宁只能接受"末位淘汰"制度接受淘汰。

在对刘维宁的业务交接过程中,需要复核刘维宁在任期间的所有大小款项。刘维宁在2011年4月到2012年1月间,违规私自多次从银行取走票据,累计金额高达4.36亿元。烟台银行在此事件之前就有无视规定的事件发生。2011年9月,"山东标金"的新型贵金属投资公司出现"爆仓"事件,经调查发现,山东标金的实际控制人,却是烟台银行及其支行的24位内部工作人员。

每个银行对于金融机构票据都有十分严格的控制制度,开出票据要经过很多道环节,多个程序审核,想要一个人把控操纵是相对困难的。可是在案例中的烟台银行里,领导命令却是第一位的,领导眼里纪律不再是自身行动的障碍。烟台银行的内部控制十分薄弱,内部控制制度形同虚设,主观随意性大,内控失去了应有的效力。

第一节 商业银行内部控制总论

近几年来,我国商业银行的组织架构及业务经营复杂度都发生了较大变化,财富管理、投资银行、电子银行等多个领域都有涉及,提供的金融产品和相关服务也日趋丰富,随之而来的风险也变得多元化,内部控制的重要性逐渐凸显。内部控制是商业银行为实现其经营目标,通过制定和实施一系列制度、程序和方法,对风险进行事前防范、事中控制、事后监督和纠正的动态过程。

一、商业银行内部控制目标

商业银行进行内部控制是为了保证各项活动都能够顺利地进行,以减少银行的经营障碍,有效防范风险。商业银行财务和管理信息的可靠性、完整性和及时性优先于内部控制的目标,因此不能为了实现自身的经营目标而违反法律法规,更不能为了实现内部控制的目标而失去信息的可靠性、完整性和及时性。

根据我国《商业银行内部控制指引》,内部控制的目标有以下四点。
(1) 确保国家法律规定和商业银行内部规章制度的贯彻执行。
(2) 确保商业银行发展战略和经营目标的全面实施和充分实现。
(3) 确保商业银行风险管理体系的有效性。
(4) 确保业务记录、财务信息、会计信息和其他管理信息的及时、真实和准确、完整。

如上所示,商业银行内部控制指引强调了内部控制应当贯穿决策、执行和监督全过程。据《中国银行家调查报告(2016)》显示,55.4%的银行家认为"构建权责明晰的内部控制组织体系"是完善银行内部控制的重点;48.8%的银行家认为应该"建立严格的制度落实监督考核机制";此外,46.7%的银行家认为"加强内控文化的建设"是完善银行内控的重点。

除此之外,按照巴塞尔银行监管委员会的相关分法,内部控制的目标又可以划分为三类:操作性目标、信息性目标和遵从性目标。三个目标各自满足不同方面的需要,既相互联系又相互补充。
(1) 操作性目标:各种经营活动的效果和效率。
(2) 信息性目标:财务和管理信息的真实、可靠、完整和及时。
(3) 遵从性目标:遵从现行法律和规章制度。

1992年,美国反虚假财务报告委员会(COSO)发布《内部控制——整合框架》,确立了3个目标,即效果与效率、可靠性和遵循性。效果与效率是指经营上的效果与效率;可靠性是指财务信息和财务报告的可靠性;遵循性是指企业在进行内部控制时,必须在法律法规规定的范围内进行。

二、商业银行内部控制原则

商业银行内部控制的重要性不言而喻,在进行内部控制时,需要遵循的原则有。
(1) 全面覆盖原则。商业银行内部控制应当贯穿决策、执行和监督的全过程,各项业务流程和管理活动,所有的部门、岗位和人员都必须覆盖。
(2) 制衡原则。商业银行内部控制应当在治理结构、机构设置及权责分配、业务流程等方面形成相互制约、相互监督的机制。
(3) 审慎性原则。商业银行内部控制应当坚持风险为本、审慎经营的理念,在设立机构或开办业务时,应当优先考虑内部控制。

(4) 匹配原则。商业银行内部控制应当与管理模式、业务规模、产品复杂程度、风险状况等相适应,并根据情况变化及时进行调整。

据兰州晨报报道,兰州农商银行成立一周年来,不断健全内部管理制度体系,坚持以商业银行运营流程为根基,加强内控制度建设,明确内控职责,完善内控措施,不断建立健全内部控制体系。随着银行内控制度的不断加强,内部管理的不断规范,运行效率显著得到提升,合规理念深入人心。

三、商业银行内部控制的要素

(一) 控制环境

控制环境是指能够对内部控制建立及其执行过程产生重大影响的一系列要素的总称,它是推动控制工作的发动机,是所有内控组成部分的基础部分。一个良好的内部控制环境,可以使内部控制更有效地进行,对于公司实现战略经营目标有着重大的推动作用。控制环境一般包括:

(1) 管理理念。管理理念是公司管理层对于公司的运行、对于公司各个部门,以及员工提出的要求,也是一种可以使得公司良好地运行且适合本公司的管理理念。第十二届全国人大代表、工商银行内部审计局成都分局局长许海提出,商业银行要适应国家发展理念的转变,认真执行国家产业政策、财政政策和货币政策,在经营发展的过程中树立正确的发展理念,即:兼顾规模与效益、效率与公平、质量与速度;将短期利益与长期利益相结合;将企业利益与社会效益相平衡;从粗放式扩张向集约化经营转变;从规模导向型经营模式向效益导向型转变;从以高资本消耗为主导的业务向以低资本消耗为主导的业务结构转型,最终实现发展模式的转变,竭力实现资本节约和提高资本使用效率。

(2) 管理层。管理层是公司的核心部门,管理层拥有对于本公司而言最宝贵的价值,一个良好的管理层,为商业银行内部控制的运行创造一个良好的空间,使信息的充分性和有效性得到保证。作为管理层,一是要有强烈的责任感和敬业精神,二是要有正确的管理方式,这对于商业银行的发展运行有着极为重要的作用。

(3) 组织结构。商业银行的组织结构对于内部控制有着重要意义。合理完善的组织机构,可以使各个部门之间既相互联系、又相互制约。完善的授权授信机制,能够保证部门和分支行之间方便、快捷、准确地沟通信息,能够在商业银行内部建立起有效的监督机制。

(4) 外部环境。商业银行所面临的环境是一个开放的环境,会受到来自四面八方的信息的影响,如与银行有关的政府监管机构、中央银行、社会监督部门等。此外,国内外经济形势的变化,法律法规的实行和废止,社会舆论以及自然灾害等因素,都会对商业银行产生影响。

(二) 风险识别与评估

商业银行的内部控制需要不断识别和评估影响其实现经营目标的风险。因此,识别与评估风险是实现商业银行经营目标的前提步骤。风险识别和评估主要包括以下两个方面。

(1) 经营与管理活动的风险识别与评估。

(2) 法律法规、监管要求和其他要求。

(三) 内部控制措施

内部控制措施是确保管理方针得以实现的一系列制度、程序和措施。它包括高层检查、直接管理、信息加工、实物控制、工作指标和职责分离等。管理人员要为每一重大活动设立目标，并针对与这些目标相关的风险，列出所要采取的活动和措施，如完善制度、加强相互制约、健全奖惩机制、加强员工培训等。

(四) 信息交流与反馈

要使控制活动和措施有力地开展下去，一个商业银行必须及时获取内外部信息，包括反映经营管理状况、法律法规执行情况、财务报表资料等内部信息，以及其他外部信息，并使这些信息充分交流，如内部部门之间、总行与分支行之间、分支行之间的相互交流，银行与客户、政府部门、中央银行之间的交流等。通过信息的获取和交流，可以完善和实现自身的目标，采取必要的控制活动和措施，及时解决存在的问题。例如，通过分支行之间、与中央银行之间的信息交流，获取主要客户在本系统其他分支行及其他银行的贷款和授信情况，以便本行确定适当的授信额度和测定信用风险。

第二节 商业银行内部控制的职责

上一节我们介绍了商业银行内部控制的基础概念，从总体上了解了商业银行内部控制。本节将介绍商业银行各个层级和各个部门在内部控制中应尽的职责。

根据《商业银行内部控制指引》的规定，商业银行的各个层级及部门——董事会、监事会、高级管理层、业务部门、内部控制管理职能部门和内部审计部门等，需要联合建立起一个权责明晰的、分工明确、高效的内控体系。一个高效的体系是内部控制顺利进行的保证，以防止各个部门之间相互扯皮，推卸责任。

一、董事会的职责

董事会是公司治理的核心，其被赋予的决定能力关系到商业银行的长期发展，因此在商业银行内部控制中的职责尤为关键。

董事会应当负责保证商业银行建立并实施充分有效的内部控制体系，保证商业银行在法律和政策框架内审慎经营；负责明确设定可接受的风险水平，保证高级管理层采取必要的风险控制措施；负责监督高级管理层对内部控制体系的充分性与有效性进行监测和评估。

董事会需要理解商业银行的经营风险，以及认识风险带来的损失，并且确定可以接受的风险水平。

银行董事会应当根据企业内部控制规范体系对重大缺陷、重要缺陷和一般缺陷的认定要求，结合公司规模、行业特征、风险偏好和风险承受度等因素，研究确定适合于本公司的内部控制缺陷具体认定标准，使内部控制得到进一步加强。

二、监事会的职责

监事会在企业的内部控制中处于独特的位置，它是由股东大会以及职工选出的监事组成的，对于董事会和高级管理层起到监督作用。

由于监事会中监事人员组成的特殊性，高级管理层很有可能利用职位、薪金等手段对其进行控制。监事会的监督职能决定了其在内部控制中需要具备独立性。监事人员也应该加强法律意识的培养和对内部控制专业知识的学习。监事会如果在内部控制中没有发挥应有的作用，很有可能成为内部控制体系的一大漏洞，监事会是商业银行内部控制中一个重要的不可缺少的部分。

三、高级管理层的职责

高级管理层是连接董事会和其下属各个部门之间的纽带，是董事会的执行机构，当董事会作出决策时，高级管理层根据董事会决策的内容，进行具体的执行。内部控制中，高级管理层负责内部控制的具体实施，如根据董事会确定的风险水平，制定系统化的制度，采取必要的措施来保证内部控制的有效性和充分性。

四、内部控制管理职能部门以及内部审计部门的职责

商业银行在进行内部控制时需要设置内部控制职能部门和内部审计部门负责内部控制的统筹策划，以及各项内部控制措施的落实，及相应的审计监督。对于信息的充分性和有效性进行审计，发现问题及时整改，使内部控制更有效地进行。

五、业务部门职责

除内部审计部门和内控管理职能部门外的其他部门称为商业银行的业务部门，负责参与制定与自身职责相关的业务制度和操作流程，负责严格执行相关制度规定，并组织开展监督检查。此外，还应该按照规定时限和路径报告内部控制存在的缺陷，并组织落实整改。[①]

据新华网报道，兴业银行2017年启动了合规内控提升年活动。该行围绕"合规文化

---

① 《商业银行内部控制指引》（中国银行业监督管理委员会令2014年第40号）。

传导、流程和制度优化、查找风险点和完善风险控制、加强整改和责任追究、强化合规管理资源保障"五条主线,落实精细化管理,大力引导恪尽职守、敢于担当的企业合规文化。该行开创了合规、内控与操作风险"三项管理"整合的创新之举,重塑重点流程的合规内控与操作风险管理链条。2016年,针对全行95个主要流程环节,实现了2 154个控制点,设置了111个关键指标实施监测分析。近年来还持续加大同业、票据、债券、理财等重点业务领域的检查监督力度。

第三节　商业银行内部控制措施

商业银行的内部控制措施是商业银行为了确保自己经营战略目标的实现而实施的措施。商业银行的内部控制措施包括高级管理层对内部控制的监督、对商业银行内部经营的直接管理等,是为保证信息的及时性、正确性而采取的措施。管理人员需要对商业银行内部经营设立目标,针对这些目标,设置机制,来保证目标的实现。

一、设立恰当的管理体系和法人治理结构

根据《商业银行内部控制指引》(中国银行业监督管理委员会令2014年第40号)的规定,商业银行应当健全内部控制体系,对于商业银行经营和管理涉及的各个方面,制定全面、系统、规范的业务制度和管理制度。

首先,董事会作为商业银行进行内部控制的头脑,在制定各项制度规定时,需要充分考虑商业银行内部实际情况:通过建立制衡和问责机构,处理好各个部门之间(如董事会、监事会、高级管理层和商业银行)的关系,达到各个部分之间相互制约,分权制衡的效果,使得内部控制得以有效地进行,通过建立激励机制,避免因为内部控制而引发道德风险等问题。

近年来,频频出现银行员工"飞单"丑闻,即银行员工在银行不知情的情况下,与第三方公司串通,擅自运用银行名义售卖第三方公司的理财产品。这与银行在授权授信方面管理混乱、无严明纪律章法的薄弱内控存在很大关系。

其次,商业银行应当强化一级法人制度。例如,在商业银行中,总行拥有独立的法人资格,但是其他分行却没有,总行作为一级法人是整个商业银行的法人代表。在内部控制的措施中,应该体现出一级法人的主导地位,明确各个分支机构之间的职责。

再次,商业银行应明确商业银行内部的岗位分工,明确各级各部门之间的职责,健全风险制约机制,完善奖励激励机制,调动每个人的积极性,使得商业银行的经营目标得以实现。

二、建立完善的风险防范机制

商业银行内部控制首先需要识别和评估风险,对于风险的认识是影响决策者决策的

一个重大因素。在评估风险时,风险评估人员要注意对于风险评估的标准程序。

广义的风险防范包括对风险的选择、识别、评估、防范的全过程。商业银行既要认识到外部可能存在的风险,也要认识到内部可能出现的风险。在经营业务中,要对活动中可能存在的风险进行重点的评估,对于风险有可能带来的损失程度,发生可能性的大小都要有充足的认识,并且制定风险发生时的应急预案。

例如,近几年,债券市场上农村商业银行(以下简称农商行)投入的增量资金较大,未来仍面临较大的风险。随着监管环境趋严、趋紧,表外监管的风险资本计提和同业监管的升级等监管措施都会对农商行参与债券市场造成影响。为此,农商行必须建立完善的风险防控体系,增强内部控制建设,才能够恰当地应对风险,完成经营目标。

三、建立有效的信息管理系统和业务信息系统

商业银行建立有效的信息管理系统和业务信息系统,可以有效地监控各种数据,实现各部门之间数据的共享,在提高经营效率的同时,也提高信息监督的效率,有利于实现内部控制的充分性和有效性。为此,要想建立有效的信息管理系统和业务信息系统,一是要强化会计部门的内部控制,其作为财务等信息的来源,可以保证账表信息的真实性和完整性;二是财务部门应该利用此系统,对财务信息作甄别,及时发现漏洞,把风险控制到最低;三是努力做到信息的公开透明,把自身信息公开于社会,把商业银行的经营活动和控制风险措施置于社会公众监督之下。

据人民网报道,在2015年,安徽省农村商业银行启用了新一代信贷管理系统,这标志着安徽省农村商业银行信贷业务发展、信贷风险管控迈入新阶段。该系统理顺了信贷业务与会计核算、核心业务、渠道展现、互联网延伸间的交互关系,实现了新会计准则核算与信贷风险防控、农商行差异化需求与全省统一管理等相结合,有效促进了内部控制建设的完善。

四、加强商业银行内控文化建设

商业银行内控的文化建设,是利用企业本身的企业文化,调动员工的积极性,在员工之间树立责任意识,使每个员工与管理层连接在一起,上下一心,使高级管理层在决策时考虑到普通员工的诉求,考虑到银行整体的发展,普通员工也可以认识到管理层的用意,从而提高经营管理的效率,也使内部控制得到进一步加强。

据新华网报道,2017年3月起,兴业银行正式启动名为"'兴航程'2017年合规内控提升年"的活动。在此次"兴航程"活动中,兴业银行向全体员工发出合规倡议书,号召"坚持良好职业操守、全面践行合规文化、牢固树立底线意识、严格执行规章制度、坚决抵制违规行为",并印发案例警示教育和培训手册,通过"合规下基层""合规大讨论""合规大讲坛""合规竞赛"等专题活动,加强合规文化传导,增强内部控制的"软实力"。

五、创新监管理念，建设良好的外部环境

商业银行要顺利实现其经营目标，与一个良好的外部环境是分不开的。银行的监管部门，应该把银行的内部控制与监管作为重点对待，改变以前不合理的监管方式，以持续性的监管方式赋予商业银行内部监管压力和动力，为商业银行注入新的活力，提高经营效率。

第四节 内部控制保障

一、信息管理

商业银行应当在各级机构、所有业务和全部流程中建立管理信息系统和业务操作系统，及时、准确地记录经营管理信息，确保信息的完整性、连续性、准确性和可追溯性。

同时，商业银行还应当加强对信息的安全控制和保密管理，对各类信息实施分等级安全管理，对信息系统访问实施权限管理，确保信息安全。

此外，商业银行内部如果缺少沟通或者存在无效的沟通，则会导致严重的信息不对称，影响决策的效果，增加管理的风险。因此，还应当建立有效的信息沟通机制，确保董事会、监事会、高级管理层能够及时了解本行的经营和风险状况，确保相关部门和员工及时了解与其职责相关的制度和信息。

据新华日报报道，民丰农商行建立了高效灵活的沟通交流渠道，在日常交办、会议、发文等多种管理模式的基础上，建立多个"微信群"促进沟通交流机制有效提升。借助微信平台，民丰农商行建立了中层以上干部交流群、个贷客户经理交流群、公司信贷客户经理交流群、合规管理交流群、风险管控交流群等5个"微信群"，各职能部门的干部员工都能够十分顺畅地进行横、纵向的交流与沟通，也使内部控制的保障进一步得到加强。

二、业务连续性管理

业务连续性管理是促进企业经营一体化的管理，它能够使企业识别和认清当前所面临的潜在威胁以及外部环境的突然变化，为企业业务中断和业务重塑提供管理思路和操作方法。当企业面临业务中断的困境时，可以适时提供解决困境的管理措施，让企业拥有较快的业务恢复能力，把突发事件给企业带来的损失降低在可承受的范围之内，维护企业利益，使其生产经营业务能够按计划顺利持续进行。

在2011年12月底，中国银监会发布了《商业银行业务连续性监管指引》，明确商业银行应当将业务连续性管理纳入全面风险管理体系，建立与本机构战略目标相适应的应急管理和可持续性管理体系；明确组织架构和管理职能，制订业务连续性计划，组织开展演练和定期的业务连续性管理评估，能够有效应对运营中断事件，保证业务持续运营。

早在 2008 年 7 月，交通银行就在国内同业中首次实现生产系统同城灾备切换运行和回切。从 2008 年至今，交行成功研发了若干具有自主知识产权的关键技术，突破了 IBM GDPS Multi-Site 技术的限制，在灾备体系建设方面获得了一系列突破性的成就，在保障系统高效可用、提高业务连续性方面取得了丰硕的成果。

三、人力资源

当前外部环境发生剧变，经济结构深入调整，增长方式转型，商业银行要想在严峻挑战中求得生存和发展还需要人来推动。人力资源是企业发展的第一资源，要想实现在内部控制方面的跨越式发展，发挥人力资源的核心效能，应当加强人力资源管理，完善发掘、培育、使用、管控人才的链条，坚持以人为本的思想。

商业银行应当制定有利于可持续发展的人力资源政策，将职业道德修养和专业胜任能力作为选拔和聘用员工的重要标准，保证从业人员具备必要的专业资格和从业经验，加强员工培训。

人力资源配备至关重要，商业银行应在内部建立人才市场，坚持能者上，弱者下的原则，使岗位配备具有科学性、有效性，做到人尽其才、各得其所，避免人浮于事或人力不足等情况的出现。

四、绩效考评

古语有云："立可为之赏，设可避之罚。"科学合理的绩效考评体系将有效地促进员工工作效率，激发竞争活力，提高企业整体运转效率。商业银行应当建立科学的绩效考评体系、合理设定内部控制考评标准，摒弃"一刀切，打统账"的考评方式，对员工在特定期间的内部控制管理活动进行评价，并根据考评结果改进内部控制管理。

考核分析有定性分析与定量分析。定性分析往往主观随意性较强，稳定性较弱，只有定性分析与定量分析结合才能真正提高内部控制考核质量。常见的内部控制绩效考评方法有关键绩效指标法、平衡计分卡、经济增加值等。

其中，平衡计分卡打破了传统的只将目光局限于具体业务考核方法，基于平衡计分卡(BSC)的商业银行内控考核，比传统考核方法增加了客户、内部业务流程、学习及成长三个指标，可以促进财务指标与非财务指标的结合，更有利于短期目标与长期战略的平衡，将战略与战术相结合，对企业长足发展有深远影响。

商业银行差异化绩效考核也尤为重要，对内控管理职能部门和内部审计部门应当建立区别于业务部门的绩效考评方式，使考评更贴近实际，以利于其有效履行内部控制管理和监督职能。

五、企业文化

商业银行内控文化与硬性的条文规章相区别，是一种潜移默化的"软实力"，它可以对企业内部控制过程起到渐进的激励、渗透、约束作用,是对刚性制度文化的一种补充完善。

商业银行应当培育良好的企业内控文化,融合现代商业银行的经营理念,风险管理对策,结合本地区的发展经验,引导员工树立合规意识、风险意识,提高员工的职业道德水准,规范员工行为。商业银行要树立自己独特的企业风险管理文化,通过合理的风险管理机制,恰当的企业内控文化,调动每个部门每个员工在风险管理方面的主动性和积极性,发挥其在企业内部控制中的创造性。

据黄河新闻网晋中频道报道,太谷农商银行在2017年年初正式启动了"企业文化建设年"活动,该行认为企业文化建设工程是全员参与的一项系统性工程。企业文化建设工作不是喊在嘴上、挂在墙上、印在书上,而是要落实下来才有意义。这项活动需要300多名干部职工同心协力,群策群力,共同完成。紧紧围绕行业要求和自身实际,实现企业文化的不断深化和丰富,不仅是对企业内部控制,对整个企业运行效率的提高也都大有裨益。

第五节 内部控制评价

商业银行内部控制评价是对商业银行内部控制体系建设、实施和运行结果开展的调查、测试、分析和评估等系统性活动。通过分析研究内部控制评价的结果,可以分析商业银行面临的风险,进而提出整改措施,规避风险,提高管理水平。

商业银行应当建立内部控制评价制度,规定内部控制评价的实施主体、频率、内容、程序、方法和标准等,确保内部控制评价工作规范进行。随着内部控制理论的不断发展和完善,内部控制评价也应该随之补充和修改。

2015年10月21日,中国人民银行正式发布《商业银行内部控制评价指南》,对商业银行开展的内部控制自我评价工作作出了统一规范、具体全面的指导。

一、实施主体

商业银行内部控制评价应当由董事会指定的部门组织实施,通常情况下为内部控制管理部门或内部审计部门。内部控制评价人员必须具备相应的资质和能力,应当接受有关内部控制评价知识和技能的培训,可建立专门的内部控制评价小组,或聘请具有高素质的、专业的评价机构。

二、内部控制评价频率

商业银行应当根据业务经营情况和风险状况确定内部控制评价的频率,至少每年开展一次。当商业银行发生重大的并购或处置事项,营运模式发生重大改变,外部经营环境发生重大变化或其他有重大实质影响的事项发生时,应当及时组织开展内部控制评价。

三、内部控制评价标准

商业银行应当制定内部控制缺陷认定标准,根据内部控制缺陷的影响程度和发生的可能性划分内部控制缺陷等级,并明确相应的纠正措施和方案。其评价应从充分性、有效性、适宜性、合规性、独立性、重要性等方面开展。

江阴银行公司董事会就根据企业内部控制规范体系对重大缺陷、重要缺陷和一般缺陷的认定要求,结合公司规模、行业特征、风险偏好和风险承受度等因素,区分财务报告内部控制和非财务报告内部控制,研究确定了适用于本公司的内部控制缺陷具体认定标准(源自交易所公告)。

四、内部控制评价内容

内部控制评价包括过程评价和结果评价。过程评价是对内部控制环境、风险识别与评估、内部控制措施、监督评价与纠正、信息交流与反馈等体系要素的评价。结果评价是对内部控制主要目标实现程度的评价。

商业银行应当对纳入并表管理的机构进行内部控制评价,包括商业银行及其附属机构。

同时还应当建立内部控制评价质量控制机制,对评价工作实施全流程质量控制,确保内部控制评价客观公正。

评价工作应从定性和定量两个方面评价,定性评价为大多数商业银行采用。此外,应结合最新的科研成果,将定量分析纳入评价体系,如模糊层次分析法的应用;应采用定性分析与定量分析相结合的评价方法,减少内部评价中的主观随意性,使评价结果更加公允和客观。

商业银行应当强化内部控制评价结果运用,可将评价结果与被评价机构的绩效考评和授权等挂钩,并作为被评价机构领导班子考评的重要依据。

五、内部控制评价程序

商业银行年度内部控制评价报告经董事会审议批准后,于每年4月30日前报送银监会或对其履行法人监管职责的属地银行业监督管理机构。商业银行分支机构应将其内部控制评价情况,按上述时限要求,报送属地银行业监督管理机构。

六、内部控制评价结论与内部控制建设的融合

内部控制评价的结论应当得到充分关注和高度重视。商业银行应当针对内部控制中存在的不足和缺陷提出整改措施,并予以恰当如实地披露。同时,构建内部控制整改

的数据库,细化整改措施,监督落实实施,要使评价机制与整改机制能够协调快速反应,及时把控风险,应对管理中存在的突出问题。除此之外,商业银行应该根据内部控制评价结论,总结经验,不断修改和完善内部控制评价机制,定期或当有关法律法规和其他影响单位经营活动的事项发生重大变化时,对内部控制体系进行评审和改进,着力建立一个系统、公开、透明、文件化的内部控制体系,使其更为规范化和标准化,操作更便利,提供的评价信息更客观和公正,从而提高内部控制质量。

内部控制评价是一个持续评价的过程,贯穿内部控制的整个流程。商业银行在进行内部控制评价机制建设时,应注重对整个内控过程的评价分析,以及进行持续不断的评价。不仅要在内控初始过程中评价其实施有效性,也要在提出整改措施后,继续评价其整改机制的有效性,对整个过程持续关注,提高商业银行内部控制管理水平。

第六节 内部控制监督

一、监督体系

2016年年初,中国农业银行北京分行在票据买入返售业务中发生重大风险事件,涉及风险金额为39.15亿元。这一重大金融风险案件背后的原因是2名员工涉嫌非法套取38亿元票据,该案件发生的关键是由于内部控制机制徒有虚名,内部控制监督体系不够健全和完善。

商业银行内部控制监督检查的职责不仅由内部管理职能部门承担,也应由内部审计部门和业务部门共同承担。三个部门应明确职责,根据各自分工协调配合,构建覆盖各级机构、各个产品、各个业务流程的监督检查体系。事前监督具有前瞻性、防范性和指引性,事中监督具有纠正性,事后监督具有制约、警示和教育意义,三者应当有机结合起来,完善内部控制监督体系。

二、监督制度

(一)信息反馈制度

商业银行应当建立内部控制监督的报告和信息反馈制度,内部审计部门、内控管理职能部门、业务部门人员应将发现的内部控制缺陷按照规定报告路线及时报告董事会、监事会、高级管理层或相关部门。要想使信息反馈机制充分发挥对监督工作的作用,商业银行应确保信息反馈渠道的畅通性,检查报告路线的合理性和可操作性。在反馈的关键环节应配置咨询服务,促进信息能够真实、完整地反馈给相关部门人员,从而使监督更切实,更有力。

(二) 问题整改制度

商业银行应当建立内部控制问题整改机制,明确整改责任部门,规范整改工作流程,对整改问题要进行跟踪检查,切勿不了了之,及时整改和规范,确保整改措施落实到位。

据齐鲁晚报载,潍坊市昌乐农商行为了保证发现的一系列问题能够得到有效整改,对整改问题的全面落实情况和及时性进行了后续监督,检查各项制度是否已经落实到位。对整改不及时、措施不得力、敷衍了事的责任人员进行了严格的行政处罚或经济惩罚,全面改善了员工对待问题的态度。同时,通过相互监督、现场帮扶等措施有效提高和改善了该行的内控管理水平。

(三) 内部控制管理责任制度

商业银行应当建立内部控制管理责任制,强化责任追究。

(1) 董事会、高级管理层应当对内部控制的有效性负责,并对内部控制失效造成的重大损失承担管理责任。

(2) 内部审计部门、内控管理职能部门应当对未适当履行监督检查和内部控制评价职责的行为承担直接责任。

(3) 业务部门应当对未执行相关制度、流程,未适当履行检查职责,未及时落实整改的行为承担直接责任。

内部控制管理责任制度在于明确各部门职责,规范工作人员工作行为,防止推诿扯皮、责任不清,有利于推进监督机制责任追究。

三、行业监督

银行业监督管理机构根据履行职责的需要,有权要求银行业金融机构按照规定报送资产负债表、利润表和其他财务会计、统计报表、经营管理资料以及注册会计师出具的审计报告。

银行业监督管理机构通过非现场监管和现场检查等方式,实施对商业银行内部控制的持续监管。银行业监管机构会进入商业银行进行检查;会询问商业银行工作人员,要求其对有关检查事项作出说明解释;会查阅、复制商业银行机构与检查事项相关的文件、资料,对可能被转移、隐匿或者毁损的文件、资料予以封存;会检查商业银行运用电子计算机管理业务数据的系统。根据《商业银行内部控制指引》(银监发〔2014〕40号),及其他相关法律法规,按年度组织对商业银行内部控制进行评估,提出监管意见,督促商业银行持续加以完善。

四、监督管理惩罚措施

银监会及其派出机构对内部控制存在缺陷的商业银行,应当通过下发监管意见函等形式,责令商业银行限期整改。

银行业金融机构违反审慎经营规则的,国务院银行业监督管理机构或者其省一级派出机构应当责令限期改正。若逾期仍未改正的,或者其行为严重危及该银行业金融机构的稳健运行、损害存款人和其他客户合法权益的,经国务院银行业监督管理机构或者其省一级派出机构负责人批准,应区别情形,可采取的处罚措施有:责令暂停部分业务、停止批准开办新业务;限制分配红利和其他收入;限制资产转让;责令控股股东转让股权或者限制有关股东的权利;责令调整董事、高级管理人员或者限制其权利;停止批准增设分支机构。

据中国青年报报道,2017年3月,中国银监会温州监管分局依法对广发银行温州分行处以罚款人民币160万元的行政处罚。广发银行温州分行因贷款资金转银行承兑汇票保证金、办理贸易背景不真实的票据业务、未严格审查借款人借款的实际用途、内控管理存在漏洞等导致员工发生严重违规行为。银监会的处罚措施进一步警醒了商业银行一定要进行合规操作,高度重视内部控制管理。

当商业银行已经或者可能发生信用危机,严重影响存款人和其他客户合法权益时,国务院银行业监督管理机构可以依法对该商业银行实行接管,或者促成机构重组,接管和机构重组依照有关法律和国务院的规定执行。

第九章　上海证券交易所上市公司内部控制指引

> **引入案例**

中国移动内部控制

内部控制是组织全体人员参与的,为了实现组织目标,保障资产安全和完整,保证会计资料和信息满足真实性、完整性、可靠性,确保运营方针的贯彻执行,保证运营效果,效率和准确性等目的,而选择在组织内部采取的自我约束、调节、规划、控制和评价的一系列方法、措施与规定的总称。多年来,中国移动多管齐下,从不同方面进行内部控制,取得了显著效果。

（1）明确战略规划。利用自身信息化程度高、信息量大、规模大、全程全网的特点,中国移动对企业发展进行了有效规划,如确立企业核心价值观和发展愿景、推行全面预算管理、财务集中管理、开展基于风险的管理审计、加强绩效考核等。

（2）开展公司治理,优化公司管理。成立审计委员会,并按照纽约证券交易所和客户要求进行自我改进;成立内审部,优化信息不对称问题。

（3）强化风险管理。明确风险管理理念,树立风险管理文化,提高应对风险的能力,确保风险应对措施的有效性和及时性。优化监督、检查、评估、报告和激励措施,使全员参与,提高风险应对能力。

（4）优化人力资源审计。中国移动认真研究有关人力资源法律法规以及政策,优化人力资源审计,不断强化员工队伍,做好应对劳动纠纷预案,强化奖惩措施,提高员工归属感和参与度。

（5）强化内部审计控制。开展自我评估和外部评估,加强公司内部审计的可靠性,对内部控制进行再控制。实行内部审计公告,使审计结果更加公开透明,遇到问题对相关责任人进行惩罚。

这些措施使中国移动的内部控制和发展取得了显著效果,各种业务也得以迅速展开和发展,经营业绩稳步攀升。

第一节　上海证券交易所内部控制指引

一、出台背景

上市公司是资本市场的命脉和基础,上市公司的水平和质量直接决定资本市场的水平,而内部控制制度的建立实施又对上市公司的质量产生重要影响。

20世纪下半期,国内外财务舞弊行为越来越猖獗,财务欺诈、资产盗用以及管理舞弊等问题层出不穷,自20世纪90年代以来,由于财务舞弊导致的损失空前严重。这一方面打击了投资者的投资信心,引起资本市场的混乱,造成恶性循环,严重阻碍经济的正常发展;另一方面也促使各国政府纷纷寻求对策,出台政策来引导经济的有序发展。由于财务舞弊与内部管理有关,因此各国开始重视加强企业内部控制,建立完善内部控制制度。

其实从20世纪末,我国政府就开始关注内部控制,1997年中国人民银行印发了《加强金融机构内部控制的指导原则》,以此来指导金融机构内部控制的实行。2005年,国务院证监会首次发布了关于上市公司管理的文件《关于提高上市公司质量意见》。2006年,证监会在第32号令《首次公开发行股票并上市管理办法》中首次对上市公司内部控制提出要求,同年6月和7月,国资委和财政部相继发布了《关于印发〈中央企业全面风险管理指引〉的通知》和《关于成立企业内部控制标准委员会的通知》。这些规章制度的出台表明我国对内部控制越来越重视。

为推动和指导上市公司建立健全内部控制制度,提高公司风险管理水平,保护投资者的合法权益,相关部门经过了长时间的研究和总结,根据《公司法》《证券法》《国务院批转证监会〈关于提高上市公司质量意见〉的通知》等法律法规及规范性文件和《上海证券交易所股票上市规则》的规定,上海证券交易所(以下简称上交所)制定了《上海证券交易所上市公司内部控制指引》(以下简称指引),并于2006年5月予以发布实施。

二、总则

总则共分为4条,每一条都是对内部控制指引的概括,下面我们将进行解读。

"第一条 为推动和指导上海证券交易所(以下简称本所)上市公司建立健全和有效实施内部控制制度,提高上市公司风险管理水平,保护投资者的合法权益,依据《公司法》《证券法》《国务院批转证监会〈关于提高上市公司质量意见〉的通知》等法律法规及规范性文件和《上海证券交易所股票上市规则》的规定,制定本指引。"第一条主要强调的是上交所制定指引的目的和依据,目的很明确,那就是要优化企业内部控制体系,加强企业内部控制,因为内部控制制度是否得以有效建立和执行关乎企业命运。《国资委公布国有重点大型企业监事会第五任期对中央企业监督检查情况》一文指出,当下中央企业仍存在一些需要引起高度重视的风险,特别是内部控制体系不健全,不完善,执行不力的问题。管理不严格,重大审批和环节只停留在形式上,管理失控等已经严重影响了中央企业的健康发展。因此,上交所制定本指引,有利于规范上交所上市企业的内部控制。

"第二条 内部控制是指上市公司(以下简称公司)为了保证公司战略目标的实现,而对公司战略制定和经营活动中存在的风险予以管理的相关制度安排。它是由公司董事会、管理层及全体员工共同参与的一项活动。"企业的战略目标与内部控制制度是密不可分的,战略目标是建立和实施内部控制的基础,内部控制能否有效建立和实施将会对企业战略目标的实现产生重大影响。例如,企业如果提出节能降耗的发展战略,内部控制制度就要围绕节能降耗来建立和实施,进行不断优化,如果内部控制能有效地促进节能降耗,那么企业的战略目标就会实现。内部控制制度是在企业内部实施的,需要全体员工的共同参与,各部门相互协调,相互沟通,共同执行,这样内部控制才能发挥它的作用。

这一条明确了内部控制的特征:它是一个系统过程,贯穿于企业发展始终;由全体员工共同参与,受到人的行为的影响;旨在加强风险管理;与企业战略相结合。这也说明了我国政府和相关部门已经认识到内部控制必须与企业战略相结合,需要全员参与。

"第三条 在本所上市的公司应当按照法律、行政法规、部门规章以及本所股票上市规则的规定建立健全内部控制制度(以下简称内控制度),保证内控制度的完整性、合理性及实施的有效性,以提高公司经营的效果与效率,增强公司信息披露的可靠性,确保公司行为合法合规。"这有利于强化内部控制制度的落实,规范内部控制流程,细化内部控制体系,最大程度降低内部控制的漏洞和缺陷,优化企业治理过程。

"第四条 公司董事会对公司内控制度的建立健全、有效实施及其检查监督负责,董事会及其全体成员应保证内部控制相关信息披露内容的真实、准确、完整。"这里强调了内部控制信息披露的责任主体,明确了董事会的责任,能够促使企业管理层与治理层协同,真正重视内部控制的建立和执行。《中央企业全面风险管理指引》中也提到,企业应建立健全规范的公司法人治理结构,董事会就全面风险管理工作的有效性对股东(大)会负责。

三、内部控制框架

内部控制框架与公司治理机制的关系是内部管理监控系统与制度环境的关系,内部控制框架是公司治理不可缺少的重要组成部分,在公司内部控制和制度建设中肩负内部监督指导的角色。在内部控制框架的建设中,企业应当考虑关键因素,包括全员参与、优化管理制度、明确管理职责、建立符合实际的内部控制制度等。

《上海证券交易所上市公司内部控制指引》用了九条规定来规范内部控制框架。

(1) 指引第五条强调公司内控制度的全面性、全员性,提出公司内控制度应力求全面、完整,至少在公司层面、公司下属部门及附属公司层面和公司各业务环节层面作出安排。

(2) 指引第六条是介绍公司在建立和实施内控制度时,应考虑的基本要素,包括:①目标设定,指董事会和管理层根据公司的风险偏好设定战略目标。②内部环境,指公司的组织文化以及其他影响员工风险意识的综合因素,包括员工对风险的看法、管理层风险管理理念和风险偏好、职业道德规范和工作氛围、董事会和监事会对风险的关注和指导等。③风险确认,指董事会和管理层确认影响公司目标实现的内部和外部风险因素。④风险评估,指董事会和管理层根据风险因素发生的可能性和影响,确定管理风险的方法。⑤风险管理策略选择,指董事会和管理层根据公司风险承受能力和风险偏好选择风险管理策略。⑥控制活动,指为确保风险管理策略有效执行而制定的制度和程序,包括核准、授权、验证、调整、复核、定期盘点、记录核对、职能分工、资产安全、绩效考核等。

⑦信息沟通,指产生服务于规划、执行、监督等管理活动的信息并适时向使用者提供的过程。⑧检查监督,指公司自行检查和监督内部控制运行情况的过程。八个要素,每一个都必不可少,至关重要,只有把这些要素整合起来,才能充分发挥它们的作用,才能使内部控制制度的建立和实施更加贴近企业发展实际。只有认真把握好这些要素,公司的内部环境才能得到优化。

(3) 指引第七条指出,公司应在符合总体战略目标的基础上,针对各下属部门、附属公司以及各业务环节的特点,建立相应的内控制度。这也是在强调内部控制需要企业全员、全部门的共同参与,从大到小、从全体到具体。

(4) 指引第八条提出,公司内部控制通常应涵盖经营活动中所有业务环节,包括但不限于:①销货及收款环节,包括订单处理、信用管理、运送货物、开出销货发票、确认收入及应收账款、收到现款及其记录等;②采购及付款环节,包括采购申请、处理采购单、验收货物、填写验收报告或处理退货、记录应付账款、核准付款、支付现款及其记录等;③生产环节,包括拟定生产计划、开出用料清单、储存原材料、投入生产、计算存货生产成本、计算销货成本、质量控制等;④固定资产管理环节,包括固定资产的自建、购置、处置、维护、保管与记录等;⑤货币资金管理环节,包括货币资金的入账、划出、记录、报告、出纳人员和财务人员的授权等;⑥关联交易环节,包括关联方的界定,关联交易的定价、授权、执行、报告和记录等;⑦担保与融资环节,包括借款、担保、承兑、租赁、发行新股、发行债券等的授权、执行与记录等;⑧投资环节,包括投资有价证券、股权、不动产、经营性资产、金融衍生品及其他长、短期投资、委托理财、募集资金使用的决策、执行、保管与记录等;⑨研发环节,包括基础研究、产品设计、技术开发、产品测试、研发记录及文件保管等;⑩人事管理环节,包括雇用、签订聘用合同、培训、请假、加班、离岗、辞退、退休、计时、计算薪金、计算个人所得税及各项代扣款、薪资记录、薪资支付、考勤及考核等。公司在内控制度制定过程中,可以根据自身所处行业及生产经营特点对上述业务环节进行调整。

(5) 指引第九条提出了公司内控制度除涵盖对经营活动各环节的控制外,还包括贯穿于经营活动各环节之中的各项管理制度,包括但不限于:印章使用管理、票据领用管理、预算管理、资产管理、质量管理、担保管理、职务授权及代理制度、定期沟通制度、信息披露管理制度及对附属公司的管理制度等。

(6) 指引第十条指出,公司使用计算机信息系统的,还应制定信息管理的内控制度。信息管理的内控制度至少应涵盖下列内容:①信息处理部门与使用部门权责的划分;②信息处理部门的功能及职责划分;③系统开发及程序修改的控制;④程序及资料的存取、数据处理的控制;⑤档案、设备、信息的安全控制;⑥在本所网站或公司网站上进行公开信息披露活动的控制。

(7) 指引第十一条指出,公司应根据国家财政主管部门的有关规定,建立内部会计控制规范。

(8) 指引第十二条指出,金融等特殊行业的公司建立内控制度,还应遵循有关主管部门的规定。

(9) 指引第十三条指出,公司应根据自身业务特点建立相应的内控制度,上交所鼓励公司聘请中介机构协助建立内控制度。

就我国目前企业发展环境来看,完全按照框架要求,迅速完成内部控制制度的建设还有一定难度。因此,我们应该掌握关键点,按步骤、分清主次的构建内部控制体系。

四、专项风险的内部控制

上交所上市公司内部控制指引把专项风险内部控制的内容分为了三节,详细规定了内部控制的内容,主要包括了对附属公司的管理控制、金融衍生品交易的内部控制和其他风险的内部控制。

对附属公司的管理控制规定包括了三条内容,主要是对附属公司的管理控制和监督。首先提出,公司应对控股子公司实行管理控制,主要包括:①依法建立对控股子公司的控制架构,确定控股子公司章程的主要条款,选任董事、监事、经理及财务负责人。②根据公司的战略规划,协调控股子公司的经营策略和风险管理策略,督促控股子公司据以制定相关业务经营计划、风险管理程序。③制定控股子公司的业绩考核与激励约束制度。④制订母子公司业务竞争、关联交易等方面的政策及程序。⑤制定控股子公司重大事项的内部报告制度。重大事项包括但不限于发展计划及预算、重大投资、收购出售资产、提供财务资助、为他人提供担保、从事证券及金融衍生品投资、签订重大合同、海外控股子公司的外汇风险管理等。⑥定期取得控股子公司月度财务报告和管理报告,并根据相关规定,委托会计师事务所审计控股子公司的财务报告。其次要求,公司应对控股子公司内控制度的实施及其检查监督工作进行评价,而且公司应比照上述要求,对分公司和具有重大影响的参股公司的内控制度作出安排。

对金融衍生品交易的内部控制规定也包括了三条内容。第一条,参与金融衍生品交易的公司,应评估自身风险控制能力,制定相应的内控制度。金融衍生品交易包括但不限于以商品或证券为基础的期货、期权、远期、调期等交易。第二条,公司董事会应充分认识金融衍生品交易的性质和风险,根据公司的风险承受能力,合理确定金融衍生品交易的风险限额和相关交易参数。第三条,公司应按照下列要求,对金融衍生品交易实行内部控制:①合理制定金融衍生品交易的目标、套期保值的策略;②制定金融衍生品交易的执行制度,包括交易员的资质、考核、风险隔离、执行、止损、记录和报告等的政策和程序;③制定金融衍生品交易的风险报告制度,包括授权、执行、或有资产、隐含风险、对冲策略及其他交易细节;④制定金融衍生品交易风险管理制度,包括机构设置、职责、记录和报告的政策和程序。

对其他风险的内部控制规定主要是要求公司应根据行业特点、战略目标和风险管理策略的不同,就特有风险作出相关内控制度安排以及制定危机管理控制制度。

五、内部控制的检查监督

内部控制制度的建立只是内控建设实施的第一步,关键是如何将内部控制意识转化为内部控制实际行动。在转化过程中,检查监督起着无比重要的作用,它将有力地指导内控制度的实施和完善。上交所内部控制指引提出八条检查监督制度,以此来促进上市公司内控制度的实施。

第一，公司应对内控制度的落实情况进行定期和不定期的检查。董事会及管理层应通过内控制度的检查监督，发现内控制度是否存在缺陷和实施中是否存在问题，并及时予以改进，确保内控制度的有效实施。

第二，公司应确定专门职能部门负责内部控制的日常检查监督工作，并根据相关规定以及公司的实际情况配备专门的内部控制检查监督人员。公司可根据自身组织架构和行业特点安排该职能部门的设置。所述专门部门（以下简称检查监督部门）可直接向董事会报告，该部门负责人的任免可由董事会决定。

第三，公司应制定内部控制检查监督办法，该办法至少包括如下内容。

(1) 董事会或相关机构对内部控制检查监督的授权。

(2) 公司各部门及下属机构对内部控制检查监督的配合义务。

(3) 内部控制检查监督的项目、时间、程序及方法。

(4) 内部控制检查监督工作报告的方式。

(5) 内部控制检查监督工作相关责任的划分。

(6) 内部控制检查监督工作的激励制度。

第四，公司应根据自身经营特点制订年度内部控制检查监督计划，并作为评价内部控制运行情况的依据。公司应将收购和出售资产、关联交易、从事衍生品交易、提供财务资助、为他人提供担保、募集资金使用、委托理财等重大事项，作为内部控制检查监督计划的必备事项。

第五，检查监督部门应在年度和半年度结束后，向董事会提交内部控制检查监督工作报告。公司董事会可根据公司经营特点，制定内部控制检查监督工作报告的内容与格式要求。

第六，公司董事会对内部控制检查监督工作进行指导，并审阅检查监督部门提交的内部控制检查监督工作报告。公司董事会下设审计委员会的，可由审计委员会进行上述工作。

第七，检查监督工作人员对于检查中发现的内部控制缺陷及实施中存在的问题，应在内部控制检查监督工作报告中据实反映，并在向董事会报告后进行追踪，以确定相关部门已及时采取适当的改进措施。公司可将前款所发现的内部控制缺陷及实施中存在的问题列为各部门绩效考核的重要项目。

第八，检查监督部门的工作资料，包括内部控制检查监督工作报告、工作底稿及相关资料，保存时间不少于10年。

在内部控制的检查监督中，风险管理因素被加到了内部控制要素里面，由此，董事会不再仅仅只对检查监督负责，而且要通过面对风险的态度和反应来决定企业风险管理成功与否。

在董事会层面设置专门的内部控制职能部门，这对于内部审计部门开展内部控制工作非常有利，同时也为实现信息的上下通畅提供了保证。

很多企业都有审计部门，但由于在董事会层面没有专门负责检查监督的对应部门，导致内部控制部门只能向管理层汇报问题，这样的审计部门将不能很好地发挥自身的内部控制作用,工作效率也会大打折扣。

六、内部控制的信息披露

内部控制的信息披露是指公司管理当局依据自身内部控制评价的标准对公司内部控制建立和实施的合理性、有效性等进行评价,并以报告的形式整合内部控制评价意见,提供给外部信息使用者。信息披露有利于外部使用者了解企业内部控制的情况,尤其是股东,能够减少因为道德风险和逆向选择给自己带来的损失,也有利于投资者了解企业内部发展状况,提高投资者的投资信心,便于公司融资。

上交所指引提出了四条关于信息披露的要求。

第一,要求公司在内部控制的检查监督中如发现内部控制存在重大缺陷或存在重大风险,应及时向董事会报告。公司董事会应及时向本所报告该事项。经本所认定,公司董事会应及时发布公告。公司应在公告中说明内部控制出现缺陷的环节、后果、相关责任追究以及拟采取的补救措施。

第二,董事会应根据内部控制检查监督工作报告及相关信息,评价公司内部控制的建立和实施情况,形成内部控制自我评估报告。公司董事会应在审议年度财务报告等事项的同时,对公司内部控制自我评估报告形成决议。公司董事会下设审计委员会的,可由审计委员会编制内部控制自我评估报告草案并报董事会审议。

第三,公司董事会应在年度报告披露的同时,披露年度内部控制自我评估报告,并披露会计师事务所对内部控制自我评估报告的核实评价意见。

第四,公司内部控制自我评估报告至少应包括如下内容。

(1) 内控制度是否建立健全。
(2) 内控制度是否有效实施。
(3) 内部控制检查监督工作的情况。
(4) 内控制度及其实施过程中出现的重大风险及其处理情况。
(5) 对本年度内部控制检查监督工作计划完成情况的评价。
(6) 完善内控制度的有关措施。
(7) 下一年度内部控制有关工作计划。

会计师事务所应参照主管部门有关规定对公司内部控制自我评估报告进行核实评价。

在上交所内部控制指引框架和信息披露内容中,要求上市公司要强化信息披露,将自我评价与外部审核相结合,及时向外部信息使用者传递可靠有效的信息,目前这对上市公司来说既是有益的尝试,同时也是非常大的挑战,需要上市公司有勇气和智慧。

总体来说,《上海证券交易所上市公司内部控制指引》为上市公司及我国企业的内部控制的建设发展指明了方向,然而我国上市公司的控制环境依然存在很大问题,如沟通不畅、信息不对称等,这些都将是内部控制体系建设发展的巨大障碍,克服这些障碍,需要公司内部管理人员付出巨大努力,同时需要加强外部监管、内外结合才能对我国上市公司内部控制起到积极作用。

第二节　董秘与内部控制

一、董秘的含义

董事会秘书（以下简称董秘），和经理、副经理、财务负责人一样，是上市公司的高级管理人员。尤其要注意的是，上市公司是必须要设董秘的，而非上市公司就相对宽松一些。根据《公司法》第一百二十四条，上市公司设董事会秘书，负责公司股东大会和董事会会议的筹备、文件保管以及公司股东资料的管理，办理信息披露等事宜。

二、董秘的沿革

在西方的公司中，董秘的发展可以大致分为三个阶段：第一阶段，董秘的重要作用不为公司和社会所认可，地位也不高，突出强调的是秘书的职责，即与普通秘书无异，主要负责处理文书等事务；第二阶段，董秘正式成为公司的法定机关，其在公司治理中的重要作用在法律上和在公司中均得到了确认，承担的职责越来越多，权限越来越大；第三阶段，从20世纪末期至今，逐渐出台了一些关于公司董秘设立可由公司自主决定的规定。

在我国，公司法中的董事会秘书制度开始于改革开放的试点——深圳特区。1993年，深圳市人民代表大会制定的《深圳经济特区股份有限公司条例》专条规定，董事会设秘书，秘书负责董事会的日常事务，受董事会聘任，对董事会负责。随后，上海证券交易所、上海市证券管理办公室发布《关于B股上市公司设立董事会秘书的暂行规定》等规定，董秘制度在我国逐渐完善。1997年12月，中国证监会发布《上市公司章程指引》，"董事会秘书"相关内容作为独立的一章出现，明确要求上市公司必须聘任董秘，这才真正确立了董秘在上市公司中的地位和作用。2004年，沪深证券交易所修订的新版《股票上市规则》中又进一步提高了董秘的地位，强化了董秘的职权，如"董事会秘书有权要求公司董事、监事和其他高级管理人员对其工作予以配合与支持"，明确规定上市公司不得无故解聘董事会秘书等。值得注意的是，2016年9月8日，《全国中小企业股份转让系统挂牌公司董事会秘书任职及资格管理办法（试行）》发布，对挂牌公司董秘的任职和资格作了规定，我国的董秘制度得到进一步完善。

三、董秘应具备的素养

（1）始终保持学习的姿态。对每一个人来说，只有时时刻刻学习，才能在时代的浪潮中屹立不倒不致落伍。普通人如此，董秘更是如此。董秘是什么？董秘是投资者和上市公司之间沟通的重要桥梁，是上市公司与证券交易所之间的指定联络人，如今已是经济不断发展科技不断创新的信息时代，董秘和上市公司又要跟异常活跃的资本市场打交道,新出台的政策法规需要及时学习,与公司治理等有关的知识和经验教训需要学习,财务、法律、金融、管理等多项专业内容也要学习,不仅要自己学习,还要组织公司高管人员一同学习,这样公司才能有较好的发展。

(2) 诚信为本,克己守规。董秘要对外负责公司的信息披露,对内保障公司规范化运作。如果不时刻小心谨慎,诚信守规,公司规范化运作万一出了问题,公司对外披露的信息万一有虚假记载、误导性陈述或者重大遗漏,不能提前发布的信息万一提前泄露了,个人和公司都可能会受到监管部门严厉的处罚。

(3) 善于沟通,灵活处事。正如前面提到的,董秘是投资者和上市公司之间沟通的重要桥梁,是上市公司与证券交易所之间的指定联络人。作为董秘,需要掌握沟通的艺术,要善于和股东、监管部门等进行良好的沟通交流;需要协调各方面的利益关系,无论发生任何情况,都要能够处变不惊,灵活应对,把不利影响降到最低。

(4) 良好的心态。一个公司有发展势头好的时候,也会有它的低谷期,公司的股价也会时涨时跌。公司境况好的时候不要欣喜若狂,不要觉得高枕无忧,要时刻警惕可能出现的各种风险;公司境况不好的时候也不要过于沮丧,冷静地分析问题并找准解决之道,抓住有利机会使公司重新回到良好的发展轨道上。

(5) 在内部控制与管理方面应起的作用,负责公司内部控制制度的建设和完善。董秘需要结合客观环境和本公司的特征,在相关法律法规的基础上建设和完善公司的内部控制制度,使公司能够合法合规经营运作,决策合理,执行有效,使内部控制能够更加合理有效。

(6) 董秘是各项新的法律法规经验教训在公司的普及者,为内部控制的有效运行和贯彻落实做好知识背景储备。前面提到,董秘要组织高管人员一同学习,应经常组织公司的董事、监事、经理层,甚至是股东一同研习最新的法律法规(对于监事,应特别强调有关监督方面的新制度和政策的学习),一同阅读中国证券报等上市公司新闻,一同分析其他上市公司的年报和经营管理中的各种优势和不足之处,大家还可以就目前国内外宏观、中观、微观的政治经济环境畅所欲言。只有高管和股东能时刻对新的法律法规有深刻理解,才能够更好地依法依规规范个人行为,监事才能更好地履行监督职责,公司才可能合法合规地经营运作,只有他们能够清晰地了解政治经济大环境和其他上市公司的情况,决策层才能决策合理,执行层才能执行有效,这不正是第一个作用提到的内部控制需要达到的效果吗?试想,如果高管和股东对新法一知半解,怎么能指望他们守法合规,怎么指望监事依法依规进行有效监督?如果他们对所处的环境和形势不够了解,怎么能指望他们作出合理的决策并有效执行? 所以,董秘的"扫盲"工作对内部控制大有裨益。

(7) 董秘可以通过内部控制有效地约束董事和监事等高管的行为,维护股东的合法权益。作为公司的高管,董事和监事并不一定总是以公司利益至上,他们偶尔会"不老实",搞点小动作,如弄虚作假、徇私舞弊、知法懂法而违法违规等。董事监事还可能会合谋,共同欺骗投资者。而内部控制很重要的一环就是通过董秘来增加对高管滥用职权行为的制约力,董秘作为公司内部的职能部门,可以实现在公司内部进行控制,制止他们"不老实"的行为。比如,董事会作出的决议违反了法律法规、股东大会决议或者公司章程的规定而监事会未能及时有效制止,董秘必须站出来制止。董秘若发现公司对外披露的信息有任何虚假记载、误导性陈述或者重大遗漏的,必须及时采取措施妥善解决,把不良影响降到最低。高管有可能会为了短期利益,为了自己在任时有一个好的经营业绩而忽视公司的长期利益,董秘也应对此类情况及时制止并报告股东等。上市公司本来就是公众公司,是投资者、股东的公司。由于信息不对称,高管人员极容易利用信息优势操纵公司,为了自己的利益去损害公司的利益,进而损害广大投资者的利益。董秘制度可以通过内部控制实现公司职能部门在公司内部有效约束董事监事等高管的行为,保障投资者利益。

(8)董秘可以通过内部控制来监督股东行使权力是否符合规定。在我国,大股东利用持股优势侵害中小股东合法权益是常有的事,董秘作为公司职能部门,应通过内部控制发挥独特的作用,当大股东作出不利于中小股东的决策时,应视情况提出异议,妥善解决,切实保障中小股东合法权益。此外,股东大会表决时是否遵守了相关法律法规、公司章程的规定,如公司为他人和为本公司股东提供担保的相关规定、修改公司章程的规定等,都需要董秘来把关,让内部控制较好地发挥作用。

四、其他作用

除了在公司内部控制方面的重要作用,董秘的其他作用还有很多,这里略列举一二。比如,筹备股东大会、董事会,包括前期的通知、准备工作,会议期间的组织协调工作;在公司的低潮期,当大家普遍对公司产生怀疑、没有信心时,董秘要做好心理疏导,用事实和下一步工作的计划安排,抑或是个人魅力等为大家鼓劲,激励大家风雨同舟渡过难关,让公司的明天更美好。再比如,当股价连连下跌、投资者抱怨连连时,要安抚投资者情绪,帮助他们分析原因等。

思考题

1. 上交所内部控制指引能够从哪些方面促进上市企业内部控制?
2. 在各国董事会秘书制度的发展中,当面对取消董事会秘书强制性规定的建议时,都会有反对的声音存在,理由是若不设立董秘,董事滥用职权的可能性将大大增加,极其不利于公司的内部控制与管理。对此观点,你怎么看?你是否支持取消董事会秘书强制性规定的建议,为什么?

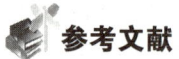

参考文献

[1] 阎达五,杨有红.内部控制框架的构建[J].会计研究,2001(2).

第十章　企业文化与内部控制

> **引入案例**
>
> ### 海尔集团着力打造优秀的企业文化
>
> 海尔集团,创立于1984年,并于1991年12月成立青岛海尔集团公司,在改革开放的时代浪潮中迅速发展,现已成为以生产冰箱为核心,连带生产冷柜、空调等多种电器的大型企业集团。30年来,海尔集团始终以创造用户价值为目标,一路创业、创新,目前已发展成为世界白色家电第一品牌,是中国最有价值的品牌之一。
>
> 海尔集团在创立之初,就将目标和使命定位于成为行业主导以及用户首选的美好住居生活解决方案的服务商。可以说,从起点开始,海尔的胆识和远见,就已经处在了领先位置。
>
> 在创新方面,海尔集团倡导打造产生顶尖人才的机制和平台,由此持续不断地为客户服务从而创造价值,进而形成人单合一的双赢文化。同时,海尔秉持"没有成功的企业,只有时代的企业"的观念,致力于打造基业长青的百年企业。
>
> 海尔的核心价值观是:是非观——以用户为是,以自己为非;发展观——创业精神和创新精神;利益观——人单合一双赢。四个品牌信仰是:创新,可持续发展,客户至上,缜密的解决方案。总体来说,即:以人为本,用户至上,诚信经营,不断创新。
>
> 在这些价值观的引领下,海尔不断突破,不断打造一流产品,一流品牌,相信海尔的明天会更美好。
>
> ——部分参考海尔官网

第一节　企业文化

一、企业文化的定义

随着时代的发展和社会的进步,企业家们发现现代企业的竞争不再只是产品和营销的竞争,文化竞争的程度也越来越激烈。优秀的企业文化可以给企业提供正确的指引方向,防止企业倒退,使企业不断发展,落后的企业文化会导致企业衰败。可以说,谁占领了优秀文化的高地,谁就在企业竞争中处在了领先位置。因此,现代企业在发展过程中一定要注意文化的作用,努力打造优秀的、前沿的企业文化,形成良好的文化氛围,使企业行驶在正确的快车道上。

企业文化是企业成员为了共同的生产经营和发展目标,解决企业日常发展问题而自觉形成的经营理念、经营制度和核心价值观的统称。它是企业全体员工共同价值观的体现,是企业员工的个人价值追求与企业发展目标的有机结合。海尔、联想、华为等企业获得成功,走向世界,在世界市场占领一席之地,与他们注重自身的文化建设,营造良好的文化氛围是分不开的,也得益于他们借助企业文化把企业目标与个人价值结合在一起。

在良好的企业文化氛围下制定企业发展战略、内部控制体系和监督体系等,将会大大提高它们的准确性,更好地服务于企业发展。

二、企业文化的特点

(一) 相对独立性

企业的文化是从企业的发展过程中逐步体现总结出来的,而不同的企业发展战略、发展历程、经营管理制度以及发展环境,决定了企业文化的不同。海尔、联想、中国移动等企业的管理模式、发展环境、发展目标的不同,也使它们的企业文化有所不同。

(二) 继承性

企业文化不是凭空产生的,它是历史发展的产物,它在一定的时间和空间范围内繁衍,在继承原有的文化的基础之上进行自我发展。对于企业而言,继承性主要体现在以下方面:一是继承中华民族的优秀传统文化,二是继承企业自身的优秀文化和传统习俗,三是继承其他企业的优秀企业文化和外来民族的先进文化。

(三) 融合性

企业文化是企业自身的战略目标,管理制度体系,经营发展水平,员工素质和外部发展环境等的有机融合,它反映了时代发展特征。如果不能做好融合问题,就会影响企业的发展。联想收购 IBM 失败,就是因为企业文化没能很好地融合在一起,联想强调上级对下级的干预,而这正是 IBM 所不喜欢的,它们强调的是个人主义,强调员工的自主权,双方文化的冲突,不能很好地彼此调整适应,直接导致收购失败。

(四) 整体性

同一个企业只有一种企业文化,它是将企业全体员工的发展目标与企业的发展理念相结合的结果,它把个人的价值追求寓于企业的整体发展目标下,是全体员工意志的体现。华为的"狼性"文化,海尔的"创新与前沿"文化,都是企业员工整体思想的反映。

(五) 创新性

文化创新,是企业发展的必然要求,是企业文化自身发展的内在动力,是企业文化富有生机与活力的重要保证,是应对文化竞争、形成文化发展优势的必然选择。只有不断进行文化创新,不断追求卓越,勇于超越,才能适应迅速变化的企业发展环境和国内外市场,在激烈的竞争中立于不败之地。

三、企业文化的类型

按照不同的分类标准,我们可以把企业文化分成不同类别。如果我们根据企业的经营管理模式来分,可以把企业文化分成四种类型:强人型文化、享受型文化、赌博型文化和过程型文化。这个分类标准也体现了迪尔和肯尼迪的观点。

(1) 强人型文化。这种文化鼓励内部竞争和自我创新,鼓励不断突破,挖掘更大潜力,尽可能释放最大的能量。这种文化要求员工要保持积极乐观的心态,对于工作有信心,积极进取,不断创新。这种文化适合竞争力较强,对市场变化反应较快的企业。

(2) 享受型文化。这种文化把工作和娱乐并重,对于员工没有什么特别严格的要求。这种文化适用于产品生产稳定,市场变化对产品影响不大,竞争力不强的企业。

(3) 赌博型文化。这种文化是指在详细周密分析,严格规划的基础上破釜沉舟,孤注一掷,要求企业员工要有一颗强大的心脏,具有敏锐的洞察和分析能力。这种文化适用于发展机会稍纵即逝,风险很大的企业。

(4) 过程型文化。这种文化注重过程的发展,要求四平八稳,循序渐进,按照步骤和要求完成任务。这种文化要求员工要按部就班,脚踏实地,谨慎周到,适用于风险小,看重产品质量的企业。

另外,按照英国当代最知名的管理大师查尔斯·汉迪的理论,企业文化可以分为权力导向型、角色导向型、任务导向型和人员导向型四种类型。此外,按照企业的作风和发展状态、性质和规模等,我们又可以把企业文化分成其他不同的类型,在此不多作论述。

四、企业文化的作用

(一) 导向作用

导向作用就是指企业文化对企业的全体员工都具有引导作用,这种引导作用不同于企业强制性要求员工遵守规则和纪律,它主要通过企业文化来塑造员工的行为,使员工潜移默化地接受企业的价值和经营理念。这种导向作用主要体现在经营理念的指导和企业目标的指引两方面。

经营理念决定了企业生产经营的思想和行为方式,以及处理问题的原则,这些方式和原则指导着管理层和普通员工采用更加准确和科学的方式进行企业的生产经营活动,促进企业的生产发展合理有效运行。

企业目标决定了企业的发展方向,如果没有正确的目标,企业就会迷失方向,最终在激烈的竞争中走向失败。优秀的企业文化一定会从企业自身实际出发,制定科学的明确的目标,以此来指导企业的生存发展,进行有目的的生产经营活动。

(二) 凝聚作用

企业文化具有凝聚作用，它会使全体员工形成共同的价值理念，共同的行为方式以及共同的目标和理想，使职工把企业看成是自己的精神家园，在企业日常生产经营过程中形成"劲往一处使，心往一处想"的强大凝聚力和向心力。

虽然企业的规章制度也有利于形成企业的凝聚力，但是这种硬性规定产生的效果远不如企业文化这种"软凝聚"产生的作用更强大。企业文化中的凝聚力，会让员工从心底感到备受鼓舞，干劲十足，为企业发展贡献力量。

(三) 激励作用

企业文化的激励作用是指企业文化本身所蕴含的价值理念能够引起员工的共鸣，激发员工的潜在能力，使员工更加高效地为企业服务的作用。

具体来讲，企业文化中所蕴含的价值观、价值理念和行为方式，与员工自身追求的自我价值相符合，从而满足他们的精神需求，使他们产生强烈的主人翁意识、自尊感和成就感，从而激发他们内心深处的潜能。只要员工对企业文化产生强烈的共鸣，那么企业文化将会具有深远持久的影响力，不断激励员工全身心投入工作，从而提高企业的运转效率。

优秀的企业文化，不仅对员工起到精神激励作用，还有利于为员工提供良好的工作环境，使员工之间形成积极向上的竞争氛围，而不是为权力和金钱争斗，使员工能够及时得到肯定和赞扬，从而使员工产生极大的归属感和荣誉感，自然工作效率也就提高了。

(四) 约束作用

顾名思义，企业文化的约束作用就是指企业文化对企业员工的思想和行为具有规范作用，与员工纪律、行为规范等的约束相比，它是一种内在的软约束，这种软约束来源于企业文化的内涵，需要通过员工的自觉认同来实现。它能够规范员工的行为，协调员工之间、员工与企业之间的关系，明确是非善恶。企业文化这种约束作用是低成本的、廉价的，又是不可或缺的，是解决企业员工冲突、降低管理成本的"软手段"。

此外，企业文化还有调试作用，调整企业与员工的思想和行为，使企业的发展与员工个人价值实现，员工与员工之间的关系，企业与社会、国家的关系相协调；同样，企业文化也具有辐射带动作用，不仅在企业内部产生影响，还会影响消费者、供应商以及其他社会团体的行为理念。

五、企业文化与内部控制的关系

企业文化是企业成员为了共同的生产经营和发展目标，解决企业日常发展问题而自觉形成的经营理念、经营制度和核心价值观的统称。企业内部控制制度的完善发展与企业文化密切相关，内部控制的实施需要企业文化的支持，同样，内部控制的完善也为企业文化的形成和发展提供了借鉴。企业文化要求员工形成爱岗敬业、诚实守信、团结一致等优秀品质,这为内部控制的有效实施和执行奠定了良好的基础,在这样的企业文化环境下建立的内部控制制度,必定会成为一种有效的行为规范,为全体员工所贯彻执行,成为有效指导企业发展,解决日常生产经营问题的助推器。

当下,越来越多的企业开始重视企业文化与内部控制之间的关系,但与此同时,也出现了企业过分重视企业文化而忽视内部控制或者只重视内部控制而轻视企业文化的状况,致使企业文化与内部控制的建设相脱节。实际上,从企业治理的角度看,内部控制与企业文化两者是密不可分的,两者相互依赖,相互促进,相辅相成。企业文化是内部控制制定实施的基础,内部控制是企业文化得以体现的重要手段,只有将两者结合起来,发挥它们共同的作用,企业才会有凝聚力和向心力,企业发展才能更具有竞争力和生命活力。企业文化是建立内部控制制度,实施内部控制的基础。

内部控制影响着企业的生命。内部控制制度是否完善,内部控制是否得以有效执行,是影响企业生存发展的重要因素。如果内部控制制度不够完善,或者没有有效执行,那将会对企业发展产生不利影响。而企业内部控制是否能有效建立和执行,很大程度上取决于企业文化。良好的企业文化会形成一种强大的精神力量,增强企业的竞争力和凝聚力,提高内部控制的有效性。企业文化是企业的大脑,它支配着企业和企业员工的思维和行为方式。内部控制自身具有局限性,比如,不相容职务的人员串通作弊,执行人员决策失误或不认真执行,内部控制制度可能会因为企业内外部环境的改变而失效,这些问题都需要企业文化来弥补和解决。要打造良好的内部控制制度,营造良好的企业发展氛围,必须形成优秀的、独特的企业文化。

内部控制制度是建立企业文化的重要手段。在企业发展过程中,把内部控制制度的建立执行和企业文化相结合,就能够用内部控制的"硬手段"更好促进企业文化的贯彻,增强员工之间的感情,消除管理层与被管理层之间的隔阂,调动全体员工的积极性,形成强有力的团队,有效提高企业管理水平,降低管理成本,提高企业经济效益,推动企业走上持续发展道路。合理高效的内部控制会有效促进企业文化的建设和形成,企业通过对员工的教育和指导,使员工潜移默化自觉将企业的经营理念、价值取向和个人的思想观念相统一,使企业文化真正有效。

企业文化促进内部控制可持续发展。时间在变,时代在变,内部控制也需要不断变化,适应时代潮流。只有那些内部控制制度设置完整、内部控制执行过程严谨而又不失灵活的企业,才能在激烈的竞争中脱颖而出。企业文化是企业的精神内核,也是企业内部控制体系的核心。企业如果失去了企业文化,就会被淘汰,内部控制制度失去了企业文化的色彩,也只是空中楼阁。以企业文化为基础建立的内部控制体系,才能做到有效、可持续发展。

第二节 企业软文化对内部控制有效性的影响

内部控制是为了合理保证企业财务报告的可靠性、经营活动效率性和效果性以及对法律法规的遵循,由治理层、管理层和其他人员设计和执行的政策和程序(程晓陵,王怀明,2008)。它作为一项复杂的企业运作保障机制,其有效性直接关系到企业经济效益的增加、会计信息质量的提高以及企业资产的安全完整。企业文化是指企业在生产经营实践中逐步形成的,为整体团队所认同并遵守的价值观念、经营理念和企业精神以及在此基础上形成的行为规范的总称。企业软文化是指为企业全体职工所共同持有并指导和支配他们行为的团体意识,其内容主要包括企业价值观、企业精神、企业宗旨、企业经营哲学、企业作风和管理风格等。企业软文化能够对员工的意识和行为构成"软"约束,深层次地激发员工的主动控制力,实现员工的自律与自控。

而近几年来,从美国的安然公司破产到世通公司的财务丑闻,从中国蓝田股份事件、四川长虹巨额应收账款欠款案,到三鹿奶粉事件,再到最近的双汇"瘦肉精"事件,都无一例外地给国家经济带来严重的负面影响,究其原因,都是内部控制失效所致。内部控制作为企业管理的重要领域,不仅仅是一种经济手段,还具有较强的文化属性,是经济和文化双重作用的结果。财政部等五部委于2010年4月联合颁布《企业内部控制应用指引》,将企业文化单独立项加以规范,将企业文化放到了重要位置。可见人们已意识到,企业文化是内部控制系统有效运行的重要基石。可以这么说,内部控制只能提供"合理的保证"而非"有效的保证",因为人是诸多因素中最具决定性的因素,只有良好的企业文化才能使企业内部控制真正做到有效。

那么,企业软文化对内部控制目标的实现有着怎样的影响?企业软文化的哪些方面能够影响着内部控制的有效性,这种影响有多大?目前,关于内部控制有效性影响因素的实证研究比较有限,大多数文献都是规范研究,而且进行的实证研究主要是从多个影响因素展开的,缺少单个因素的研究。

基于以上背景,接下来我们以山东省各地区及省外300家公司为样本,用实证方法研究企业软文化对内部控制有效性的影响。借鉴Daniel R. Denison(1995)和常亚平等(2009)对我国企业文化测量体系的构建研究,在他们的研究基础上,添加管理风格、信用文化两个因素,将企业软文化细分为八个维度,分别研究它们对企业内部控制有效性的影响,以期能提供一些建议。研究结论启示我们,企业文化是企业生存发展的重要战略资源,是企业内部控制有效性的决定性因素。在当代经济背景下,企业的国际、国内竞争日益激烈,培育出独具特色的企业文化,已成为企业提高内部控制有效性,提升经营管理水平、增强市场竞争力的重要选择。

一、理论分析

本研究借鉴Daniel R. Denison(1995)和常亚平等(2009)对我国企业文化测量体系的构建研究,在他们研究的基础上添加了管理风格、信用文化两个因素,将企业软文化分为价值使命、团队精神、以人为本、社会责任、员工认同感、创新能力、管理风格和信用文化八个维度,分别研究它们对内部控制有效性的影响。对于内部控制有效性,借鉴了张颖和郑洪涛(2010)的研究方法,分别从内部控制对经营性目标、报告性目标和合规性目标的实现提供的保证程度进行度量。本研究采用李克特五级制量表来度量企业软文化和内部控制的有效性。

(一) 价值使命

众多学者在企业文化中强调价值使命的重要性,并将其置于企业文化的核心地位。Kluokhohn(1951)、Rokeach(1973)认为,价值观是一种持久性的信念,能塑造并影响个人的行为。Sohwartz(1992)指出,价值观是那些令人向往的超越具体情景的状态、对象、目标或行为,它是行为方式的判断标准。Jennife 和 Gareth(1997)则直接表明价值观是引导个体对周围环境进行批判及个体的行动指南。Cuillen(2000)在他的研究中提出,"企业的核心价值观可以创造并支配企业的运营文化与内部过程文化,它们能够直接作用于员工与顾客的感受和态度,而这些感受和态度又引发员工与顾客的一系列的相应行为,从而影响公司的成功"。只有价值观、文化上的认同,才能真正赢得利益相关者的忠诚,"信任的获取关键取决于企业文化"(帅萍,孟宪忠,2004)。因此,正向积极的价值使命能够使员工以公司为己任,对公司事务作出正确的判断和行为方式,使企业内部控制更加有效。故提出如下假设:

H1:正向积极的价值使命:①与公司经营性目标正相关;②与公司报告性目标正相关;③与公司合规性目标正相关。

(二) 团队精神

所谓团队精神,是指经过精心培养而逐步形成的并为团队所有成员都认可的一种理念,包括思想境界、价值取向和主导意识。马玉珍(2002)强调协作和团队精神是一个企业、各个部门之间团结协作的力量象征,而且任何人的自我价值都可以通过这种集体的力量得到发展和实现。周刚等(2003)对成功团队的研究发现,一致承诺能够为团队成员指明方向,提供动力,让团队成员愿意为它贡献力量,愿意为团队目标作出承诺,这增强了内部控制的执行力。在企业文化的建设中,也必须强调团队精神的认同感,如果没有这种价值观上的认同,就会出现企业内控制度难以执行,出现盲目突出自己的现象。因此,提出如下假设:

H2:一致承诺的团队精神:①与公司经营性目标正相关;②与公司报告性目标正相关;③与公司合规性目标正相关。

(三) 以人为本

论语中说道"事业兴衰,关键在人",即强调"以人为本"的经营哲学。

赵荣(2001)的研究表明,树立以人为本的理念能够激发员工参与企业管理的热情,培养员工健康向上的心态,进而增强内部控制的能动性。王海兵(2011)也指出,当今中国处在一个经济文化转型的时期,人们的价值观念混乱,行为易发生扭曲,这必然导致舞弊的发生。那些忽视员工发展和顾客利益的企业文化是物本文化,不能深入人心,也得不到员工的支持和社会的普遍认可,这必然会降低企业内部控制的有效性。只有将企业文化根植于优秀传统文化的沃土,一切依靠人,一切为了人,关心人,尊重人,建立以人为本的内部控制文化,企业基业才能常青。因此,提出如下假设:

H3:以人为本的企业文化:①与公司经营性目标正相关;②与公司报告性目标正相

关;③与公司合规性目标正相关。

(四) 社会责任

在推动企业经营性目标实现的过程中,社会责任也促进了企业资源的获取与能力的提升,并进而促使企业提高其经营绩效(Barney,1991),而且社会责任行为还能有力地提升多种企业能力。企业承担对员工的社会责任,会提高企业生产运营能力及吸引和保留优秀员工;承担对消费者、股东和供应商的责任,将提高企业的销售能力、筹资能力以及市场开拓能力;有效处理废料、节约能源以减少其对环境的污染,将有助于企业提高其利用资源的能力;企业建立与利益相关者之间的友好关系,则能有效地增强其化解危机的能力。由资源观可知,资源与能力是企业获得竞争优势的基础(Barney 1992,Grant 1991)。因此,履行社会责任,可以使企业减少政府管制,降低风险,扩大市场影响力,提高企业的盈利能力。社会责任声誉较好的企业能够吸引更多优秀员工,并且使员工对企业产生强烈的荣誉感,从而增强内部控制的实效性。因此,企业承担社会责任会使企业的短期利益受到损害,但随着时间的积累,会换来更多的长期利益。因此,企业承担的社会责任与公司的经营性目标存在一个 U 型关系。故提出如下假设:

H4:企业承担的社会责任行为:①与公司经营性目标成 U 型关系;②与公司报告性目标正相关;③与公司合规性目标正相关。

(五) 员工认同感

通常情况下,员工一旦认同其所在公司的企业文化,其行为表现为:工作效率和质量的提升,合作积极性增强,学习与创新能力增强,能够向顾客提供更完善的服务,具有在企业责任或者更广阔的领域中进行自愿行动的意愿,对组织具有高度的认同感(戴维·贝赞可 1997)。周刚等(2003)对成功团队的研究发现,其成员对他们的群体具有认同感,他们把自己属于该群体看作是成功的一个重要方面。如果组织中的个人对组织有认同感,即便报酬较低、投入较多,他们也不会有受到不公平待遇的感觉。因此,培养一支具有认同感的员工队伍可以减少企业员工的流失,增加企业收益,提高员工的工作效率,防止员工腐败并实现企业的可持续发展,进而增进和提高内部控制的有效性。故提出如下假设:

H5:高度的员工认同感:①与公司经营性目标正相关;②与公司报告性目标正相关;③与公司合规性目标正相关。

(六) 创新能力

组织在多大程度上鼓励员工创新,企业的创新能力如何等因素都会影响企业的生存和发展。Willkins(1983)认为,创新文化的特点是工作环境极富创造性,只有接受挑战与冒险才能体验这种文化。创新文化的特征是创造性、冒险性、刺激性、挑战性、进取性和有活力性。基于研究的结果,范诵(1996)认为,支撑型文化的特征强弱与企业绩效正相关,官僚型文化的特征强弱与企业绩效负相关,而创新型文化则与企业绩效呈现出不确定关系。由于创新能力与内部控制的有效性关系不明朗,加上相关的实证研究较少,因此本书假定创新能力与内部控制的有效性存在不确定关系。故提出如下假设：

H6：企业的创新能力：①与公司经营性目标成不确定关系；②与公司报告性目标成不确定关系；③与公司合规性目标成不确定关系。

（七）管理风格

优秀的领导能够让团队成员跟随自己为企业奋战，因为他们能为团队指明方向，鼓舞团队成员的士气，帮助他们更充分地认识自己的潜力。Kotter(1992)发现，管理人员重视领导艺术的公司，其经营业绩远远胜于那些没有这些企业文化特征的公司。Ogbonnaetal(2000)研究认为，在市场竞争压力下，组织的领导风格影响组织的文化进而影响企业绩效，管理风格不能直接影响内部控制的有效性，而只能通过组织文化这个媒介间接影响。程晓陵和王怀明(2008)研究发现，管理层诚信和职业道德与企业内部控制显著正相关。张颖和郑洪涛(2010)也发现，管理层的经营理念和管理风格是企业文化的重要组成部分。如果管理层持有错误的经营理念，并将其付之行动，那么无论企业制定多么严格的内部控制规范，都无济于事。因此，本书作如下假设：

H7：卓有成效的管理风格：①与公司经营性目标正相关；②与公司报告性目标正相关；③与公司合规性目标正相关。

（八）信用文化

信用是一种文化现象，企业信用文化作为企业的一个重要的文化特征，对于企业的成败兴衰有着十分重要的影响。李颖(2004)指出，良好的企业信用文化能为员工创造一个与众不同、和善和谐、使员工在其中有所成就的环境。张耀谋、李力(2009)提出，优秀的信用文化能够培养积极的商业伦理和诚信意识，减少制度执行过程中人为的偏差，使内部控制制度得以顺利实施，内部控制才更有效。笔者认为，企业应注重信用观念与信用道德的宣传和培训，加强企业信用伦理建设，将信用道德作为企业的内在力量，增强员工的信用意识，以增强内部控制的协同性。因此，提出如下假设：

H8：追求诚信的信用文化：①与公司经营性目标正相关；②与公司报告性目标正相关；③与公司合规性目标正相关。

二、研究设计

（一）变量设计

根据上述研究假设，企业软文化共分八个维度，分别是价值使命、团队精神、以人为本、社会责任、员工认同感、创新能力、管理风格和信用文化。每个变量各由相应的要素项目构成。用三个变量来反映内部控制的有效性，则分别是经营性目标、报告性目标与合规性目标，他们各由相应的要素项目构成。每个指标都采用李克特量表来进行计量："1"表示完全没有，"2"表示较低程度，"3"表示不清楚，"4"表示较高程度，"5"表示很高程度，如表10-1所示。

表 10-1 相关变量一览表

变量名称		定义与度量
因变量	经营性目标(operate)	通过内部控制的实施,企业的经营效率与效果的实现情况,采用李克特五级制量表
	报告性目标(report)	通过内部控制的实施,财务报告与内部报告的真实性和可靠性,采用李克特五级制量表
	合规性目标(law)	通过内部控制的实施,企业遵循相关法律与法规的情况,采用李克特五级制量表
自变量	价值使命(mission and values)	企业的价值观影响情况,采用李克特五级制量表
	团队精神(team spirit)	企业的团队协作情况,采用李克特五级制量表
	以人为本(people oriented)	企业是否树立以人为本的管理理念,采用李克特五级制量表
	社会责任(community responsibility)	企业承担社会责任的情况,采用李克特五级制量表
	员工认同感(sense of identity)	员工对公司的归属感,采用李克特五级制量表
	创新能力(innovation ability)	企业的创新能力,采用李克特五级制量表
	管理风格(management style)	管理层的领导风格,采用李克特五级制量表
	信用文化(credit culture)	企业的诚信和信用伦理建设情况,采用李克特五级制量表

(二) 样本和数据来源

本书采用问卷调查的方法来验证上述假设,调查对象主要是山东省各地区的企业,其中也涉及了57家省外企业(以排除地区差异),共300家企业。调查的年度期间是2010年。调查问卷的对象包括企业的高层管理者、中层管理者以及普通员工,共发出调查问卷300份,回收问卷213份,回收率为71%,有效问卷182份,有效回收率为85.44%。本书所使用的问卷项目全部来自过去的文献,因此问卷具有相当的内容效度。同时也对问卷进行了预调查,在预调查中,本书采用因素分析法对90份问卷的构建效度进行验证,依据KMO的值来检验各变量的效度,以克隆巴赫系数(Cronbach's a)的值来检验各个变量的信度。

1. 内部控制有效性的效度信度分析

如表10-2所示,样本的KMO=0.686,可以进行因素分析。

表 10-2 KMO检验与Bartlett球形检验

KMO检验	KMO值	0.686
Rartlett球形检验	卡方检验值	88.561
	项目个数	3
	显著性	0.000

克隆巴赫系数的值为 0.799,大于 0.7,表明经建构效度分析后,该量表有良好的信效度(见表 10-3)。

表 10-3　信度分析

克隆巴赫系数	项目个数
0.799	3

2. 企业软文化的信效度分析

如表 10-4 所示,样本的 KMO=0.923,非常适合进行因素分析。

表 10-4　KMO 检验与 Bartlett 球形检验

KMO 检验	KMO 值	0.923
Rartlett 球形检验	卡方检验值	593.272
	项目个数	28
	显著性	0.000

克隆巴赫系数的值为 0.940 大于 0.7,表明经建构效度分析后,该量表有良好的信效度(见表 10-5)。

表 10-5　信度分析

克隆巴赫系数	项目个数
0.940	8

(三) 描述性统计

从调查结果来看,上市公司占 37.9%,非上市公司占 62.1%,所涉及的行业比较广泛,金融业有 28 家,占 15.38%。从公司所在城市来看,济南企业占很大比例,一共有 59 家,占 32.4%,其次是青岛和淄博。从职务情况来看,涉及了高中低三个层次,从厂长、主管、经理到会计、管理人员,再到一线员工。其中,财务会计人员占 14.8%,经理主管占 20.8%,一线职员占 19.2%。主要变量的描述性统计结果如表 10-6 所示。

表 10-6　变量的描述性统计

变量	样本(N)	min	max	均值	标准差
经营性目标	182	6	15	11.273 3	2.161 51
报告性目标	182	7	20	14.470 2	3.226 21
合规性目标	182	3	20	10.456	2.601 69
价值使命	182	7	25	19.705 9	4.009 24
团队精神	182	14	40	31.321 3	5.765 57
以人为本	182	3	15	10.978 9	2.847 55

（续表）

变量	样本(N)	min	max	均值	标准差
社会责任	182	12	35	28.401 2	5.242 06
员工认同感	182	11	30	22.260 6	4.961 26
创新能力	182	4	20	14.480 2	3.447 47
管理风格	182	11	35	25.968 1	5.869 26
信用文化	182	6	25	20.075 7	3.913 39

三、实证结果及分析

为验证上述有关企业软文化对各内部控制目标的假设，建立以下多元回归型：

其中，Y_j指因变量，j指取值(1，2，3)。j取1时，Y_1表示经营性目标。j取2时，Y_2表示报告性目标。j取3时，Y_3表示合规性目标。MV、TS、PO、CR、SI、TA、MS、CC分别是企业软文化八个维度的简称，代表企业软文化的八个变量：价值使命(MV)、团队精神(TS)、以人为本(PO)、社会责任(CR)、员工认同感(SI)、创新能力(TA)、管理风格(MS)和信用文化(CC)。i指样本，C为截距项；$b_1 \sim b_8$分别为相应解释变量的系数，为随机项。由于在选取样本时，我们选取了规模、经济实力相当的企业，已控制了有关公司特征的其他变量，所以模型中就没有再加入控制变量。

回归结果如表10-7所示，Y_1为经营性目标内部控制有效性的回归结果，Y_2为报告性目标内部控制有效性的回归结果，Y_3为合规性目标内部控制有效性的回归结果。

表 10-7 回归结果

变量	Y_1 b(系数)	Y_2 b(系数)	Y_3 b(系数)
MV	0.224 0*** (−4.067 0)	0.193 0** (−2.200 0)	0.175 0** (−2.303 0)
TS	0.031 0 (−0.866 0)	0.114 0** (−1.989 0)	−0.063 0 (−1.253 0)
PO	−0.047 0 (−0.719 0)	0.240 0** (−2.320 0)	−0.011 4 (−1.265 0)
CR	0.046 0 (−1.110 0)	0.074 0 (−1.128 0)	0.078 0 (−1.356 0)
SI	0.094 0** (−2.075 0)	−0.011 0 (−0.159 0)	0.068 0 (−1.082 0)
TA	−0.090 0 (−1.564 0)	−0.093 0 (−1.020 0)	0.021 0 (−0.260 0)

(续表)

变量	Y_1 b(系数)	Y_2 b(系数)	Y_3 b(系数)
MS	0.052 0 (−1.307 0)	0.072 0 (−1.148 0)	0.029 0 (−0.535 0)
CC	0.013 0 (−0.260 0)	−0.019 0 (−0.237 0)	0.045 0 (−0.654 0)
C	2.648 0*** (−3.867 0)	2.472 0** (−2.275 0)	2.039 0** (−2.158 0)
R^2	0.541 0	0.482 0	0.398 0
Adj-R^2	0.520 0	0.458 0	0.370 0
F value	25.539***	20.093***	14.271***

注：**和***分别为显著性水平为0.05和0.01。系数下面括号里的数值是相应的 t 值。

从表10-7可知，回归方程 Y_1 的 F 值为25.539，达到1%的显著性水平，R^2 及调整后的 R^2 分别为0.541 0、0.520 0，方程拟合度效果较好。DW为1.866 0，接近2，表明模型不存在序列自相关。

回归方程 Y_2 的 F 值为20.093，达到1%的显著性水平，R^2 及调整后的 R^2 分别为0.482 0、0.458 0，方程拟合度效果较好。

回归方程 Y_3 的 F 值为14.271，达到1%的显著性水平。

从回归结果来看，价值使命对企业内部控制有效性影响显著，有显著的正相关关系。团队精神只与报告性目标存在显著的正相关，对经营性目标和合规性目标没有显著影响。以人为本也对报告性目标有显著正相关影响，对经营性目标和合规性目标没有显著影响。员工认同感与经营性目标存在显著正相关关系。其他四个维度，即社会责任、创新能力、管理风格、信用文化均与企业内部控制有效性无显著相关关系，这四个假设没有通过验证。

从实证结果我们可以分析得出：正向积极的价值使命与内部控制目标的显著正相关说明正向积极的价值观更可能指导员工树立正确的人生观、事业观，使员工具有时间效率观，进而提高企业的经营性目标。价值使命越健康积极，企业的财务报告质量越高。价值使命是企业的终极目标，是认识事物、判断是非的标准，行动的指南。正向积极的价值使命指导企业正确地办事，办正确的事。一致承诺的团队精神在5%的水平上与企业报告性目标显著正相关，说明一致承诺的团队精神使员工具有良好的集体荣誉意识，进而显著影响企业的报告性目标，而且团队工作使成员相互影响、相互促进、相互监督，在提高经营目标的同时减少了贪污受贿，提高了报告性目标。企业以人为本，就会更多地考虑利益相关者的利益，因此企业的财务报告质量会更高。员工认同感在5%的水平上与企业经营性目标显著正相关，说明高度的员工认同感能够使员工做到以公司为己任，尽最大努力为公司办事，进而提高经营性目标。在社会经济观下，企业承担社会责任或许使企业的短期利益受到损害，但换来的却是比所损害的短期利益多得多的长期利益，但本书通过实证分析得出企业社会责任对内部控制有效性无显著影响。一般意义上认为,企业的创新能力应该与企业的内部控制有效性没有确定关系,此次实证研究则表明我国企业的创新能力与企业的内部控制有效性无显著正相关。理论上,卓有成效的管理方式能够鼓舞人心,激起员工斗志,能为团队指明方向,帮助他们更充分地认识自己的潜力使生产活动高效有序,而且卓有成效的管理方式可能通过有效的措施来防范财务报告的差错和舞弊。并且,追求诚信的信用文化在日常工作中要求企业每一分子做到诚实守信,从而使内部控制真正有效,而本书的实证研究却表明管理风格、信用文化与内部控制有效性无显著关系。

我们对本书的研究模型进行了以下稳健性检验:按照行业分类提取其中的制造业企业,改变样本后重新回归,本书原有的实证结果不变。

以上证明,本书的研究设计具有合理性和稳健性,限于篇幅,不在这里列示稳健性检验的结果。

四、研究结论

本书从衡量内部控制有效性的三个目标出发,分析了我国企业软文化对内部控制有效性的影响。通过实证研究发现,企业的价值使命是影响合规性目标、报告性目标和经营性目标的共同因素,它对企业内部控制有效性有显著的正相关影响。团队精神、以人为本、员工认同感分别对报告性目标和经营性目标有显著的正相关影响。

根据上述结论,我们认为,为了提高企业内部控制的有效性,企业可以从以下几个方面来进一步提升企业软文化的影响力:①建立积极正向的企业价值使命,充分发挥价值使命的指引作用,指导员工以公司为己任,对公司事务作出正确的判断和恰当的行为方式,使企业内部控制更加有效。②加强团队精神建设。根据现阶段企业调查结果显示,团队精神仅仅对报告性目标起到了积极作用,这说明真正的团队精神尚未形成。③应努力深化以人为本的公司理念和强化员工认同感。④进一步加强企业软文化在社会责任、创新能力、管理风格、信用文化方面的建设。根据国内外理论研究证明这四个维度对企业内部控制有显著影响,而本书未发现存在这种关系,说明当代中国的企业软文化需要进一步提升。

思考题

1. 从企业文化的角度分析华为公司能够走出中国,走向世界的原因。
2. 根据企业文化与内部控制的关系结合自己的理解,分析企业要想成功需要怎样处理两者的关系。
3. 结合案例和自己的理解,阐述企业软文化对内部控制有效性的影响的内容。
4. 你觉得还应该从哪些方面提高企业软文化的影响力?

第十一章 企业内部控制环境理论

> **引入案例**

三鹿奶粉事件

石家庄三鹿集团股份有限公司,简称三鹿集团,公司主要经营奶牛饲养、乳品加工以及科研开发等相关业务。该公司曾连续6年入选中国企业500强。20世纪90年代,三鹿开创的"奶牛＋农户"管理模式,确立了三鹿集团在乳品行业的领先地位。2006年,位居《福布斯》评选的"中国顶尖企业百强"乳品行业第一位。经中国品牌资产评价中心评定,其品牌价值高达149.07亿元。2007年,集团实现销售收入100.16亿元,同比增长15.3%。但是,在集团高增长的背后,存在着对内部控制环境的严重忽视。自2008年5月起,很多食用三鹿集团生产的婴幼儿奶粉的婴儿被查出患有肾结石。在随后的调查中,三鹿奶粉被查出含有化工原料三聚氰胺。事发之初,三鹿集团对此未足够重视,恶劣的内部控制环境使得事态日益恶化,9.02亿元的巨额医疗费用和赔偿造成三鹿集团资不抵债。2008年12月25日,石家庄市委、市政府正式宣布三鹿集团破产的消息,位居中国乳品行业第一位的三鹿集团就这样从人们眼中渐渐退去。

第一节 概 述

内部控制环境(control environment,简称内控环境),是影响、制约企业内部控制建立和执行的各种内部要素的总称。作为内部控制要素之一,内控环境是实施内部控制的基础。按照《企业内部控制——基本规范》的规定,内部环境的构成要素主要包括公司治理结构、组织机构设置和权责分布、企业文化、人力资源政策、内部审计等。

一、内部控制环境理论与实务现状

近年来,我国内部控制环境理论发展较快。在理论发展方面,许多学者都对我国内控环境理论进行了探讨。许延明(2008)认为,我国企业内控薄弱的根源在于内控环境,因此,要建立和完善内部控制,必须先治理内控环境。张先治(2010)通过实证研究发现,公司治理结构是最为主要的内控环境因素。刘启亮等(2012)通过构建内部控制指数研究发现,良好的制度环境有利于提高地方政府和非政府控制公司的内部控制质量,但不会影响中央政府控制公司的内部控制质量。孙岩(2009)认为,企业的内部控制环境所包含的内容是处于不断变化之中的。因此,企业的内部控制是一个动态的控制过程。

在企业内部控制环境实践上,我国内部控制环境不断得以完善。根据财政部指引的要求,大部分企业都建立了相关的内部控制体系,内部控制环境趋好。但是内部控制依旧存在一些较为普遍的问题。首先,面对信息化时代的到来,企业普遍出现信息系统引进成本上升,企业原有的内控措施难以应对变化的内控环境。其次,缺乏较为完善的法制环境,公司治理结构形同虚设,运行效率低下。最后,内部审计是内控环境中重要的构成要素。内部审计在企业中具有独立性。但是,在现实执行中内部审计的独立性难以保持。另外,企业的管理理念、文化建设等仍有待完善,大部分企业缺乏鲜明的企业文化。这些问题的存在严重地影响了良好的内控环境的建立,极大地影响了企业内部控制活动的效率,不利于企业的长远发展。

二、企业内部控制环境类应用指引

2010年4月26日,财政部、证监会、审计署、银监会、保监会联合发布了《企业内部控制配套指引》。该指引由《企业内部控制应用指引》(18项)、《内部控制评价指引》《内部控制审计指引》三部分组成,极大地促进了我国内控体系的建设,有益于我国企业内控制度的完善。这一指引连同此前的《企业内部控制基本规范》,标志着我国内部控制规范体系基本建成。

企业内部控制环境类指引共有5项,其中包括《企业内部控制应用指引第1号——组织架构》《企业内部控制应用指引第2号——发展战略》《企业内部控制应用指引第3号——人力资源》《企业内部控制应用指引第4号——社会责任》《企业内部控制应用指引第5号——企业文化》

(一)组织架构指引

组织架构是指企业按照国家有关法律法规、股东(大)会决议和企业章程,结合本企业实际,明确股东(大)会、董事会、监事会、经理层和企业内部各层级机构设置、职责权限、人员编制、工作程序和相关要求的制度安排。组织架构的核心是完善公司治理结构、管理体制和运行机制。任何一个现代企业,都必须把建立和完善组织架构放在第一位。如果一个企业没有组织架构,其公司结构就是不完善的,其余的一切都无从谈起。如果一个企业的组织框架不完善,其治理结构和内部机构设置等效率低下,甚至不发挥作用,形同虚设,公司就难以产生科学决策和良好的执行力,最终导致公司走向失败。

该组织架构指引着力于解决企业应对组织架构设计和运行问题,核心是风险管控。

在组织架构的设计方面,企业应明确董事会、监事会、经理层之间的职责权限、工作程序等。董事会对股东大会负责,行使经营决策权;监事会拥有对董事、经理及其他高管进行监督的权力,直接对股东大会负责;经理层作为企业经营活动的直接执行者,对董事会负责,主持企业的日常生产经营活动。对于"三重一大"(重大事项决策、重要干部任免、重要项目安排、大额资金使用)实行集体决策。企业内部职能机构应该合理设置,避免职能交叉、职能缺失或权责集中等问题。同时,该指引建议制定组织结构图、业务流程图等,使员工了解企业组织架构,更好地行使职责。

在组织结构的运行方面,重点强调组织架构的规范设计。它包括内部机构设置的合理性和高效性、投资管控制度建设等,指出应当定期进行组织架构的效率、效果评估,及时对发现的问题进行优化调整。

(二) 发展战略指引

发展战略是指企业在对现实状况和未来趋势进行综合分析和科学预测的基础上,制定并实施的长远发展目标与战略规划。发展战略作为企业的长远规划,可以为企业找准市场定位,是企业执行层的行动指南,也为内部控制设定了最高目标。因而,企业必须高效制定、有效实施适合自己企业状况、适应时代发展趋势的发展战略。

发展战略指引共 3 章 11 条,从重要性、如何制定、如何实施三个方面构建,提出了以下要点。

(1) 企业应当在充分调查研究、科学分析预测和广泛征求意见的基础上制定发展目标,在发展目标的基础上制定战略。

(2) 要求企业健全组织机构,在董事会下设立战略委员会,或指定相关机构负责战略管理机构。同时明确了战略委员会的职责和议事章程,对战略委员会的成员也提出了素质和实践要求。

(3) 董事会应当严格审议战略委员会的发展战略方案,重点关注全局性、长期性和可行性,对于发现的重大问题,应当责成相关部门进行调整。审议通过后才可以实施。

(4) 要求企业根据发展战略制订年度计划、编制全面预算,通过目标分解,达到目标的实现。同时,发展战略管理制度应当不断完善,确保战略实施的效果和效率。

(5) 对于发展战略应当全面监管。事前应当加强发展战略的宣传工作,通过会议、培训等方式,实现战略的有效落实;事中应当进行实施情况监控,定期收集和分析相关信息;事后应当根据战略实施情况与效果进行调整,实现发展战略的持续推行。

(三) 人力资源指引

人力资源,是指企业组织生产经营活动而录(任)用的各种人员,包括董事、监事、高级管理人员和全体员工。人力资源建设是当今企业建设的重要内容,人力资源在企业发展中发挥着不可替代的作用。良好的人力资源管理制度及机制是增强企业活力的源泉,是提升企业核心竞争力的重要基础,是实现发展战略的根本动力。通过发挥人力资源作用,能够更好地利用企业人力、物力,实现对资源的优化配置作用。同时,有效的人力资源管理能够调动企业员工积极性,激发企业员工的创造力,最终促进企业战略目标的实现。

人力资源指引的主要内容为人力资源的重要性,人力资源应当关注的风险,人力资源的引进、开发、使用和退出等。其核心是如何建立一套科学、有效的人力资源制度和机制,不断优化调整人力资源结构,实现人力资源的合理配置和布局。其具体的控制措施如下。

(1) 企业应当重视人力资源建设,根据发展战略,结合现状,建立人力资源发展目标,制定人力资源总体规划和能力框架体系，优化人力资源格局，实现人力资源的优化配置，全面提升核心竞争力。

（2）企业应当完善人力资源的引进机制，有计划的执行人力资源引进工作。根据人力资源能力框架要求，明确各岗位职责权限、任职条件和工作要求，通过公开招聘、竞争上岗等多种方式选拔人才。这项要求旨在规范人才选拔录用程序，防止人才录用过程中暗箱操作等问题的产生。

（3）企业确定选聘人员后，应当依法签订劳动合同，建立劳动用工关系；关键领域还应签订岗位保密协议，明确保密义务。通过合同的签订，实现人力资源的规范化，同时以合同形式明确双方权责，避免法律纠纷。

（4）企业应当建立和完善人力资源的激励约束机制，设置科学的业绩考核指标体系，对各级管理人员和全体员工进行严格考核和评价，同时制定与业绩考核挂钩的薪酬制度；制定管理人员和关键岗位员工定期轮岗制度，形成相关岗位员工的有序流动。

（5）建立员工退出（辞职、解除劳动合同、退休等）机制，明确退出的条件和程序，确保员工退出机制得到有效实施。

（四）社会责任指引

社会责任，是指企业在经营发展过程中应当履行的社会职责和义务，主要包括安全生产、产品质量（含服务，下同）、环境保护、资源节约、促进就业、员工权益保护等。首先，对于企业来说，创造利润或财富与履行社会责任是有机统一的。创造财富或利润，离不开依法纳税、向股东分红、向员工支付薪酬等，这些其实就是社会责任的履行，通过企业的发展为社会带来了巨大的人力资源需求。履行社会责任，会带来企业信用提高、企业商誉提升等，这些最终会使企业产生较好的经营业绩。其次，企业履行社会责任，是提升发展潜能的重要标志，是实现可持续发展的根本所在。最后，企业履行社会责任，是打造企业良好形象，提升企业认可度的重要举措。因此，积极履行社会责任是企业发展的重要保障。

按照社会责任指引的规定，企业履行的社会责任包括安全生产、产品质量、环境保护、资源节约、促进就业、员工权益保护等方面。该指引提出以下要点。

（1）企业应当重视履行社会责任，切实做到经济效益与社会效益、短期利益与长远利益、自身发展与社会发展相协调，实现企业与员工、企业与社会、企业与环境的健康和谐发展；

（2）企业应当建立严格的安全生产管理体系、操作规范和应急预案，设立安全管理部门和安全监督机构，强化安全生产责任追究制度，重视安全生产投入，切实保障生产安全，实现事前预防、事中止损、事后追责；

（3）企业应当规范生产流程，建立严格的产品质量控制和检验制度，切实提高产品质量，努力为社会提供优质安全健康的产品和服务。同时加强产品售后服务，针对售后问题及时处理，降低或消除缺陷、隐患产品的社会危害；

（4）企业应当重视生态保护，建立环境保护与资源节约制度，认真落实节能减排责任，积极开发和使用节能产品，发展循环经济，降低污染物排放，提高资源综合利用效率；

(5) 企业应当依法保障员工的合法权益,保障员工依法享有劳动权利和履行劳动义务,保持工作岗位相对稳定,积极促进充分就业。企业应当与员工签订劳动合同,建立员工薪酬制度和激励机制,及时办理员工社会保险,通过加强职工代表大会和工会组织建设,保障员工权益。同时,企业应当按照产学研用相结合的社会需求,支持社会有关方面培养、锻炼社会需要的应用型人才;积极履行社会公益方面的责任与义务,关心弱势群体,支持慈善事业。

(五) 企业文化指引

企业文化,是指企业在生产经营过程中逐步形成的、为整体团队所认同并遵守的价值观、经营理念和企业精神,以及在此基础上形成的行为规范的总称。企业文化在促进企业战略实现中具有重要作用。首先,企业文化建设可以为企业提供精神支柱。有了企业文化的引领,员工能够更加团结,更加积极、上进。其次,企业文化建设可以提升企业的核心竞争力。同仁堂"炮制虽繁必不敢省人工,品味虽贵必不敢减物力""修合无人心,存心有天知"等文化传统就是最好的体现。最后,企业文化建设可以为内部控制有效性提供有力保证。

企业文化应用指引共计3章11条,指出:

(1) 企业应当采取切实有效的措施,积极培养具有自身特色的企业文化,培养体现企业特色的发展愿景、积极向上的价值观、诚实守信的经营理念、履行社会责任和开拓创新的企业精神,以及团队协作和风险防范意识,引导和规范员工行动,打造以主业为核心的企业品牌,形成整体团队的向心力,促进企业长远发展;

(2) 董事、监事、经理和其他高管应当在企业文化建设中发挥主导和垂范作用,以自身的优秀品格和脚踏实地的工作作风,带动影响整个团队,共同营造积极向上的文化环境。企业文化应融入生产经营全过程,切实做到文化建设和发展战略的有机结合;

(3) 企业应当建立企业文化评估制度,重点关注董事、监事、经理和其他高管的责任履行情况、全体员工对企业核心价值观的认同感、企业经营管理行为与企业文化的一致性等,明确评估的内容、程序和方法,落实评估责任制,避免文化建设流于形式。同时,重视文化评估结果,针对发现的问题,研究影响企业文化建设的不利因素,分析深层次的原因,及时采取措施加以改进。

第二节 内部控制环境的"三分法"

在理论与实践过程中,人们往往对内控环境存在一些误解与偏差。首先,内控环境为什么是内控其他要素的基础?如何对其他要素产生影响?其次,人们经常把内控环境看成静态不变的,难以应付内控一旦变化带来的影响。再次,内控环境与人、内控制度、企业文化等是什么关系?这些问题的解决都需要对内控环境的认识采用一种全新的方式。本节借鉴了演化经济学关于路径依赖、制度创新与制度演化等方面的理论,采用三分法对内控环境的变迁及存在的问题进行重新认识。

一、纵观演化：内控环境与经济发展相伴而生

内控环境随着经济发展与内控制度的完善而不断发展，主要经历了四个阶段，即简单化的内控环境阶段、制度化的内控环境阶段、结构化的内控环境阶段以及风险管理导向的内控环境阶段。

在资本主义发展初期，企业具有简单的组织结构。因此，内部控制主要是在职责分工和业务流程以及记录上的交叉检查控制。内部牵制也主要是通过人员控制与职责划分、业务流程、簿记系统等完成。伴随资本主义经济的不断发展，企业内控措施逐步向组织结构、业务流程、处理手续等方面拓展，并通过对相关部门人员及业务的组织、制约和调节来控制企业活动。

1949年，美国注册会计师协会下属的审计程序委员会发布的《内部控制：一种协调制度要素及其对管理当局和独立注册会计师的重要性》一文首次对内部控制作出权威性定义。文中指出："内部控制包括组织机构的设计和企业内部采取的所有相互协调的方法和措施。这些方法和措施都用于保护企业的财产，检查会计信息的准确性，提高经营效率，推动企业坚持执行既定的管理政策。"1958年，该协会发布的《审计程序公告第29号》文件对内部控制定义重新进行表述，将内部控制划分为会计控制和管理控制两大组成部分，逐步形成制度化的内控环境。

20世纪80年代，西方国家对于内部控制的研究开始从一般含义向具体内容逐步深化。1988年，美国注册会计师协会审计程序委员会发布《审计程序公告第55号》首次以"内部控制结构"代替"内部控制"，正式提出内部控制结构的三要素：控制环境、会计系统、控制程序。控制环境作为内部控制中一个独立的要素被重视起来，审计界也从此明确了任何企业的内部控制都存在于一定的控制环境之中。这一阶段也就是结构化的内部控制环境阶段。

20世纪90年代以后，随着经济的进一步发展，内控环境的理论与实践开始进入一个全新的阶段，即风险管理导向的内控环境阶段。1992年9月，美国反虚假财务报告委员会下属的发起人委员会（COSO）发布《内部控制——整体框架》，即著名的COSO报告。伴随安然、世通、安达信等会计造假行为的出现，企业风险管理变得格外重要。2004年4月，COSO委员会在《内部控制——整体框架》的基础上，结合《萨班斯—奥斯克利法案》，同时吸收各方面风险管理的最新研究成果，发布了《企业风险管理框架》。在该框架中，内控环境被列为第一大要素，充分地肯定了内控环境在企业长远发展中的决定性作用。2008年6月，五部委联合发布《企业内部控制基本规范》，标志着我国企业内部控制规范体系建设取得突破性进展，构建了一个以内部环境为重要基础、以风险评估为重要环节、以控制活动为重要手段、以信息与沟通为重要条件、以内部监督为重要保证的五要素内部控制框架。2010年4月，财政部、证监会、审计署、银监会、保监会联合发布了《企业内部控制配套指引》，标志着我国内部控制规范体系基本建成。

在历史长河中，内控环境与经济两者相伴而生。经济越发展，人类社会对内控环境的认识就越完善；内控环境越完善，经济结构的调整越合理，经济发展就越持续。

此外,在企业发展的不同阶段,内部控制环境处于一个动态发展的过程。随着企业的不断发展,内控环境不断演化,人类对于内控环境的认识也必定不断深入。因此,作为一个具有长远眼光的企业,必须在认识内控环境重要性的同时,结合公司特点,积极营造适合自己企业的独特的内控环境,通过企业运营方式与内控环境的完美结合实现企业的飞跃。

二、中观结构:内控环境与人、制度、文化相互交融

(一) 内控环境与人

内控环境与人的匹配是组织管理的核心。

控制环境是推动控制工作的发动机,它奠定了组织风纪和管理的基础,并且与所有活动的核心——人密切相关。员工执行内部控制过程及结果的好坏和考核奖惩的关联度不够密切,致使部分人员认为执行内部控制无关紧要,从而削弱了员工执行内部控制的自觉性和警觉性(杨国胜,2010),Jansen等学者在其研究中对人与环境多维度匹配之间的关系进行探索,把 P-E Fit 概念解释为一个复杂的多维度概念,其中包括人与职业匹配(P-V Fit)、人与组织匹配(P-O Fit)、人与工作匹配(P-J Fit)、人与群体匹配(P-G Fit)和人与上级匹配(P-S Fit)等。当下,人与组织的匹配和人与上级的匹配问题已经成为组织行为学和经济管理学研究的热点问题,相关内部控制环境与人的关系的研究也越来越多。人与内控环境是一种相互作用的关系。总的来说,内控环境与人的这种关系主要体现在以下几个方面。

(1) 股东、董事会、管理层对企业内部控制的态度、认识和着力点主要集中在人力资源方面。当下,很多企业虽然整体人员素质较高,但大多数企业的高素质人才主要集中在中上管理层和科研人员,人力资源、财务等基层工作部门的综合素质并不是很好。加之激励与约束机制的缺乏,企业经营者往往享有的权利与其所承担的责任不对等,缺乏自我提高的动力和压力、缺乏自我管理意识,最终较差的内控环境必然导致企业的失败。因此,对人的"控制"成为组织管理的核心。现代社会人本思想在企业管理中的应用,一个重要的方面就是要提高管理层和员工的素质,用现代经营管理理念武装员工队伍,培养管理者诚实依法经营和忠诚于企业的精神,使之能准确地理解、掌握和执行本企业的内部控制制度。后金融危机时代特别要明确人才政策,通过股权激励、职工薪酬、福利待遇提升等政策进行员工激励,通过职工培训等政策进行企业人才队伍建设,同时建立轻松愉悦的企业环境,减轻员工心理压力,使之更快、更好适应新的内部控制环境。

(2) 高层管理者在企业内控环境的建立中发挥着不可替代的决定性作用。根据高层梯队理论的研究,不同年龄段、不同性别、不同经济地位、不同社会财富的高层管理人员都会导致企业产生不同的内控环境。现行研究表明,通常情况下,年轻以及较短终身CFO和具备有关业务经验的高层管理人员会更熟练地使用创新或复杂的内部会计控制系统。因此,充分发挥高层管理者在内控环境构建方面的作用很有必要。

(3) 内控意识是内控环境中的一项重要内容。良好的内控意识是支撑企业内控有效

运行的关键,是企业经营理念、价值观念以及内部控制观念等的集中体现,也是确保内控制度得以健全和实施的重要保证。内控意识主要表现在两个方面:一方面,部门领导的内部控制意识;另一方面,对财务会计工作以及企业经营的控制意识。风险管理理念是内控意识的主要方面,贯穿内部控制的整个流程。随着经济发展,企业内外部环境也不断发生变化,企业的资产风险、战略管理风险、信息系统风险、并购重组等风险逐步增大,公司管理层必须具有与时俱进的现代管理思想,具备风险意识,自觉形成风险管理理念,并通过及时有效的信息传递系统保障全体员工都明确自己有责任参与、实施与维护内部控制。

(二)内控环境与企业制度

良好的内控环境的建立与企业制度的完善是一个相辅相成的过程。要达到内控机制全面、完整覆盖企业各业务环节和所有业务部门,企业必须建立严格、全面、审慎的制度体系。

(1)内部控制是一个动态、持续的管理过程。内部控制的目标是合理保证企业经营管理合理合法合规、资产安全、财务数据真实完整、经营效率效果不断提高、企业发展可持续等。企业要使整个内控系统得到良好运行,必须对内控施以适当的监督。通过监督活动,充分了解、评价、改善企业内控系统的运行效果和效率,保证企业战略目标的实现。这也是建立《企业内部控制基本规范》的作用和初衷,它是我国企业未来内部控制制度建设构建基本框架,为企业实施内部控制制度提供基本理念和思路。

(2)内控环境的制度安排。内部控制并不是越严越好。过严的内控制度容易造成工作摩擦、员工之间的不信任;过松的内部控制会导致员工没有积极性,组织涣散。因此,无论内控过于严格还是过于松散,都会影响企业的效率,导致结果偏离控制目标。正如夏宁教授所言:"制度制定的动态性要求目标应随环境的变化而变化,针对不同的治理结构层次与内容进行分解,在多个目标之间做好协调。"同时,还应保留管理上的弹性空间,确保整体控制效果达到最优。内控制度中经常存在一些比较普遍的问题,如制度关联性差、可操作性差。不能简单将内控认定为一种内部监督、文件或制度,而应将风险评估、信息与沟通等内控要素结合起来。应有机联结各项制度,使它们既能相对稳定运行,又能随环境、目标的变化作出及时调整。制度制定应强化问责条款,不仅在同级部门之间强化分工,更重要的是在管理层、执行层、操作层、监督层之间明确责任,防止问题发生之时产生相互推脱的情况。

(3)注重内控动态管理中新旧制度的过渡衔接。世界上没有任何一种制度的安排是完美无缺的,一种制度的安排必然是以其他制度安排的存在为前提条件。各种制度安排之间互替、互补,构成一个个完整的制度体系。体系内一种制度的变化注定会对其他的制度产生影响。然而在制度制定上经常存在一种偏见,即发现制度问题时经常采取的措施是制定更加严格的制度,而不是对原有制度的低效率问题进行分析、改正。因此,由于管理部门之间的衔接不充分或者其他原因造成的问题继续存在、困扰实际工作,新的制度在各部门、各岗位极有可能无法贯彻实施,或者即使实施也不能得到期望的效果。实施新的内控制度目的就是更加突出重点,强调对国民经济和资本市场具有重要影响力的企业规范,这不仅是重要性和成本效益原则的体现,也是对基本规范有效实施的现实考虑。要想拥有完美的制度设计,实现企业发展,就必须建立完善的制度体系,注重内控动态管理,把握新旧制度的有效衔接,合适处理前后程序。处理不好就会适得其反,造成严重后果。

(4)内部审计是企业内部控制运行的重要保证。内部审计机构要对内部控制制定切实可行的监督管理办法,采用日常监督与专项监督相结合的监督机制,通过对企业活动的内部审计,及时发现企业管理中存在的问题和漏洞。内部审计部门同时应结合内部控制监督的落实情况,对企业内部控制的有效性进行评价,并出具内部控制自我评价报告,促进企业逐步完善内控机制。另外,还应积极发挥社会审计的作用,对内部控制实施强制性审计。通过强化管理层和注册会计师责任,在提高企业对外出具的财务报告的真实性和对外信息披露的有效性的同时,降低企业营运风险,提高企业经营效益,保护投资者权益。

(三)内控环境与企业文化

内控环境与企业文化的融合是内控发展的必然趋势。

第一,经营管理者的管理哲学和经营风格直接决定了一个企业可能采取的内部控制方式及其内部控制的受重视程度,它是控制环境中最基本、最主要的因素。它主要看管理层愿不愿意建立适当的控制,能不能遵守已建的控制,以及对控制制度执行效果所持的态度和处理行为。如果管理者对这些都持积极的态度,该企业内部控制就是较为完善的。

第二,诚信原则和道德价值观。诚信原则及其相应的道德价值观体现了在市场经济条件下内部控制的核心,西方经济学的理性经济人假设在市场经济条件下充分体现为人的"自我"或"自私"特性,但对于市场经济主体——企业而言,理性经济人的"自私"特性必将导致权力人"寻租"甚或"欺诈",从而导致内部控制失效。由此可见,诚信原则和相应的道德价值观是内控环境的统帅,内控环境作用的发挥离不开企业文化的支持。

第三,构建风险管理的企业文化环境是大势所趋。全面风险管理体系建设必须以先进风险管理文化培育为先导,通过风险管理文化把风险管理的责任和意识扩散到每个业务部门和每个业务环节,并内化为员工的职业态度和工作习惯,最大限度地发挥员工在风险管理方面的主动性、积极性和创造性,才能使全面风险管理体系有效发挥作用,才能使政策和制度得以贯彻落实。这样,企业内部冲突的根源不再是权力,而是文化方面的差异。企业文化差异存在于文化的各个层次,包括企业的外部环境组织机体和个人,每个层次的文化差异都可能成为文化冲突的来源。

第四,内部控制文化逐步形成并深入企业意识形态。内部控制文化不是内部控制与企业文化的简单结合,它是将内部控制内涵从文化、价值观、意识形态视角进行解读、凝练、提升。因此,内部控制文化是指企业在长期内部控制实践活动中,逐步形成并被共同认可、遵循,带有价值取向、道德作风、思想意识、行为方式及其具体化的物质实体等因素的总和,是企业文化的重要组成部分。从内部控制理论发展来看,内部控制文化的形成对企业长期发展起到保驾护航的作用,且对企业发展的作用日益明显。内部控制涉及企业组织中的每一个人,其文化是影响上至董事会、经理层,下至普通员工的价值理念和道德作风、思想意识及行为方式。

三、微观要素：内控环境诸多要素之间的关系

(一) 内控环境是其他控制要素的基础

良好的控制环境是实施有效内部控制的基础,无论控制环境的哪个构成要素存在重大缺陷,都会影响其他要素的有效性。随着经济的全球化和企业管理的不断完善,内部控制从最初单纯的内部牵制发展到今天的由控制环境、风险评估、控制活动、信息与沟通和监控等五要素组成的内部控制整体框架。公司内部控制环境是内部控制的一个重要因素,是其他内部控制要素得以发挥作用的重要前提,也就是说,离开了良好的公司内部控制环境,内部控制其他构成要素作用的发挥将受到限制,公司的经营效率和效果、经营目标、资产的安全与完整、会计信息的真实可靠以及相关法律制度的遵循等内部控制目标也难以实现。

1. 控制环境与风险评估

风险评估是对信息资产面临的威胁、存在的弱点、造成的影响以及三者综合作用而带来风险的可能性的评估。作为风险管理的基础,风险评估是组织确定信息安全需求的一个重要途径,属于组织信息安全管理体系策划的过程,是公司辨认其目标不能达成的内在、外在因素,并评估其影响程度及可能性的过程。控制环境是风险评估的前提与基础,控制环境与风险评估两者的失衡蕴藏着巨大的财务风险与市场风险,直接影响上市公司经营水平、获利能力和持续经营能力。同时,环境风险已经成为政府和企业都不得不重视的一个问题,企业生产经营究竟面临多大的环境风险、如何才能有效控制风险等,成为困扰管理者的难题。

2. 控制环境与控制活动

控制活动是设立完善的控制架构及制定各层级控制的流程,以帮助董事会及经理人确认内部控制被有效执行,包括核准、授权、验证、调节、复核、定期盘点、记录核对、保障资产实体安全、与预算或前期绩效的比较及对子公司监督与管理的政策及程序。内部控制环境是一种氛围,职员在这一氛围中从事控制活动并履行其控制责任,它是控制活动的出发点,给控制活动的实施提供生长的土壤,而控制活动对控制环境来说是一个辅助要素,在活动的执行过程中获取相关信息在企业内部进行交流与沟通,来影响和创造控制环境。概括而言,两者存在互动关系,互相影响、互相作用,如果没有良好的控制环境,设计良好的控制活动也难以得到预期的效果,反过来,运行良好的控制活动从侧面促进良好控制环境的建立,只有通过两者的衔接及相互促进才能确保内部控制得到切实可行的贯彻实施。控制环境不仅在开始制约着控制活动,在管理的整个阶段也与控制活动胶着在一起。

3. 控制环境与信息、沟通

信息、沟通是联系企业共同目的和企业中有协作愿望的个人之间的桥梁,管理者最

主要的工作是把企业的构想、使命、期望与绩效等信息准确地传递到职工,并指引和带领他们完成目标。因此,企业信息与沟通系统直接影响着内部控制系统的运行效率,良好的信息与沟通系统,可以使管理者及时掌握企业的运营状况,能够促进内部控制系统的有效运行。这就要求企业在其经营过程中,按某种形式辨识、取得确切的信息,并进行沟通,以使员工能够更完善地履行其责任。组织沟通环境的营造越来越影响企业管理中的有效沟通,组织结构扁平化、具有较少层次是现代企业管理的发展趋势,这样便于缩短信息传递链、拓宽沟通渠道。

4. 控制环境与监控

控制环境包括治理职能和管理职能,以及治理层和管理层对内部控制及其重要性的态度、认识和措施。监督是指自行检查内部控制质量的过程,也分为治理与管理两个方面,前者包括评估控制环境是否良好、风险评估及响应是否及时和确实等,后者包括控制作业是否适当和确实、信息及沟通系统是否良好等。充分利用内部控制的监控与控制环境的相互作用可确保企业内部控制持续有效的运作,提高内控的效率。

(二) 内控环境体系内的互动

内部控制环境是推动企业发展的动力,决定着内部控制的规则与结构,决定了组织的氛围,影响组织中人们的内控意识。它包括管理者的道德品行及经营管理理念、组织结构、董事会人力资源政策与实务、企业文化等。

(1) 搞好企业内部控制环境,首先要加强董事会的建设,董事会处于关键环节,承上(股东会)启下(经理层),这种特殊的位置就决定了其工作决策的特殊性及重要性。其次,要建立良好的内部控制环境就要加强对董事会和董事人员的监督,股东会、监事会、行业监管部门、公司员工等各监督力量也应加强沟通,形成合力,使其真正发挥监督和控制经营者的作用,约束经营者的行为,使股东及其他利益关系人的利益真正得到保护。

(2) 谁来监管企业领导人,是制度设计和执行的关键点和难点。在内控设计和执行中,企业领导人违反内控体系行为的制裁措施与考核手段是一个难以较好处理的问题,最大的难点和突破点是谁来监管、监督企业领导人,这实际上涉及公司治理的问题,应该在企业章程中予以规定,健全权力制衡机制,切实搞好民主监督,并通过良好的公司治理来监督实现。

(3) 任何企业的内部控制目标总是与其管理目标相一致的,而任何企业的管理目标又总是与企业的管理宗旨、经营方针密切相关。企业管理宗旨和经营方针的制定,既受经济环境的影响,又受管理层的基本观念影响。企业在制定有关的管理宗旨和经营方针时,需要考虑诸多因素,如为社会提供良好的产品与服务、不断超越竞争对手、为职工提供合理的待遇、维持企业正常的发展、维持合理的投资报酬、承受营业风险的种类、企业财务政策和重视社会整体利益等。

(4) 任何企业要想有效地发挥内部控制功能,必须设置完善的组织结构。组织结构是企业进行规划、执行、控制活动的架构,无此架构,管理阶层的规划、执行及控制活动将无法进行。企业设置组织结构,应按照相互牵制、相互协调的原则,结合企业规模、业务特点等具体情况设置职能部门并进行业务分工,以使每一项业务的全部处理过程或过程中的重要环节,不是由一个部门单独办理,而是在两个或两个以上的部门相互协调、相互制约的基础上完成。对各部门既要避免权力重叠,也要防止出现权力真空,使每项业务处理的各个环节都有相应的机构负责。

(5)最新内部控制研究成果表明,现代内部控制越来越强调"软控制"的作用。软控制主要是指对那些属于精神层面事物的控制,如高级管理阶层的管理风格、管理哲学、企业文化、内部控制意识等。随着现代企业制度的建立,人们越来越认识到企业文化在经营管理中的重要性,一个好的企业文化可以促进企业的发展、防止企业的衰败,而一个差的企业文化则可能使企业陷入困境。因此,企业应注重企业文化的建设,形成良好的企业文化氛围,通过加强软控制来化解单纯利用硬控制给企业内部控制带来的局限性,改善内部控制系统的实施效果,以使企业在健康的轨道上不断发展,促进企业走向成功之路。

第三节 内部控制环境的建设

三鹿集团从我国乳制品行业的第一名到最终资不抵债有其必然性,其根本原因在于较差的内部控制环境。三鹿集团从最初内控制度不完善、企业文化氛围差、企业管理者职业道德低下开始,就埋下了走向失败的定时炸弹。由于没有完善的内部控制制度,三鹿集团在发现奶粉质量问题时,没有足够重视和及时进行问题反思,企业状况不断恶化,最终破产。

一、内部控制环境的实施

起始亦是终。古人曾曰:"不慎其始,则悔其终。"慎始是慎终的开端,说它是防微杜渐的"闸门",防患于长远的"预防针"一点也不为过。内部控制环境本身不是单一的,而是一个不断演化的动态过程。这个过程循环往复,又各具独特内容。因此在实施过程中必须明确:第一,树立系统意识。内部控制环境不仅是起点,也是终点,需要不断完善,只有确立这种思想,才能使内部控制在每个岗位和每个工作人员的心中发挥作用。第二,与各个层次适应的内部控制目标要细化,针对单位具体情况,制定先按工作流程,进而细化到每个岗位的控制标准。第三,风险管理融于内控环境之中,领导对内部控制的态度会给其他人员带来示范作用,从而对内部控制的执行效果产生不可估量的影响。

二、内部控制环境的建设

(1)内控环境需要创新。在市场经济条件下,要做到企业内部控制环境的观念创新,关键是要把内控制度、文化、人"三位一体"为切入点,从内部控制的行为主体入手,对原有内部控制制度改革与创新,建立和完善企业的内控系统,以企业最终经营成果作为内部控制的依据。

（2）加强内控人才队伍的建设。国际内部控制协会的资格认证委员会多次强调,内部控制是一个不断发展的新兴行业。促进新兴行业的发展,需要一大批高水平的内部控制专家,具有内部控制经验并成功获得认证的专业人士是这个新兴领域里真正的"先锋"。

（3）内控环境的路径依赖。从内部控制的深度和广度全方位认识内部控制体系的复杂性,这是提高内部控制体系建设工作有效性的认知基础。要在目标导向基础上,树立成本收益的理念,按照历史和现实"截面"两个维度,尊重历史发展,摸清现实状况,明确初始状态;参照现实规则,查找存在问题;针对需要和资源,确定演进路径,逐步推进变革。

（4）重视偶然性与不确定性的影响。内部控制的对象、业务活动、管理控制等内容是动态的,这就决定了内部控制需要动态地参与经营管理过程;同时,内部控制建设是一项长期的工作,既不可能一蹴而就,也不可能一劳永逸,针对外部环境变化和内部经营管理的变革,要跟踪分析并及时调整和完善内部控制体系。

本章小结

本章围绕内部控制环境展开,主要介绍了内部控制环境理论与实务现状、内控环境类应用指引和三分法,借鉴了演化经济学中关于路径创新、制度创新以及制度演化的理论,从纵观演化、中观结构、微观要素三个视角全方位分析内部环境对于现代企业的重要性以及内控环境的影响因素,对于学习和运用内部控制进行企业管理有极大帮助。纵观层面,伴随经济的发展,内部控制理论必将不断发展、完善。中观层面,内控环境与人的匹配是组织管理的核心;内控环境与企业制度安排、制度变化等紧密相关,相互影响;内控环境的发展与企业文化融合是当今内控发展的必然趋势。微观层面,内控环境与内控其他要素之间相互作用;内控环境体系内部各因素之间相互影响。

控制环境是内部控制各要素的基础,是对建立、调节特定政策、程序及影响运行效率的所有因素的总称,是组织、协调的控制概念。再好的企业没有良好的控制环境,最终也难以得到高效发展。因此,高度重视内控环境,对于企业长远发展很有必要。

思考题

1. 三鹿集团走向失败的根本原因是什么?
2. 内部控制环境为什么是企业实施有效内部控制的基础?影响机理是什么?
3. 内控环境与人、内控文化、内控制度的关系是什么?

参考文献

[1] 夏宁.内部控制环境的三维视角与理论框架[J].国有经济论丛,2010.
[2] 王虹,郑军,孙广彪.高层梯队理论在内部会计控制研究中的应用[J].会计之友,2017(2).
[3] 财政部.企业内部控制基本规范.财政部官网,2008-07-04.

［4］财政部.企业内部控制应用指引.财政部官网,2010-04-26.
［5］张先治,戴文涛.公司治理结构对内部控制影响程度的实证分析[J].财经问题研究.2010(7).
［6］刘启亮,罗乐.产权性质、制度环境与内部控制[J].会计研究.2012(3).
［7］许延明.内控环境问题研究[J].会计之友.2008(1).
［8］财政部会计司.企业内部控制应用指引解读[J].财务与会计.2010(8).

第十二章 资本预算决策与内部控制方法

> **引入案例**
>
> "巨人"的衰落
>
> 巨人集团,全称珠海巨人新技术公司,1991年由史玉柱在珠海创办。1993年7月,巨人集团下属公司总数达到38个,成为中国第二大民营高科技企业。
>
> 为支持巨人集团发展,珠海市政府批给巨人集团一块地。巨人集团初期准备以此建设一栋18层的巨人大厦。后期,为了树立在房地产行业的领先地位,巨人大厦的设计一再变化,从最初的18层一直增加到了70层,妄图建立全国最高楼宇,公司的资本预算也从2亿元一直增加到12亿元。但是,从1994年2月大厦动工到1996年7月,巨人集团所有资金都为自有或卖房所得,未申请一分钱银行贷款。之后,巨人大厦资金告急,史玉柱将公司保健业务的资金调往巨人大厦,支持巨人大厦的修建。1997年年初,巨人大厦资金链彻底断裂,只建至地面三层的巨人大厦停工。之后不久,巨人集团财务危机爆发,面临破产。
>
> "巨人"的衰落归根到底是其资本预算决策失误,导致企业资金链出现问题。从2亿元到12亿元的预算变动,体现出巨人集团的盲目扩张意识。没有实施有效的内部控制,没有正确的企业资本预算决策,一味地以个人意志做事必将走向失败。

第一节 资本预算决策方法现状

资本预算是指企业提出、分析、选择、评估和修正长期资本投资方案(回收期长于一年)的过程。资本预算决策对企业获利能力、资金结构、偿债能力以及企业的长远发展有着重要影响。伴随经济发展与竞争加剧,资本预算决策方法经历了一个由简单到复杂、由片面到全局、由参数确定到参数模糊的发展过程。我国企业实践中常常出现一些诸如建设周期长、投资严重失控、效益低于预期、能力严重不足的现象,导致很多论证成功项目在实践中以失败告终。这些问题的产生一方面是对资本预算决策的前提条件考虑不充分,另一方面是在实施过程中,对环境没有进行动态分析和修正。本章在对资本预算决策方法进行比较分析之后,着重介绍了模糊环境下的几种资本预算决策分析方法,以期为政府和企业的资本预算决策提供有价值的参考。

一、传统方法

现金流量现值(discounted cash flow, DCF)分析是现代资本预算的核心方法。资本项目的投资期和回收期一般都较长,需要将未来的收入和支出折现到投资起点进而比较投资收益,确定企业的投资决策方案。经典的资本预算理论通常假设企业全部用自有资金进行投资,投资支出和投资回收期内的收入考虑为确定值,接下来用回收期法、投资收益率法、净现值法、内含报酬率法等对各项目优劣进行排序。

回收期法主要是将预估投资回收期与要求的投资回收期相比较,确定投资项目是否可行。这一直观衡量项目风险大小的方法,忽略了回收期后可能带来的现金流量以及没有考虑资金的时间价值使其具有一定局限性。1983年,Runyon的实证研究表明,在中小企业中回收期法的使用占绝对主导地位;Gilman和Forest的研究表明,虽然在大企业中回收期法已经处于次要地位,但依旧是最为主要的辅助投资决策方法。

投资收益率法又称投资利润率法,是指通过比较投资方案达到一定生产能力后一个正常年份的净收益总额与投资总额的比率来进行投资决策的方法。投资收益率法不仅考虑了投资回收期的长短,而且将整个收益期的全部利润考虑在内。但是该方法以会计利润为标准,未将资金的流动性、资金的时间价值和项目规模对项目风险的影响考虑在内。尽管投资收益法在财务分析中十分重要(Whittington,1988;Foster,1986),但许多学者(Fisher,1983;McGowan,1990)却认为其缺乏经济意义,甚至是一个极具误导性的结论。

净现值法是指计算一项投资未来现金流的折现值与项目投资成本之间的差额的方法。净现值法考虑了资金的时间价值,但不能揭示方案本身所能达到的具体报酬率是多少。根据Graham和Harvey(2001)的调查,规模较大的公司、财富500强的企业以及大部分CEO为MBA的公司,净现值法的使用率都高于内含报酬率法。但Elazar Berkovitch认为代理问题和非对称信息问题所导致的净现值作为资本预算标准,在实现最优资本预算结果中是无效的,它必将被内含报酬率法和现值指数法所取代,同时也表明综合运用多种预算标准进行预算决策的重要性和发展趋势。

内含报酬率是指当未来现金流入现值等于未来现金流出现值时的贴现率,即净现值为零的贴现率。由于未来现金流入和流出的不确定性,内含报酬率指标也存在其固有缺陷。为克服其缺陷,西方学者提出修正内部收益率指标,记做MIRR。这一指标由美国财务学家Lin和S.A.Y首次提出后,西方学术界对其进行了广泛探讨。

总之,无论是净现值法还是内含报酬率法都应该具体考虑投资者所处的投资环境和投资者对于风险的态度以及所投资项目具有的特点,只有这样才能更加科学合理地应用这两种评价方法(吕长江,1998)。

二、现代方法

(一)实物期权法

1977年,Mayer提出实物期权(real option)思想,将金融期权理论扩展到实物资产领域。MaSon和Merton(1985)提出在完善的市场条件下。作为动态组合可交易的孪生证券,如果和不能交易的实物标的资产的风险特征完全相同,那么实物期权的价值可以完全按照金融期权定价模型进行估价。Mcdonald 和 Siegel(1986)提出了一个分析不可逆投资的连续时间模型,利用该模型证明了简单的净现值方法的不合理性并指出企业必须决定何时投资某一单一项目。Pennings 和 Lint(1997)根据净现值法在评价 R&D 项目中存在的问题时,提出建立一个成功与失败的分段函数并推出了类似于 B—S 模型的期权定价偏微分模型。Schwartz 和 Moon(2000)通过建立离散和连续的期权定价模型对亚马逊公司的价值进行了定价。据此,得出了该公司价值变化特征。Datar 和 Mathews(2004)提出了一种和 B—S 期权定价公式等价的却更为简单、透明的定价方法。而且该方法还能处理标的资产价值不符合对数正态分布的情况。Brand 和 Dyer(2005)用基于动态规划的思想来模拟项目的随机过程,并用决策树的方法来求实物期权价值。该方法由于应用了最新的计算机技术,所以和传统的期权定价方法相比,更为简单、直观。

实物期权价值通常采用布莱克—舒克尔斯(Black-Scholes)模型和二叉树模型进行计算。简单套用 Black-Scholes 模型进行资本预算决策会导致巨大的评估误差,成为项目决策失误的重要影响因素。若实物期权作为企业资本预算决策的子项目,各项实物期权之间可能存在相互影响,从已有的研究成果来看,还无法明确这种相互影响的关系。因此,Black-Scholes 模型很难在实践中应用。二叉树模型是在每一期将出现两种可能性的假设前提下,构筑资产的预期现金流量或某种价格波动模型。二叉树模型同 Black-Scholes 模型一样,对资产的潜在价值不做预测,但假设资产的潜在价值服从二元路径分布。二叉树模型能直观地反映标的资产的价格运动过程,灵活地用于延迟期权、增长期权、收缩期权、美式期权、奇异期权以及复合期权评价。二叉树模型用离散时间近似描述资产变动的连续随机过程,能够近似描述比几何布朗运动(GSM)更复杂的连续随机过程。其局限性在于,随着节点的增多,计算量呈几何级数增加,实际应用比较困难。为简化运算,应用二叉树模型时只能考虑一到两种不确定因素。

(二) 多目标分析法

多目标分析法有很多种,如极大极小法、线性分配法、TOPSIS法等,其核心思想都是在众多决策方法中寻找最优方法或最接近理想的方法。其中应用最为广泛的是层次分析法。层次分析法是 20 世纪 70 年代由美国学者 T. L. Saaty 提出的一种多目标评价决策的方法。其基本原理是将复杂的问题分解为若干要素,根据各要素的关联度和隶属关系构建一个多层次分析模型,并对各要素进行计算、比较、分析和判断,确定各要素的权重,为方案决策提供依据。层次分析法本质上是一种思维方式。较之其他方法,其优势在于将定性分析方法与定量分析方法结合起来分析项目影响因素,不需要太多定量资料,具有系统、灵活、简捷的优势。但是,层次分析法要求决策者了解投资项目,对影响投资项目的因素及各因素之间的逻辑关系理解透彻。对于不确定性较高的投资项目,决策者很难做到这一点,因为项目的不确定性高,很多影响因素是未可知的。而且,层次分析法中各要素的权重主要根据以往投资经验确定,有失客观性原则。所以要将层次分析法作为资本预算决策的基础,与其他决策方法共同使用,综合判断。

第二节 模糊环境下的资本预算决策方法

一、基本原理

所谓模糊概念是指这个概念的外延具有不确定性,或者说它的外延是不清晰的。模糊方法主要涉及模糊集理论,为其作出奠基性贡献的是美国控制论专家 L. A. Zaden。运用模糊集合就可以描述相应的模糊概念。它可以描述一种"亦此亦彼"的现象。模糊概率是模糊事件发生的概率,试验结果也具有模糊性。此类事件称为模糊随机事件,它具有双重的不确定性。由于模糊性理论在处理复杂系统特别是有人干预的系统方面的简捷与有力,某程度上弥补了 NPV、IRR 等经典资本预算方法的不足,迅速受到了重视。比如,Dubois 和 Prade 研究了模糊数据的基本数学运算;Mares 研究了模糊数据的复制方法;Bonissone 研究了语言变量以及如何进行模糊数据的运算。此外,熵描述了一个概率分布的不确定性程度,将熵概念移植到模糊集理论就得到模糊熵概念。资本预算决策中,经常利用最大模糊熵准则确定模糊区间的范围,寻找模糊参数的最优组合以确定最优解。

二、模糊环境的数学规划模型

(一) 机会约束规划模型

机会约束规划是由 Charnes 和 Cooper 首先提出的,他们把它作为处理不确定性的一种手段。在实践中,生产能力 η_i 和未来需求 ζ_i 并不一定是确定的。在这里我们假设他们是随机变量。令 ψ_i 和 Φ_i 分别表示 η_i 和 ζ_i 的概率密度函数($i=1,2,\cdots,n$)。则约束条件 $\eta_i X_i \geqslant \zeta_i$ 不确定。X_i 表示所选择的第 i($i=1,2,\cdots,n$)种产品投资。假设管理者对满足产品 i($i=1,2,\cdots,n$)需求的信心水平(最低概率)为 α_i,我们有如下的机会约束:

$$\Pr\{\eta_i X_i \geqslant \zeta_i\} \geqslant \alpha_i \quad (i=1,2,\cdots,n)$$

这里的 $\Pr\{\cdot\{表示事件\}\cdot\}$ 的概率。因此一个机会约束整数规划模型即可以表示如下:

$$\max c_1 x_1 + c_2 x_2 + \cdots + c_n x_n$$

满足:

$$a_1 x_1 + a_2 x_2 + \cdots + a_n x_n \leqslant a$$
$$b_1 x_1 + b_2 x_2 + \cdots + b_n x_n \leqslant b$$
$$\Pr\{\eta_i X_i \geqslant \zeta_i\} \geqslant \alpha_i \quad (i=1,2,\cdots,n)$$
$$X_i \quad (i=1,2,\cdots,n) \text{ 非负整数}$$

式中：a_i 为需要分配给 i 资产的资金水平，a 为可供分配的总资本；b_i 表示资产 i 所占用的空间；c_i 是每个机器 i 的净利润。

在一个多目标决策问题中，我们假定决策者能够针对每个目标确定一个水平，再尽量地减少与之的偏差。为了便于计算，有必要在这些不兼容的目标中建立一种重要性等级，以便在指定的程序中满足尽可能多的目标。为了平衡多种相互冲突的目标，资本预算决策需要根据制定的目标水平和优先顺序通过目标规划来建模。当随机变量为正态分布时，机会约束规划模型可以转化为确定性等价。但是如果分布的随机变量属于其他类别，则通常是很难将他们转换到确定性的形式。

（二）模糊环境下的资本预算模型

众所周知，概率密度函数通常由重复试验产生。然而在许多情况下，当我们在资本预算决策时并没有这样一个实验。对于这种情况，我们可以把 η_i 和 ζ_i 看作为模糊数，并通过专家的知识建立它们的从属关系函数。此时我们假定 η_i 和 ζ_i 从属函数都是事先确定并且分别由 μ_{η_i} 和 μ_{ζ_i} ($i=1, 2, \cdots, n$) 表示。如果我们希望满足需求 ζ_i 的可能分别至少为：a_i ($i=1, 2, \cdots, n$)。那么我们有在一个模糊的环境下的机会约束，如下：

$$\text{Pos}\{\eta_i X_i \geqslant \zeta_i\} \geqslant \alpha_i \quad (i = 1, 2, \cdots, n)$$

这里 Pos$\{\cdot\{$表示事件$\}\cdot\}$ 的可能性，并且被 Zadeh、Dubois 和 Prade 表示为：

$$\text{Pos}\{\eta_i X_i \geqslant \zeta_i\} = \sup\{\mu_{\eta_i}(\eta) \wedge \mu_{\zeta_i}(\zeta) \mid \eta x_i \geqslant \zeta(\eta, \zeta \in R)\}$$

这里 $\wedge$ 和 R 分别表示最少的经营者和实际数量的设置。更通俗地说，假设我们可以用其他投资产品来替代一些产品。例如，我们将 p 水平的需求表示为 ζ_i，i 型产品 j 水平生产能力假设分别为模糊数字 η_{ij} ($i=1, 2, \cdots, n; j=1, 2, \cdots, n$)。于是目标函数同上，预算约束则写为：

$$\text{Pos}\{\eta_{1j}x_1 + \eta_{2j}x_2 + \cdots + \eta_{nj}x_n \geqslant \zeta_j\} \geqslant \alpha_j \quad (i = 1, 2, \cdots, p)$$

或写成结合形式：

$$\text{Pos}\{\eta_{1j}x_1 + \eta_{2j}x_2 + \cdots + \eta_{nj}x_n \geqslant \zeta_j\} \geqslant \alpha_j \quad (j = 1, 2, \cdots, p) \geqslant \alpha$$

三、基于遗传基因的模糊模拟

原来的资本预算关注通过选择适当的组合项目服从预算约束，以使利润最大化。Deetal 把机会约束目标规划扩大到 0－1 情形并将其应用于资本预算问题。Liu 和 Imamura 则把含有模糊参数的机会预算模型扩大到整数情形，并将其应用于模糊环境下的资本预算决策，并且设计出基于遗传算法的一种模糊模拟，来解决含有模糊参数的机会约束整数规划模型。在设计遗传算法进行最优解搜索之前，要定出染色体与解的对应表示结构。第一，从$\{0, 1\}$中随机产生 popsize 个染色体，由于约束为决策变量取 0 或 1 的值。因此这 popsize 个染色体即为初始可行染色体。第二，运用模糊模拟计算所有染色体的目标值。第三,按照目标值对染色体的好坏进行排序。优先级 1 远远优于优先级 2,染色体越好,其对应的序号越小。然后使用基于序的评价函数,并计算染色体的适应度。接着基于染色体的适应度,用轮盘赌的方法选择染色体。第四,染色体进行交叉、变异操作。更新染色体第五重复步骤 3 和步骤 4。直到给定的循环次数最后将最好的染色体提出,作为最优解。该方法的优点是考虑了资金的时间价值和净现金流等模糊变量采用;采用处理群体中多个个体的方法降低了陷入局部最优解的可能性,并易于并行化;对搜索空间没有任何特殊要求,只利用适应性信息,适应范围更广。

四、结论及建议

(1) 遗传算法还需要规范。遗传算法虽然成功应用于资本预算决策,而且发展潜力还很大,但是遗传算法还有大量的问题需要研究与规范。首先,在变量多、取值范围大或无给定范围时,收敛速度下降。其次,可找到最优解附近,但无法精确确定最优解最后位置。遗传算法的参数选择尚未有定量方法。对遗传算法还需要进一步研究其数学基础理论;需要在理论上证明它与其他优化技术的优劣及原因需要研究硬件化的遗传算法以及遗传算法的通用编程和形式等。

(2) 动态研究模糊条件下的资本预算。我国当前应该特别重视模糊条件下的资本预算决策,特别是不确定性大而市场机制又不甚健全的情况下更应如此。当前的中国处于社会改革与经济发展的关键时期,资本预算研究面临着前所未有的复杂局面,新的变量因子不断出现。而这些变量因子往往既无确切数据又无统计规律可循,这就决定了我国的资本预算研究应当是模糊条件下进行的动态研究。

(3) 充分发挥计算机的作用。随着资本预算研究的不断深入以及研究模型复杂程度的迅速提高,计算机在研究过程中日益发挥着举足轻重的作用,而且计算机的应用水平将会从很大程度上影响资本预算的发展。只有在实用性与简洁性比较高的计算机软件的支持下,资本预算研究才有可能实地展开,资本预算的实践人员才能够接受,资本预算的研究才会对实践领域产生实质的影响。

(4) 积极培养资本预算专业人才。实践领域不断出现的新问题,对从事资本预算实践领域的从业者提出了新的要求。在这些新的要求与挑战的面前,原有的人才培养机制已不合时宜,需要在专业化的大趋势下积极培养资本预算的人才。在实践领域打造一支专业化队伍,是面对新要求与新挑战的有效措施。而且资本预算的发展对计算机及相关软件的要求,也在呼唤具有数学与计算机背景的资本预算领域的高层次专业化人才。

(5) 完善与预算环境相协调的配套措施。首先,要加强预算法律与操作程序的建设,特别是企业要真正建立完善的对外披露制度,对重大项目的审批与监控都要以董事会公告方式对外披露;其次,要强化企业内部控制,真正建立起严格的资本预算管理制度,做到预算制订、审批、下达执行、修订、报告,评价与考核等过程的规范化,并强化制度的可操作性和预算对责任主体行为的硬约束;再次,要强化对资本支出预算的业绩评价与考核功能。

第三节 国有资本经营预算

国有资本经营预算,是指国家以所有者身份对国家资本实行存量调整和增量分配而发生的各项收支预算。国有资本经营预算作为政府预算的重要组成部分,是国家对经济发展进行控制的有力抓手,在加强国家财务监管的同时,有力地推动着国企改革进程。因此,国有资本经营预算是国家进行内部控制的重要表现形式。

一、国有资本经营预算的发展历程

国有资本经营预算,最初是由财政部门从建立复式预算的角度提出。从政府官方文件中的提法看,"国有资本经营预算"这一概念的最终形成大致经历了四个发展阶段,即建设性预算、国有资产经营预算、国有资本金预算和国有资本经营预算。

(1) 建设性预算。20世纪80年代起,资本预算的概念开始引入,我国理论界开始研究政府复式预算。1988年,财政部向国务院上报实行复式预算的初步方案。1989年,全国人大常委会正式提出实行复式预算意见。1991年,财政部提交修订复式预算方案。同年,国务院颁布的《国家预算管理条例》。其中,第四章第二十六条规定,"国家预算按照复式预算编制,分为经常性预算与建设性预算两部分。经常性预算与建设性预算应当保持合理的比例和结构"。这一条例以条文形式确立了建设性预算的地位,从此我国正式开始了国有资本经营预算的历程。

(2) 国有资产经营预算。1993年,在中共十四届三中全会上通过了《中共中央关于建设社会主义市场经济体制若干问题的决定》。这一决定指出"改进和规范复式预算制度,建设政府公共预算和国有资产经营预算,并可根据需要建立社会保障预算和其他预算",首次提出"国有资产经营预算"这一理念。1994年,八届全国人大二次会议通过的《中华人民共和国预算法》中"中央预算和各级政府预算按照复式预算编制"确立了复式预算的法律地位。1995年,国务院发布《中华人民共和国预算法实施条例》,其中第二十条规定,"各级政府预算按照复式预算编制,分为政府公共预算、国有资产经营预算、社会保障预算和其他预算"。

(3) 国有资本金预算。1998年政府机构改革,原国家国有资产管理局并入财政部。由于政企分离的推进,主管部门不再以出资人身份管理国有资本。财政部出台的新"三定"方案也将"国有资产经营预算"改为"国有资本金预算"。

(4) 国有资本经营预算。2003年3月国务院总理温家宝在《政府工作报告》中指出,"抓紧完善国有资产监督管理相关法规和实施办法,研究建立国有资本经营预算制度和企业经营业绩考核体系,进一步落实国有资产经营责任"。2007年9月,国务院发布《关于试行国有资本经营预算的意见》,标志着中国开始正式建立国有资本经营预算制度。2009年5月,实施《中华人民共和国企业国有资产法》规定国有资本经营预算制度,为该制度建立提供法律依据。2010年,中央本级国有资本经营预算首次提交全国人大会议审查。2012年，财政部提交的全国人大五次会议审议的财政预算报告中，预算编报内容扩展，地方国有资本经营预算和全国国有资本经营预算安排情况全面展现在人们的视野之中。国有资本预算在财政预算中全面反映，意味着我国政府预算体系的进一步完整，我国对于国家经济发展的控制力度进一步加强。

二、国有资本经营预算的作用

预算作为一种对行为计划的量化方式，是当代重要的管理工具。预算具有计划、协调、评价、激励、控制五大职能。

（1）制订计划。预算可以帮助管理者透过具体的行为动作确定可行目标，进而使管理者全面考虑行为后果。

（2）组织协调。预算能够协调组织内部活动，使管理者统筹各个环节，整体把握价值链条之间的联系。

（3）业绩评价。预算作为对于结果的预测，其存在使组织的业绩评价有了很好的评判标准，同时能够促进组织目标的实现。

（4）成员激励。预算的过程使得组织成员较早地考虑未来状况，有助于增强预见性，避免盲目行为，激励成员完成组织目标。

（5）行为控制。预算能够监督部门及成员按照既定目标执行，并在执行过程中及时进行信息反馈，获知预算执行过程中存在的问题。通过预算调整，有效避免资源浪费，实现过程优化。

国有资本经营预算作为预算的延伸，除了具有预算的一般职能外，还具有其自身特有的优势与作用。

（1）通过国有资本经营预算，促进经济结构调整。2016年1月15日财政部发布的《中央国有资本经营预算管理暂行办法》第九条规定，中央国有资本经营预算支出应当服务于国家战略目标，主要用于：一般公共预算和补充全国社会保障基金、解决国有企业历史遗留问题及相关改革成本支出、关系国家安全、国民经济命脉的重要行业和关键领域国家资本注入、国家企业政策性补贴等用途。因此，国有资本预算决策是国家意志的重要体现，决定了各行业、各地区国有资本的投入数量，能够有效地调整经济结构，促进我国经济结构转型：通过扩大高收益国有资产中的国有资本投入比例，提高国有资本收益率，实现国有资本的保值增值；通过扩大国有资本在关系国家安全、国家经济命脉的重要行业和关键领域的份额，扩大国有资本在国家政策支持行业（如新能源）的份额，减小国有资本在国家建议抑制发展行业（如钢铁、煤炭）的份额，实现经济结构调整。

（2）加强国家经济监管，预防并减少国有资本流失。国有资本经营预算能够监控国家赤字、债务规模和债务使用。在现有的财政支出结构中，建设性支出基本通过债务弥补。但建设性支出是无限的，借债是有限的。焦建国指出："不得不考虑人民与市场的承受能力、未来偿还能力与债务的使用效率等，债务发行更加难以把握和监督。"这一问题的解决要求国家资本经营预算决策过程中，必须加强经济监管，有效把握政府赤字规模和债务规模，通过国有资本经营预算约束在退出的国有资产流失及变现收入的使用。现行《企业国有资产监督管理暂行条例》是一个具有过渡性质的严谨、有原则的国有资产监管体系,在预防减少国有资本流失方面起到了一定作用。

(3) 推动国企改革进程,降低国企改革成本。国企改革中涉及了大量企业人力资源的退出、安置等问题,这些问题将会产生巨额的国有资金支出以及改革费用。通过国有资本经营预算决策,能够提前规划这些支出,达到事前控制目的。焦建国指出:"各级人大一旦批准当年预算,国有资产管理部门就必须按照程序安排使用。这一政策使得国有企业改革有了专门的、稳定的和法定的资金筹集和拨付渠道,改变了多年来国企改革中存在的成本筹集渠道不稳定、一事一议、反复协调等状况。"

第四节 全面预算管理运行效率

一、分因素分析

在设计选项时,选取 10 个因素进行调研,原想按照各个因素的重要性来设置分数,但经过仔细考虑,再加上在实际工作中的经验,可能难以设置。其实,在某集团运行全面预算管理体系时,它是一个闭环、系统的体系,我们无法说某个因素重要或不重要,所以,按照总分 100 分进行平均分配,每个因素 10 分。在每个因素只选取 3 项让调研对象进行选择,除特殊情况外,A 项代表的是较差,B 项是中性,C 项最好。同时,设置 A 项值为 0 或 1 分、B 项为 4 分、C 项为 6 分。计算方法为:分值=根据对各项的选择比例×各因素分值。

问题 1 集团是否建立完善的法人治理结构?
( ) A. 未建立
( ) B. 已建立,但未真正在企业中运作
( ) C. 已建立,并且真正在企业中运作

选项	A(0)	B(4)	C(6)	分值
比例(%)	15%	65%	20%	3.8

• **问题分析:**

在选取的 20 个样本中有 65% 的单位已建立比较完善的法人治理结构,但未真正在企业管理中发挥作用。真正发挥作用的仅占 20%,而且集中在集团有下属单位或集团是上市公司的企业中;其中,一个单位是在国外的资本市场上市。有 15% 未建立完善的法人治理结构的单位主要集中在民营和经济不发达的西部城市,在这些单位中,建立完善的法人治理也需要观念进行改变。在他们观念中,始终认为企业是个人的,也应该由个人来管理和控制。由于这种观念,直接影响全面预算管理的运行效率,所以很多时候是由个人或家族来决策运作业务。

同时,根据实地调研的情况看,有 65% 的单位、企业实际上由集团的董事长或总经理在控制企业,这也是法人治理未真正实行的主要原因之一。

问题 2 集团各产业的关联程度如何？
(   ) A. 高关联
(   ) B. 低关联
(   ) C. 适中

选项	A(4)	B(2)	C(4)	分值
比例(%)	40%	60%	0%	2.8

- 问题分析：

集团企业在发展历程中，必然会面临多元化的诱惑，因此也带来多产业经营的情况。产业的关联程度高低直接影响全面预算管理运行的有效性，高关联的产业，无论是横向、还是纵向一体化，它给全面预算管理带来的难度都较小。低关联的产业业务复杂，再加上跨地域、跨文化的发展，全面预算管理运行体系效率较差。结合问卷情况来看，选择高关联的单位较少，仅占40%，而选择低关联的单位多达60%，说明在目前经济形式下，有通过跨行发展来做大做强想法的企业不在少数。但从近年陷入困境的企业来看，做大做强是个误区，令人欣慰的是我国的部分企业已在觉醒。那就是企业应该先做强，在此基础上，才可以做大。在这种思路下，对预算的管理来讲，由于业务的精通和管理基础扎实，在业务管理水平上更多体现的是专业化有助于保证预算运行体系的有效性。在实际调研中，许多企业已开始意识到多元化业务发展造成主业竞争力的下降，并进行主辅分离或业务重组，以期走出多元化的困境。

问题 3 集团财务管理属于哪种模式？
(   ) A. 集权
(   ) B. 分权
(   ) C. 集中式

选项	A(3)	B(1)	C(6)	分值
比例(%)	50%	0%	50%	4.5

- 问题分析：

集团财务管理模式可以直接影响全面预算管理运行体系。在集权模式下，便于集团的战略目标制定和执行以及系统运行；在分权模式下，尽管可以提高下级单位的预算积极性，但不便于站在集团的高度进行整体业务把握；集中式模式可以解决各自的不足，上下进行有效结合就是集权和分权的结合，不仅体现了预算管理的文化，同时可以保障系统有效运行。

根据问卷的情况，企业对集权和集中的选择各占50%。说明在目前企业对全面预算的管理是侧重于集权和集中控制。再结合我国企业的具体实践来看，集权的情况会更多些。造成的结果就是，部分员工认为，我们只是按照总部的命令执行，从而缺乏判断和参与，这样对预算管理运行体系是有害的；对于分权下的全面预算管理模式在目前的企业中应用比较少，它的应用有一定的前提条件，那就是市场经济的成熟度和企业管理的基础很好，员工的业务、道德素质很好，只有这样，才可以对他们进行充分授权来处理日常业务,否则,没有约束的授权是极端危险的。

问题4 集团是否已建立起职责清晰的预算管理组织体系?
( ) A. 未建立
( ) B. 是,但需要进一步完善
( ) C. 是,组织健全

选项	A(0)	B(4)	C(6)	分值
比例(%)	15%	50%	35%	4.1

• 问题分析:

职责清晰的预算管理组织体系包括权力组织、各个责任中心的建立、编制组织、执行组织、监控组织、考评组织等。从问卷来看,基本上都建立了全面预算管理的组织,比重达85%,其中近一半需要进行改善。另外15%的单位未建立管理组织,主要集中在部分民营、经济欠发达区域。全面预算管理运行体系的建立固然重要,但如何有效运行是摆在各个企业面前的一个难题。因此,建立组织保障是必然的选择。从问卷看,我国的企业也意识到组织保证的重要性。同时也说明全面预算管理思想开始深入各个企业中,只有如此,系统的有效运行才更有可能。

在我国企业中,大多建立的是投资、利润、成本费用三个中心。这三个中心的建立并不是绝对的单独设立,有时是组合在一起的。例如,总部是投资、费用中心,而对各个分子单位,可能是利润、成本中心。在这方面,我国的大部分企业实行的比较好。

问题5 集团是否建立完善的预算管理制度,并在集团范围内推行?
( ) A. 不是
( ) B. 是,但需要进一步提高
( ) C. 是,制度完善并已推行

选项	A(0)	B(4)	C(6)	分值
比例(%)	15%	45%	40%	4.2

• 问题分析:

通过问卷来看,我国的企业大部分已建立完善、健全的全面预算管理制度,比例达85%,它们通过制度的建立和推广来为预算体系运行提供制度保障。从15%的企业未建立制度来看,它们主要集中在对预算的应用仍停留在理论探索阶段的企业,它们的财务管理仍属于初级的会计核算,解决简单的凭证和报表处理业务;同时业务比较单一,管理的难度小,所涉及的业务处在发展上升期。这就需要企业的财务管理进行职能的转换,只有先转换职能后才会根据业务管理的重点进行预算制度的建设。在整个运行体系中,始终离不开制度建设的保证作用。从预算的组织建设、战略的规划、预算的编制、控制、调整、考核等过程中,都需要完善的各项制度来保证,如费用标准、成本定额、管理权限、审批流程等。这种制度并不是一成不变的,在业务管理过程中要随时结合实际情况进行制度改变或完善,它是与运行体系息息相关的。

问题6 集团预算管理内容是否具备全面性(财务、非财务)?

(　　) A. 不全面
(　　) B. 需要进一步完善
(　　) C. 内容全面，包含集团的所有业务

选项	A(0)	B(4)	C(6)	分值
比例(%)	25%	45%	30%	3.6

• 问题分析：

通过问卷来看，有75%的企业全面预算管理的内容是比较全面的。预算管理的内容除财务预算外，也扩展到企业的其他业务，尤其是实行多年财务预算的单位，在调研中明确表示借助财务预算的经验来进行业务扩展，如采购、生产、营销、物流、人力等方面。

有25%的单位在预算管理内容方面，主要局限于费用预算，并且是结合往年的数据在进行预算编制，从取得的效果看，效果不错。在调研中了解到，全面预算的内容未扩展的原因主要集中在企业的全面预算管理观念的改变和企业的管理基础比较薄弱、业务跨度大等因素，如人员素质难以保证预算管理体系的有效运行；业务跨度大带来预算调整事项太多等。

同时，全面预算管理的全面性，首先，体现在业务的全面性，包括业务预算、资本预算、财务预算，除财务部分外，还有非财务部分；其次，全面性体现在企业管理层次的全面性，包括集团、各个下级单位及其内部责任分部；再次，全面性还体现在参与人员的全面性，除企业的高管外，还包括企业的中层、具体的业务操作人员，它是全员参与的管理体系，也是全员运作的体系工程；最后，全面性还体现在过程的全面性，它抛弃传统的事后控制方式，将企业的所有业务控制前移，进行事前控制、事中监督、事后考评的全过程的管理，同时，借助信息系统实时对业务进行控制。

在实际调研中，许多企业都比较注重对现金流量预算管理工作。现金流量预算是借助对于现金流量预测来确定企业在一定时期内全部货币资金流入和流出数额，并加以平衡的预测。在市场经济条件下，企业是否能保持现金平衡，将对企业的信誉和成败有很大影响。目前企业筹集所需资金中，相当一部分需要依靠外来资金，银行借款是资金来源的主要渠道，所以企业的资产负债率都比较高。理想的资金管理可以提高资金利用率，节约资金成本，降低资金管理风险，扩大企业经营利润。因此定期对企业的现金流量进行分析，采取措施化解潜在的风险和提高资金利用率，并据以编制现金流量预算，具有十分重要的意义。现金流量预算涉及面广，应根据生产、销售、供应、投资等部门以及财务部门提供编制经营预算、投资预算、筹资预算等的现金收支资料加以平衡汇总，做到监控现金支出，加强有效回收，降低支付风险，协调现金流动性与收益性的矛盾。所以，建立以资金管理为重点的企业财务管理模式，如果离开了现金流量预算管理，也就失去了财务管理的依据和重心。

问题7 预算管理的流程是否优化，并保持灵活性（包括分析和调整）？

(　　) A. 不是
(　　) B. 需要改善
(　　) C. 流程已优化和保持在业务的灵活运用

选项	A(0)	B(4)	C(6)	分值
比例(%)	40%	40%	20%	2.8

- **问题分析：**

全面预算管理是一个系统工程，它的有效运行，需要借助流程设置来运作和保障。从问卷来看，流程方面的问题比较严重占80%比例，真正有效的流程设置仅占20%。由于大部分企业是跨行业、跨地域经营，在全面预算管理中，流程的设置难度较大，或修改较多，所以需要流程优化的占40%。

无论从理论，还是实践来看，流程的设置都包括了编制、控制、分析、调整、考评等。根据实际调研，预算的编制、调整等流程比较成熟，难点集中在预算的控制上。如果按照传统的方式，预算的控制是事后控制，解决不了企业对业务的全程监控，由此也带来了经营管理的风险。所以，预算控制的有效性也保证了体系运作的效率。

随着业务的发展，管理的流程可能会改变，那么，在体系运行中必然面临流程的调整。所以，有必要保证在预算体系运行中对业务处理的灵活性，它主要体现在是否对预算外项目、追加项目、项目之间、项目时间段等的调整。

问题8 是否建立预算管理实时控制与风险防范？
( ) A. 未建立实时控制的预算管理系统
( ) B. 已建立，但需要改进为实时控制
( ) C. 已建立，并在管理中应用

选项	A(1)	B(3)	C(6)	分值
比例(%)	75%	10%	15%	1.95

- **问题分析：**

从问卷来看，有75%的企业未建立实时控制的预算管理系统，在这些企业中，主要借助EXCEL进行预算控制，这种控制方式是典型的事后控制方法，无法对业务的全程进行管理控制。

有10%的企业在使用财务软件或自己开发的信息系统进行预算控制，这种方式仍然是事后控制，唯一的区别是提高了业务处理的速度和效率，但仍离实时控制的距离甚远。

在问卷的企业中，只有15%的企业在使用实时控制来加强对业务的监督。这说明我国的企业在对预算体系运行上效率较低，需要借助实时的信息系统来支撑整个体系的有效运作。而这种信息系统的使用需要我国企业改变传统的财务管理模式，由传统的会计核算职能向集中财务管理职能转变。

全面预算管理从企业的发展战略出发，设定适度的经营目标和宏观发展目标，科学地测算预算期内将要发生的各项生产经营业务、投资业务等所需的资金和费用投入，综合平衡，形成年度预算。这么看来，预算来源于企业的战略，但战略毕竟是比较宏观的。所以需要借助预算来落实。预算的形成关键在于预算的控制。过程控制得好，预算自然达成，考评也自然顺理成章。如果过程控制不理想，制定再漂亮或准确的预算都没用。

同时，预算的控制要贯彻重点管理的原则。具体来说，全面预算管理首先要求找到预算管理各环节的关键控制点，如经营活动和考评体系的关键指标，这些指标实际上是

全面预算管理目标分解过程中那些较高层次的目标。应通过信息技术的动态监控来了解预算的总体实现情况,然后通过逐层的分解来找出导致重大差异原因。这样,管理者只需要将注意力集中在预算执行中的主要影响因素上,就能够实时掌握预算执行过程中的重大差异动因,进而提出相应的解决办法。在预算的控制中,需要将企业的会计控制和管理控制进行结合。因为预算管理主要属于管理会计的范畴,而更多的数据来源于财务会计。会计控制是指应用会计计量方法对预算的执行过程进行反映和监督,它提供了预算管理所需要的基本信息。从全面预算管理对公司价值管理的贯彻角度来看,会计信息系统的数据和信息提供也是价值管理量化指标的唯一数据来源,而价值管理又是以业务管理为基础,因此全面预算的控制不能就预算论预算必须深入到价值管理活动的本源即公司的日常经营活动的具体环节,如供应、生产、销售、研发等。在全面预算控制中,公司预算管理人员就必须在会计部门和业务部门之间进行协调和沟通将会计控制和业务控制完整结合在一起。

问题9 集团是否以预算完成情况作为考核下属单位经营业绩的主要依据?

( ) A. 不是
( ) B. 不一定
( ) C. 是

选项	A(0)	B(4)	C(6)	分值
比例(%)	20%	35%	45%	4.1

• **问题分析:**

从问卷来看,有45%的企业将预算完成情况作为考核下属单位经营业绩的主要依据,并且与薪酬挂钩。这说明我国相当部分企业已认识到预算在管理中的重要作用,将预算的完成情况与薪酬结合也体现出对预算体系运行的整体性和完整性,并不是单纯的为预算而预算,这也同时说明:失去考核的预算是没有生命力的管理系统,也是一个无效运行的系统。从实际调研来看,这种认识的企业主要是管理基础比较好的国有企业,这种认识源于从多年的计划管理和财务预算中积累的丰富理论和实践经验。经调研,有35%的企业选择"不一定"的原因主要是预算的执行情况差强人意,达不到预算制定的目标。再深层地找原因,不是某个方面有问题,而是体系运行出了问题。如战略的制定偏差、预算的编制、流程管理、预算的控制、调整等方面整体运行有偏差,才会造成难以与薪酬进行结合。从企业实际来看,主要体现在业务的复杂性带来管理和控制的高难度影响了业绩考核,同时也影响到体系的有效运行。

问题10 是否将预算管理作为集团文化建设的一部分(员工的参与程度和积极性)?

( ) A. 不是
( ) B. 不一定
( ) C. 是

选项	A(0)	B(4)	C(6)	分值
比例(%)	25%	55%	20%	3.4

- 问题分析：

从问卷来看，有 80%的企业在将全面预算管理作为企业文化建设的一部分上做得不好，仅有 20%的企业达到设定的标准。从实际调研看，大部分企业的员工认为预算只是财务部门的事情，如果不是迫于与薪酬挂钩考核的压力，他们是不情愿参与预算运行体系的。

人是预算的制定者、预算的执行者、控制者、预算制度的被考核者及预算信息的利用者，是预算运行效果好坏的决定性因素。因此，预算工作应该以人为本，离开了对人的关注，预算工作便无法做好。由于预算影响到很多人的经济利益，预算管理不可避免地涉及道德问题。如为了小团体的利益，在制定预算时经常表现出本位主义的思想，作出较为宽松的预算，这就违背了预算指标应该尽量客观、公正、可靠的要求。另外，在执行预算工作过程中还应注意发挥员工的主观能动性，鼓励各级员工参与预算工作，培养主人翁的意识，应大力推动"四全"管理，即：全质量、全员参与、全过程控制、全方位管理。尤其在关系到生产技术层面的、受人为因素影响较大的指标，提高预算执行者的预算意识十分关键，让广大员工参与，可以提高预算体系运行的效率，促进企业预算目标与个人目标的融合。

这同时也说明我国企业在全面预算管理推行中，要加大对员工的知识教育和培训，使他们转变管理观念。再结合企业领导的重视和支持，那么全面预算管理的积极性会有很大的提高，同时体系的运行效率也就有了保障，这样就可以将这种先进的管理思想融入企业文化，使之成为提高企业竞争力的重要工具。

综合以上 10 个问题中的因素分析，得到以下汇总表(见表 12-1)。

表 12-1 因素分析汇总表

因素	分值
法人治理结构	3.80
产业的关联程度	2.80
财务管理模式	4.50
预算组织	4.10
预算的制度建立与推行	4.20
预算管理内容	3.60
预算流程优化和灵活性	2.80
预算控制与风险防范	1.95
考核内容与薪酬关系	4.10
预算管理文化	3.40
平均值	35.25

综合来看，体系运行效率的平均分值为 35.25，而满分是 100 分，这说明整个体系运行效率差，同时反映出各个因素的得分不高。其中：财务管理模式因素的得分最多，其次为预算的制度建立和推行，再次为预算组织建设、考核内容与薪酬关系、法人治理结构、

预算管理内容、预算管理文化,得分最低为产业的关联程度、预算流程优化和灵活、预算控制与风险防范。从此可以判断出:全面预算管理体系运行有效性的首要保证是集团的财务管理模式的转变,其次是预算制度建设及推广、组织建设、考核与薪酬关系、完善的法人治理结构等,尽管选出作为调研的因素都需要企业在实际中进行完善,但尤其需要在流程、控制与风险防范方面进行整改和完善。

二、分行业分析

表 12-2 是根据调研所得的行业数据分析。

表 12-2 行业数据分析表

行业	单位数量	分值	平均值	差异	百分比
公路运营	1	30.00	35.25	−5.25	−14.89%
煤炭	3	48.33	35.25	13.08	37.11%
汽车	1	41.00	35.25	5.75	16.31%
钢铁	2	45.50	35.25	10.25	29.08%
稀有金属	1	39.00	35.25	3.75	10.64%
商业	2	36.50	35.25	1.25	3.55%
信托投资	1	35.00	35.25	−0.25	−0.71%
新材料	1	39.00	35.25	3.75	10.64%
餐饮	1	8.00	35.25	−27.25	−77.30%
化工	1	8.00	35.25	−27.25	−77.30%
房地产	1	56.00	35.25	20.75	58.87%
制造	1	39.00	35.25	3.75	10.64%
热电	1	6.00	35.25	−29.25	−82.98%
食品饮料	2	31.50	35.25	−3.75	−10.64%
水泥建材	1	30.00	35.25	−5.25	−14.89%

从行业分析来看,得分最多的为汽车、钢铁、房地产、制造、新材料等行业,追踪原因,除上面提到的地区差别外,主要是汽车、钢铁等集团的发展历史久远,相应的管理基础相对要扎实,积累的预算经验也较多。得分最少的为餐饮、化工、热电等三个行业,除了因为它们处于经济欠发达地区外,主要的原因是由集团的性质决定的。除餐饮外,其他的两个行业属于国家放开不久的民营资本可以涉足的行业,业务处于发展期,更重要的是,集团的业务由集团的法人代表掌控,所有业务决策是家族形式,按照设计的运行体系效率模型来看,10 个问题中的大部分因素他们都不具有,而该体系是需要系统地闭环运行才会产生较好的效率。结合行业的分值和平均值,运行体系效率高的行业,它们的差异较小,从问卷来看,各个行业的平均差异率−6.79%,说明我国大部分行业的全面

预算管理运行体系的效率较差。如果说有做得好的行业，那么可以集中在我国的传统行业中。样本中有一个例外是房地产，它不是传统行业，但它的分值高，主要是因为该集团处于我国改革开放的最前言，集团运作是按照香港成熟、先进的管理思想在经营集团业务。

三、分企业性质分析

表12-3是分企业性质的分值及差异分析。

表 12-3　企业数据分析表

企业性质	平均分值	整体平均值	差异	百分比
民营	27.8	35.25	−7.45	−21.13%
国有	42.5	35.25	7.25	20.57%

从民营和国有集团的得分可以看出，两者差距很大，国有集团的得分是民营集团的1.5倍，导致差异、差异率也悬殊，其中国有集团的分值高于平均分值。因此，结合全面预算管理运行体系的效率模型，说明我国的国有集团的预算运行体系效率较高，主要得益于多年的管理经验积累。

民营集团的分值比平均分值低8个百分点，说明民营集团的全面预算管理运行体系效率较低。在样本中不乏分布在经济发达地区的集团，为什么运行体系的效率低呢？结合体系的影响因素可以看出，其中的大部分因素未在体系中起到应有的作用，以致影响整体得分和效率。其实，更深层次的原因是民营经济发展的历史较短，管理水平整体相对较低（尽管有许多管理水平高的民营集团），以致造成运行体系效率低。

从实际调研的各集团来看，目前，实行全面预算管理的集团多为国有大型集团，并且主要集中在传统行业中，他们的整个运行体系是比较有效率的；只有少数的民营集团开始或已实施全面预算管理，这些集团也主要集中在经济发达地区，对于大部分民营集团，他们的全面预算管理运行体系的效率还是比较低的。

四、结论及建议

通过全面预算管理运行效率体系实证研究得出，我国部分企业的全面预算管理运行体系的整体效率不高。从组成的10个因素来看，各个因素的应用效果也不好，直接影响整体的运行效率。这说明我国的各个集团在全面预算管理运行效率方面仍有很长的路要走，只有在完善的法人治理结构下，完整结合了战略管理，连接业绩考评和薪酬、在信息系统支撑下的全面预算管理运行体系才是一个有效率的管理系统。

思考题

1. 巨人集团衰落的根本原因是什么？

2. 资本预算决策有哪些常用方法?
3. 国有资本经营预算有什么作用?
4. 哪些因素可能影响全面预算管理运行效率?
5. 是否应该在企业推行预算制度?如何进行资本预算决策?

参考文献

[1] 夏宁.美国资本预算决策方法研究评述[J].会计师,2008(10).
[2] 柴斌,夏宁.全面预算管理运行体系效率实证研究[J].科技信息(科学教研),2007(12).
[3] 焦建国.国有资本预算与国有资产管理体制改革——国有资本预算到底要解决什么问题[J].经济与管理研究,2005(8).
[4] 中央国有资本经营预算管理暂行办法[J].财政部,2016-1-15.
[5] 王伟.国有资本经营预算的法治逻辑——以政治权利和财产权利的分野为视角[J].科学社会主义,2015(5).
[6] 刘华.巨人集团兴衰的内部控制分析[J].内部控制,2008(10).

第十三章 企业内部控制信息披露

引入案例

中航油新加坡公司

由中国航空油料控股公司控股的中国航油成立于1993年,一度由于业绩出色且被评为新加坡"最具透明度"的上市公司,而被作为案例写入新加坡国立大学MBA课程,其执行董事兼总裁陈久霖也由于其出色的领导能力,被《世界经济论坛》评为"亚洲经济新领袖"。

2004年起,陈久霖贸然涉足石油衍生品期权交易,此举不但未经国家有关机构批准,而且在国际石油价格迅速攀升时作出错误决策,出售大量看涨期权,导致5.5亿美元巨额亏损,陈久霖被指蓄意隐瞒亏损事实,误导投资者,锒铛入狱。2005年3月,新加坡普华永道会计师事务所指出企业存在一系列问题,包括缺乏期权投机的风险管理机制等,矛头直指中航油内部控制的缺陷以及内部控制信息披露存在严重不足的事实。

中航油股东会、董事会和管理层三者合一,独裁统治,外部监管不力,内部管理控制不健全,目标设定随意,经营活动风险被大大低估,与母公司信息沟通不畅,更重要的是,在公司制定了《风险管理手册》、设立了风险管理委员会的情况下,企业内部控制和风险管理仍然如此混乱,这充分暴露出中航油内部控制信息披露不足,导致母公司、投资者和社会公众监管缺位,风险应对措施不足,最终导致巨额亏损,公司申请破产保护的结局。

中航油内部控制建设不健全和内部控制信息披露的不足这一事件,为国内外企业敲响了警钟。如何进行内部控制信息披露,以监督企业加强内部控制建设,保证经营管理合规运行,将此类风险损失降到最低,是理论和实务都需要迫切思考的问题。

第一节 国外企业内部控制信息披露动向及综述

一、美国企业内部控制信息披露历史发展概述

在美国,关于内部控制信息披露的争论已有20多年,经历了从自愿披露到强制披露的漫长过程。20世纪70年代,就上市公司是否必须以特定报告形式对外披露公司内部控制制度的建立和有效执行情况展开了激烈的讨论。在1979年和1988年,SEC建议上市公司披露管理层有关企业内部控制的报告书,但由于反对者众多,SEC被迫收回该建议。

1987年，全美反舞弊财务报告委员会指出，广大投资者有权了解管理层对财务报告和内部控制的责任，以及管理层相应责任的解除，而在那时有关这些责任的信息并不能很好地传递给投资者。由于内部控制是编制财务报告乃至整个受托责任系统的基础，所以管理当局对内部控制的建立和执行情况至关重要。因此，委员会要求所有上市公司在其年度报告中披露内部控制信息，明确管理层对财务报告和内部控制的责任及相关责任的履行情况，并提供管理层对内部控制有效性的评估。委员会的赞助机构专门组织研究企业内部控制课题，成立了著名的 COSO 委员会。

1992 年，COSO 委员会提出《内部控制——整体框架》报告，建议由管理层或其指定的人员（如内部审计人员）定期对企业内部控制的设计和执行情况进行评价，并出具评价报告。注册会计师对管理层的内部控制报告出具审核意见，内部控制评价报告和注册会计师的验证报告一并对外披露。

此外，美国国会下属的联邦会计总署（GAO）、美国注册会计师协会（AICPA）等机构也赞成强制披露内部控制报告。尽管呼声甚高，但多年以来公司内部控制始终未成为强制性信息披露的内容。唯一的例外是 1991 年美国联邦存款保险改进法（FDICIA）中一项条款要求，资产超过 5 亿美元的大银行应提供内部控制报告，并且要经过审计师的验证。

美国长期以来，内部控制报告基本上处于信息的自愿披露阶段。此后，关于内部控制信息披露的争论又持续了多年，直到 2002 年美国国会通过了萨班斯法案。该法案要求，披露内部控制信息应当包含两个实质内容：一个是管理当局的责任声明，即管理层负责建立和维护内部控制系统及相应的控制程序；另一个就是管理层对内部控制有效性进行评价，并出具评价报告。萨班斯法案的颁布，标志着美国上市公司的内部控制信息开始纳入强制性信息披露范围。SEC 为落实该法案，于 2002 年 10 月发布第 33-8138 号提案，并于 2003 年 6 月 5 日发布财务报告内部控制信息披露的具体规则。该规则要求上市公司在年报中应包括一份管理层关于公司财务内部控制的报告，并具体规定了报告的内容与格式。该报告的内容必须包括以下几点。

(1) 管理当局的声明，表明建立和维护财务报告内部控制的责任。

(2) 管理当局在最近财政年度终了时对财务报告内部控制有效性的评价。

(3) 说明管理当局评价财务报告内部控制有效性所依据的规则框架。

(4) 如果公司财务报告内部控制存在重大薄弱环节，必须予以描述。

(5) 提供一份申明，表明对公司财务报表进行审计的注册会计师事务所已经对公司管理层的财务报告内部控制的评估报告提供了鉴证报告。强制性信息披露是否能有效减少高管人员串通舞弊的机会和遏制凌驾于内部控制之上的行为，尚待实践检验。但不可否认的是，其代表了美国业界试图通过强制报告内部控制以强化上市公司信息披露的主流意见。

二、欧洲企业内部控制信息披露历史发展概述

英国在内部控制信息披露问题上经历了三个重要的阶段，对披露的要求越来越多，

但其对有效性审核方面的规定日趋减弱。英国内部控制发展史上有三个具有里程碑意义的重要文献：卡德伯利报告（Cadbury Report, 1992）、哈姆佩尔报告（Hampel Report, 1998）、特恩布尔报告（Turnbull Report, 1999）。

卡德伯利报告建议，董事会应就内部控制的有效性进行报告，并要求审计师对董事会报告进行复核。与卡德伯利报告形成鲜明对比的是，哈姆佩尔报告鼓励而非要求董事就内部控制的有效性作出判断，并对卡德伯利报告中的第4、第5条款进行了修改，将原来的"董事会应就公司内部控制的有效性进行报告"修改为"董事会应对公司内部控制进行报告"，删除了"有效性"一词。哈姆佩尔报告建议，在董事会报告中明确董事在内部控制方面的责任，说明内部控制仅能为避免重大的错误或遗漏提供"合理"保证，描述了公司为提供有效的财务控制而建立的主要程序，并确认董事已经就系统的有效性进行了复核。特恩布尔报告则规定，董事会应对公司内部控制的有效性进行复核，总结进行复核所使用的程序，并在年度报告或记录中披露用于解决内部控制重大问题的方法和过程。报告还鼓励董事会在年报中提供额外的信息，以帮助信息使用者理解公司的风险管理程序和内部控制。

由此可见，英国对内部控制信息披露方面的要求并未放松，但对内部控制有效性进行报告的规定却日趋减弱。因为内部控制所能提供的仅是"合理"保证，而非"绝对"保证，所以这种绝对的保证很容易将自身置于潜在的诉讼风险之中。正是出于对诉讼风险的担心，英国上市公司的董事及注册会计师才反复游说，最终取消了对"有效性"报告的规定。

德国2002年完成了《德国公司治理法典》，其第6章第1～2条均要求董事会应当毫不迟延地披露与公司直接相关的内部信息。第6章第3～5条强调：公司应当对所有的股东平等地披露信息；公司应当利用适当的传媒手段，向股东、投资者及时、统一地披露信息；公司在国外披露的信息，也应毫不迟延地在国内予以披露。同时，德国的学者们也注意到过多的信息披露有可能反而使投资者忽略了有价值的重要信息，所以企业有提供具有实质意义信息的义务。法典第6章第6条对有关内部人员购买公司股票及衍生金融证券的披露义务作出了规定，对于公司董事会及监事会成员或公司其他接触到内幕信息的管理人员或被授权就企业重大事务作出决策的人员，以及与上述人员关系紧密的人员购买公司股票及衍生金融证券的，应当及时向公司汇报。法典第6章第7～8条对信息披露的方式进行了规定，要求所有定期信息披露（如中期报告、年度报告等）的时间均应在财务日历中提前公布，公司披露的信息应在公司网站上可以查询，网站的设计应清晰，而且公布的文件应有英文文本。

三、理论研究状况

国外对内部控制信息披露的理论研究主要分为自我选择观点和因果关系观点。前者赞成对内部控制信息进行自愿性披露，后者则认为对内部控制信息应强制要求披露。

自我选择观点认为，高质量的公司通过传递信号将其与那些较次的企业区分开来，股票价格将会上涨，企业将吸引更多的投资。由于资本是稀缺的，而资本市场是竞争的，加上产品市场和经理人市场的竞争,所以企业管理人员有自愿披露可靠、相关的内部控制信息的动机。在自愿披露时,没有严重内部控制问题的公司往往会乐于披露其内部控制信息,向公众展示公司的良好形象。而内部控制薄弱或存在缺陷的公司就不太愿意披露其内部控制信息,以免公众对其丧失信心。而如果是强制披露,内部控制有缺陷的公司在未改善内控之前也会披露如"内控健全"的报告,因此强制公司披露内控报告未必能改善其内部控制及财务状况。

因果关系观点认为,强制披露内控报告能够改善公司财务状况。因为管理人员意识到内控的重要性,在披露报告之前,他们会采取额外措施去完善内部控制制度,从而改善财务状况。但证券市场上信息不对称现象普遍存在,公司经营管理人员与投资者相比具有信息优势,其有限理性和机会主义倾向可能会粉饰甚至提供虚假的信息,因此对信息进行管制是十分必要的,强制性披露的方式也必定可以发挥相当大的作用,这也是实现资本市场公平性的内在要求。

此外,学术界也注意到了内部控制信息披露过程中潜在的问题。Bupa(2004)认为萨班斯法案的颁布使得公司的内部控制信息披露更具有强制性的要求,并对财务报告的舞弊有抑制作用,但是可能成本很高。Page 和 Spira(2004)通过调查研究内部控制和管理风险的关系,指出关于内部审计和管理风险方面的研究还很缺乏,强调这方面的理论研究还需要增强。J. Efrim Boritz,Ping Zhang(2006)认为管理层会质疑内部控制信息披露的成本效益,并运用博弈理论模型分析了内部控制报告和管理者薪酬之间的关系。Andrew J. Leone(2007)对在年报中披露内部控制缺陷的公司进行了研究,发现影响内部控制信息披露的因素有组织结构复杂性、组织变化以及在内控系统方面的投资等。Harnmersley 等(2007)检验了股票价格对管理者披露的内部控制缺陷特性(如严肃性、管理者对内部控制效果的结论、审计能力、披露的模糊性等)及其他重要公告的反应,还研究了管理者的报酬与实质性控制缺陷之间的关系。Christopher S. Armstrong(2011)研究分析得出对内部控制相对重视的、且在公司章程中内设有监督激励措施的公司,受到外部监管以及披露内控重大缺陷的可能性比没有设置监督激励的公司要小得多。Lin(2011)从企业内部控制审计的机构和企业内部控制审计执行两个方面阐述内部审计与内控缺陷披露的关系,研究分析得出结论:企业内部控制审计的影响因素中,审计人员的受教育水平和内部控制缺陷披露水平呈现显著负相关,而内审人员与外审人员的协调程度与内部控制缺陷披露呈正相关关系。

四、实证研究状况

MeMullen,Oorthy 和 Raghunanda 对 1959—1993 年 4 154 家样本公司进行了研究,发现平均有 26.5% 的公司提供了内部控制报告。而那些有财务报告问题的公司中,仅有 10.5% 的公司提供了内部控制报告。对小公司而言,内部控制报告与财务报告问题的相关关系更为明显,财务报告有问题的公司不大可能会提供内部控制报告。而 Raghunandan 和 Rama(1994)对财富(Fortune)100 家公司的年报进行检验,结果发现有 80 家公司提供了某种形式的涉及内部控制的管理报告。大部分公司是自觉或不自觉地对内部控制信息进行了披露,披露形式没有遵循统一的标准。

　　Hermanson(2000)采用问卷调查,考察了美国银行家、机构投资者、个人投资者、证券经纪人、公司董事、公司主管、分析师、注册会计师和内部审计师 9 类财务报表使用者对内部控制信息的需求,其调查结论为:强烈肯定内部控制对企业管理和减少错弊的作用;提供内部控制信息可以促使管理层改进内部控制、加强监督,而且加上审计师的验证则可进一步强化这一作用。Hānson(2000)同样以问卷调查的方式(共 363 份有效问卷)对 9 种财务报表的使用者进行了调查,分析他们对内控报告的需求。结果发现,调查对象认为自愿披露和强制披露内控报告都能促进披露公司的内部控制,但自愿披露比强制披露在决策方面有更大的作用。

　　国外学术界同样侧重于对内部控制信息披露动机的研究。Fekrat 等(1999)认为公司对外披露内部控制信息可以使投资者了解公司现在或潜在的竞争优势,强化投资者对公司竞争优势的理解,进而作出投资决策。Willis(2000)认为,公司管理层的内部控制报告为在年报中无法提供的内容提供了一个绝好的机会,公司可以在内部控制报告中与现有的和潜在的股东讨论公司实施的战略和公司采用的政策,从而使他们确信公司处于有效的控制之下。公司提供内部控制报告可以堪称是良好的公司治理实践,在增加企业价值的同时,也证明了良好的内部控制信息披露与股价有正相关性。Newson 和 Deegan(2002)通过欧美等国 150 个机构投资者在澳大利亚、新加坡、韩国三国的跨国公司调查显示,上市公司自愿性披露信息的主要目的在于体现公司核心能力和全球化竞争策略。Ge Mc Vay(2005)通过选取萨班斯法案颁布后的样本公司进行调查统计分析,认为上市公司披露的实质性缺陷和公司经营的复杂性有关,但和公司规模、盈利能力关系不大。Chan 等(2005)通过证据表明,那些按照 404 条款披露内部控制实质性缺陷的公司相对于其他公司有更多的盈余质量管理和更低的投资回报。Doyle 等(2005)通过抽样调查发现内部控制报告和公司盈余质量有关,内部控制是盈余质量的一个驱动因素,并研究了内部控制和盈余质量之间的关系。Maria 等(2006)研究了按照证监会要求进行披露的公司实施内部控制的隐含成本与内部控制有效性之间的关系,发现披露有内部控制缺陷的公司和披露没有缺陷的公司相比有更大的成本。Rani Hoitash(2012)等认为,企业 CEO 和 CFO 负有建立、维护和评价内部控制有效性的责任。研究表明,CFO 的薪酬、持股比例等因素的变动与其所在公司对外披露内控信息的有效性反向相关。此外,研究发现,管理层特征对上市公司披露内控信息也有影响,通常管理层越年轻化、稳定化,企业披露的内控缺陷越少。

第二节　国内企业内部控制信息披露动向及综述

一、国内企业内部控制信息披露历史发展概述

　　我国内部控制建设起步较晚,有影响的研究成果也比较有限。但近两年监管层对内部控制信息披露的重视程度与日俱增,先后发布了大量法律法规,包括《上海证券交易所

上市公司内部控制指引》《中央企业全面风险管理指引》《深圳证券交易所上市公司内部控制指引》《公开发行证券的公司信息披露内容与格式准则第 2 号〈年度报告的内容与格式〉》《公开发行证券的公司信息披露内容与格式准则第 26 号——商业银行信息披露特别规定》《企业内部控制基本规范》等。

二、理论及实证研究焦点

（一）强制披露还是自愿披露

我国学者大多认为上市公司应该强制提供内部控制信息，并由外部审计师进行审核，这与国外的自我选择观点和因果关系观点的区分相悖。吴水澎、陈汉文、邵贤弟（2000）和饶盛华（2001）分别对曾经轰动一时，后又面临破产的郑百文和亚细亚两家上市公司作了分析，分析表明这两家公司经营失败的主要原因是内部控制不健全和内部监督缺乏。他们认为所有上市公司必须建立健全其内部控制体系和内控信息披露机制。陈关亭（2003）对公司高层管理人员、财务主管、注册会计师、监管机构及高校学者进行了专项问卷调查，回答者强烈肯定内部控制信息对企业管理的促进作用，要求公司强制性披露内部控制信息，比较肯定其对财务报告的保证作用以及提供附加信息的作用。杨友红、汪薇（2008）在对 2006 年沪市年报进行描述性分析后发现，强制进行内部控制信息披露这一规定未得到有效执行，且自愿披露的动机缺乏。

（二）成本收益的权衡

最优内部控制信息披露的理论一定是以成本效益平衡原则为基础的，即当内控带来的收益大于它所发生的费用成本时才有意义。大型企业需要构建一个庞大复杂的控制系统，而中小企业只需要一个简单的控制系统就可以很好地发挥控制作用，因此应在实践中逐步探寻一个内控效果与内控成本的合理结构比例。刘秋明（2002）对 2001 年实施配股的 34 家 A 股上市公司内部控制信息披露现状进行了分析，认为由于我国上市公司内部控制信息披露的内容缺乏统一要求，导致了上市公司会尽可能选择对其有利的信息进行披露，而且披露形式的不统一，致使信息使用者的成本增加。张俊民（2008）认为过程控制可以节约控制成本、提高控制效率，如果仅强调对差错或舞弊结果的处罚，势必增加控制的成本和代价。天津市长虹立川科技有限公司董事长龙云认为，企业必须衡量好内控带来的成本与负担问题，"作为一家小企业，可利用的资源不如大企业多，成长过程中，企业面临的内部控制太多，如果成本超出收益，企业负担不了，那就与内控的初衷背道而驰了"。杨玉凤等（2010）认为上市公司的内控信息披露直接影响代理成本，通过构造内控信息披露指数，选取沪市 2007 年经验数据，证明内控信息披露对显性和隐性代理成本有综合抑制作用。

（三）有效性保障方面

内控制度需要在可靠的保障机制下才能有效地组织实施，这需要在岗位、部门和单位三级内控管理模式的基础上,形成科学合理的内部控制决策机制、执行机制和监督机制。刘大贤(2000)认为,内部控制披露的主体可以是提供审计服务的会计师事务所,也可以是上市公司自身,但是他更倾向于上市公司自身通过自测自评来披露其内部控制的有效性。李明辉(2001)在对 MRIC(内控报告)的探讨中,指出要对内部控制信息披露作出具体的具有可操作性的规定,并加强注册会计师对披露的审核,以促进内部控制信息有效地披露。黄秋敏对上市银行 2001—2006 年度财务报告中所披露的内部控制信息进行了分析,发现其信息披露中存在诸多问题,提出从完善上市银行内部控制信息披露的外部边界入手,包括规范上市银行内部控制信息披露的格式和内容以及要求在年报中披露财务报告内部控制评价报告等建议,以提高和完善其内部控制信息披露质量。张立民、钱华、李敏仪(2003)对 2001 年和 2002 年 A 股的 ST 公司内部控制信息披露作了统计分析,结果表明 ST 公司 2002 年的披露状况比 2001 年有所改善,但不少公司以说"好话"为主。对此他们建议对 ST 公司必须强制披露内部控制信息,同时需要经过注册会计师的外部审核,有关监管部门也应该加强对内部控制报告的外部监督和管理。陈蕾(2005)认为公司发起人和负有责任的董事、监事以及注册会计师均有可能因对内部控制有效性作出的承诺而面临诉讼,并导致巨额的赔偿。因此,要求上市公司或注册会计师对内部控制有效性进行报告的做法值得进一步探讨,这是英国、美国及加拿大等国内部控制发展的一点启示。崔志娟(2011)指出,由于存在"动机选择",企业高管处于利己主义,不会将对自己评价不利的内部控制缺陷披露出去。

(四) 环境制约方面

现代企业是在一定的环境中进行经营的,构成企业内部控制环境的因素分为企业外部环境和内部环境。内部控制环境是推动企业发展的引擎,也是其他一切要素的核心,决定了其他控制要素能否发挥作用。潘秀丽(2001)通过对我国目前内部控制及内控信息披露的法律法规的描述,发现执行规定存在诸多制约因素,如内控缺乏公认标准。对于强制披露还是自愿披露,我国学者大多认为上市公司应该强制提供内部控制信息,并由外部审计师进行审核,这与国外的自我选择观点和因果关系观点的区分相悖。吴水澎、陈汉文、邵贤弟(2000)认为信息、内控信息披露可能引发社会问题以及对内部控制评价会超出注册会计师的胜任能力等,建议完善标准体系、制定注册会计师执业标准,加强内部审计。金德环(2002)通过事件研究法对我国证券市场上市公司信息披露与股票价格的异常波动相关性进行了描述性统计分析,分析结果表明我国证券市场所披露的信息含量不高,不同板块的上市公司由于公司信息披露而引起异常波动方面没有显著差异。李荣、吴益兵(2005)比较了美国的财务报表审计报告和财务呈报内部控制的审计报告以后发现,财务呈报内部控制审计是资本市场发展的必然趋势,其对于资本市场的影响将是巨大的。吴蔚(2005)认为由于我国资本市场信息披露环境存在着各种缺陷,上市公司自愿性披露信息的动机不强,应进一步完善披露环境。

(五) 程序评价方面

近几年,随着美国萨班斯法案的颁布,内部控制程序的评价与完善成了国内企业,特别是大中型企业财务工作的重要内容。戴新华、张强(2006)通过相关研究发现我国上市银行存在内部控制信息披露不规范、披露不充分及对内部控制信息披露的认识和理解不一致等问题,建议我国应通过建章立制、以市场为主导及更新观念来分阶段、分步骤推进我国上市银行的内部控制信息披露制度。张刚、周云鹏(2004)提出为了满足投资者需求,降低信息不对称风险,企业应委托注册会计师出具针对其内部控制整体框架的期间性内部控制审核报告。仇莹(2005)提出了财务报告内部控制评价模型,模型是对内部控制目标、控制程序、控制风险、会计报表认定目标、COSO报告中内部控制五大要素之间关系的一种描述和评价。

(六)影响因素及存在的问题

蔡吉甫(2005)以2003年A股上市公司为样本,对我国上市公司内部控制信息披露的影响因素进行了实证研究。研究发现经营业绩越好、财务报告质量越高的上市公司越倾向于披露内部控制信息,而财务状况异常(即股票交易被特别处理)的上市公司披露内部控制信息的动力明显不足。秦雷、梁劲(2005)认为,上市公司的内部控制信息披露存在诸多问题,表现在披露的信息缺乏可信度,信息披露不充分、不及时,信息披露具有较强的随意性等,其根本原因在于我国股票市场尚存在某些制度缺陷。要完善上市公司的内部控制信息披露,必须加强上市公司治理结构及内控制度、信息披露中介制度和相关法律制度的建设。倪惠萍(2006)指出当前我国上市银行内部控制信息披露具有强制性制度要求,但通过对近几年上市银行年度报告的分析,发现上市银行在对强制性披露要求的遵循上存在诸多问题与不足,上市银行内控信息披露制度应在多方面得到完善。戴新华、张强(2006)通过相关研究发现我国上市银行存在内部控制信息披露不规范、披露不充分及对内部控制信息披露的认识和理解不一致等问题。杨有红对2006年沪市年报内部控制信息披露的现状分析,发现存在以下问题:内部控制信息披露的强制规定未得到有效执行、内部控制信息自愿性披露动机不足、公司的内部控制自我评估和会计师事务所的核实评价缺少统一的标准。

三、内部控制与智能信息控制

随着物联网技术产业化的发展,传统企业的经营方式发生了巨大的变化,与此紧密相连的企业内部控制也由传统的制度建设、规避风险衍生出更强大的功能,其中,智能信息控制逐渐成为物联网技术下内部控制的核心。

现代企业是物流、资金流、信息流的综合体,并且随着信息技术尤其是物联网技术的迅猛发展,信息流将在未来企业生命周期中起越来越重大的作用。美国《企业内部控制框架》提出,企业内部控制由五要素构成:控制环境、风险评估、控制活动、信息和沟通、监控,其中信息和沟通的作用不容忽视,它贯穿整个内部控制乃至整个企业活动的始终。福利经济学第一定理指出,在完全竞争的市场环境中,能够自动实现帕累托最优,其前提为市场是没有交易成本和完全信息的。由此可以看出,如何及时获取有用的信息,并合理地分析处理信息,利用该信息为企业创造价值,就成为现代企业立足于激烈的竞争环境亟待解决的问题。

智能信息控制是利用物联网技术和其他现代信息技术手段自动获取、处理、生成、利用信息，并加强信息协作，以增强企业内部控制有效性，服务于受托责任系统的工具。

将智能信息控制与内部控制相结合，有利于企业降低信息获取成本，促进企业内部自动实现资源配置最优。西方经济学指出，在信息完全的情况下，资源会自动实现最优配置。然而，信息成本为零在现代的技术和社会条件下是不可能实现的。为了充分发挥经济体本身的自主性和活力，减少人为干预对企业发展带来的阻力，如何降低信息获取成本成为重中之重。利用基于物联网的智能信息控制技术，可以使实时状态信息精准地在企业之间迅速交换、处理，从而大大降低信息成本，优化资源配置，激发企业发展活力。

将智能信息控制与内部控制相结合，有利于提高管理质量和效率。在基于物联网的智能信息控制技术下，物理世界与信息世界的"断层"被弥合，传统意义上物理性质的"企业资源"在精确、及时的信息支持和人工智能的有力支撑下更为智能，为企业管理提供了极大便利，企业的管理也随之更趋近于管理科学的实质和灵魂。在一定程度上，智能信息控制会减少企业管理中的冗杂和赘余（大量重复作业），又由于信息反馈更加及时，企业管理更具有指向性和针对性，从而提高管理质量和效率。

将智能信息控制与内部控制相结合，有利于提高内部控制信息披露的可信度和质量。实时精准的信息和自动、智能的处理系统可以在一定程度上解决企业内部所有者与管理层之间、企业与外部市场环境之间的信息不对称问题，有利于降低代理成本，同时使内部控制信息披露更贴近事实，更符合各利益相关者的需要。此外，在智能信息控制技术下，人为操纵因素减少，所获取的信息透明度更高，也大大提高了内部控制信息披露的可信程度。

四、互联网＋内部控制

2015 年提出的"互联网＋"战略，即互联网与传统业态相结合产生"1＋1＞2"的效果，是应对经济新常态的重要战略举措。互联网技术与各行各业迅速结合使得企业获取信息的方式发生了巨大的改变，也给企业内部控制带来诸多变化。

一方面，互联网环境下，会计电算化系统取代了人工会计核算系统，对企业的经济活动进行确认、计量、记录和报告，财务信息不再依靠人工而是计算机和网络平台自动产生。在这样的方式下，企业财务信息的取得更具有及时性，所获得的信息也更加准确、具体、全面，给信息使用者提供了极大的便利，有助于管理层进行管理和决策，信息的获取、处理和利用变成了一个更加动态的、智能的过程。于是，充足和及时的信息保障了企业内部控制的能动性和可靠性。同时，自动化系统也能够减少内部控制的层次，减轻企业负担，明确各岗位责任，从而提高员工工作和企业运行效率。

另一方面，由于内部控制所依赖的信息主要由互联网和计算机系统获取，系统的可靠性和对系统的控制监督成为企业内部控制的新课题。此时的内部控制，应当能够保证系统处理的数据的准确性和可靠性，系统本身处理能力的有效性，系统的维护、系统不受舞弊和恶意篡改的威胁等。规避人为控制系统带来的随意性风险，系统运行故障或漏洞风险,未经授权操作或授权错位的风险等。

为了充分利用"互联网+"给企业带来的机遇和降低与此相伴而来的风险,企业应当调整相应的内部控制手段。

(1) 完善内部控制环境。企业的内部控制环境包括企业的治理制度、企业文化、企业信息系统、会计法规和职业道德、沟通协调制度等。在"互联网+"的大环境下,企业应当首先树立学习意识,重视互联网在企业经营中的作用,形成与"互联网+"战略相辅相成的企业文化。只有在思想上重视互联网在当前激烈的竞争形势下的作用,充分全面地了解互联网这一强大工具,才有可能使企业及时把握机遇,识别新形势下的新风险,认识到与之相匹配的内部控制的着重点,使企业查漏补缺,强化内部控制有效性。其次,企业应当引进先进,操作性、可维护性强的信息系统以辅助财务会计信息及其他相关信息的及时、准确形成和传递。一个优质的信息系统不仅能够提高工作效率和管理决策的质量,还可以很大程度上规避系统故障、人为操纵等新的风险点,保证信息安全。最后,企业应培养使用、维护相关信息系统的人才,引进计算机、财务会计混合型人才,形成文化软实力,优化内部控制环境。

(2) 完善风险管理体系。企业应成立与内控相关的风险管理小组,识别企业内部管理活动尤其是"互联网+"给企业带来的潜在风险,建立健全相关的控制制度,建立风险预警和紧急情况备案,以尽早发现风险,快速做出正确决策,尽量减少风险给企业带来的损失。

(3) 完善内部审计制度。内部审计人员除完成传统内部审计业务外,还应对计算机信息系统的准入资格进行详细核查,制定规范的标准明确企业所需信息系统的类型、规格等相关要求。同时,内审人员应当监督信息技术人员对企业计算机系统进行定期、不定期的检查,以确保获取信息的真实性、可靠性。企业应改变传统内部审计着重事后审计的做法,建立健全事前、事中、事后结合的内部审计制度,从而有效降低风险发生可能性。

(4) 完善岗位分离与授权制度。由于计算机系统减轻了人工负担,又产生了新的岗位权力滥用风险,企业应重新布局,由高管层、董事会、监事会共同分析评定新的岗位职责给企业内部控制带来的优化和威胁,对于相关威胁,应采取积极的态度进行分析解决,完善授权制度,重新分析企业中存在的不相容岗位,严禁未经授权和权利冲突的现象存在。

五、内部控制与区块链

(一) 区块链概述

区块链技术作为比特币的核心支撑技术,自 2008 年比特币概念提出和 2009 年创始人中本聪发行第一枚比特币开始,在世界范围内掀起了巨大浪潮,它由最初在跨境支付、电子商务等领域的应用,逐渐扩展到证券市场、银行市场乃至整个金融市场,又到现在在医疗、物流、财务审计等社会发展的各个层面,被认为是继蒸汽、电力、信息技术和互联网之后,最有可能引发第五次技术革命的核心技术。

区块链的定义目前尚未在行业内形成统一认识。它以时间顺序组织数据区块结构,并以密码学保证其数据不可篡改或伪造,以分布式节点共识算法生成、相互验证、更新数据,以点对点形式组织的去中心化、去中介化的计算范式。

根据其去中心化程度的不同,区块链可分为公有区块链、联盟区块链和私有区块链三种。公有区块链是真正意义上的去中心化的分布式区块链。在公有区块链中,每一个节点都可以写入、读取和验证交易数据,且全区域可访问,其信任机制是工作量证明,比特币是公有区块链的典型应用。联盟区块链是多中心的数据结构,参与者在联盟共识下,各节点写入权限受预选节点控制,其信任机制是在入盟协议下的集体背书,如纳斯达克的市场参与者等。私有区块链则没有去中心化,其参与者仅受一个中心的控制,它是高度中心化的数据系统,典型代表有事务所审计等。

区块链技术有如下特点。

(1) 去中心化。在传统中心化数据网络中,数据均由一个中心记录、存储,效率低且错误率高,而在区块链系统中不存在中心化或者第三方协助,数据由各节点分布式记录、分布式存储,且其相互验证、相互维护,是一个数据大家庭。

(2) 去信任化。在传统系统中,是通过一个可信赖的中央节点或可信赖的第三方平台实现信任的验证和积累的,而在区块链中,信任由约定算法和加密数据完成,其参与者不需要花费大量时间和资源了解相互之间的信用程度,省去了中央节点和第三方参与的成本,实现了去信任化。

(3) 安全性。在区块链数据系统中,各交易记账由各节点独立完成,各节点之间又通过共识协议相互验证,从而避免某一节点由于舞弊贿赂等造假的可能;又由于在系统中,交易节点足够多,所以除非所有节点都被破坏,否则记账信息不会丢失。

(4) 稳健性。区块链是一个开放、透明的数据系统,每一个节点都有对全域的访问权限,每一个节点也都有对完整的数据库信息,因此,除非同时控制全域51%以上的节点,否则无法实现对交易信息的修改或伪造。同时,丢失任意一个节点对系统整体的安全影响不大。

(5) 保密性。区块链采用非对称加密手段,即在信息传送的加密和解密进程中采用一个"密钥对"的形式,一方通过一把密钥加密信息,另一方只有通过另一把配对的密钥才可以解密信息,使信息交换更安全透明,又同时尊重个人隐私,实现匿名性。

(二) 区块链与内部控制

基于上述区块链技术的优势,应将区块链引入企业管理尤其是企业会计信息系统,以辅助企业内部控制的功能更好地实现。

企业的交易由交易双方点对点直接完成,并在共识机制下相互信任,生成并记录相关交易信息。此时,由于区块链的特殊数据处理范式,交易信息在全域内被公认,从而信息是真实的;此交易信息在全域内可被所有节点访问和验证,因此避免了交易信息被篡改的可能,大大提升了该信息的可信度;区块链去中心化的特点又使企业内部人员之间,内部和外部人员之间相互勾结、舞弊欺诈的可能性降低,从而使得企业内部控制在目标得以实现的基础上有效地提高了其实现效率。作为一个公开透明的系统,区块链也使得企业内部控制信息披露成本降低,可信性提高,很大程度上解决了信息不对称的问题,降低了道德风险。在企业实务中,企业的商业秘密和主体信息安全是在信息透明的时代一个十分棘手的话题。利用上述区块链中的非对称加密手段,区块链中各参与方可以在信息共享的前提下实现主体私人信息保密,使企业依然能够保守自身商业机密,按照既定的方向发展,降低了内部控制信息披露的隐性成本。

第三节 我国内部控制信息披露机制

我国对内部控制信息披露的制度建设从未停止。2006年6月5日,上海证券交易所发布《上海证券交易所上市公司内部控制指引》,同年9月28日,深圳证券交易所发布《深圳证券交易所上市公司内部控制指引》,双市对上市公司的内部控制建设提出了建设性意见;2008年5月22日,五部委联合发布《企业内部控制基本规范》,2010年4月15日,又联合发布《企业内部控制配套指引》,同《企业内部控制基本规范》一起,初步形成了我国企业内部控制的基本体系。

一、沪深两市关于内部控制信息披露的比较

(一) 上海证券交易所规定

上海证券交易所发布的《上海证券交易所上市公司内部控制指引》规定,公司在内部控制的检查监督中如发现内部控制存在重大缺陷或存在重大风险,应及时向董事会报告。公司董事会应及时向上海证券交易所报告该事项,经认定后,及时发布公告。

董事会应根据内部控制检查监督工作报告及相关信息,评价公司内部控制的建立和实施情况,形成内部控制自我评估报告,在审议年度财务报告等事项的同时,对公司内部控制自我评估报告形成决议,在年度报告披露的同时,披露年度内部控制自我评估报告,并披露会计师事务所对内部控制自我评估报告的核实评价意见。公司董事会下设审计委员会的,可由审计委员会编制内部控制自我评估报告草案并报董事会审议。

公司内部控制自我评估报告至少应包括如下内容。
(1) 内控制度是否建立健全。
(2) 内控制度是否有效实施。
(3) 内部控制检查监督工作的情况。
(4) 内控制度及其实施过程中出现的重大风险及其处理情况。
(5) 对本年度内部控制检查监督工作计划完成情况的评价。
(6) 完善内控制度的有关措施。
(7) 下一年度内部控制有关工作计划。

（二）深圳证券交易所规定

深圳证券交易所发布的《深圳证券交易所上市公司内部控制指引》规定，公司应按照该指引规定设立内部审计部门，直接对董事会负责，将定期检查的公司内部控制缺陷，执行的效果和效率评估，改进建议及解决进展情况形成内部审计报告，向董事会和列席监事通报。如果发现公司存在重大异常情况，可能或已经遭受重大损失时，应立即报告公司董事会并抄报监事会。公司董事会应提出切实可行的解决措施，必要时应及时向深圳证券交易所报告并公告。

公司应根据自身经营特点和实际状况，制定公司内部控制自查制度和年度内部控制自查计划。公司应要求内部各部门（含分支机构）、控股子公司积极配合内部审计部门的检查监督，必要时可以要求其定期进行自查。

公司董事会应依据公司内部审计报告，对公司内部控制情况进行审议评估，形成内部控制自我评价报告。公司监事会和独立董事应对此报告发表意见。

自我评价报告至少应包括以下内容。

（1）公司内部控制制度是否建立健全和有效运行，是否存在缺陷。
（2）重点关注的控制活动的自查和评估情况。
（3）内部控制缺陷和异常事项的改进措施（如适用）。
（4）上一年度的内部控制缺陷及异常事项的改善进展情况（如适用）。

如注册会计师对公司内部控制有效性表示异议的，公司董事会、监事会应针对该审核意见涉及事项作出专项说明，专项说明至少应包括以下内容。

（1）异议事项的基本情况。
（2）该事项对公司内部控制有效性的影响程度。
（3）公司董事会、监事会对该事项的意见。
（4）消除该事项及其影响的可能性。
（5）消除该事项及其影响的具体措施。

公司应将内部控制制度的健全完备和有效执行情况，作为对公司各部门（含分支机构）、控股子公司的绩效考核重要指标之一。公司应建立起责任追究机制，对违反内部控制制度和影响内部控制制度执行的有关责任人予以查处。

公司应于每个会计年度结束后4个月内，将内部控制自我评价报告和注册会计师评价意见与公司年度报告报送深交所同时对外披露。

（三）对比

可以看出，上交所和深交所都认为公司董事会应当对内部控制建设和内部控制评价负责，但深交所更明确指出，企业董事会应下设内部审计部门专门负责内部控制相关事项；两所都对如发现重大缺陷等企业应如何处理作出规定，对内部控制评价报告的形成、内容、是否经注册会计师审定作出规定，不同的是，深交所对于注册会计师所提出的内部控制有效性异议处理更加具体，要求企业对所涉事项发表专项说明，并对专项说明的内容作出详细描述。此外，深交所创新性地提出，企业应制定公司内部控制自查制度和年度内部控制自查计划,更加明确的要求企业将内部控制有效性作为绩效考核的指标,更好地落实责任制,这对企业内部控制建设具有很大的指导意义。

二、《企业内部控制基本规范》和《企业内部控制配套指引》

五部委发布的《企业内部控制基本规范》(2008)和《企业内部控制配套指引》(2010),结束了我国没有企业内部控制相关制度的局面,使我国企业内部控制制度初成体系。

《企业内部控制基本规范》借鉴了COSO内部控制框架,结合我国国情,为企业如何建立内部控制制度提供了蓝图,并从内部环境、风险评估、控制活动、信息与沟通、内部监督五方面具体阐述了企业内部控制细节;而《企业内部控制配套指引》则涵盖《企业内部控制应用指引》18项、《企业内部控制评价指引》和《企业内部控制审计指引》,进一步明确了企业内部控制建立、评价、审计的步骤和内容,说明并规范了企业内部控制的做法。《企业内部控制配套指引》中明确指出,企业应评价内部控制有效性并形成内部控制评价报告,与企业内部控制审计报告同时报出,并对内部控制评价报告至少应包括的内容、最晚报送时间作出规范(内部控制评价报告具体内容见第十四章第一节)。

充分地披露企业内部控制信息一方面有利于解除管理层的受托责任,减轻信息不对称和道德风险,促使企业更加重视企业内部控制的建设从而促进企业发展;另一方面也会给企业带来高额成本。企业需要根据法律法规的要求建立起刚性的内部控制制度。在信息披露过程中,形成报告、披露报告的成本和委托相关事务所进行审计的成本,对于企业来说都是高昂的。同时,在信息披露过程中,存在企业商业机密被泄露,企业特有的组织机构、人力资源、企业文化等相对竞争优势暴露在竞争对手面前等风险。

第四节 企业内部控制信息披露的思考与展望

从表面上看,我国内部控制信息披露似乎进入了强制披露阶段,但仔细理顺这些规范的条款后会发现:指导性意见较多,强制性要求较少;原则性意见较多,具体性要求较少。那些"强制要求",要么局限于商业银行、证券公司和保险公司等金融类上市公司,要么局限在招股说明书中披露。针对普通上市公司而言,年度报告的披露,虽然要求公司说明生产经营控制、财务管理控制、信息披露控制等内部控制制度的建立和健全情况,但只"鼓励央企控股的、金融类及其他有条件的上市公司披露董事会出具的、经审计机构核实评价的公司内部控制自我评估报告";对于年报摘要,更是允许公司监事会在认为企业已建立完善的内控制度时免于披露。可见,一般上市公司在年度报告中披露内部控制信息处于半强制披露阶段。而且,我国内部控制的法治化建设进程较为缓慢,对内部控制的重视程度相比国外(尤其是美国)尚存较大差距,即将正式实施在上市公司范围内施行的《企业内部控制基本规范》,并未像美国萨班斯法案那样强制要求对内部控制有效性进行鉴证,而且在格式、内容与评价机制上也无统一的规定。相关部门应进一步深入研究内部控制信息披露的影响因素,找出问题的关键所在,建立起符合我国国情的完善的内部控制信息披露机制。

1. 转变观念是当务之急

美国对内部控制信息披露重要性的研究,在一定程度上改变了投资者和公众对内部控制信息披露的认识和态度。我国对内部控制信息披露重要性的研究还不够深入,应该认识到企业内部控制应当建立在共同认同的基础上。只有当企业中的每一个员工目标明确,观念趋同,内部控制才能有实效,使每一个企业员工都要有内部控制制度的概念和意识,知道自己的一举一动都要受到内部控制制度的牵制和约束。

2. 增强各个层次的监管力度

建立层次分明、功能完善的证券监管体系,才能充分发挥监管制度的功效。就目前我国监管者的监管权力和独立性状况来看,首先,要排除地方行政部门的干预,尤其是对大型国有上市企业信息披露的监管方面,更需要独立的权力;其次,要尽快赋予证监会提起诉讼以及司法建议等权力;再次,要加强行业自律管理,增强自我监管意识,以弥补政府主导监管的弊端;最后,要完善证券信息披露民事责任制度。

3. 完善信息披露的格式与内容

我国在财务报告内部控制信息披露的格式、内容规范等方面的研究还极其缺乏。建议由监管机构调查研究证券市场各主体的信息需求,在协调各方利益的基础上,出台要求更为明确、内容更为细化、格式更为合理的内容与格式准则,从而从根本上提高上市公司在内部控制方面相关信息披露的有效性,避免目前重形式、轻内容、过于模式化的通病。

4. 健全内部控制制度评审

应了解被评价单位内部控制体系的基本情况,确认评价范围,确定被评价单位的内部控制体系的健全程度,然后决定实施测试所采取的方法。实施测试和分析具体可以采取符合性测试和指标分析等,其中对内部控制过程评价主要采取符合性测试法,对内部控制结果评价主要采取指标分析法。

5. 科学考虑成本效益原则

内部控制的任何分工、审核、制衡,都必须考虑是否符合成本效益原则。如果分工和制衡的成本高于其效益,则不应当采用该项控制。判断一项控制的成本效益,并非易事,而往往需要较多的主观判断。需要指出的是,判断一项控制是否符合成本效益原则,应当站在企业整体利益的角度上考虑。尽管一些控制会影响工作效率,但对整个企业来讲,如果不采用该项控制,则可能对企业造成更大损失,则实施该项控制是十分必要的。

6. 运用新技术

运用本章第二节中所述智能信息控制、互联网和区块链等技术,可以使企业信息的生成、处理和传递更加准确、及时、智能,增强其安全性,加强信息协同,在此基础上使内部控制的职能和任务更加明确,减少技术含量较低的重复性作业,同时降低信息造假、舞弊、欺诈等可能,更好地实现企业内部控制的使命。与此同时,应当注意采用新技术对企业内部控制提出的新挑战、新风险,企业管理层应当及时识别、采取措施应对这些风险,使新技术更好地服务于企业内部控制,从而促进企业发展。

本章小结

本章深入研究了企业内部控制信息披露的相关内容。首先,介绍了有关企业内部控制的历史发展和国别概述,分别就国内和国外的理论和实证研究现状进行了分析。其次,就智能信息控制、互联网+和区块链等近年来极大改变了生产生活状况的技术将怎样应用于并使内部控制信息披露受益进行了探索。再次,阐述了我国内部控制信息披露的基本框架和基本要求。最后,综合国内外研究和现状,笔者提出了对内部控制信息披露的思考与展望。

思考题

1. 按国别简述内部控制信息披露历程。
2. 简述我国有关内部控制信息披露的争论焦点。
3. 简要描述智能信息控制、互联网和区块链技术对内部控制信息披露的意义。
4. 你对我国内部控制信息披露的前景有怎样的思考?
5. 找一家你感兴趣的上市公司研究它的内部控制信息披露情况。

参考文献

[1] 夏宁.企业内部控制信息披露动向:综述与展望[C].首届内部控制专题学术研讨会,2009.
[2] 许金叶,韩玲.智能信息控制:物联网下企业内部控制的核心[J].会计之友,2012(7).
[3] 赵晓宇,张忠慧."互联网+"下企业内部控制存在的问题及建议[J].中国集体经济,2016(10).
[4] 毛华扬,朱玉玮.互联网环境下的会计内部控制与流程再造[J].中国管理信息化,2016(1).
[5] 吴雅琴,高北宁.基于"互联网+"电算化会计系统内部控制研究[J].商业经济,2016(9).
[6] 姚华.基于互联网环境下的企业内部控制探讨[J].财会学习,2016(18).
[7] 杨录强.会计信息系统内部控制创新研究——在互联网络环境下[J].中国管理信息化,2008(12).
[8] 宋彩虹.试论互联网企业风险管理与内部控制[J].商,2015(39).
[9] 尹薛颖."互联网+"会计的企业内部控制研究[J].财会学习,2016(14).
[10] 马颐新.刍议区块链技术及在金融领域的应用[J].中国管理信息化,2016(19).
[11] 张锐.基于区块链的传统金融变革与创新[J].西南金融,2016(10).
[12] 张苑.区块链技术对我国金融业发展的影响研究[J].国际金融,2016(5).
[13] 袁勇,王飞跃.区块链技术发展现状与展望[J].自动化学报,2016(4).
[14] LIN Y C, WANG Y C, CHIOU J R, et al. CEO characteristics and internal control quality[J]. Contemporary AccountingResearch,2014,22 (1).
[15] HOITASH R, HOITASH U, JOHNSTONE K M. Internal control material weaknesses and CFO compensation [J]. Contemporary Accounting Research,2012 (29).
[16] 杨友红,汪薇.2006年沪市公司内部控制信息披露研究[J].会计研究,2008(3).
[17] 崔志娟.规范内部控制的思路与政策研究——基于内部控制信息披露"动机选择"视角的分析[J].会计研究,2011(11).
[18] 刘华.中航油新加坡公司内部控制案例分析[J].上海市经济管理干部学院学报,2008(03).

第十四章 企业内部控制评价体系研究

> **引入案例**

中国石油西气东输管道公司

2001年4月22日,为响应"西部大开发"战略,缓解东部能源危机,中国石油天然气股份有限公司直属的地区公司中国石油西气东输管道公司成立,与西气东输销售分公司合署办公,运营1条干线、3条支干线、2条联络线、11条支线和长宁线、兰银线;2座地下储气库、1个计量检定中心;管线途经13个省(市、自治区),供气范围覆盖华东、华中、华南、西北东部广大地区(资料来源360百科)。

2003年起,为适应国内外监管要求,提升企业风险控制和管理能力,更好地推动"西气东输"项目实施,公司建立了内部控制体系框架,制定了国内企业第一部《内部控制管理手册》,借鉴COSO内部控制框架,建立了内部控制评价体系。该内部控制体系分起步、发展、成熟三个阶段落地,其中,内部控制评价以设计有效性、执行有效性两方面入手,以风险导向为原则,充分运用COSO内部控制框架的控制环境、风险评估、控制活动、信息与沟通和监督五个方面进行组织,定期评价和不定期评价交叉进行,由总经理、总会、公司管理层评定通过内部控制评价报告,经会计师事务所审计后最终完成内部控制评价过程。

作为率先进行内部控制和内部控制评价建设的公司之一,持续应用的内部控制不仅保证了"西气东输"项目的成功完成,更使风险、合规、受控的理念深入人心,形成了严谨、规范的企业文化,降低了企业风险发生的可能性,有效地控制了损失,提高了公司的管理水平,使公司长远受益。

第一节 企业内部控制评价体系概述

内部控制的有效性对于保证企业健康发展至关重要,企业组织形式日趋多元化、组织结构日趋复杂化,内部控制在企业管理中所发挥的作用也越发突出。加强内部控制方面的研究在国际上成为一种潮流,全美反舞弊报告委员会2004年9月发布《企业风险管理——整合框架》,将企业风险管理思想纳入内部控制评价体系中,并以此构建出以风险管理为导向的ERM框架。

一、我国理论与实务现状

许多学者对我国评价体系构建问题进行了探讨。然而纵观近几年的成果,一部分研究依托于萨班斯法案与《企业内部控制配套指引》等条文(朱荣恩、应唯、袁敏,2003;王造鸿、吴国萍,2010),对该问题进行解释与分析,并未考虑实际操作的可能性。另一部分的学者研究大多数从财务报告和审计的角度来看待这个问题(李志芳,2009;赵丽芳、王岩、闵德明,2010),而并不是以满足企业真切的需要为目的。虽然出现了一些视角与观点都不错的文章,却局限于某个个案(张谏忠、吴轶伦,2005;戴颜,2006)或某一切入点(杨有红、汪薇,2006),没有从整体和系统角度构建有广泛意义的与企业管理相拟合的系统。

近年来,对于企业内部控制评价,许多学者也提出了众多不同的视角进行分析。池国华(2010)认为,内部控制是高、中、基层各级管理者实现其职能和组织目标的手段,且管理层只能为其内部控制有效性提供合理保证,因此,内部控制评价应基于管理视角进行;张兆国等(2011)则是从控制的各种权威释义出发,结合企业实务和中航油巨额亏损的案例论证了控制目标才是评价其有效性的关键,从而建立了以目标为导向的内部控制评价体系;针对以往大多数定量的、从外部角度出发的内部控制评价研究,石意如(2013)认为,应当由物本控制转为人本控制,由幸福最大化取代财富最大化,从企业利益相关者的幸福导向角度组织企业内部控制评价。

实务中,许多企业也根据自身状况进行了内部控制评价系统的建立。例如,上海宝钢国际为实现 ERP 系统实施和流程优化,进行了"CSA"内部控制系统评价工作,以适应和服务于日渐复杂化的业务,减少职能部门与业务部门之间的冲突。在德勤会计师事务所的帮助下,关注了岗位分离、业务模式缺陷和授权范围等一系列内部控制评价工作,收到了可观的效果。再如,2010 年戴尔违反证券法的丑闻爆出后,为加强管理、重树投资者信心和企业形象,戴尔对包括内部控制环境、期末财务报告程序等多方面进行了重新评价,作出了人力资源、培训、信息与沟通和审计委员会智能等多方面改进。

然而,这些企业的个例无法改变大部分企业内部控制评价缺失的现状。另外,企业的内部控制评价多是根据自身情况自发组织起来的,缺乏普遍的约束力和适应性;针对本企业缺陷而实施的内部控制评价是零散的、非系统化的。

池国华老师指出,"即便设计并运行了内部控制制度,如果缺乏持续改善的内部控制评价,那么内部控制制度的作用发挥也会受到限制"。因此,如何构建一个有效的、系统的、有实际操作意义的内部控制评价体系是现在亟须解决的。

二、我国内部控制评价制度建设

我国五部委在吸收与改进的基础上于 2008 年联合发布了《企业内部控制基本规范》,结束了我国没有内部控制框架的局面;随后又于 2010 年发布了与之配套的《企业内部控制配套指引》,标志着适应我国企业实际情况、融合国际先进经验的中国企业内部控制规范体系基本建成。

《企业内部控制评价指引》从内部控制的内容、程序、内部控制缺陷的认定和内部控制评价报告几方面对企业内部控制进行了规范。

《企业内部控制评价指引》指出,企业内部控制评价应由企业董事会或类似权力机构对内部控制的有效性进行全面评价、形成评价结论、出具评价报告,且对内部控制评价报告的真实性负责。在实施过程中,应秉持全面性原则(包括内部控制的设计、运行,涵盖企业全部机构的所有业务和事项)、重要性原则(在全面基础上关注重要业务单位、业务事项和高风险领域)和客观性原则(准确揭示经营管理风险状况,如实反映设计、运行有效性)。同时,企业应根据自身情况,结合《企业内部控制评价指引》规定,制定具体的内部控制评价办法,明确机构和岗位权责,有序开展内部控制评价工作。

(一) 内部控制评价的内容

《企业内部控制评价指引》规定,企业应根据《企业内部控制基本规范》《企业内部控制应用指引》和本企业内部控制制度为依据,借鉴COSO内部控制框架,围绕内部环境、风险评估、控制活动、信息与沟通、内部监督等要素对内部控制的设计与运行进行全面评价。

在内部环境评价中,应以组织架构、发展战略、人力资源、企业文化、社会责任等应用指引为依据;在风险评估机制评价中,应以《企业内部控制基本规范》中对风险评估的要求及各应用指引中所列主要风险为依据;在控制活动评价中,应以《企业内部控制基本规范》和各项应用指引中的控制措施为依据;在信息与沟通评价中,应以内部信息传递、财务报告、信息系统等相关应用指引为依据,对信息收集、处理和传递的及时性、反舞弊机制的健全性、财务报告的真实性、信息系统的安全性,以及利用信息系统实施内部控制的有效性等进行认定和评价;在内部监督评价中,应以《企业内部控制基本规范》对内部监督的要求以及各项应用指引为依据,重点关注监事会、审计委员会、内部审计机构是否在内部控制设计和运行中有效发挥监督作用。以上要求均需结合企业具体内部控制制度,对各要素设计和运行的有效性进行认定和评价。

在具体开展内部控制评价工作过程中,应形成工作底稿,详细记录企业执行评价工作的内容。工作底稿应包括评价要素、主要风险点、采取的控制措施、有关证据资料以及认定结果等。工作底稿应当设计合理、证据充分、简单易行、便于操作。

(二) 内部控制评价的程序

内部控制评价的程序一般包括:制定评价工作方案、组成评价工作组、实施现场测试、认定控制缺陷、汇总评价结果、编报评价报告等环节。企业可以授权内部审计部门或专门机构(以下统称内部控制评价部门)负责内部控制评价的具体组织实施。

(1) 评价工作方案:企业内部控制评价部门应当拟订评价工作方案,明确评价范围、工作任务、人员组织、进度安排和费用预算等相关内容,报经董事会或其授权机构审批后实施。

(2) 组成评价工作组:企业内部控制评价部门应当根据经批准的评价方案,组成内部控制评价工作组,具体实施内部控制评价工作。评价工作组应当吸收企业内部相关机构熟悉情况的业务骨干参加，对本部门的内部控制评价工作应当实行回避制度。企业可以委托中介机构实施内部控制评价；但应注意为企业提供内部控制审计服务的会计师事务所，不得同时为同一企业提供内部控制评价服务。

（3）实施现场测试：内部控制评价工作组应当对被评价单位进行现场测试，综合运用个别访谈、调查问卷、专题讨论、穿行测试、实地查验、抽样和比较分析等方法，充分收集被评价单位内部控制设计和运行是否有效的证据，按照评价的具体内容，如实填写评价工作底稿，研究分析内部控制缺陷。

（三）缺陷认定

内部控制缺陷包括设计缺陷和运行缺陷。企业对内部控制缺陷的认定，应当以日常监督和专项监督为基础，结合年度内部控制评价，由内部控制评价部门进行综合分析后提出认定意见，按照规定的权限和程序进行审核后予以最终认定。

企业在日常监督、专项监督和年度评价工作中，应当充分发挥内部控制评价工作组的作用。内部控制评价工作组应当根据现场测试获取的证据，对内部控制缺陷进行初步认定，并按其影响程度分为重大缺陷、重要缺陷和一般缺陷。其具体认定标准，由企业根据下述要求自行确定。

（1）重大缺陷，是指一个或多个控制缺陷的组合，可能导致企业严重偏离控制目标。

（2）重要缺陷，是指一个或多个控制缺陷的组合，其严重程度和经济后果低于重大缺陷，但仍有可能导致企业偏离控制目标。

（3）一般缺陷，是指除重大缺陷、重要缺陷之外的其他缺陷。

企业内部控制评价工作组应当建立评价质量交叉复核制度，评价工作组负责人应当对评价工作底稿进行严格审核，并对所认定的评价结果签字确认后，提交企业内部控制评价部门。企业内部控制评价部门应当编制内部控制缺陷认定汇总表，结合日常监督和专项监督发现的内部控制缺陷及其持续改进情况，对内部控制缺陷及其成因、表现形式和影响程度进行综合分析和全面复核，提出认定意见，并以适当的形式向董事会、监事会或者经理层报告。重大缺陷应当由董事会予以最终认定。对于认定的重大缺陷，应当及时采取应对策略，切实将风险控制在可承受度之内，并追究有关部门或相关人员的责任。

（四）评价报告

企业应当根据《企业内部控制基本规范》《企业内部控制应用指引》和《企业内部控制评价指引》，设计内部控制评价报告的种类、格式和内容，明确内部控制评价报告编制程序和要求，按照规定的权限报经批准后对外报出。内部控制评价报告应当分别针对内部环境、风险评估、控制活动、信息与沟通、内部监督等要素进行设计，对内部控制评价过程、内部控制缺陷认定及整改情况、内部控制有效性的结论等相关内容作出披露。根据年度内部控制评价结果，结合内部控制评价工作底稿和内部控制缺陷汇总表等资料，按照规定的程序和要求，及时编制内部控制评价报告。

内部控制评价报告至少应当披露下列内容：董事会对内部控制报告真实性的声明、内部控制评价工作的总体情况、内部控制评价的依据、内部控制评价的范围、内部控制评价的程序和方法、内部控制缺陷及其认定情况、内部控制缺陷的整改情况及重大缺陷拟采取的整改措施、内部控制有效性的结论等。

企业应当以每年的12月31日作为年度内部控制评价报告的基准日。内部控制评价报告应于基准日后4个月内,报经董事会或类似权力机构批准后,与企业内部控制审计报告同时报出、对外披露或报送相关部门。同时,企业内部控制评价部门应当关注自内部控制评价报告基准日至内部控制评价报告发出日之间,是否发生影响内部控制有效性的因素,并根据其性质和影响程度对评价结论进行相应调整。最后,企业应当建立内部控制评价工作档案管理制度,与内部控制评价的有关文件资料、工作底稿和证明材料等应当妥善保管。

综合《企业内部控制基本规范》与《企业内部控制配套指引》可以看出,我国对内部控制的建设、评价和披露给出了建设性的意见,为企业进行相关活动提供了方向和参考,然而,这些法规更多地倾向于概念、框架、规范条例等的描述,并没有对企业在内部控制中的具体步骤作出具体性的引导。同时,我国企业内部控制起步较晚,进展程度参差不齐,因此如何构建一个合适的评价体系来发现企业内部控制中所存在的缺陷与不足,就显得尤为重要。

第二节 超循环理论与企业内部控制评价

一、超循环理论概述

20世纪70年代,诺贝尔奖获得者德国物理学家曼弗雷德·艾根(Manfred Eigen)提出了关于生命起源的自组织理论——超循环理论(Hypercyle Theory),将进化方面的研究由有机整体论推向了生成整体论。

生命进化分为生物进化和化学进化两种形式。在化学进化中,无机分子逐步形成简单的有机分子;在生物进化中,无核生物逐渐演变为真核生物,简单低等生物演化为复杂高等生物。生物的进化是建立在细胞的遗传和变异基础上的,而细胞的遗传和变异则依赖于两类大分子物质:核酸和蛋白质。生物的遗传物质的载体和它们的译码方式都大致相同。译码过程则由几百种分子相互协作,共同完成。

超循环理论认为,这几百种分子需要一种"自组织"的形式将它们紧密而严谨地组织起来,促使它们完成生物遗传和变异过程。这种分子"自组织"的形式,就是"超循环"。例如,在核酸的自复制过程中,虽然核酸是自复制的模板,但该过程却不是直接进行,而是由核酸通过控制由它编码的蛋白质去影响另一段核酸的自复制。

与达尔文进化论不同,艾根研究的并非宏观上物种的进化规律,而是将关注点放在了微观分子层面。该理论认为在化学进化与生物进化之间必然有一个分子自组织阶段,完成从非生命物质到生命物质的转化的质的飞跃(沈小峰、曾国萍,1988),并提出了分子微观水平上"拟种"的概念。

类比生物进化中的分子,"拟种"是一些关系密切的分子种的组合,该组合具有一定的概率分布组织特征。根据超循环理论,作为"拟种"的一个自复制单元(即一个催化剂)不仅能催化生成一个类似的循环,这些同层的循环还会耦合成一个更大的循环,这个更大循环又能进一步成为新的更大循环的单元,从而催生出更高层次的循环,"超循环"即指一级或一级以上的催化循环系统。如此类推,理论上可生成无穷层次自相嵌套的循环生长系统(李署华,2005)。

超循环理论指出的分子进化具有三个特点:一是自选择,突变体会通过自我复制进行自我选择,类似于"正反馈"的放大作用,有益的选择越积越多,而不适应外部环境的突变便会被淘汰,突变体通过这种方式打破原有系统的平衡;二是自组织,当突变体的产生达到一定数量时,它们便会进行内部的相互竞争与自我协调,功能慢慢耦合而形成负反馈体系,留优去劣,突变体自发组织起来,形成一个新的系统;三是自稳定,当新的系统形成时,进化信息在稳定间进行复制、保存、转换、传送、多重反馈,形成层层回环,通过这种功能耦合性和协同性,各个子系统之间形成更加紧密的联系,催生新共生结合体,如表14-1所示。

表 14-1　超循环理论分子进化特点

特点	内容
自选择	正反馈,有益选择积累
自组织	负反馈,优胜劣汰,新系统形成
自稳定	循环形成新共生结合体

二、将超循环理论引入企业内部控制评价的可能性

超循环理论的创建者艾根认为,超循环组织不仅存在于生物系统中,在社会系统中也同样存在。作为一个比较新的学科,虽然提出的时间较早,然而如何利用超循环理论解决现实中的问题是近些年学者才开始关注的。我国对于如何运用超循环理论来解决人们组织行为中问题的文献并不多,有些研究着眼于超循环理论在组织中的应用,由于并没有完全理解超循环理论的真实含义,虽然表面上是以超循环理论为依托,然而通篇却在主要讨论简单循环等对企业的影响,混淆了相关的概念。

有一些学者进行了有意义的研究:沈俊(2006)利用超循环理论的观点重新对企业的财务系统进行了审视;李小燕、田也壮(2008)依托于超循环理论,通过确立思路、构建指标、分析特点几个步骤对我国企业内部财务控制有效性作出了分析;杨洋、田也壮(2010)在超循环理论的基础上,提出了组织循环理论,通过平衡性、鲁棒性、平滑性、响应度这四个指标对组织循环的评价方法进行了研究。我们希望以超循环理论为依托,构建一个全面且系统的内部评价体系,以期能对现实提出一些有用的建议。

本章以超循环理论角度构建内部控制评价体系基于下列三个原因。

一是内部控制评价系统是一个不均衡的系统。由于内部控制以及相关评价的实施都要受到企业内各种势力的约束与制衡,内部评价系统在建立初期并不能达到最佳效果。评价系统中突变的形成实质上是各种势力进行博弈的过程,这种博弈只有在不断的

"正反馈"中才能最快达到良性的平衡。

二是信息的传递在评价体系中是十分重要的,然而信息在系统中的传递并不是线性的,企业信息具有很强的随机性和模糊性,企业在建立和完善评价系统时需要去除偏离、错误的信息。这就要求企业学会自我甄别与自我调整,利用自身的功能耦合性与协同性将信息有效地整合起来。本章将企业内部控制运行看作一种虚拟信息的流通,相关评价系统的建立要依托于信息流动过程。

三是一个优秀的自我评价系统是可以自我优化与发展的,这与"拟种"的自组织与自稳定十分相似。评价系统通过自身调节机制,是可以去适应企业内外部环境不断变化的。在持续的发展中,评价系统可以进行整体性的协同进化,容纳外部环境的多样性与复杂性,从而向更为有序、更加合理的系统转变。

张先治等(2011)指出,企业内部控制评价是一个复杂的系统,仅从某些具体要素指标(评价指标和技术等)出发进行企业内部控制评价会导致孤立、片面,评价结果会失去公允性、权威性;而从系统的角度来分析企业内部控制评价才是恰当选择。超循环理论正是从系统的角度,既关注局部又关注整体,既关注静态又关注动态,从而,基于超循环理论对企业内部控制进行评价是可行而科学的。

第三节 内部控制评价体系构建的步骤

结合超循环理论和内部控制的基本知识,我们将内部控制评价体系的构建分为外循环层面、内循环层面和自循环层面三个步骤,如图14-1所示。外循环层面为企业内部控制与其所在的外部环境的交互作用;内循环层面为企业内部控制自身的设计有效性和执行有效性;自反馈层面则是各小循环之间——在企业实务中更多地表现为管理层与员工之间的交互作用。

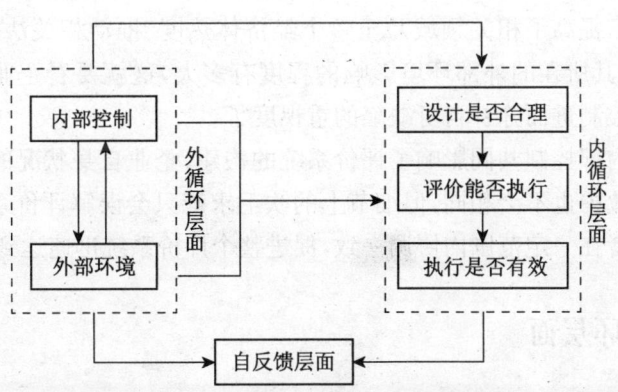

图14-1 内部控制评价体系轮廓图

下面就三个层面展开具体论述,并得出启示。

一、外循环层面

外循环指的是企业内部与外部交互的一个过程。作为一个非封闭式的系统,评价系统要想健康存在,必然要和外部环境进行物质交流与信息传递。利益相关者理论指出,企业作为一个整体,并不为某个特定主体服务,企业的存在和经营管理应是广泛参与的结果,企业的发展离不开任何一方的支持和制约。因此,作为企业经营管理的手段、企业目标实现方式的内部控制,自然要受到政府职能部门以及注册会计师等外部人的监督与审计。张先治(2011)指出,美国 PCAOB 要求评价企业内部控制有效性并由注册会计师审计的原因就是美国企业大多采用公司制,股权高度分散产生的"弱股东,强管理层"的代理问题突出;而解决这一问题的方案则是法律等外部机制。

然而内部控制评价体系的建立并不以迎合外界的监督为目的,一个良好的内部控制评价系统应当以提高自身经营效率、实现企业各层次经营目标为导向。企业的自身资源是有限的,评价系统关注的正是如何调整内部控制体系使企业从外部环境中获取更多的利益。

外部环境为企业提供了一种情景约束,社会的经济走向、政府的政策要求、消费群体的喜好变化等都是企业在进行内部控制评价时要着重注意的。对于外部环境,企业更多要做的是在认识的基础上顺应与利用。而内部控制则主要是将自身的价值取向反馈给外部环境,这种价值取向是一种理性层面的行为取向。企业构建评价体系的目的是什么、怎么做、做得怎么样,将会在很大程度上影响外部监管方对企业的认知。当外部监管方对企业具有认同感后,一些内控措施的实施可以节省较多成本。体系可以摆脱它在起源时所需的先决条件,并能够在一定程度上按照自己的利益改变生存条件(李建勇、查建中、鄂明成,2000)。

企业对于外部的影响总是存在的,例如,企业实务中出现的新的经济形态、经营模式、缺陷乃至丑闻,提高了相关领域乃至整个经济体热度、推动相关法律法规的完善等。关键在于,企业对其所在的外部环境影响的程度有多大,这就要看企业自身对于利用评价系统调整内部控制进而弥补自身缺陷的重视度了。

外部环境与内部控制共同影响了评价系统的构建,企业自身状况的不同决定了两者的权重在每个企业中也不会相同,但细节上的吹毛求疵只会误解评价系统的初衷。我们要做的是保持两者在一定范围内协调一致,促进整个评价系统迅速达到优秀的状态。

二、内循环层面

在对评价体系进行初步的构建后,要对体系进行一系列的测试与检验,以保证体系更好地运行。这一过程的进行主要集中在企业的内部,我们将其定义为内循环层面。

在 2010 年颁布的《企业内部控制内部指引》中,我国财政部等将内部控制的有效性定义为设计有效性和运营有效性两方面。结合超循环理论,我们将分三个部分介绍企业内部控制评价体系的内循环层面。

(一)设计是否合理

检测评价体系的设计是否合理主要从两个方面进行:第一,评价体系设计的框架是否完善;第二,自我评价所包含的要素是否完备。一个合理评价体系框架必然具备完善的流程以及合理的模型,在进行内部控制评价时,必然要以流程为导向、以模型为依托。流程进行的顺畅程度十分重要,在此前提下该流程是否有必要的反馈系统、能否形成自洽的循环结构都是我们需要考虑的。

对于一个模型而言,现实的契合度与可操作性同等重要。企业的规模、经营特点、组织架构、风险偏好等各方面均存在差异,其实行的内部控制体系也不尽相同,因此,最好的评价体系并不是"放之四海而皆准"的评价体系,而是最适合企业自身特点和发展战略的评价体系。

内控评价体系中的模型并不一定是定量的,也可以是定性的。某个特定系数并不一定要十分清晰,只要能够准确地比较分析出企业内控方面存在的缺陷与不足,便是一个成功的模型。但是模型的设置一定要能够与现实很好地结合起来,一个脱离现实基础而空谈理论意义的模型,显然是本末倒置的。

各个公司的具体情况千差万别,在进行外部监管与审计时无法确保每个点都能得到满足,所以外部监管主要是以目标管理为导向的,看重结果、轻描过程、保证评价过程的经济性。杨有云等(2007)指出,评价成本过高是我国上市公司披露的内部控制自我评价报告数量很少、比例很低的重要原因之一。对于某一公司的内部控制评价,对象是确定的,目标管理无法满足企业对细节方面的把握,因此应采用要素评价法。评价要素主要包括评价主体、评价客体、评价目标、评价范围、评价标准、评价程序、评价方法等。评价要素之间并非单一独立的,而是相互影响的。譬如,评价主体会对评价目标产生影响,在界定评价目标时,不同评价主体侧重不同。外部评价主体主要侧重于企业的报告目标、合规目标,对企业是否按要求进行了信息披露、是否按规范约束行为等方面进行关注。它虽然也关注企业的经营目标,但是由于信息不均衡等问题的存在,必然无法将重心偏移过来。

与此相反,企业内部评价主体,如企业的内审部门、管理层、其他员工等,侧重点主要在企业的经营目标。企业的经营情况与他们的自身利益息息相关,他们也拥有对于企业发展现状与前景更为真实的信息,易于作出判断。而为了经营目标的顺利实现,内部主体也应关注企业的战略目标,企业的行为是否与自身的战略目标保持一致,这关系到企业经营业绩的好坏。张先治(2004)将《企业内部控制基本规范》中的内部控制目标归为四个,即战略目标、运营目标、报告目标、遵循法律法规目标,不难看出这四个维度是按内控评价主体所划分的。评价范围的大小取决于评价主体的选择,评价范围的不同也会对评价程序与方法造成差别。上述要素之间是相互联系的,当其中一项变化时,其他要素也随之变化。每项要素都是一个小系统,而每个小系统都与其他的系统互相传递信息,不断相互适应与改变,通过耦合形成一个稳定的要素体系。这就要求我们在完善内部控制评价体系时要秉承权变的原则。在优化某一要素时,照顾到其他要素的变化,从系统的整体角度来看待问题。

（二）评价能否执行

在设计被评价为合理后,下一步我们对评价系统执行的状况进行分析,这项分析分两个步骤进行。

第一,要比照规范内部控制制度与所指定公司实际制度情况的差异。如我国 2008 年的《基本规范》将企业有效内部控制的要素分为五种:内部环境、风险评估、控制活动、信息与沟通和内部监督。我们要分析内部控制设计是否包含了所有的要素,弱化某种要素的原因是什么,以及弱化某种要素带来的结果等问题。企业需要树立一个标杆,这个标杆既可以是前边提到的《基本规范》,也可以是其他已经成型的控制系统。不断地对选取的标杆进行比照、学习,同时结合自身情况,查找两者之间的差异,内部控制系统才能不断地完善。这是一个企业自查的过程,企业在这个过程中积累的经验可以被很好地传承。但在选择标杆的时候要注意类似标杆只能有一个,因为我国内控方面的规范体系尚未成熟,规范之间还有相互矛盾的方面,选择多个标准必然会使企业无所适从。

第二,我们研究该评价体系是否对可能出现的状况进行了风险管理。COSO 于 2004 年提出 ERM 框架,该框架进一步扩展了内部控制的内涵,引入了风险的概念。该评价体系是否能够对可能出现的事件进行预测,又能否对那些可能给企业带来损失的事件作出合理的预防?企业要对未知事件的发生加以控制,然而错误并非不能被容忍,在一定程度上,一些错误的发生是必然的。首先错误的产生能够暴露出整个系统的不足,其次某个事件的发生也许现在对企业是不利的,然而随着时间的推移这个错误有可能转变为对企业有益。在这个层面上,反而把这些非常规事件看作超循环中的突变更为合适。企业需要为这些突变设计一个闸值,即一个度。当超过这个度时,企业才加以干涉;而在这个度内,突变的产生是能够被接受的。企业所需要做的是筛选出对系统有益的突变,并引导它们形成一个交互、共存的系统。

（三）执行是否有效

接下来我们要判断这项体系是否对企业的长期发展有益。企业短期的业绩提升必然给企业的各方带来兴奋感,然而企业大多数行为并不是仅有一次,而是循环往复的,是一个重复博弈的过程。一些企业利润的迅速提高是由于需求的暂时高涨,而非自身核心竞争力所带来的。该企业的内部控制体系在当前会获得很高的评价,然而这种内部控制评价或许是完全错误的,这就要求对内部控制体系的评价要消除外生性的影响。同样,企业短期效益突然降低也并不一定说明内部控制是无效的,譬如,可能是受到宏观政策的调控等,这时要判断的是内部控制是否给企业减少了损失,减少的程度又有多大。因此内部控制评价体系应当对企业长期而非一个时点的内部控制进行评价。

同时,在评价内控体系时,不仅要从横向上整体布局,也要注意时间上的连续性。我们要对企业内控执行方面的信息进行汇总,在内控体系执行一个周期后,再次回到"设计是否合理"这一步骤。针对此时发现的一些新问题,体系会作出一些设计上的修改,以保证内部控制在下个周期执行的顺畅性。

应当注意的是,内部控制的有效性应当是管理层能够提供合理保证的有效性。由于企业自身的固有特质和未来环境发展的不确定性,所以内部控制并不能一贯地保持企业目标的实现。COSO 在 2004 年的整体框架中指出,合理保证并不是百分之百的保证。它应当是"一个判定区间"(陈汉生等,2008),它的上限是 100%,下限是根据企业或管理层风险偏好确定的不确定数值。

三、自反馈层面

超循环理论表明组织内部处处有循环,而小的循环又通过层层转换、多层回环形成新的大循环。前面各个小层次间的信息交流与反馈将本层次自选择、自组织、自稳定连接成一个小循环,而在外循环与内循环间也存在着一个反馈机制,它将两个大循环有机地交互起来,形成一个更大层次的循环。自循环正是这个大循环。

管理层与员工是自反馈层面最主要的参与者,他们对内部控制最为了解,他们的个体特征与个人行为是我们所不能忽略的。内控评价时,首先,要做的是消除参与者的抵触心理;其次,不同工作性质与不同工作环境下的员工对一项控制的评价也必不相同,这是因为内控的进行往往改变了原有的利益分配方式;再次,防止评价者与被评价者串谋,影响评价工作的正常进行。反馈不仅包括管理层、员工向上的反馈,而且还包括内控体系对于员工的反馈与奖惩。

依据以上三个层面构建内部控制评价体系是一个由上及下的过程,层次的范围越来越小,进行评价的主体越来越集中。同时,这三个层面的进行也是一个由模糊到清晰的过程,外循环层次只能在一些条条框框上对评价体系作出构建,内循环层次则落实在了企业的执行层,而自反馈层次则将体系在管理层和员工身上更为清晰地表现出来。自反馈层既是整体中的承接层,也是另外三者的转换层。三个层次依次交替的过程便是评价系统进行与优化的过程,三个层次的目的虽然各不相同却也不相悖,通过保证内控有效进行这一主线共同为评价系统服务。这就是"超循环"的协作精神在企业内控中的体现。

四、基于超循环理论的内部控制评价体系对企业的启示

(一)保持内外循环的畅通性与平衡性

无论是内部循环还是外部循环,保证循环有效进行的基础在于保持系统内信息传递的及时性。我们可以在系统内设立专门的机构或者个人去接受、处理、分析信息,而该机构的大小或者说人数的多少完全取决于系统中信息的流通程度。同时我们要保持内循环和外循环的平衡,循环单元之间是互利的,同时内循环与外循环之间也是互利的。当对一个循环的关注程度远超过另一个循环时,整个交互过程便会失衡,资源会从较弱循环自发流出。企业的成败取决于短板的长度,只有两个系统和谐统一、共同优化,企业才能长久健康地发展。

(二) 控制突变,保持系统有序性

对于一个稳定、成熟的系统,改变一些框架乃至是细节的尝试都会遭受很大的阻力,这种阻力首先来自系统规律前进形成的一种惯性,要打破惯性,就要施以摩擦;其次来自全体员工试图维持的一种安逸感。而正是由于内部控制评价系统是一个动态的系统,突变会在系统的运行中不断产生。根据超循环理论,对于正在突变中的系统调控具有正反馈的放大作用。当我们试图对评价系统作出一些改革与创新时,系统的突变便是一个很好的机会。评价体系中子系统间的交互是非线性的,我们在利用放大机制人为地去制造一些反馈回路时,要降低不确定性因素对整个系统的影响。任何事物在没有控制的情况下总是熵增的,即从有序变为无序。当熵增到一定程度时,评价系统便会产生混乱,所以我们在利用突变时也要进行合理控制。一个系统有自己的新陈代谢系统,一个新的有效机制形成时,旧的机制便会被代替。突变在产生时,要引导系统去排除一些不安定的因素,为新的突变提供检验空间,在总体上保持系统的有序性。

(三) 整体优化、动态管理

超循环理论虽然关注于"拟种"层面生物的进化,却是从整体的角度进行阐释。我国许多企业内部控制并没有很好推广开来的原因,并非是我国的内部控制体系存在着较大问题,而是在于内部控制会给企业带来巨大的成本。当企业进行内控获取的收益小于或略高于开展内控所带来的成本时,企业是不会进行内部控制的。内部控制不被进行,内部控制的评价也就无从谈起。我们不应该注重于一个部门的利益,而应该从企业整体乃至企业长期发展的角度来看待此类问题。一个部门的收益降低,却为企业带来了整体利益,那么这个系统便是有效的,当然要在一定程度上给受到损失的部门以补偿。除了在横向上注意评价系统的整体性以外,我们还要在纵向上保持评价系统的动态平衡。评价的进行并不是单独、分割的,在各个小系统之间具有时间上的并存性,这种个体时间的并存性与个体时间的延续性构成了整个系统的动态性。

本章小结

本章围绕企业内部控制评价系统的建立展开,运用超循环理论进行阐述和构建;通过介绍国内外内部控制评价体系概况和研究理论与实务界对企业内部控制评价的探索,得出一个结论,即建立一个完善的内部控制评价体系十分必要,通过引入超循环理论构筑了内部控制评价体系;并从外循环层面、内循环层面和自循环层面具体介绍了超循环理论下企业内部控制体系的建立。最后,通过上述讨论,得出了基于超循环理论内部控制评价体系对企业的启示。

思考题

1. 简述建立内部控制评价体系的重要性。

2. 总结理论界对于内部控制评价体系的观点。
3. 简述超循环理论及其特点。
4. 描述基于超循环理论的内部控制评价体系。
5. 简述基于超循环理论的内部控制评价体系对企业的启示。
6. 找一家你感兴趣的企业进行分析,简述应用基于超循环理论的内部控制评级体系应该怎样对其内部控制进行评价?有何改进措施?

参考文献

[1] 程新生. 内部控制理论与实务[M]. 北京:清华大学出版社,2008.
[2] 葛家澍. 财务会计理论研究[M]. 厦门:厦门大学出版社,2006.
[3] 李心合. 内部控制:从财务报告导向到价值创造导向[J]. 会计研究,2007(4).
[4] 李心合. 公司财务概念框架:设计、释义与超越[C]. 中国会计学会财务管理专业委员会 2009 年学术年会论文集,2009.
[5] 李三喜,徐荣才. 企业内部控制基本规范的超越与应用[M]. 北京:经济科学出版社,2008.
[6] 李连华. 内部控制理论结构[M]. 厦门:厦门大学出版社,2007.
[7] 刘玉廷,朱海林,王宏. 中国内部控制改革与发展[M]. 北京:经济科学出版社,2010.
[8] 王化成. 财务管理理论结构[M]. 北京:中国人民大学出版社,2006.
[9] 杨有红,胡燕. 试论公司治理与内部控制的对接[J]. 会计研究,2004(10).
[10] 张先治. 内部管理控制论[M]. 北京:中国财政经济出版社,2004.
[11] Ackoff R L. The Circular Organization:an Update[J]. The Academy of Management Journal,1998.
[12] Henry Mintzberg,Frances Westley. Cycles of Organizational Change [J]. Strategic Management Journal,1992.
[13] MBA 智库百科 http://wiki.mbalib.com/wiki/%E8%B6%85%E5%BE%AA%E7%8E%AF%E7%90%86%E8%AE%BA.
[14] 池国华. 基于管理视角的企业内部控制评价系统模式[J]. 会计研究,2010(10).
[15] 石意如. 幸福导向下企业内部控制评价框架设计[J]. 财会通讯,2013(35).
[16] 张兆国,张旺峰,杨清香. 目标导向下的内部控制评价体系构建及实证检验[J]. 南开管理评论,2011(1).
[17] 张先治,戴文涛. 中国企业内部控制评价系统研究[J]. 审计研究,2011(1).
[18] 杨有红,陈凌云. 2007 年沪市公司内部控制自我评价研究——数据分析与政策建议[J]. 会计研究,2009,(6).
[19] 贾蕾. COSO 框架下西气东输管道公司内部控制体系评价研究[J]. 财会月刊,2011(15).
[20] 五部委联合发布的《企业内部控制配套指引》.

第十五章　电力企业内部控制

> **引入案例**
>
> **长丰供电公司——"三部曲"助力资金安全，提升内控管理水平**
>
> 　　近年来，由于资金安全管理面临严峻的形势，资金管理存在严重问题，国家电网公司和各省市电网公司越来越注重公司内部控制体系的建设，越来越重视深化财务集约化和信息化的工作。长丰供电公司为响应此要求，将工作实际和资金安全检查紧密结合起来，采取多种措施强化财务内控效力，以提高财务管理水平，规范企业秩序，有效提高依法从严治企水平。
>
> 　　长丰供电公司首要考虑的问题是如何提高资金归集比率。
>
> 　　为此，公司首先加强了对业务部门的监管，反复督促实施提醒，以确保电费快速入账，避免月末滞留资金，减少未达账项。只要做到电费及时上交，尽可能快地将其归集至电费专户，就能够有效提高资金归集比率。
>
> 　　其次，规范资金结算管理。规范资金结算管理主要表现在三个方面：一是严格控制资金开支范围和标准，在充分利用银行结算功能的同时，推行电子支付，逐步降低手工支付比率。二是加强备用金的管理，严格审批，将备用金控制在合理范围内。三是加强资金信息监控，防范资金风险。
>
> 　　最后，长丰公司完善了资金安全风险防范机制。例如，支付款备查账和定期盘存制度的建立，使得支付款项更加清晰、明确，对审批手续不完整的单据可以不予支付，对无付款凭据的单据可以拒绝支付。
>
> 　　如果说资金是企业生存的基础，那么资金的安全管理就是财务管理的关键环节。提升资金安全管理工作，是进一步完善资金管控制度的有效措施。它既能够推动公司资金管理工作的落实，实现资金安全常态化，又能有效提高资金的使用效益，推进从严治企，建立高效的财务管理管控体系。

第一节　电力企业内部控制体系的构建

一、电力行业基本情况和内部控制背景

　　电力行业是我国国民经济的主要能源提供者，是通过各种发电设备将自然界的一次能源转换成电能，再经输电、变电和配电将电能供应到各用户，是关系国计民生的重要基

础性产业。电力系统的重要特征是能源的转换与输配。国民经济要想能够全面、协调、可持续发展,一个重要的前提条件就是电力供应的安全、稳定和持续充足。

我国电力行业电力体制改革不断深化,电力企业间的市场竞争日趋激烈,正处于一个机遇与挑战并存的快速发展的阶段。当前,我国大力提倡环保产业发展、新能源开发等,绿色可持续发展是一个必然的趋势。同时,电力行业压力加大、环境保护及社会责任要求高、跨区电力供应与结算等外部风险日益显著。随着竞争的加剧,电力企业普遍选择延长产业链多元化发展,在经营业务更加复杂的同时,经营风险也在不断增加。电力企业面临利润空间变小、管理难度变大的局面,尤其是积极实施"走出去"战略,电力企业迈入国际市场,内外环境更复杂,竞争更激烈,这使得企业必须有危机意识,着重完善风险管理机制和保证内部控制运行有效性。面对这些困难和挑战,电力企业积极采取措施,加强风险管理与内控,涌现出众多典型:国家电网公司全面整合前期内控建设成果,以标准流程为载体,以风险管控为导向,以授权管理为约束,以规章制度为保障,以内控评价为手段,以信息系统为支撑,建立了覆盖全公司、贯穿各层级,以组织结构扁平化、业务流程标准化、内控责任岗位化、控制手段信息化、监督评价常态化为特征的内部控制体系,探索走出了一条具有电网企业特色的内控建设实施道路,基本实现了全集团内控在线管理和风险实时防控。

二、电力企业内部控制体系建设

内部控制体系建设是指在企业系统化开展内部控制体系建设,包括组建内部控制组织体系、确定内部控制建设范围、开展风险评估、识别业务关键控制环节等内容。

(一)组建内部控制组织体系

第一,要健全治理结构。电力企业按照现代企业制度建立完善法人治理结构,依法设置董事会、监事会、经理层等组织机构,确定各自权利和义务。企业结合业务特点和内部控制要求设置内部机构,明确职责权限,将权力与责任落实到各级单位、部门和岗位。

第二,要成立专门机构。电力企业应在董事会下组建全面风险管理委员会等类似内部控制管理机构,负责企业内部控制与风险管理整体工作;电力企业应在全面风险管理委员会下成立专门的内部控制管理部门或在已有部门中成立具有此类职能的专门机构,具体负责组织协调内部控制的建立、实施、评价及日常运转。该专门机构应配备适当的人员,明确权责范围。

第三,要强化专业岗位。电力企业各业务部门负责人是本部门内部控制的责任人,有责任指导和监督本专业内部控制工作开展,并配合内部控制管理部门开展风险评估、风险应对、内部控制评价等相关工作。同时,各业务部门应配备专人或专岗,负责组织开展本专业内部控制相关工作。

(二)确定内部控制建设范围

电力企业内部控制建设范围包括两个层面:企业层面和业务层面。在企业层面,电力企业应开展内部环境、风险评估、控制活动、信息与沟通、内部监督建设,确保企业整体内部控制有效性。在业务层面,电力企业应依据实现企业战略目标所需开展的业务活动,构建企业全业务流程框架。

(三)开展风险评估

电力企业应基于全业务流程框架,对影响企业目标实现的风险开展识别与评估,确定各类业务风险点,评估风险承受能力,明确相应风险管理策略。

(四)识别业务关键控制环节

电力企业应依据评估出的业务风险点,识别业务流程中的关键控制点,并记录在内部控制文档中。关键控制点是指那些影响力和控制力相对较强,一般容易发生潜在风险的一项或多项控制,其控制有效性对整个内部控制体系是否有效、有重大影响。因此,确认关键控制点应作为企业控制活动的重点,对其实行全面、严格的管理,有利于避免重大风险的产生。

三、电力企业内部控制评价与审计

(一)内部控制评价

内部控制评价是指对企业内部控制设计和执行的有效性进行评价,识别控制缺陷,形成评价结论,出具评价报告的过程。电力企业应根据《企业内部控制评价指引》建立相应的程序和组织,完成内部控制评价工作,编制内部控制评价报告。上市公司还应按照监管要求对外披露报告信息。

电力企业内部控制评价程序包括制定评价工作方案、组成评价工作组、实施现场测试、认定控制缺陷、汇总评价结果、编制评价报告等环节。

一般来说,内部控制评价工作组通常由内部控制管理部门和企业内部相关部门的业务骨干组成。内部控制评价工作组在选拔成员时,要特别关注人员的专业胜任能力和职业道德素养。内部控制评价工作组成员分工时,要注意将成员负责的评价工作范围与成员所在部门予以适当分离,确保评价工作的独立性,必要时可以委托具有相应资质的中介机构协助开展内部控制评价工作。

同时,企业可以考虑利用信息系统来监督内部控制,从而提高内部控制评价的可靠性和准确性。如果有条件,企业最好建设内部控制监控信息系统,以此做到实时监控、准确把握企业各项业务流程的执行情况,将风险控制防范在事前和事中,避免企业管理停留在事后追究的阶段。

(二)内部控制审计

内部控制审计是指会计师事务所接受委托,对特定基准时间内部控制的设计与运行的有效性进行审计。内部控制审计作为内部控制体系有效实施的一项重要制度安排,能够监督、推动企业将内部控制落到实处,促进企业完善内部控制体系建设,提升企业风险防范能力,是企业建立健全内部控制体系不可或缺的环节。

内部控制审计并不是就企业内部控制自我评价过程及评价结论的验证,也不是对企业内部控制自我评价报告本身发表意见,而是通过审查、分析被审计单位的内部控制制度,测试、评价、确定其可信度,从而对内部控制的有效性作出鉴定的一种现代审计方法。

企业应该按照审计要求提供完成内部控制审计所需的充分、适当的审计证据。如果外部审计师认为审计范围受到限制,导致无法获取发表审计意见所需的充分、适当的审计证据,可以不必执行任何其他工作,即对内部控制出具无法表示意见的内部控制审计报告。

四、电力企业内部控制持续改进与优化

内部控制持续改进与优化是指对内部控制评价与审计发现的内部控制缺陷,制订整改计划并组织落实,促进内部控制体系的不断完善和提升。内部控制持续改进与优化一般包括以下工作。

(一) 记录内部控制缺陷

企业应建立内部控制缺陷认定标准,对内部控制评价与审计发现的内部控制缺陷进行记录,说明内部控制缺陷的成因、表现形式和影响程度。内部控制缺陷的认定标准应以对企业战略目标达成的影响程度为标尺予以制定。

企业内部控制缺陷认定的范围应当包括企业在日常监督、专项监督过程中发现的控制缺陷,以及企业内部控制评价及测试过程中发生的缺陷。

(二) 制定缺陷整改方案

内部控制缺陷认定工作结束后,企业应根据缺陷认定结果结合专业判断,确定缺陷整改的先后顺序,并制定具体的缺陷整改方案。一般来讲,企业应当对每一个内部控制缺陷逐一提出整改建议,并以控制目标为核心,打破部门和流程的局限,设计符合企业运营特点的整改方案。整改方案一般包括整改目标、内容、步骤、措施、方法和期限。此外,还应明确整改责任部门与责任人,并跟进整改进度,保留整改证据。

(三) 完善企业制度体系

(1) 版式、内容更新。一是管理制度中规定的内容符合业务现状,但依据公司内部控制的相关要求,需要对行文或格式进行调整;二是管理制度中规定的相关内容已经不适应管理运作现状,需要对相关内容进行调整更新,包括重新编写部分内容,以及对某些制度中的相关内容按照实际情况进行删减、合并或者替换等。

(2) 制度新增。电力企业开展新业务后,需要相应增加管理制度,并对原有的业务流程进行梳理,视情况增加相关制度。

(3) 名称更新。完善内部控制管理制度体系,根据制度覆盖面、内容和颗粒度等进行

分层划分，统一制度名称。例如，将内部控制管理制度体系划分为准则或规则、制度、管理办法、细则或程序等。

（四）优化内部控制标准体系

随着电力企业经营活动的发展，内部控制标准体系也要随之不断改进与优化。电力企业应制定内部控制标准体系更新维护机制，并由实际负责业务流程操作的业务部门，负责根据业务变化实时更新内部控制标准体系，以提高内部控制标准体系的时效性和实用性。

第二节　电力企业内部风险评估

一、初步认识风险和风险管理

（一）风险的定义

风险是指未来的不确定性对企业实现其经营目标的影响。

（二）风险的特征

一般来说，风险具有如下特征。

(1) 客观性。风险客观存在于企业的经营活动当中，它不以任何人的意志为转移，要想完全消除风险是不可能的，我们必须正确评估风险，然后采取措施应对风险。

(2) 突发性。风险的产生往往突如其来，具有很大的不确定性，也因此具有较大的破坏性。

(3) 多变性。风险的存在受很多因素的影响，因此风险的性质、破坏程度等也随着影响因素的变动而变动。

(4) 相对性。因为每个企业的经营环境、风险应对能力等具体情况不同，所以风险的破坏程度、造成的后果等也是不同的。

(5) 无形性。风险需要通过不同的概念和程序予以评估和界定，应当使用定性和定量相结合的方法进行综合分析。

（三）全面风险管理

全面风险管理是指企业围绕总体经营目标，通过在企业管理的各个环节和经营过程中执行风险管理的基本流程，培育良好的风险管理文化，建立健全全面风险管理体系，包括风险管理策略、风险管理措施、风险管理的组织职能体系、风险管理信息系统和内部控制系统，从而为实现风险管理的总体目标提供合理保证的过程和方法。

风险应对主要是针对不同的风险采取相应的应对方案。风险程度高或中等不可控的重大风险，企业应建立重大风险应对方案或危机应急预案，落实相关部门的风险管控职责;对于风险程度低或风险程度高但可控的风险,企业应参考内控制度,评估其是否已纳入日常管理范畴,判断制度与流程是否需要优化或修改。

企业应将风险应对措施融入业务流程中,并在制度中予以充分体现和固化。业务类型不同的企业可根据自身特点,科学地设计风险应对的程序和方法。

二、电力企业的风险类型

(一) 战略风险

战略风险在电力行业中有多种表现形式,主要是电力体制改革风险、境外投资风险、电力监管风险、投资决策风险、行业风险等。在此,主要对最具有行业特色的电力体制改革风险和境外投资风险进行阐述。

电力体制改革风险:电力体制改革影响着未来发电、电网企业的经营模式、上网电价和销售电价的定价模式,进而影响各电力企业在行业中的地位,导致各电力企业的发展战略将作出较大调整。

境外投资风险:因国际环境复杂,境外投资受到多方面因素的影响,主要有境外融资风险、投资决策风险、投资环境风险等。境外投资具有较大的不确定性,风险也较高,我们应该加大防范力度,谨慎应对风险。

(二) 财务风险

财务风险在电力行业中有多种表现,主要表现为流动性风险、预算控制风险、融资风险、短期投资风险等。在此主要对最具有行业特色的流动性风险进行阐述。

流动性风险:电力行业资金流动较其他行业更具同质化特点。对于电网企业而言,从全年的资金变动趋势来看,每年11月到次年3月,企业资金往往供不应求,资金缺口增大,易出现流动性风险,5月到9月,企业资金往往供大于求,资金环境相对宽松;从月度的资金变动趋势来看,由于月初电费集中入账,每月下旬资金缺口较大。对于发电企业而言,由于多年成本严重倒挂,一些企业连年亏损,而随着环保投入的持续增长,无疑将进一步加大企业的资金压力。电力企业通过内外部融资提供流动性支持,但由于融资成本和融资能力受到资金市场利率波动及国家限制性政策的限制,资金供应十分有限,流动资金链断裂风险威胁着电力企业的生存。

(三) 市场风险

市场风险在电力行业中有多种表现,主要表现为电煤价格波动风险、电力市场需求风险、产业链风险、汇率及利率风险等。在此,主要对最具有行业特色的电煤价格波动风险进行阐述。

电煤价格波动风险:我国"多煤少油贫气"的自然资源分布特点,决定了火电企业中煤炭成本是发电成本的主要部分。煤价涨跌直接导致火电企业利润的多寡,制约火电行业的平稳发展;我国电价由国家发改委统一制定,电力企业并无电价定价权,因此,电煤价格波动风险对电力企业经营影响较大。

(四) 运营风险

运营风险在电力行业中有多种表现,主要表现为安全生产风险、健康安全环境(HSE)风险、电能质量风险等。在此,主要对最具有行业特色的安全生产风险进行阐述。

安全生产风险:由于电能不能进行大规模的储存,电力必须处于即时平衡状态,因此其生产过程必须在一定程度上保证较高的连续性和稳定性,任何一个环节出现问题,都会引发一系列的连锁效应。电力行业一旦在安全生产上出现问题,很可能会出现主设备损坏的情况,甚至导致全电网的崩溃和人员伤亡,引起后果严重的大型事故或大面积停电,严重影响人民的生活;电力企业属于典型的技术、资产密集型企业,具有设备量较大、品种多、自动化程度高的特点,对于设备完好性有较高要求。这些内在特征决定了安全生产风险是电力行业固有的重大风险。

三、评估风险的方法和步骤

(一) 风险评估的组织管理

企业董事会或类似权力机构决定企业风险管理体系。董事会或类似权力机构下设的公司风险委员会或审计委员会等类似机构,为董事会风险决策提供咨询、建议,对董事会负责,定期听取风险管理部门的汇报,解决风险评估中的重大事项。

企业管理层负责审核风险评估的方案,接受董事会或类似权力机构的授权,接受他们的参与、指导、协调风险评估工作,定期向董事会或类似权力机构汇报风险管理工作的总体情况和特殊事项。

企业风险管理部门负责制订并向管理层报告风险评估工作计划或实施方案,负责审核企业各业务部门风险管理程序的具体执行情况,与业务部门保持方便、快捷、及时的沟通,组织、协调风险评估工作,定期向管理层汇报风险评估工作情况。

(二) 风险评估可选方法

企业风险评估方法包括定量和定性方法。两种方法均需明确风险事件的概率和风险损失。定量评估法一般准确度较高,但比较复杂,通常需设定数学模型。定性方法相对简单,但对评估人员的知识、经验及风险事件的背景要求较高。

企业可同时选择一种或多种风险评估方法。常用的方法有:

(1) 事件库法:详细列出同类型企业常见的潜在事件,及本企业曾经发生过的事件,总结出按相关属性分类的风险事件列表;

(2) 访谈法:风险管理机构制订详细的访谈计划,访谈熟悉业务流程、有经验的管理人员,讨论、评估风险情况,形成访谈记录;

(3) 德尔菲法:又称专家调查法,针对某种风险同时咨询多个专家,专家在不进行横

向交流的条件下自主判断,最后根据专家的综合意见预测出一个结果;

(4) 风险临界法:将当前交易或事件与预先定义的风险标准进行比较,管理层应在风险达到临界时提高危机意识。一旦发现风险达到临界值,企业则需进一步评估或作出反应;

(5) 讨论会法:即综合管理层、全体员工以及利益相关者的意见,利益各方充分发表自己的意见最终确定识别风险。讨论会主持人应正确引导与会者,对某些影响企业目标的风险事项展开全面讨论;

(6) 流程分析法:通过综合考虑影响流程的内、外部因素,识别出影响实现流程目标的事件;

(7) 问卷调查法:通过事先设定的问卷,收集不同级别的人员对风险的态度、认识和经验,并收集风险事项。

(三) 风险评估主要步骤

(1) 成立风险评估工作组织。由企业风险管理机构牵头,各业务部门确定负责风险协调的责任人,共同成立工作小组。

(2) 确定风险度量标准。若企业初次开展风险评估工作,暂没确立风险度量标准,可向经理部门以上发放问卷调查,拟定形成风险矩阵,上交管理层审定。再次评估风险时,需要由管理层审核原有风险矩阵,并提出整改方案。

(3) 实施风险评估。①风险管理机构向业务部门发放"风险评估调查问卷",内容一般包括风险编号、风险描述、风险事项发生可能性打分标准、风险评估指标的影响严重程度打分标准及评估人、日期等。②风险管理机构负责对各部门风险评估人员统一开展风险评估前的培训,培训内容一般包括风险分类、评估标准、风险模板、应对策略制定原则等。③部门风险评估人员填写"风险评估调查问卷",分析风险来源,并协商制订初步的应对方案。

(四) 风险管理报告

在全面开展风险管理工作的基础上,企业可以总结风险管理工作经验,全面了解风险管理工作的执行情况,编写风险管理年度报告,并向企业管理层报告。

风险管理报告的主要内容可以包括如下事项。

一是全面回顾上一年度企业风险管理工作执行情况,具体包括企业风险管理工作计划完成情况、企业重大风险管理情况、风险管理体系运行情况、风险管理信息化有关情况等。

二是全面分析本年度企业风险评估情况。

三是下一年度全面风险管理工作计划。企业编制风险管理报告可以获得行业发展前景、产业结构、上中下游企业的投资机会、市场行情等方面的信息,有利于增强企业的识别、评估、应对风险的能力,提升对重大风险的控制能力,将风险管理融入日常经营活动中,使风险管理工作能够更加规范化、制度化。

第三节 电力企业内部控制活动

一、电量管理

以发电企业为例,发电企业电量管理是指发电侧的市场营销活动,重点是在机组安全性和可靠性的约束条件下,争取更高的电价、更多的电量、保证机组利用小时数,以及合理的峰谷比。电量、电价、电费是发电市场营销工作的中心。发电企业应充分发挥主观能动性,增强市场活力,积极推动电力市场的发展,实现企业的营销战略。

发电企业需对电力市场环境进行研究和分析,掌握市场潜力,制订详细的市场计划。发电企业尤其应当从基建期开始就重点控制资金投入,降低基建成本,从而避免生产投运后,出现经营困难的局面。在运营期,发电企业则需重点控制和降低发电成本,提高企业竞争力,以争取更多的电量,从而保障发电企业的效益。

(一) 控制目标

(1) 营销部门需深入研究分析国家电力体制改革的方针政策与发展形势,根据电力市场运作情况及其对企业收益的影响,及时调整企业的营销策略。

(2) 建立电力市场重大事件报告制度,确保企业领导层能够及时获知市场运作的重大变化。

(3) 建立月度电力市场分析报告制度,每月编制内容完整的电力市场分析报告。

(4) 建立有效的电力竞争环境分析机制,同时增强对区域内竞争对手的分析及了解,为营销报价策略提供支撑。

(5) 营销部门需密切关注电力市场的运作情况,以便及时调整相应的竞价策略。

(6) 营销部门需监控并汇报企业各单位日发电量完成情况,保证发电量与实际需求相符合。

(7) 按照与电网企业签订的《购售电合同》的约定和电量统计数据,及时、真实、准确地与电网企业开展电费结算和回收工作。

(二) 关键节点及控制方法

1. 电量营销策略研究

营销部门应不断研究分析国家有关电力体制改革的方针政策与发展形势,分析预判改革的不同阶段对电力市场运作情况与本企业收益的影响,及时调整企业的营销策略。

营销管理人员应经常通过电力实时调度系统或电力市场浏览系统,密切注意电力市场的运作情况,包括市场价格走势、发供电平衡形势、系统外受电情况等,进行市场情况分析,调整相应的竞价策略。

2. 电力市场分析报告

建立重大事件报告制度,当电力市场运作发生以下情况,无法完成计划电量超过24小时的,营销部门应及时向企业领导及集团公司营销部门汇报:因网络系统或技术故障导致电力市场竞价中止运行达12小时及以上;因市场供求关系严重失衡,连续3天日平均市场价格出现不正常的高价或低价时;因自身设备故障发生计划外停运状况等。

建立月度分析报告制度,每月营销部门应提交电力市场分析报告,报告的内容应包括:月平均市场算术清算价与加权清算价、上网电量、销售收入、竞价电量电价、实际结算电价、合约电量完成情况等;市场运作过程中出现的问题及原因分析;市场辅助服务的收入与支出等;市场竞价策略的调整变化与建议等;预期收益状况分析,预测市场对本企业的影响,并研究本企业应采取的应对措施;预测可能会出现的合约电价变化情况,分析电价变化对企业收益的影响。

3. 竞争性分析

(1)营销部门应增强对区域内竞争对手的分析和了解,及时搜集和分析竞争对手发电量、装机容量、成本等信息的变化,针对不利于企业的信息及时制订相应的风险规避措施。

(2)营销部门应协调各部门建立一套有效的电力竞争环境分析机制,为营销报价策略提供支撑。竞争环境应重点关注以下内容:发电机组性能的分析、能源类型划分、人员数量和质量、发电固定成本、影响成本的折旧政策、金融政策、国家和地方的相关扶持政策等。

4. 电量报价

(1)企业负责人组织相关部门及人员召开报价决策会议,讨论并制定报价策略。

(2)每年/季/月一次,制定下一年/季/月度报价策略,如遇市场规则变化等特殊情况,分管负责人可决定临时增开报价决策会议。

(3)在报价决策会议召开之前,营销部门要提前做好制定报价策略的相关准备工作。

(4)在报价决策会议上相关人员应针对报价策略参考方案进行深入讨论、修改并作出最终决策,报价策略应包括:报价指导思想、机组发电的组合排序、最低报价段容量、最低技术出力等内容。

(5)通过《购售电合同》或政府部门发文、超发、竞价、双边购电协议等方式,尽可能满足企业计划发电量指标的要求。

5. 电量计算

营销部门实时监控企业各单位日发电量完成情况,如有较大偏差,营销部门应会同相关单位分析情况,研究解决方案,并根据具体情况及时汇报,制定相应措施。

6. 电量结算

(1)企业应明确电量销售收款的责任,建立清收奖惩制度,并严格执行。

(2)按时、准确地与电网企业结算电量。

(3)严格禁止与电网企业签署风险转嫁的电费回收合同。在日常经营过程中,应建立信息反馈机制,一旦电费回收不及时或者使用汇票、本票结算的情况比例较高时,应将信息及时反馈至市场营销部门。市场营销部负责同相关单位与电网企业协商,完成电费的催收。

(4) 企业应当按规定定期向电力监管机构报送电费结算情况。

二、燃料管理

火力发电厂发电的主要成本就是燃煤的燃料费用,燃料的管理水平直接影响发电成本,从而影响经济效益。燃料不合格的后果很严重,会造成燃烧结焦、烟气不达标等事故,严重污染环境,火力发电厂燃料管理的成效不仅对经营成本有很大影响,更重要的是对设备的重大影响。一旦燃料管理失控,电厂很难安全地进行基本的生产活动。本节的燃料特指煤炭,对于燃气、核能、生物质等其他燃料发电企业要制定专门的燃料管理控制活动。

(一) 控制目标

(1) 燃料管理部门职责明确、燃料管理制度规范。

(2) 燃料计划满足电力生产需要,满足锅炉设备安全稳定运行,符合资源和运力平衡要求的原则,满足燃料综合成本最低的原则。

(3) 燃料采购价格合理,燃料参数符合要求。

(4) 燃料调运及时,按时按量供应,保证发电正常生产。

(5) 严格执行燃料验收流程,保证进场燃料的数量及质量符合标准。

(6) 燃料接卸、储存管理规范,符合国家燃料管理规定。

(7) 燃料费用必须在税法规定的期限内进行结算,发票齐全并符合相关规定。

(8) 实现燃料管理信息化、智能化,减少人工控制。

(二) 关键节点及控制方法

1. 建立燃料管理机构明确职责

(1) 设立燃料管理机构设置,配置专职管理干部和专业管理人员。

(2) 燃料管理部门主要职责包括:贯彻落实国家有关煤炭供应和管理方面的方针政策和法律法规,制定和修订燃料管理办法和相关制度。负责向有关部门反映煤炭供应和煤炭价格方面的突出问题以及有关建议;编制年度煤炭需求计划和煤炭资源配置计划,开展全国和地方煤炭订货工作,并开展商务谈判和合同签订工作;管理煤炭采购合同、价格以及年度燃料管理指标的测算、汇总,制定实施燃料管理考核制度;负责检查和指导燃料管理工作,规范火力发电企业燃料采购、运输、验收、储存、耗用、结算等环节的管理;负责燃料管理信息收集与分析、燃料管理人员的培训、燃料管理信息系统、燃料管理智能化系统建设等工作。负责煤炭计量、采制化验收管理和燃料基础管理工作;按规定配置、维护计量和采制化设备;负责到厂煤炭车船的接卸、排空组织工作,提高车船周转效率;负责煤炭储存、耗用管理,降低储存损失,防止自燃、流失、失窃,控制入厂、入炉煤热值差;负责入厂煤炭结算工作,对少计和质价不符的来煤进行商务索赔,维护企业正当利益。

2. 煤炭计划、订货和合同管理

（1）按管理权限编制年度煤炭计划的综合平衡和煤炭资源配置计划。

（2）煤炭年度需求计划应与电力生产计划同步编制。煤炭年度需求计划编制的依据包括：下年度发电量、供热量、供电煤耗、供热煤耗、综合厂用电率、煤炭的平均发热量、定额内损耗、其他耗用、库存煤量等。

（3）协调落实月度煤炭供应计划，落实煤炭资源，跟踪相应的运力配置。

（4）公司燃料管理部门统一组织与全国重点计划供应商开展商务谈判，签订订货合同。

（5）煤炭采购必须签订书面订货合同，并实行档案化管理。煤炭订货合同的签订必须严格按照企业相关规定执行。

3. 燃料价格管理

（1）燃料管理部门统一管理和控制所属火力发电企业的燃料价格，建立科学、合理的价格管理机制，并严格执行燃料价格审批流程。

（2）煤炭采购价格确定后，如果价格、质量等主要条款需要调整，必须重新签订合同或签订补充协议，价格的确定按流程重新审批。

4. 燃料费用和结算管理

（1）燃料费用结算必须在合同主体之间，在税法规定的期限内及时进行结算，发票凭据齐全并符合相关规定。

（2）各火力发电企业计入燃料成本的各项开支，必须符合关于燃料费用的有关规定。

5. 燃料信息与智能化管理

（1）燃料信息管理工作应严格遵守有关规章制度，各级燃料信息管理人员应按照统一规定和要求及时、准确、完整填报。

（2）各火力发电企业燃料管理部门要建立健全各种燃料管理信息数据库，做好原始记录的收集、整理、存档工作，所有原始记录必须真实、完整、准确。

（3）尽快开展燃料智能化建设，减少人员人为干扰因素，维护企业利益。

三、电力交易

电力交易管理是指为促进能源资源大范围优化配置，保障各地电力电量供应，在政府指导和能源监管机构监管下，在统一的电力市场交易平台上开展电力交易、合同签订、计划编制、电量结算、信息发布及市场服务等电力电量经营管理活动。

电力交易管理的原则是坚持电力市场化改革方向，坚持以促进能源资源大范围优化配置为重点，坚持公开、公平、公正对待市场主体，严格依法合规开展电力交易，为交易市场主体提供真诚、优质、规范、方便的服务，促进社会经济发展。

（一）控制目标

（1）规范电力交易管理，按照国家相关法律、法规、政策要求，组织做好跨区、跨省交易、发电权交易等各类电力交易，确保交易过程公开、公正、公平、依法合规。

(2) 规范电力交易合同管理,按照能源监管机构要求,在规定时间内做好各类电力交易合同(含电能交易单)、购售电合同(年度、中长期等)的签订和备案工作。

(3) 维护电力电量动态平衡,根据电力供需、电网结构、潮流等实际情况,准确、合理地编制电力交易计划。

(4) 按照能源监管机构关于发电企业和电网企业电费结算的管理要求,及时、准确地核对和结算发电企业的上网电量。

(二) 关键节点及控制方法

1. 交易管理

(1) 企业获取输电价格、输电能力和运行方式及区域、省内电力电量预测情况后,通过电力市场交易平台向各市场主体发布交易公告。公告内容包括交易各方、交易时段、交易电量、交易电力、交易价格等。

(2) 根据交易组织情况,由调控中心负责对输电通道、运行方式的安全情况进行安全校核。

(3) 安全校核通过后,电力交易中心将交易结果递交给交易各方正式书面确认,并通过电力市场交易平台发布电力交易结果,主要包括:售电方、购电方、输电方、交易时间、交易电量、交易电力、交易通道等内容。

2. 合同管理

(1) 根据合同管理规范要求,加强对合同的主体资格、资质以及授权情况的审核。

(2) 根据合同管理规范要求,按照国家有关部门制定的购售电合同示范文本规范下的电网企业统一合同文本起草电力交易合同,并按规定程序在交易中心部门内部,对合同条款对等性、文本适应性、范围全面性、内容合理性,进行逐级审核并通过经法务部审核后,由被授权人与相关合同主体签订合同。

(3) 合同签订后,根据能源监管机构关于合同备案工作要求,在规定时间内向能源监管机构备案。

3. 计划管理

(1) 根据年度购售电合同、检修计划及通道限额,综合考虑线路检修、发电企业的机组供电能力后,合理安排发电企业上网电量,科学编制季度、月度电力交易计划。

(2) 每月召开交易计划协调会,征求相关部门电力市场交易计划建议。若电力供需情况发生较大变化,按照规定程序及时对电力交易计划进行调整。

4. 结算管理

(1) 在电量查询系统中收集跨区跨省交易电量数据,通过调度计划管理应用系统收集调控中心日交易计划数据,做好相关电量数据信息的核对工作。

(2) 根据规定程序对电量结算单审核,发现错误要及时反馈给相关电力交易方。根据规定程序审核购电退补结算单,确认相关数据正确性,审核无误后通过交易平台向各发电企业发布电量结算单。每月及时编制电量结算月报表,并对电量结算月报表中的相关数据进行准确性、完整性、一致性校核,确保电量结算月报准。

5. 信息发布

电力市场交易信息发布包括：电力市场交易信息网站发布、电力交易、大厅信息发布、电力市场交易信息发布会、电力市场交易年报编制与发布等工作。

（1）在电力市场交易网站信息发布系统中审核电力交易网站发布信息，检查是否存在疏漏或不合适内容，经审核通过后予以正式发布。

（2）每日依据国家电力市场月度交易计划、特高压日交易计划及调控中心运行日报等数据，编制并发布交易大厅发布信息。

（3）每季度召开电力市场交易信息发布会，在会上发布电力市场交易信息报告。

（4）每年编制电力交易年报，履行相应的审批程序，最后电网企业向发电企业和社会公众正式发布。

四、调度控制

电网调度控制是指为保障电网安全、稳定、优质、经济运行，对电网运行进行组织、指挥、指导和协调。电网调度控制具体工作内容包括依据各类信息采集设备所采集到的电网运行实时数据信息或监控人员提供的信息，结合电网实际运行参数，综合考虑各项生产工作开展情况，对电网安全经济运行状态进行判断，通过调度电话或自动化系统发布操作指令，指挥现场操作人员或通过自动控制系统进行运行方式调整，从而确保电网安全稳定运行。

电网调度控制机构是电网运行的组织、指挥、指导和协调机构，各级调度机构分别由本级电网管理部门直接领导。调度机构既是生产运行单位，又是电网企业的职能机构，代表本级电网企业在电网运行中行使调度权。我国电网运行实行统一调度分级管理原则，凡是并入电网的各发电供电用电单位，必须服从统一调度管理，遵守调度纪律。电网调度机构分为五级：国家级调度机构、区域级调度机构、省级调度机构、地区级调度机构、县级调度机构。各级调度机构在电网调度业务活动中遵循上、下级管理模式，下级调度机构必须服从上级调度机构的调度。各级调度机构按照分工在其职能范围内实施调度管理，以法律为依据，经济、技术为条件，并实施必要的行政手段，确保电网能够安全稳定运行。

（一）控制目标

（1）确保调度管辖范围内电网安全、稳定、优质、经济运行，确保电网及其设备的操作管理和事故处理正确。

（2）调度管辖范围内运行方式的编制、实施及管理工作符合规范。

（3）确保调度管辖范围内系统运行稳定，无功电压、网损及安全自动装置管理符合相关标准。

（4）调度管辖范围内电力设施新建、扩建、技改工程建设审查和设备启动投运管理有序，新设备启动投运方案的制订、协调等工作按要求开展。

（5）调度自动化管理规范、系统运行良好，包括主、备调调度自动化主站系统、调度管辖范围内的子站系统和终端、调度数据网以及二次安全防护设备等的专业管理和运行维护,保证调度信息的实时性、准确性和可靠性。

(二) 关键节点及控制方法

1. 调控运行管理

(1) 调控运行规划应以电力调度控制中心和公司战略、发展规划为指引,确保中心调控运行规划与电力调度控制中心和公司规划、地方经济社会发展规划充分衔接,充分贯彻落实电力调度控制中心和公司发展思路和目标,服务地方经济社会发展。

(2) 开展调控运行实时运行值班,包括调管范围内的运行监视、调度倒闸操作、日发输电计划执行与调整、无功电压控制、在线安全稳定分析、异常及事故处理等实时调控运行工作。

(3) 编制电网故障处置预案和重要保电方案,开展联合反事故演习。在平衡编制停电计划过程中应加强与基建部门、检修单位沟通协调,按照"变电结合线路""二次结合一次""生产结合基建"的原则优化停电工作方案;为确保本地区电网能够连续可靠供电、安全稳定运行,应加强对地区电网的监控以及完善对风险预控措施的安排。

(4) 电力调度控制中心加强调度业务技术水平培训,认真开展事故预想分析,精心编制相关事故预案,确保调度操作任务的正确性。

2. 设备监控管理

(1) 开展设备监控运行统计分析和业务评价,跟踪分析监控信息处置情况。

(2) 电力调度控制中心加强调度业务技术水平培训,明确各级调度电气设备管辖范围。

(3) 变电站集中监控许可管理、监控信息管理、输变电设备状态在线监测管理、监控缺陷管理及监控运行分析评价管理。

(4) 定制/修订设备监控有关技术标准、规章制度、业务流程及标准操作程序。

(5) 组织开展监控运行业务培训工作。

3. 运行方式管理

(1) 电网安全稳定计算分析、日常运行方式稳定校核、安全自动装置控制策略制定等。

(2) 开展调管范围内新设备启动调试调度准备工作。参与主网规划设计的前期审查和调管范围内安全自动装置方案、策略实施工作。

(3) 根据电网运行情况制定调管范围内稳定运行规定。开展电网稳定管理、安全自动装置策略管理、网源协调管理、无功电压运行管理和技术监督。

(4) 定制/修订运行方式有关技术标准、规章制度、业务流程及标准操作程序。

(5) 统筹制定电网年度运行方式,组织电网2~3年滚动分析校核。

(6) 组织开展运行方式业务培训工作。

4. 继电保护管理

(1) 全自动装置设备运行统计分析与运行评价。

(2) 参与直调厂站继电保护工程的设计审查。

（3）参与直调厂站继电保护故障分析。

（4）制定调管范围内继电保护运行规定,继电保护整定计算管理、继电保护和安全自动装置设备管理、运行管理。

（5）参与年度、月度、日前停电计划制定,参与调管范围内工程前期审查、调试,制定新设备启动继电保护方案。

（6）制定/修订继电保护有关技术标准、规章制度、业务流程及标准操作程序。

（7）组织开展继电保护和安全自动装置专业检测、软件版本及设备家族性缺陷认定发布、继电保护和安全自动装置统计分析与运行评价。

（8）监督网络实行例会制度,每季度或半年召开一次全体成员参加的网络例会。加强沟通联系,认真审核所收集资料以及工程联系单的正确性、完备性。

（9）组织开展继电保护业务培训工作。

5. 自动化管理

（1）电网调度控制系统的建设、技术改造、运行维护和应用技术支持。

（2）参与直调厂站自动化工程的设计审查、调试和验收。

（3）建设电网调度控制系统及其集中运维体系、调度数据网建设管理,调度自动化系统设备运行管理,电力二次系统安全防护管理。

（4）定制、修订调度自动化相关的技术标准、规章制度、业务流程及标准操作程序。

（5）组织开展调度自动化系统和设备专业检测、统计分析与运行评价。自动化系统检修过程中,在确认具备开工条件后,按所属关系向自动化当班值班员申请开工。自动化当班值班员对检修申请单进行签发,并通知相关处室和部门。

（6）严格落实电网风险预控措施,加强现场安全风险管控,确保责任到位、工作到位、措施到位。

6. 电力通信管理

（1）建立并完善调度机构与通信部门联系制度,明确职责界面,理顺工作流程。电力通信部门建立 24 小时值班制度,受理电力通信业务故障报修。

（2）对电力通信业务运行情况进行实时监视,对影响自动化数据传输的通道异常或故障迅速处理。

（3）履行检修工作计划和申请票填报手续,并严格履行相关专业会签、审批流程。

（4）通信部门每年结合通信大修、技改等工程编制检修计划,及时通报调度部门;通信检修计划应与一次系统、继电保护、调度自动化等工作协调一致。

第四节 信息的传递与沟通

一、内部控制信息传递

内部控制信息传递,是指企业内部各管理层级之间进行沟通的过程,这种沟通一般是以内部报告形式来传递有生产经营管理活动相关的信息。企业内部控制活动要想顺利进行，信息的传递必须及时畅通，企业应持续不断地收集、识别、整理与归纳来自企业内外部的信息，针对不同的信息来源和类型，明确信息的收集人员、收集方式、收集程序、报告途径和加工处理要求，通过月度经济分析会、月度安全分析会、生产调度会、周例会能力信息系统等方式，确保准确、完整的信息能够及时传达，并以内部报告形式传递给各管理层级。

（一）控制目标

（1）及时准确地收集、传递信息，建立顺畅的信息传递渠道，确保信息在公司内部有效沟通、充分利用。

（2）实现企业信息管理工作的规范化、制度化、科学化。为企业管理层了解情况、科学决策、指导工作提供信息。

（3）内部报告得到妥善保管，避免泄露商业机密。

（二）主要风险

（1）信息收集的范围不明确，信息收集缺乏针对性，收集不充分、不准确，信息有误，将导致企业决策失误。

（2）未建立内部报告流程，造成各部门信息不对称或主要信息不能及时传递，导致企业经营效率下降、决策失误等。

（3）未建立内部报告保密制度，导致内部报告泄密，对公司造成不必要的经济损失，影响公司核心竞争力。

（4）未及时对内部报告进行归档，导致相关信息泄漏或遗失。

（三）信息传递业务流程

信息指企业生产、经营、管理、改革、发展以及国家政策、市场环境等方面的内容。企业可以根据其实际情况对信息进行分类建立信息环境，传递业务流程。例如，信息可以分为外部信息和内部信息两类。

外部信息主要包括宏观社会环境信息、科学技术发展信息、市场信息等，如国内政治经济形势、社会文化状况、生产所需要的设备、原料、能源等物资的供应和来源分布、市场需求信息、竞争信息等。

内部信息主要包括公司管理、生产活动、经济、技术、财务、人事等信息，如计划执行、生产调度、设备运行、安全管理、财务状况、经营成果等情况。

（四）关键节点及控制方法

1. 内外部信息收集

外部信息是难以预测的，市场环境、政策变化等外部信息对企业生产经营管理有较大影响，电力企业应该通过政府文件、期刊、社会中介机构、行业协会组织、业务往来单位、来信来访、市场调查、网络媒体以及有关监管部门等渠道，及时获取外部信息；通过公司会议记录和具体计划、相关会计资料、经营管理活动资料等渠道，及时获取内部信息；

通过对内外部信息进行综合分析,最终以内部报告形式及时传递到内部相关管理层级,以便采取应对策略。

2. 内部报告编制与审批

电力企业应建立内部报告审核制度,根据不同的内部报告类型,设置不同的审核权限。根据不相容岗位相互分离,内部报告的起草与审核岗位应由不同人员负责。部门负责人应确保本部门起草的内部报告的真实、准确、完整,报告中涉及其他部门的,应传递至相关部门进行会审,确保信息真实、准确。

3. 内部报告传递与使用

电力企业应制定内部报告传递制度,根据信息的重要性、内容等特征确定不同的流转程序,明确各层级在内部报告传递中的职责与权限,企业应对内部控制报告的流转情况进行跟踪记录,并指定专人负责,对于未按规定进行传递使用的情况,应及时查明原因,调整处理,如果有必要可以完善相关控制活动。如有重大突发事件,可以直接向董事会或类似权力机构披露内部报告。

相关管理层负责对内部报告进行严格的审阅、批示,企业管理层以及各业务部门应充分利用内部报告来指导经营活动、科学地进行决策等。同时,通过对内部报告进行综合分析,应及时解决发现的问题。内部报告有利于准确识别和综合分析与经营活动相关的内外部风险,从而采取科学的风险应对战略,若评估为重大风险或问题突出的,应当启动应急预案。

4. 内部报告保密及归档

企业应制定内部报告保密制度,明确保密内容、保密措施、密级程度和传递范围,防止泄露商业秘密,保密信息报送过程中形成的草稿、修改稿等在收发传递过程中应及时记录、归档或销毁。相关人员需查阅保密文件时,应履行审批程序。

企业应制定内部报告归档保管制度,指定专人按类别保管内部报告。对影响较大、金额较高的内部报告(如重大重组方案、公司债券发行方案)应严格保管,对影响重大的内部报告(如公司章程及修订记录、公司股东登记表等)应永久保存。

二、信息系统

电力企业信息系统特指企业利用计算机和通信技术,对内部控制进行集成、转化和提升所形成的信息化管理平台。

现代企业的运营与管理非常依靠信息系统,缺乏信息系统的支撑,企业发展会受到阻碍。电力企业使用的信息系统种类繁多,对业务开展影响巨大,因此如何全面利用信息和数据、如何安全管理信息系统、如何运行维护信息系统成为重要问题。

(一) 控制目标

(1) 设置专门信息化管理部门,明确职责,负责公司系统项目实施、系统变更管理、系统运维管理、系统安全管理、信息化整体规划等工作。

(2) 优化信息化建设资源,避免信息孤岛,避免因信息系统项目论证不充分、信息系统实施方案与实际需求不符等造成项目失败及资源浪费。

(3) 在自我开发和外购的方式中,采取有效适当的方式实施信息系统。

(4) 确保系统开发需求文档充分体现业务处理和内部控制需要,设计方案能够满足业务和控制需求。

(5) 编写完整可行的上线计划,按照计划进行系统上线工作,确保新旧信息系统顺利切换和平稳衔接。

(6) 加强信息系统开发全过程的跟踪管理,确保系统在功能、性能、控制要求和安全性等方面符合开发需求。

(7) 确保信息系统按照规定的程序、制度和操作规范持续稳定运行,保证信息系统运行安全,对信息系统进行访问权限管理,对信息系统变更严格遵照管理流程进行操作。

(8) 确保信息系统能够抵抗病毒等恶意软件的感染和破坏,加强服务器等关键信息设备的管理,通过数据定期备份机制确保系统数据可用性。

(二) 主要风险

(1) 缺乏信息系统的专业管理部门和人员,未制订信息技术长期规划或规划不合理,导致企业信息化工作滞后于业务发展。

(2) 实施的系统开发项目没有经过充分论证,信息系统开发方式选择不当,导致形成信息孤岛或系统重复建设和投资浪费。

(3) 信息系统建设缺乏项目计划或者计划不当,信息系统需求分析不符合业务处理和控制的需要,需求表达不明确,有关需求未经评审,设计变更频繁,导致项目进度滞后、费用超支。

(4) 缺乏完整可行的上线计划,信息系统配置不符合设计方案,数据迁移不完整、不准确,导致信息系统无法正常稳定运行。

(三) 关键节点及控制方法

1. 信息系统规划

企业应设置信息系统管理部门,制定信息系统相关的管理制度,负责信息系统开发、运维、变更和安全管理等工作。信息系统管理部门应制定与企业整体战略目标一致的信息系统战略规划,并履行相关审批程序。信息系统管理部门结合企业实际情况、信息化发展需求及公司信息化总体方案等,制订年度信息化建设的重点工作安排。

2. 信息系统开发

对于自行研发的信息系统,信息系统管理部门应成立专门项目组,编制系统开发总体方案,明确系统需求、功能模块、系统架构、人员配备、职责分工、项目整体计划等相关内容,按照规定程序审批后实施。对于外购的信息系统,信息系统管理部门、相关业务部门与系统服务提供商应组建项目组,编制项目实施总体方案,明确建设目标、人员配备、职责分工、经费保障和进度安排等相关内容,按照规定程序审批后实施。

信息系统管理部门应组织企业内部相关部门提出系统需求,系统需求应经需求方负责人确认。项目组会同相关业务人员对系统需求进行分析和提炼,形成项目需求和设计方案,确保满足业务流程需求、业务规则要求和风险控制要求。项目组应与企业内部相关部门沟通讨论,说明设计方案对用户需求的覆盖情况。

3. 信息系统日常运维

信息系统管理部门应制定信息系统巡检制度,通过定期巡视机房,检查信息系统运行情况或每日检测服务器、数据库及网络设备的运行情况,并填写巡检日志,对发现的问题及时解决或报告。

信息系统管理部门应制定信息系统相关的应急预案,定期组织相关部门和人员开展应急演练,并对演练中出现的问题进行总结,编制应急演练报告,不断改进应急预案。系统发生重大故障时,根据故障严重程度启动相关应急预案,故障处理完毕后,信息系统管理部门应在规定时间内编写专项报告并在企业内部汇报。

4. 信息系统变更

信息系统管理部门应建立系统变更申请、审批、执行、测试流程。在对实时系统变更时,由需求方提交变更申请,按照程序经过适当审批后才可实施变更,需求方应对变更后的系统功能进行测试。

对于需要进行程序开发的系统变更,信息系统管理部门应建立单独的系统开发(变更)环境、系统测试环境和系统生产环境。不得在生产环境中进行系统开发、变更和测试工作。

5. 信息系统安全

信息系统管理部门应根据业务性质、重要程度、涉密情况等确定信息系统的安全等级,采用相应的技术手段保证信息系统运行安全有序。

信息系统管理部门应加强对重要业务系统的访问权限管理。避免将不相容职责授予同一用户。应用系统管理员不应同时兼任系统数据库管理员和服务器操作系统管理员。

本章小结

本章第一小节介绍了电力行业基本情况以及电力发展趋势,简要概述了电力行业内部控制的建设背景。第二小节主要介绍了电力企业风险评估的概念、程序和方法。电力企业应该从目标识别出发,在内部和外部两个层面,经过建立基础、目标设置与分解、风险识别、风险分析、风险评价以及风险应对等程序,综合运用定性和定量的方法,全面评估风险,为风险管理提供依据。第三小节主要阐述了电力企业控制活动的相关内容。根据电力企业常见的业务和管理内容,本章在电量管理、燃料管理、电力交易、调度控制、电力营销、运行管理等业务活动中的控制目标及存在的风险进行了说明,并提出控制措施和监督评价要点。最后一节深入分析了电力企业内部信息传递、信息系统日常运营的特点,对电力企业在内部信息传递、信息系统管理存在的风险进行说明,并提出控制措施和监督评价要点。

第十六章 后金融危机时代的内部控制

> **引入案例**

中信富泰澳大利亚矿石项目遇困

2006年,中信富泰通过澳大利亚富豪帕尔默以4.15亿美元高价收购了西澳大利亚两个分别拥有10亿吨铁矿石开产权的公司——Sino Iron和Balmoral Iron的全部股权。

中澳铁矿项目原计划投资42亿元,于2006年开工,并于2009年建成投产。项目开工后,在施工期间三次被迫停工延期,投资成本一路水涨船高,至7年后总资本投入已近百亿美元,然而该项目若需要彻底完工,还需要继续追加投资。在此期间,中信富泰又经历了管理层大换血、矿业市场大起大落等危机,投资成本又一路飙升,令中信富泰深陷泥潭。这桩开始于金融危机前夕的海外投资项目,成了一桩中国企业海外投资失败的经典案例。

由于大宗商品价格暴跌,铁矿石价格持续低迷,截至2014年3月24日,中信富泰已对中澳铁矿进行了25亿美元减值拨备。这一举动导致中信富泰当年的净利润下降20%。

除此之外,中信富泰与帕尔默之间也有诸多纠纷,包括铁矿开采和利益分成等问题,以及中澳铁矿项目的原开采主体、帕尔默控制的资源企业Mineralogy是否拥有该项目在普雷斯顿港出口站的合法运营权等。

对澳大利亚当地法规缺乏理解、不熟悉当地文化风俗、基础设施投资大幅上涨、缺乏经验、技术难度预计不足、不熟悉当地劳工政策等因素,共同造就了中信富泰的投资失败。而这些因素也在一定程度上反映了中信富泰在内部控制方面的不足。

第一节 内部控制学说发展进程

一、内部控制理论的历史演进进程

(一) 初始阶段——内部牵制理论

当人类社会经济发展到一定规模的时候,就需要一些简易的监督、管理手段来对经济活动进行有效的控制。根据记载,在人类历史发展进程的早期阶段,已经初步存在内部控制的基本思想——内部牵制。

公元前 3600 年，在美索不达米亚平原，人们已经开始了对内部控制的初步探索：在简易的商业活动中，经手现金财务的人员和记账人员不能是同一人。经手现金的人要列出收付款清单，经由记账人员审核，记账人员要仔细核对清单，并在清单上做相应的标示以证明收付款清单的可信度。这表明，粗糙原始的内部牵制理论已经在经济活动中初步运用。

公元前 600 年，在古埃及中央银库的管理中也出现了内部控制的雏形。金银财物或谷物在送达国库时数量的清点记录、入库时对送达物品和记录工作完成情况的观察以及对接收数量、入库数量和记录数量的核对工作，都是由不同人员来完成的，并且上级部门会定期派专员对应实物和记录进行抽查，以减少差错舞弊。这种制度在很大程度上确保了记录正确、账实相符，也生动地体现了原始朴素的内部牵制思想。

在古罗马王政时期(公元前 735 年至公元前 510 年)末期，会计账簿得到了广泛的应用，其中"双人记账制"的产生和发展，标志着早期内部牵制理论的进一步发展。当时管理宫廷财政的部门规定，一笔经济业务发生后，必须有两名记账人员在各自负责的账簿中分别记录，并且两名记账人员要定期进行互查，出现不一致的情况需上报上级部门。这种方法可以有效地审查账目中错记及舞弊的情况，达到了有效记录控制财政收支的目的。

公元 1211 年，意大利城邦佛罗伦萨出现了简易的借贷记账法，这可以说是借贷记账法的起源，当时佛罗伦萨的商业十分发达，市场上有频繁的金银借贷，钱庄业主为了使账目准确、清楚，他们一般将整个账簿分为应收账款和应付账款，并为每一个债权人和债务人开设一个账户，即应收账款和应付账款。不过当时的记账方法大都属于单式记账，采用的也是叙述性账户。后来热那亚人对该方法进行了改进，将账户左右对照，形成了借方贷方。自此经手货币，记录交易，管理货币的人员实现了分离，科学有效的牵制手段应运而生。

早在我国的西周时期，就已经产生了内部牵制理论的萌芽。史记中有"听出入以要会"的记载，也就是说以书面的会计记录为依据，批准财政收支用度。当时的周王为减少大小官吏贪污舞弊而采取的监督控制手段之强硬，据朱熹所著《周礼·理其财之所出》一文的描述，以达到"一毫财赋之处，数人耳目通焉"的境界。西周内部控制制度之严密，也得到了著名会计学者迈克尔查特菲尔德的高度评价。

近代内部牵制理论出现在 20 世纪 40 年代。在该阶段，内部控制以纠察错报、防止舞弊为目的，职务分离、相互核查为核心。《柯氏会计词典》对内部牵制下的定义是："为提供有效的组织和经营，并防止错误和其他非法业务发生而制定的业务流程，其主要特点是以任何个人或部门不能单独控制任何一次或一部分业务权力的方式进行组织上的责任分工，每项业务通过正常发挥其他个人或部门的功能进行交叉检查或交叉控制。"学界对此定义无异议，自此以后，内部牵制在内部控制学说中占据相当重要的位置，并成为有关组织控制、职权分离控制理论的雏形。

(二) 发展阶段——内部控制制度理论与内部控制结构理论

内部控制制度理论产生于内部控制结构的理论基础上。"内部控制"一词首度出现在文字记载中是在 20 世纪 30 年代末。1936 年，由美国会计师协会(美国注册会计师协会的前身)发布的《注册会计师对财务报表的审查》文告中，第一次正式使用"内部控制"

这一专门术语，"注册会计师在制定审计程序时，应考虑的一个重要因素是审查企业的内部牵制和控制，企业的会计制度和内部控制越好，财务报表需要测试的范围则越小。"1947年，美国会计师协会的审计程序委员会颁发了《审计程序暂行公告》。在"现场工作程序"第二条中规定："有必要研究和评价现行内部控制，以作为信赖内部控制和确定其后审计测试范围的基础。"1949年美国会计师协会的审计程序委员会发表了一份题为《内部控制、协调系统诸要素及其对管理部门和注册会计师的必要性》的专题报告，该报告对内部控制首次作出了如下权威定义："内部控制是企业所制定的旨在保护资产、保证会计资料可靠性和准确性、提高经营效率、推动管理部门所制定的各项政策得以贯彻执行的组织计划和相互配套的各种方法及措施。"该文件将内部控制划分为"会计控制"和"管理控制"。"会计控制"是指实施控制的主体利用会计信息对资金运动进行控制。会计控制的客体是资金运动，会计控制的主体是会计部门以及需要利用会计信息和资金运动状况进行决策的其他部门。"管理控制"是指为了实现组织战略目标，管理者对组织中其他成员实施影响的过程。管理控制涉及一系列活动：计划组织的行动；协调组织中内部的活动；交流信息；评价信息；进行科学的决策；促使个人目标与组织目标相一致。学界普遍认为，会计控制和管理控制是互相联系、不可分割的。

20世纪80年代，内部控制学说又进入了一个新的发展阶段，对内部控制的研究重点逐渐由对一般内涵的研究向对具体内容的研究转变。1988年5月，美国AICPA发布了《审计程序公告第55号》(SAS55)。该公告以"内部控制结构"概念取代了"内部控制制度"，并指出："企业内部控制结构包括为提供取得企业特定目标的合理保证而建立的各种政策和程序"。

该公告认为，内部控制结构是由控制环境、会计制度和控制程序这三大要素共同构成的。所谓控制环境，是指对建立、加强或削弱特定政策、程序及其效率产生影响的各种因素，主要是指重大影响因素。控制环境的好坏直接影响企业内部控制的贯彻和执行以及企业整体战略目标和具体经营目标的实现。会计制度是对商业交易和财务往来在会计账簿中进行分类、登录、归总，并进行分析、核实和上报结果的制度，是所有会计活动都应该遵循的规则、方法、程序的总称。在我国，国家统一的会计制度由国务院下属的财政部制定；各省、自治区、直辖市以及国务院业务主管部门，在与会计法和国家统一会计制度不相抵触的前提下，可以制定本地区、本部门的会计制度或者补充规定。控制程序是指管理层为了达到一定目的而制定的方针和程序。控制程序包括对经济业务的初级审核和批准、明确分工、科学地设计和使用凭证和账单、对财产实物和记录的接触和使用要采取有效的保护措施和要对已经入账的记录定期审核。内部控制结构理论不再划分会计控制和管理控制，标志着内部控制学说从理论走向了实践。

（三）成熟阶段——COSO内部控制框架

1992年，美国会计学会、注册会计师协会、美国内部审计师协会、财务经理人员协会和管理会计师协会等组织成立的专门研究内部控制问题的美国反欺诈财务报告全国委员会下属的发起人委员会发布了指导内部控制的纲领性文件COSO报告——《内部控制——整体框架》，并于1994年进行了增补。这份具有跨时代意义的报告极大地丰富了内部控制理论和实践,可以说是内部控制学说发展史上的一座里程碑。该报告对内部控制作出了如下定义:"内部控制是由企业董事会、经理层和其他员工实施的,旨在为营运效率和效果、财务报告可靠程度和相关法律遵从性提供合理保证的制度。"这项定义也从侧面反映了内部控制的三大目标。

该报告还提出,内部控制由五大互相联系的要素组成,分别是控制环境、风险评估、控制活动、信息与沟通和监控。

控制环境——控制环境决定了企业的基调,直接影响企业员工的控制意识。控制环境提供了内部控制的基本规则和构架,是其他四要素的基础。控制环境包括员工的诚信度、职业道德和才能;管理哲学和经营风格;权责分配方法、人事政策;董事会的经营重点和目标等。

风险评估——每个企业都面临诸多来自内部和外部的有待评估的风险。风险评估的前提是使经营目标在不同层次上相互衔接,保持一致。风险评估指识别、分析相关风险以实现既定目标,从而形成风险管理的基础。由于经济、产业、法规和经营环境的不断变化,需要确立一套机制来识别和应对由这些变化带来的风险。

控制活动——控制活动指那些有助于管理层决策顺利实施的政策和程序。控制活动有助于确保实施必要的措施,以管理风险,实现经营目标。控制活动体现在整个企业的不同层次和不同部门中。它们包括诸如批准、授权、查证、核对、复核经营业绩、资产保护和职责分工等活动。

信息与沟通——公允的信息必须被确认、捕获并以一定形式及时传递,以便员工履行职责。信息系统涵盖经营、财务和遵循性信息的报告等要素,以助于经营和控制企业。信息系统不仅要处理内部产生的信息,还要求了解和控制企业经营决策和对外报告相关的外部事件、行为和条件等要素。有效的沟通从广义上说是信息的自上而下、横向以及自下而上的传递。所有员工必须从管理层得到清楚的信息,认真履行控制职责。员工必须理解自身在整个内控系统中的位置,理解个人行为与其他员工工作与公司整体运作的相关性。员工必须有向上层传递重要信息的途径。同时,与外部诸如客户、供应商、管理当局和股东之间也需要有效的沟通。

监控——内部控制系统需要被监控,监控即对该系统有效性进行评估的全过程。可以通过持续性的监控行为、独立评估或两者的结合来实现对内控系统的监控。持续性的监控行为发生在企业的日常经营过程中,包括企业的日常管理和监督行为、员工履行各自职责的行为。独立评估活动的广度和频度有赖于风险预估和日常监控程序的有效性。内部控制的缺陷应该自下而上进行汇报,性质严重的应上报最高管理层和董事会。

COSO报告提出:"控制环境、风险评估、控制活动、信息与沟通和监控这五项要素既相互独立又相互联系,形成一个有机统一体,对不断变化的环境自动作出反应。内部控制制度与企业的经营行为紧密相连,因企业基本的商业动机而存在。当内部控制成为企业内部构架的核心部分和基本理念时最为有效,这时内部控制可以支持经营质量和主动的授权,避免不必要的花费,并对环境的变化迅速作出反应。内部控制的三类目标之间具有直接联系,他们代表了企业努力的目标。而五项要素代表了实现这些目标所需的元素。所有五项要素都与每一类目标相联系。为实现每一类目标——如经营的效率和效果——需要五项要素共同发挥作用,以说明经营的内部控制是有效的。内部控制的定义——受人为因素影响、提供合理保证的过程,这一内在基本的概念——及其不同种类的目标、内部控制要素、内控有效性评价准则、与之相关的讨论,构成内部控制基本构架的内容。"

二、后金融危机时代内部控制理论新发展

(一)基于价值链管理的内部控制理论

20世纪80年代中期,美国学者迈克尔波特提出了价值链的概念。自此以后,价值链管理在世界范围内得到了广泛的关注,理论界人士都将此概念充分融合到了各自的研究领域之中。

企业价值有广义和狭义之分,所谓广义的企业价值是指企业的整体价值。企业的整体价值是通过长期的增值活动不断累积的,是一个动态的连续的过程。而狭义的企业价值是指每一个具体的业务流程所创造出来的价值,这与各项业务产生的收入、承担的成本费用有着直接联系,是一个相对静态的微观的概念。

价值链管理,是一种以实现企业最大化为总体目标,以流程重组为媒介,从而同时实现作业层、战略层和管理控制层价值增值的管理模式。价值链管理学说有许多典型的理论分支,其中具有代表性的是迈克尔波特的经典价值链理论、卡普兰的平衡计分卡法学说和STEWARD公司的经济增加值理论。价值链管理理论的出现使得企业从单一的企业内部资源整合,向着整个价值链上中下游各企业间协同资源整合的方向迈进,扩大了资源整合的范围,并有效地提高了资源利用效率。价值链的内部控制是一个动态连续的过程,以通过在价值链内部实施计划、组织、控制等方法和程序,实现价值链上中下游企业整体战略及具体经营管理目标和总体目标的管理方法。可以说,内部控制是价值链管理的具体实施方式,而价值链管理活动又是内部控制的特定对象。基于价值链管理体系下的内部控制理论是对传统内部控制理论的一次提升,它更加着力于企业的长远目标和发展,更加有利于企业价值最大化的实现。

要达到理想的内部控制效果,首要任务就是找准目标定位,在此基础上提高目标层次。传统的内部控制主要以纠错和防止舞弊为目标,这种方法具有较强的针对性和可实施性,能够有效地保证企业会计资料的合法性准确性和企业各项资产的存在性和完整性。但从另一个角度来说,它缺乏前瞻性,不能够适应当下社会经济高速发展的态势,并且在一定程度上,它弱化了企业价值创造的目标。因此,现代企业内部控制的目标不应仅局限于查防错弊,应该同时合理保证企业日常经营运作效率和企业各利益关联方利益均衡与协调,以更好地实现企业价值最大化。价值链管理要求企业在资金流、物流和信息流等每一个环节都能实现价值增值,而内部控制的约束和激励机制能够使每一个环节发挥各自的作用,更好地协同合作,实现企业经营管理目标。因此,将价值链管理的内部控制有机结合起来,能够更好地发挥两者的作用,对于实现企业最大化有很大裨益。

在知识经济的时代下,人才作为最重要的资源,是价值链价值增值的核心要素,在此

条件下加强人力资源培训，提高人力资源质量，就显得尤为重要。价值链内部控制要求员工增强对本企业价值最大化目标的认同感，努力做到企业总体目标与员工个人目标的方向一致，使个体目标与总体目标能够有机统一，削减或消除实现企业价值最大化目标过程中主观存在的阻力，并使得每一名员工个体的优化成为企业价值增值的积极因素。因此，企业应该制定科学、合理、灵活的人力资源政策，在招聘、培训、绩效考评、晋升等方面根据企业自身情况多做考量，确保员工具有良好的道德品行和专业能力，能够成为企业成功经营的良好助力。

在价值链管理下的内部控制中，改善企业组织结构及业务流程，提高企业经营管理效率也显得尤为重要。有效的组织结构，能为企业实现整体战略和具体目标提供科学合理的计划、执行、控制、监督活动的框架，使企业日常经营活动能够更加有序地进行。而冗杂无效的组织结构，可能直接导致不良的经营成果和控制效果。因此，企业应适当确定各个关键领域的权责关系，建立合理有效的组织结构及业务流程。在价值链内部控制的视角下，企业组织结构不能过于简略，以致于管理层无法实施有效的控制和监督；也不能过分复杂，阻碍各部门人员的信息沟通和交流，损害企业整体的运作效率。

(二) 信息化下的内部控制

随着现代通信、网络、数据库技术的发展和成熟，人类社会步入了信息化时代。以计算机为主的智能化工具正在逐渐改变人们的生产、生活方式，我们的学习方式、思维方式等也发生了翻天覆地的变化。在这样的时代背景下，为提高企业竞争力，促进企业可持续发展，企业内部控制的信息化可以说是大势所趋的。我国颁布的《企业内部控制基本规范》中《企业内部控制应用指引第18号——信息系统》，也指出了信息系统的作用和重要性，引导企业运用信息系统进行内部控制，表明内部控制的信息化得到了官方政策的认可和支持。

信息化内部控制与传统的内部控制相比，有极大的优越性。首先，传统的内部控制局限于对单一部门和单一业务流程的监督和控制，而缺乏对总体的把握，不利于企业实现总体战略目标。而在全面信息化的环境下，内部控制逐渐由单一的独立审计向对整体的全面控制转变。信息系统是一个有机的整体，它沟通联合了各个业务流程，既有微观上对单一业务流程的控制，又有宏观上对整个经济活动链条的把握，使内部控制更加具有系统性，使企业能够从更高层次理解和实践内部控制的思想内涵。其次，传统的内部控制更多的是一种重事后控制，重点在于对各种已经发生的经济业务进行复核，然而这种复核只能对部分发现的错漏和舞弊问题进行修正和调整，而不能从根源上避免这些问题的发生。此外，传统的内控模式信息系统建设薄弱，导致部门之间不能有效地进行沟通和交流且重要信息并不能及时反馈，对内部控制的效力产生了消极的影响。而在全面信息化的环境下，科学合理的信息系统为企业各部门提供了一个实时的信息交流沟通平台，在这个平台上，各部门可以及时且全面地了解企业研发、制造、销售等方面的信息，也就是说企业的每个有机组成部分都能够对企业资金流、物流和信息流实现共同控制，这不仅有利于本部门的业务活动的布置和开展，还有利于对各部门经济活动的协调和统一，对实现目标一致性有很大的裨益。可以说，信息化内部控制完美地将传统的事后控制转化为了事前、事中和事后控制有机结合的高效的内控机制。

要实现企业内部控制信息化,需要注意以下问题。

(1) 建立良好的信息化环境。首先,为建立良好的信息化环境,企业管理层和治理层需要对信息化有充分的了解,并认可信息化的作用和优越性。此外,信息化应该与企业战略目标和总体经营管理理念有机结合。这样就要求企业做好信息系统的整合工作,甄选出与企业管理思想相契合的系统,更好地实现企业总体战略。其次,一旦信息系统得以建立,就应努力减少人为因素对信息系统的干预,对此,管理人员应该起模范带头作用,服从信息系统控制,除了在确实需要对信息系统进行调整以适应新环境的例外情况下,都不允许随意破坏信息系统既定的规则。

(2) 正确地处理标准化问题。在现代企业的经营管理中,标准化是一个极其重要的思想。如果信息化是一台高效运转的精密仪器,那么标准化就是其中最为关键的零部件,缺少标准化,就是妄谈信息化。内部控制信息化的标准化包括组织架构、业务流程、职责及管理权限、权责分离等内容,掌握了这些重要因素,就把握了内部控制信息化的核心。

(3) 对信息系统进行持续有效地监督。COSO委员会出版的《内部控制体系监督指南》指出:"对利用信息技术进行持续性监督有大致四种方式:第一,利用误差管理工具。例如,记录误差的日志、后续跟进、处理情况分析。第二,监督应用程序变更的工具。例如变更认证、沟通、适当评价。第三,评价系统状况的工具。例如,内置参数、可容忍水平、不相容职责分离、管理权限。第四,评价过程完整性的工具。例如,标准及协同、数据加总、文档完整性。"这四种工具包括了对信息系统日常操作的直接监控和对内部控制部门根据企业具体情况专门开发的检查工具的监督控制。对前者主要关注零售商系统信息中订单标示的有效性以及零售数据的完整性,是对日常业务汇总的监督。对后者着力于建立信息系统标准化模板,并据此开发检查工具,并在之后的各期定期运行检查工具,对其与标准模板进行差异化分析,以逐步建立连续性控制机制。

(4) 培养内控信息化人才。内控信息化人才是指既对内部控制管理有着丰富经验,又具有专业信息化技能的人员。因此,企业应该在明确生产经营目标和充分了解企业现有人力资源状况的前提下,制定人才资源配置方案,建立内控信息化复合型人才的培养机制。除此之外,企业还应该完善激励机制,提高高素质人才的保有率。人才管理的根本要素是聚拢人心,为此企业不仅要提高人才的薪酬津贴水平,还需要使每个个体得到充分尊重,让员工收获归属感和幸福感,从物质和精神两方面提高员工满意度。

第二节 内部控制需要进一步研究的问题

一、如何建立起与我国经济体制相适应的具有独立性和创新性的内部控制体系

中国的内部控制制度基本上是在借鉴西方惯例并吸取中国理论界意见的基础上形成的,是由政府机构直接颁布,而不是从中国内部控制实践中推导而来。后金融危机时

代我国的经济体制发生了改变,也面临着新的挑战和考验,企业内部控制的组织结构和方式发生改变,内部控制范围有所扩展,国内的内部控制理论在指导企业内部控制实践上软弱无力。这就要求我们增强对内部控制的解释力,特别是现代意义上的内部控制概念,要加强对国内企业管理实践的观察和分析,提炼并总结适当的理论根据。唯有抛弃内部控制理论所依赖的各种传统的、过时的假设,创新内部控制理论、创新企业内部控制系统的边界和范围,才能使之顺应时代潮流,适应当代经济发展的客观要求。

内部控制理论要突破现有的困境,就需要在借鉴国外内部控制理论体系的基础上,在自己构建的理论框架内,推导出治理企业内部控制信息披露弱点的政策与措施,对内部会计控制的有效性进行科学评价,从中发现使内部控制系统的作用弱化的原因以及薄弱环节,进而为建立健全内部控制制度提供可靠的依据,形成一套覆盖企业全部业务、规范运行、有效运作的独立性及创新性兼备的内部控制体系。

二、如何建立完善的内部控制有效性的评价标准

虽然内部控制的理论逐渐完善,但目前由于各国内部控制的理论框架有所不同,在内部控制的定义、范围、具体原则和方法等方面没有达成共识,在世界范围内尚无统一被接受的内部控制有效性的评价标准。合理有效的评价标准作用显而易见,一个有效的自我评价标准不仅可以提高内部控制的遵循效率,而且可以提高公司总体上的控制意识。

迄今为止,国内理论界的学者们对内部控制信息披露的标准特别是如何界定、信息披露是否完善的问题上存在分歧和争议,我国还没有建立完整的内部控制标准体系,这一缺陷不利于我国普及内部控制管理、提高人们的内部控制管理意识,因而不利于指导内部控制实践。衡量内部控制有效性的标准的制定,关系到这一制度的有效运行及其作用的有效发挥,这就要求建立完整的内部控制标准,把这些强制性的标准举措嵌入公司,使之成为公司自觉自律的约束条件,研究并界定内部控制的标准,进而为建立健全内部会计控制制度提供可靠的依据,这是内部会计控制制度实施过程的最后也是最重要的一个环节。

三、如何解决内部控制体系成本与质量失控

在新经济条件下,内部控制的主要目标是使组织在内部控制的环境中积极演化,使组织成为社会中的主导者,提高组织影响力。我国的内部控制体系没有很好地将成本—效益原则考虑其中,设计、实施科学完整的内部控制制度需要耗费大量的资源,而且是个逐步试错、不断完善的过程,但带来的收益却难以直接观察、计量,尤其对一些小企业来说,其收益甚至小于成本,这就直接导致了企业缺乏建立内部控制体系的积极性。现实生活中就表现为大企业内部控制比较完善,而中小企业和新成立的企业缺乏必要的内部控制,责、权、利不清晰,经济活动不规范,错误与舞弊现象比较普遍。

企业在建立内控体系之前,为确保决策的正确执行,可以使用成本—效益原则对内控体系的建立进行可行性研究分析,看体系是否经过管理层的认真决策和可行性研究,评价该项目可行性论证的充分性和可靠性。在充分调查的基础上预测出内控体系的使

用率,再根据这些数据推算出人力资源成本、材料成本和其他相关成本,同时还要预测直接控制效益、间接控制效益的大致范围,评价建立内部控制体系的综合结果。

从经济学角度来看,任何一个理性的企业如果要实施内部控制,必定会考虑其成本效益,只有实施内部控制产生的效益大于实施成本,企业才可能实施内部控制。因此,如何平衡好内部控制体系建立过程中的成本效益问题,是企业在实施内部控制过程中需要关注的关键问题,也是理论界学者需要进一步研究和完善的问题。

第三节　当前形势下对内部控制的新要求

一、组织、文化与环境的重点把握

一是把握好公司内部各部门的协调和逻辑关系。内部控制体系是一个涵盖企业生产、经营全方位的管理系统,集中地体现了企业的总体管理理念、思想和具体运行模式,而非个别设计人员的局限性思维,因此内部控制体系的建设、执行、监督和优化不只是内部控制管理部门的工作,而是要充分发挥各相关业务部门的作用。内部控制部门需要从专业的角度来制定调整并执行方案,其他部门则需要从旁观者的角度发现内部控制体系执行过程中的漏洞,并及时地将信息反馈给内部控制管理部门。

二是把握好企业文化的控制。作为单个人发挥个性,只需要考虑社会规则就可以了,但作为企业员工发挥个性,不但要考虑社会规则,还要考虑企业特有的规则。后金融危机时代,在企业内部必须形成具有相对约束力和弹性的企业文化,人性化的内部控制系统可以给公司成员充分的自由来发挥其判断力和想象力,内部控制制度无疑属于企业规则的组成部分,良好的内部控制制度应把限制与激励成员行为两者很好地结合起来,成为吸引优秀员工的一种企业文化,这就要求公司要在保留传统的内部控制精华的基础上,重塑内部控制系统,纠正系统与生俱来的缺陷。

三是把握好内部控制的环境。内部控制的环境是内部控制作用发挥的平台和基础,内部控制环境的有效性、健全性直接关系到整个内部控制有效性和健全性的发挥。控制环境作为内部控制的基础,如果存在重大缺陷,构建于其上的内部控制制度即使再完美,也可能因基础不牢而难以实现其控制目标。目前国内学者对控制环境问题进行的研究还非常少,企业也多注重内部控制制度的建设而忽视控制基础的完善。然而,我国无论内部控制理论还是实务,与国外都还有一定差距,这与目前经济国际化的潮流相背离。因此,建立完善企业的内部控制环境,可以在不增加成本的情况下,有效地建立内控体系,提升内控的效果,最终实现增加价值的目标。

二、做好内部控制的监督和奖惩工作

内部控制是贯彻到公司上下举措,公司内所有员工都有责任和权力监督内部控制工作的实施。在企业里,每一层面的监督人都很重要,因为他们所提供的信息对更高一级

的监督人得出其结论有直接影响。无论企业规模大小,监督人为了设计和实施适当的监督程序,必须具有适当的技术、知识以及对控制所要减缓的风险的专业的理解。

这就要求提高员工的内部控制意识,提高觉悟,使员工在行为选择上取得共识,逐渐鼓励员工发挥主观能动性去"自我控制",将本身具有约束力的内部控制变成"自觉式内部控制"。

企业领导要及时掌握企业内部会计人员的思想行为状况,加强对内部控制行为主体"人"的控制,把内部控制工作落到实处。同时建立岗位责任制,并注意加强彼此间的信息沟通交流,形成有效的监督合力,并加强员工对企业内部控制的了解、检查与监督,加大执法力度,增强威慑力。

三、建立顺畅的信息沟通体系

随着科学技术的发展,新闻媒体、互联网络等为上市公司提供了多样化的、便利的信息披露渠道,这些都有利于企业构建完善的信息系统。信息系统收集信息的范围应包括来自内部与外部的所有与内部控制相关的财务与非财务的信息,并要对其进行有效地分析。而且,企业还应当根据现代科技的发展和企业自身生产特点的变化,改变传统的多层级的组织结构,减少信息在组织内部传递所需经过的环节,力求信息利用效率最大化,同时可以引入管理信息系统,将内部控制置于IT环境之中。

有效的信息沟通系统,有利于企业员工对内控体系的了解,能够加强对内控体系实施的监督,减少潜在损失的发生。管理人员对内控体系信息的及时掌握,能够帮助其掌握内控体系动态,根据企业经营状况的变化而对其进行修正,保证内控体系与企业经营目的相一致,最大程度地为企业创造价值。

本章小结

内部控制是由企业董事会、经理层和其他员工实施的,为营运的效率效果、财务报告的可靠性、相关法令的遵循性等目标的达成而提供合理保证的过程(COSO,1992)。针对安然、世通等财务欺诈事件,萨班斯法案使在美国上市的中国公司面临着巨大的挑战。尤其是在金融风暴肆虐全球的今天,实体经济势必受到压制打击,良好的内部控制体系将成为企业抵御风浪的有力屏障,真实有效的内部控制信息披露会向市场传达强有力的信号,增强投资者的信心。美国是现代内部控制的起源地,也是内部控制研究最有成就的国家之一,在内部控制研究领域,我国在一定程度上受到国外特别是美国学术研究的影响。笔者参阅了大量的国内外有关内部控制的文献资料,在本章系统分析内部控制体系的研究现状,阐述了后金融危机时代我国内部控制研究的选题、主要关注点及其研究路径等问题,并对未来改进方向提出建设性的意见。

第十七章 人力资源内部控制

引入案例

三泰集团的人力资源内部控制

2009年7月7日至8月15日,依据《企业内部控制基本规范》等有关规定,三泰集团内部审计部联合管理咨询公司组成内部控制项目组,对三泰集团控股的三泰公司人力资源政策内部控制进行设计,确定了三泰公司人力资源政策方面的控制点及控制措施。

确定的三泰公司人力资源政策方面的控制点主要包括:聘用、定岗、强制休假或轮岗、培训、考评、晋升、薪酬、补偿、激励、问责、解聘、离岗限制。具体的控制措施如下:①对关键岗位和紧缺人才竞聘或招聘必须有明确的岗位说明,确保相关人员具备应有的胜任能力和职业道德修养。②通过与员工订立劳动合同形式确立劳动关系。③对员工岗位职责进行描述,使员工明确岗位的相应责任、职责和权限。④对新员工进行岗前教育培训,使其达到岗位基本技能素质要求。⑤制定员工教育培训制度,每年制订并下达培训工作计划。⑥与高级管理人员签订业绩合同,并严格按业绩合同和考核规定进行考核,业绩考核指标应与公司总体发展战略一致。⑦建立以业绩为基础的激励机制。⑧组织员工定期进行工作总结,分析员工当前成绩、经验与不足,对下阶段工作进行安排。⑨制定违纪违规处理规定,并对其进行宣传和贯彻。⑩制定明确的关键岗位目录,实行关键岗位轮岗制度以及定期休假制度。⑪制定明确的保密岗位目录,与保密岗位人员签订保密协议,对保密岗位人员离职进行限制。

第一节 人力资源内部控制概述

人力资源从内部控制的角度来讲,是指一个企业组织生产经营活动而录用的各种人员,包括董事、监事、高级管理人员和全体员工。它是一个企业核心的战略资源,是企业管理中最具综合性的部分。

人力资源管理,是企业管理的重要组成部分,而近几年提得比较多的是战略性人力资源管理(张正堂和刘宁,2005)[①]。所谓战略性人力资源管理,主要是统筹企业人力资源管理和企业组织战略,并着重强调企业各种人力资源管理活动的协调性和一致性。其核心观点是人力资源管理活动对组织绩效非常重要。在战略管理兴起的背景下,管理者更

---

① 张正堂,刘宁.战略性人力资源管理及其理论基础[J].财经问题研究,2005(01):75-81.

倾向于从战略的角度看待人力资源管理。

人力资源对企业发展的重要作用,至少体现在以下三个方面。

第一,良好的人力资源管理制度和机制是增强企业活力的源泉。人力资源管理的核心和要义是体现"以人为本"的管理理念,力求实现企业各级管理人员和全体员工与企业之间形成良性互动,促进共同发展。人力资源管理要求企业根据其自身的发展战略合理配置人力资源,做到人尽其才,充分调动员工的积极性和创造性,挖掘员工的潜能,为企业创造价值,最终促进企业战略目标的达成和实现。例如,"巨人倒下""IBM复兴",都展示着人才对企业发展至关重要的作用。健全和实施良好的人力资源管理制度与机制,有利于企业实现公开、公平、公正的用人自主权,有利于企业引进需要的人才,淘汰与企业发展不符的人员,建立干部能上能下,员工能进能出的灵活竞争机制,搞活企业,提高生产效率,让优秀人才有用武之地,让他们能在适合自己的岗位上得到全面发展的同时为企业和社会作出更大的贡献。

第二,良好的人力资源管理制度和机制是提升企业核心竞争力的重要基础。随着经济全球化以及我国经济的快速发展,特别是后国际金融危机时期世界经济格局的调整,优秀人才已经成为市场竞争中最重要的战略资源,人力资源日渐在综合国力的提升以及企业竞争中起着决定性作用。有了良好的人力资源机制和制度,企业才能凝聚全体员工,促进企业发展战略的实现。

第三,良好的人力资源管理制度和机制是实现发展战略的根本动力。现代企业要在激烈的竞争中求生存谋发展,在完善组织架构和制定科学的发展战略之后,起决定作用的就是要建立良好的人力资源制度和机制。在企业发展战略和人力资源管理两者的关系中,发展战略决定了人力资源政策;反过来,良好的人力资源政策又对发展战略具有积极促进作用,主要表现为:人力资源是企业发展的灵魂,有了良好的人力资源制度和运行机制,才能制定出科学的发展战略,决策才不会失误;有了良好的人力资源制度和运行机制,才能最大程度地激发专业技术人员充分发挥创造力,从事研究与开发;有了良好的人力资源制度,才能激发全体员工为实现发展战略而不懈奋斗,最终确保发展战略有效贯彻落实,实现预期发展目标。

如今,以人为本的发展理念在国家宏观层面得到全面响应。王海兵等(2011)[①]指出,物本内部控制是把劳动者物化成为一种生产要素,把作为活劳动载体的人也视作物去管理和控制,以至于企业内部控制出现重视物权、轻视人权的现象。在当前的内部控制体系下,企业对员工的中、高层级的需求重视程度不够,有时候甚是较低层次的需求也不能得到满足,降低了作为内控主客体的员工对企业内部控制的认可度。

企业的生产经营活动主要是由人来完成的。从一定意义上来说,内部控制的对象是人,而同时内部控制又是由人来完成的,即人既是内部控制的主体,又是内部控制的客体。内部控制效果的好坏,直接取决于内部控制制定者和执行者的自身素质。同时人力资源内部控制与人力资源管理之间又存在密切联系,良好的内部控制能确保人力资源管理的顺利展开及其目标的实现与落实。重视与人力资源相关的内部控制,有利于促进企

---

① 王海兵,伍中信,李文君等.企业内部控制的人本解读与框架重构[J].会计研究,2011(07):59-65.

业加强人力资源建设,充分发挥人力资源对实现企业发展战略的重要作用。

第二节 人力资源引进与开发的内部控制

一、人力资源引进的内部控制

人力资源引进,可以理解为企业的员工招聘,是指企业、组织根据人力资源管理规划和工作分析的要求,采取一系列科学的方法寻找、吸引应聘者并从组织内部和外部吸收人力资源的过程。其主要包括征召、筛选和录用三个阶段。

企业要进行良好的人力资源内部控制,首先应当根据人力资源总体规划,结合自身生产经营的实际需要,制订出年度人力资源需求计划,完善人力资源引进制度,规范工作流程,按照计划、制度和程序组织人力资源的引进工作。从量上来看,人力资源的引进要依据年度人力资源需求计划;从质上看,人力资源引进要符合相关能力框架、知识结构和综合素质;从层次上看,人力资源的引进要注意区分高级管理人员、专业技术人员和一般员工。

首先,高级管理人员对企业发展的重要性不言而喻,其引进与开发应当处于首要位置。企业应当制订高管人员引进计划,提交董事会审议通过后实施。董事会在审议高管人员引进计划时,应当关注高管人员的引进是否符合企业发展战略,是否符合企业当前和长远需要,是否有明确的岗位设定和能力要求,是否设定了公平、公正、公开的引进方式。通常情况下,企业引进的高管人员必须对企业所处行业及其在行业的发展定位、优劣势等有足够的认知,对企业的文化和价值观有充分的认同;同时,必须具有全局性的思维,有对全局性的重大事项进行谋划的能力;必须具有解决复杂问题的能力;必须具有综合分析能力和敏锐的洞察力,有广阔的思路和前瞻性、宽广的胸怀等;必须精明强干并具备奉献精神;在引进高管人员过程中,还要坚持重真才实学,不唯学历。

其次,专业技术人员特别是核心专业技术人员是企业发展的动力。专业技术人员的引进,既要满足企业当前实际生产经营需要,同时又要有一定的前瞻性,适量储备人才,以备急需;既要注重专业人才的专业素质、科研能力,同时也应关注其道德素质、协作精神以及对企业价值观和文化的认同感;还应关注其事业心、责任感和使命感等。

最后,一般员工占据企业人力资源的大部分,主要在企业生产经营的一线。一般员工通常具有流动性强的特点,因此往往成为企业年度人力资源引进工作的重要内容。为确保企业生产经营的正常运转,企业应当根据年度人力资源计划和生产经营的实际需要,通过公开招聘方式引进一般员工。在此过程中,企业应当严格遵循国家有关法律法规的要求,注意招收那些具有一定技能、能够独立承担工作任务的员工,以确保产品和服务质量。

企业在人力资源引进过程中可能无法招聘到满足企业需求的具有专业胜任能力和职业道德修养的优秀人才,不仅浪费了大量的人力、物力、财力,还可能影响企业的长远发展。企业在人力资源引进过程中面对的损失的不确定性,称之为风险。为了营造良好的企业内部环境,加强相关控制,企业必须尽可能识别人力资源引进过程中的种种风险。

(1) 人力资源缺乏或过剩、结构不合理、开发机制不健全,均可能导致企业的发展战略难以实现。人力资源的不足,企业将难以完成其既定的发展目标;人力资源过剩又将使得办事效率低下,浪费企业资源;结构不合理等问题也将阻碍企业的进一步发展。

(2) 企业人力资源引进的成本效益风险。一般情况下,企业的人力资源引进费用较高,如果引进的人员不符合企业的实际需求,不仅会导致引进费用的浪费,而且对企业长远的发展将会带来一系列负面影响。

(3) 相关人才的职业道德风险。企业的各项工作主要是由人来完成的,然而由于信息的不对称,将会引发较多的道德问题。人才的能力的发挥是无形的,对它的控制和监督十分困难,企业无法合理地判断为了企业的绩效,一个员工究竟愿意为之付出多少的努力。此外,在当今社会,那些持有假文凭假学历的人更是一大风险,需要企业仔细地筛选和辨别。

(4) 人才引进工作缺乏效率和效果的风险。在竞争日益激烈的当今社会,时间成为每个企业越发重要的资源,越能抢占先机的企业越具有竞争能力。体现在人才引进工作方面,则是对投递简历的相关人才反应速度越快,越有可能争得优秀的人才。如果人才引进工作缺乏组织和规划,不仅会导致人才引进效率的低下,耗费大量的人力、物力、财力,而且还会导致企业引进优秀人才的目标无法达成,给企业造成更大的损失。

人才引进风险是企业在人才引进过程中无法避免的,为了将人才引进的风险降到企业可以接受的程度,形成企业内部良好的运营环境,我们则需要对企业人才引进环节进行相应的控制。

(1) 企业应当根据人力资源总体规划,结合自身生产经营的实际需要,调整好人力资源结构,制订出年度人力资源需求计划,规范工作流程,按照计划、制度和程序组织人力资源的引进工作。

(2) 企业应当根据人力资源能力框架要求,明确各岗位的职责权限、任职条件和工作要求,遵循德才兼备、以德为先和公开、公平、公正的原则,通过公开招聘、竞争上岗等多种方式选聘优秀人才。其中,应重点关注选聘对象的价值取向和责任意识。同时,企业选拔高级管理人员和聘用中层及以下员工,应当切实做到因事设岗、以岗选人、避免因人设事或设岗,确保选聘人员能够胜任岗位职责要求。

(3) 企业选聘人员应当实行岗位回避制度,进一步建立公平、公正的企业氛围,规范用人制度和岗位操作行为,规避企业业务操作风险和预防各类利益冲突事件的发生,保证企业的利益,促进企业的健康、持续、稳定发展。

(4) 企业确定选聘人员后,应当依法签订劳动合同,建立劳动用工关系。对于在产品技术、市场、管理等方面掌握或设计关键技术、知识产权、商业秘密或国家机密的工作岗位,应当与该岗员工签订有关岗位保密协议,明确保密义务。

(5) 企业应当建立选聘人员试用期和岗前培训制度,对试用人员进行严格考察,促进选聘员工全面了解岗位职责,掌握岗位基本技能,适应工作要求。试用期满考核合格后,方可正式上岗。对于试用期满考核不合格者,应当及时解除劳动关系。

二、人力资源开发的内部控制

人力资源开发,是指一个企业或组织团体在组织团体现有的人力资源基础上,依据企业战略目标、组织结构变化,对人力资源进行调查、分析、规划、调整,提高组织或团体现有的人力资源管理水平,使人力资源管理效率更好,为团体(组织)创造更大的价值。我们应当认识到,人力资源开发活动不只是一项单独的活动,它泛指一切能够用于提高人的能力和素质的活动,贯穿于人力资源管理的全过程(曲庆,2002)[①]。

袁本涛(2012)[②]指出,随着中国迈入中等收入国家的行列,我们的人口资源红利正在逐渐消失,劳动力成本逐渐上升。企业若要立足于激烈的竞争中,应当思考如何进行人力资源的开发,发挥自身的人力资源优势,让人力资源的红利替代人口资源的红利,尽可能促进企业的发展。

爱立信于20世纪90年代初期进入中国,发展迅速。由于通信产品是高技术产品,随着爱立信产品在中国市场的推广和畅销,培训本公司的员工变得异常重要。因此公司开始根据市场部的需求预测及课程发展部的课程安排,制订员工全年的培训计划及严格的考核制度,使得员工素质及工作效率不断提高,保证了员工个人能力的培养与企业目标相适应。多年来,爱立信在电信及相关设备供应方面一直居世界领先地位,毫无疑问,其取得巨大成功的关键环节之一就是重视员工的培训,积极调动员工潜力。

曲庆曾指出,人力资源的开发主要通过培训的方式来实现,可以说培训与人力资源开发的关系最为直接。阎海峰(2010)[③]提到,首先,培训能够提高员工的技能以及解决问题的能力;其次,以团队为基础的培训可以增强员工之间的交流,增强员工之间彼此的了解和理解;最后,对员工进行沟通技能方面的培训,能够提高员工之间的沟通效率,将便捷日常工作中的交流,提高办事效率。随着企业越来越认识到员工的重要性,对企业员工的培训受到了空前的重视。然而,在很多企业,其实际效果往往不尽如人意。

(1) 培训没有规划和组织的风险。培训应当是针对特定人群为了达到特定培训目的而展开的,而现实情况是很多企业没有相应的培训大纲,培训工作没有长远系统的规划,这不仅不能提高企业员工的职业技能和素质,也将导致企业资源的大量浪费。

(2) 培训投入无法落实风险。一些企业可能由于预算问题、经济不景气问题而导致不断压缩其培训投入,甚至导致企业的培训投入无法落实,让企业员工失去了接受培训的机会。这对于员工,乃至企业本身都将形成巨大的损失。

(3) 培训缺乏效果风险。当企业投入大量的资源为其员工进行培训时,自然希望员工能在自身技能和素质方面得到提高,并不断推动企业的发展。而若员工自由散漫,不认真对待企业培训,那么最终的效果也会大打折扣。

---

① 曲庆.企业人力资源开发的实现机制[J].中国人力资源开发,2002(12):33-36.
② 袁本涛.超越中等收入陷阱:韩国人力资源开发对中国的启示[J].高等工程教育研究,2012(05):59-68.
③ 阎海峰,陈灵燕.承诺型人力资源管理实践、知识分享和组织创新的关系研究[J].南开管理评论,2010(05):92-98.

要建立良好的人力资源内部控制制度,企业应当重视人力资源开发工作,建立员工培训长效机制,营造尊重知识、尊重人才和关心员工职业发展的文化氛围,加强后备人才队伍建设,促进全体员工的知识、技能持续更新,不断提升员工的服务效能。

(1) 设计培训大纲,分析培训需求。一个成熟的企业应该对不同的人员该接受哪方面的培训有明确的规定,包括培训的目的、相应内容、对应形式等。这些培训,从内容上看,可以是基础性的,也可以是提高性的;从形式上看,可以采取在职培训、脱产培训或员工自学等不同方式。培训大纲只是一个一般的规定,在它的基础上,应该在什么时间、对什么人、进行什么样的培训,则应当通过需求调查来确定,进一步细化培训工作。

(2) 保证培训投入。我国规定企业的培训经费应占工资总额的1.5%,企业应当保证相应预算,保证培训投入的落实。

(3) 建立严格的培训考核制度。培训既是员工的权利,也是员工的义务。为了确保受训者在培训期间认真投入,企业有必要对其受训效果进行考核,其考核结果可以作为员工转正、晋级、薪酬、职称等的依据。

(4) 注重员工与组织的匹配,并努力增强企业员工之间的交流及认同感。阎海峰(2010)同时也提及"承诺型人力资源",承诺型人力资源管理实践的一个重要特点就是,员工招聘程序严谨细致,注重员工与组织之间的匹配,并为员工提供丰富的内部发展机会。员工的组织程度越高,则员工之间的价值观念就会越发趋于一致,这种价值观念上的一致性会便于员工之间的沟通和理解,使得员工更容易理解对方所提供的知识的内涵,从而提高知识分享的效率。

第三节 人力资源使用的内部控制

一、人力资源使用概述

21世纪企业之间竞争的本质是人才的竞争,人力资源是企业最宝贵的资源,对它的使用也将直接影响企业的竞争力和实力。良好的人力资源使用机制,可以促进企业员工队伍充满朝气与活力,保证员工职业生涯的连续,也有利于企业人力资源符合企业战略目标,最终达成企业和员工的双赢。为了保证人力资源的有效利用,使员工队伍持续保持优化状态,企业应当建立和完善人力资源的激励和约束机制。企业在人力资源使用的过程中,应当着重把握对企业员工的绩效考核和薪酬、激励机制的建设。

对企业员工的绩效考核应当贯穿于培训、人员晋升、人员配备等多个领域,核心是为了提高企业的人力资源管理能力,将员工的剩余价值最大化,确保企业综合实力不断增强。企业应当设置科学合理的业绩考核指标体系,对企业各级管理人员和全体员工进行严格的考核评价,并将最后的结果作为确定员工薪酬、职级调整和解除劳动合同等的重要依据。在绩效考核的过程中,绩效和薪酬是两个密不可分的环节,两者应该紧密联系,绩效是薪酬的判定标准,薪酬是绩效的最终结果与体现。薪酬一般分解为固定工资和绩效工资,其中绩效工资是完全通过绩效来体现的,而员工的绩效考核结果也必须在薪酬上有所体现,只有将两者结合起来,并且保证公正、公平,绩效与薪酬才是有意义的。

所谓激励,就是激发士气、鼓舞干劲,也就是我们经常说的调动积极性。企业是否有能力保留一部分既有胜任能力又有职业道德的员工,在很大程度上取决于其激励政策。只有吸引并留住优秀的人才,企业才能造就良好的生产经营环境,提高经营的效率和效果,最终实现企业的发展目标。企业应当发挥激励对调动员工积极性和创造性的引导作用,提高员工的士气,增强他们对企业的忠诚度与认可度。

企业案例

西安杨森:一家以人为本的成功企业

西安杨森制药有限公司(以下简称西安杨森)是一家中外合资企业。合资企业的工人和中层管理人员由几家中方合资单位提供。起初,企业员工管理意识涣散,不适应严格的生产要求。鉴于此,合资企业迅速在管理上制定了严格的劳动纪律。通过调查研究发现,在中国员工尤其是较高层次的员工中,价值取向表现为对高报酬和工作成功的双重追求。优厚的待遇是西安杨森吸引和招聘人才的重要手段,而不断丰富的工作意义、增加工作的挑战性和成功的机会则是公司善于使用人才的关键所在。西安杨森使用的主要是医药大学应届毕业生和已有若干年工作经验的医药代表,这两类人文化素质较高,能力较强,对高报酬和事业成就都抱有强烈的愿望。

同时,西安杨森的管理实践,充满了浓厚的人情气息。每当逢年过节,企业管理层都会捎上祝福。充分考虑到中国社会保障体系的不完善,西安杨森尽可能地为员工解决实际生产问题:职工个人相关保险由公司承担,并有部门专门负责;员工的医疗费用可以全部报销;在住房上,确定员工每月按工资支出25%,企业相应支出35%,建立职工购房基金,这已超过了一般国有企业的公积金比例,如果基金不够,在所购房屋被抵押的情况下,企业负责担保帮助员工贷款。这样,在西安杨森工作4~6年的员工基本上可以购买住房了。

随着经济不断发展,企业的管理也在不断地进步,人们已经越来越认识到,企业雇佣的应该是整个人,而不仅仅是他的劳动能力。西安杨森对员工的体恤和激励,大大提升了他们对公司的认同感和归属感,并将其转化为内在信念,不断奋发进取,使个人利益与公司利益达成一致,取得双赢。

二、人力资源使用的主要风险点

在人力资源的使用过程中,企业应当着重考虑对企业员工的绩效考核、薪酬和激励机制的建设,好的制度将增强各级员工的忠诚度,有利于员工将个人目标融入组织目标中,从而提高企业的绩效,促进企业实现其自身的发展战略。反之,则会打击员工的积极性,对企业的长远发展产生不利的影响。人力资源使用环节主要存在以下风险点。

(1) 缺乏系统的绩效考核政策,考核计划不当,考核方法不当的风险。刘大为(2007)[1]曾指出,绩效考核是企业在实施人力资源管理过程中重要的管理手段,其主要目的是激发员工的工作积极性,使得优秀的员工得到更多的激励,而相对不尽如人意的员工被淘汰。而当企业缺乏系统的绩效考核政策时,或者考核计划不当,考核方法不对的时候,这些目标难以达成,也无法对企业员工进行合理的评价和考核,也就无法促进企业的人员优化。

(2) 绩效考核目标过于具体和僵化,管理者高估和过度使用绩效目标,不顾企业及市场的实际情况。张桂平(2010)[2]曾指出,由于人力资源部门制定的绩效目标非常具体和僵化,易使企业员工将注意力过于集中到目标本身,而降低了潜在重要的"目标无关性"活动,而往往这些无关性活动对企业的成长是极为重要的。比如,很多高科技企业,为了提高自身的竞争力而给研发人员制定了高挑战性的绩效目标。有研究表明,这种目标的设置可能对短期绩效有利,但是不利于企业长远的发展,因为这将削弱他们长期的学习和创新的能力。另外,如果企业设置的目标过高而使员工无法达成,这将使员工怀疑其自身的能力,进而降低自我效能,对员工的长期学习产生抑制作用。

(3) 考核者胜任能力不足的风险。考评人是实施考核方案的最主要的负责人,直接关系着考核的成功与失败。如果考评人缺乏充足的绩效考核知识,或者在考核过程中消极散漫,甚至徇私偏袒,则企业无法顺利展开绩效考核工作,对企业危害极大。

(4) 考核评估评价系统不健全的风险。我们应该意识到任何一套绩效考评体系都不可能将企业员工所有行为、能力、成果都纳入进去,因此组织对考评的范围、信息来源及其标准都应当有一个取舍的过程。在实际工作中,企业应当根据企业自身的情况,选择合适的考核范围和标准对员工进行考核,使考核结果尽可能准确和公平。

(5) 绩效考核结果应用不当的风险。赵绍青(2015)[3]指出,绩效考核结果的应用是企业绩效管理中一个重要环节,同时也是提高绩效管理有效性的关键。绩效考核的科学合理应用能显著提高企业员工的工作水平,促进企业的不断发展。相反,若企业绩效考核结果应用不当,将挫伤员工工作的积极性,其最终导致的结果将与企业的期望背道而驰。

(6) 薪酬不合理的风险。执行薪酬制度的目的之一就是激励员工,鼓舞斗志,期望员工通过技能、知识等的付出获取相应报酬。若是薪酬制度不合理,失去了公平性,则无法激励员工的劳动积极性,也无法吸引和留住优秀人才。

(7) 激励缺乏效果的风险。激励的目的是激发员工的干劲,发挥员工的潜能,最终服务于企业的生产经营的需要。但如果企业采取了不恰当的激励方式,没有考虑员工真正的需求,则可能导致激励达不到预期的效果,使激励事倍功半。

三、人力资源使用的关键控制点

为了将人力资源使用的风险降到企业可接受的水平,促进人力资源在使用过程中发

---

[1] 刘大卫.绩效考核的风险防范及其危机处理[J].中国人力资源开发,2007(02):79-82.
[2] 张桂平.企业目标绩效考核的风险与规避策略[J].中国人力资源开发,2010(06):25-27.
[3] 赵绍青.我国公务员绩效考核结果应用问题研究[J].商,2015(23):41-42.

挥积极效用,企业应当关注人力资源使用过程中的关键控制点。

(1) 企业应当建立和完善人力资源的激励约束机制,设置科学的业绩考核指标体系,对各级管理人员和全体员工进行严格考核与评价,以此作为确定员工薪酬、职级调整和解除劳动合同等的重要依据,确保员工队伍处于持续优化状态。尤其是企业应当制定与绩效考核挂钩的薪酬制度,切实做到薪酬安排与员工贡献相协调,体现效率优先、兼顾公平的原则。

(2) 提高目标制定过程中的员工参与度。张桂平(2010)指出,如果管理层单方面给员工制定目标,缺乏和员工的有效沟通,那么完成目标就很有可能成为员工的唯一目标。如果目标制定不合理,会使员工产生强烈的消极情绪,甚至让其感觉这是一种反伦理行为的暗示。允许下属参与绩效目标制定可以提高绩效目标的满意度,增强员工的参与感与责任感,同时也可以使企业的相关决策更加合理,并易于实施。

(3) 选择和培训考评人。考评人的专业胜任能力和职业道德直接影响到企业人员使用的效果。首先,考评人应当明确自己的职责,对考核工作的重要性有清楚的认识,对考核工作有充分的热情和信心。其次,考评人应当公平公正,坚持原则,不徇私。只有秉持公平公正的原则,才能确保考评工作的顺利展开以及考评结果的可靠合理。最后,考评人应当具备充足的绩效考核知识,能胜任自己手头的工作。

(4) 绩效考核结果的运用。将考核的结果与员工的薪酬、晋升等挂钩,是运用的关键之一。但是如何运用、怎样挂钩,是控制的关键,也是控制的难点所在,我们应当事先同相关人员沟通交流,争取达成共识。只有考核,没有适当地运用,那么考核也失去了意义和价值。

(5) 薪酬外部公平性的设定和内部公平性的建立。企业若想吸引和留住优秀人才,其薪酬制度应当保持外部的公平性,即与行业中、社会上的类似企业保持可比性。此外,企业应当进行职务分析,适当的评估不同岗位的价值,让企业内部不同的岗位有相对的可比性,保证企业的内部公平性。

(6) 阎海峰(2010)在提及承诺型人力资源同时,也指出建立以团队或组织绩效作为考量的薪酬系统。它能促使员工在关注自身绩效达成情况的同时,关注团队或组织的整体绩效。一旦以团队或者组织的绩效作为薪酬的基础,那么帮助其他员工解决问题就不再是员工个人的机会成本,而成为其责任的一部分,这将有利于企业推行文本管理,提高团队协作精神。

(7) 企业应当进行需求的调查分析,深入了解员工的需求,在此基础上进行激励方式的选择,是正激励还是负激励,是物质激励还是精神激励等,企业应当结合激励需求的调查,选择最适当的激励方式。同时,企业应当对激励时机作出相应的选择,确保激励取得最大的效用,不断引领员工趋向企业的战略目标。

(8) 在人才的使用过程中,要注重策略,通过对人才压担子、给路子、搭梯子,促进人才的快速成长,真正做到量才适用、人事相宜,切实做到科学合理地使用人才,既使人感到轻微的压力,但又不至于压力过大,工作职位稍有挑战性,更有助于激励人才奋发进取的精神。同时,我们应当尊重人才的成长规律,努力克服人力资源管理的"疲劳效应"。企业应当制定各级管理人员和关键岗位员工定期轮岗制度,明确轮岗范围、轮岗周期、轮岗方式等,形成相关岗位员工的有序持续流动,全面提高员工素质,使之始终处于亢奋期和临战状态。

(9) 企业应当定期对年度人力资源计划执行情况进行评估,总结人力资源管理经验,分析存在的主要缺陷和不足,完善人力资源政策,促进企业整体团队充满生机和活力。

第四节 人力资源退出的内部控制

人力资源退出是指雇员和雇主之间结束雇佣关系,员工离开公司的行为。虽然员工的离职在一定程度上可以为企业带来新的观点、方法、能力和态度,为企业带来新的活力,但员工离职还是会给企业带来有形和无形的损失,过高的员工离职率将会影响企业的持续发展(李向民和任宇石,2007)[①]。

马淑婕等(2003)[②]通过研究发现,员工离职主要有三大方面的原因:①社会经济因素。企业和员工都存在于社会中,都受社会环境大背景的影响,在劳动力市场的接收活跃期,企业员工,尤其是企业主席、CEO、高层管理者的离职较多,而在经济不景气,失业率较高的时候,员工的离职率较低。②组织及工作因素。这个因素包含多个维度,无论是组织的变革、还是组织的特性、组织的公正性、员工工作态度、工作本身的性质、职业工种的不同、工作中的人际关系、企业的培训等,都会对员工的离职行为造成较大的影响。③个体因素。员工的年龄和任期、性别与种族、婚姻等,都将影响着员工对其去留作出选择。

建立企业人力资源退出机制是实现企业发展战略的必然要求。通过自愿离职、再次创业、待命停职、提前退休、离岗转岗等途径,可以实现不适合于企业战略或流程的员工直接或间接地退出,让更优秀的人员接替相应的岗位,真正做到"能上能下、能进能出",实现人力资源的优化配置和企业的战略目标。但同时李向民和任宇石(2007)也指出,员工的离职不仅仅会为企业带来有形的损失,同时也极有可能带来巨大的无形损失。研究表明,员工离职对企业的文化、士气、社会资本及组织记忆的影响都是深刻的,尤其是处于管理层人员的离职,往往会带动所在部门系列员工的相继离职。此外,当优秀员工离职后,在企业新一轮招聘中,如果能聘到合适人选并加以培训后,也能为企业挽回一部分损失;但如果不幸聘到庸才,不仅不能带来企业业绩的提升,还会打击周围员工的士气,影响工作效率。因此,我们应当从战略层面、管理层面,理性辩证地看待人力资源的退出,致力于促进企业人力资源机制的良性运转和循环。

不可否认,员工离职会为企业带来不少的消极后果。世界两大汽车制造公司——美国通用汽车公司和德国大众汽车公司曾经在4年内跨越三大洲打了11场官司,这个争端的核心人物是精明强干的何塞·伊格纳西奥·洛佩斯,他曾是通用汽车公司总裁杰克·史密斯的心腹,这一事件后来也被称作"洛佩斯"之争。1993年通用汽车公司控告他当年去投靠大众汽车公司时,盗窃了许多公司资料和生意方面的机密,并同时带走公司

---

① 李向民,任宇石. 当代企业员工离职及影响因素探析[J]. 中央财经大学学报,2007(04):65-70.
② 马淑婕,陈景秋,王垒. 员工离职原因的研究[J]. 中国人力资源开发,2003(09):18-20.

的核心人才。无论事件后来结局如何,企业管理者都应该提高警惕,认真思考:怎样才能使员工安于职位,为公司发挥他最大的能量？员工离职的负面影响我们不可忽视,企业应该尽可能识别与人力资源退出相关的各种风险,以做出相应的风险对应策略。在人力资源退出环节,主要存下以下风险点。

(1) 关键技术或商业秘密的泄露风险。企业关键技术人才和知晓企业商业秘密的关键人员离职,可能带走关键技术,泄露企业机密,甚至以此协助竞争对手,这将对本企业的经营产生强烈的冲击。

(2) 客户流失的风险。与企业客户直接打交道一般都是企业的销售人员,他们掌握着客户的第一手资料,并与客户保持着密切的联系。而当他们离职时,往往也会带走企业的客户,尤其是那些至关重要的大客户,一旦被销售人员带走,会给企业的业绩带来很大的负面影响。

(3) 岗位空缺的风险。员工离职后最直接的影响是岗位空缺,若是关键岗位的空缺将影响企业正常运转,影响企业的效益。

(4) 集体跳槽的风险。在现实生活中,企业中的关键人员往往具有强大的号召力,拥有一批忠实的追随者。关键人员如高级经理等的离职将会带走大批的员工,其结果可能导致企业的瘫痪。

(5) 人心动摇的风险。企业一旦发生员工离职,特别是关键岗位员工的离职,将对未离职的员工产生一定的负面影响,导致人心动荡,使企业的凝聚力和向心力大大减弱。

为了预防人力资源退出环节的风险,促进人力资源退出机制的正常运转,企业应当重点关注以下的关键控制点:

(1) 在人力资源退出方面,企业应当按照有关法律法规规定,结合企业实际,建立健全员工退出(辞职、解除劳动合同、退休等)机制,明确退出的条件和程序,确保员工退出机制得到有效实施。其中,对于考核不能胜任岗位要求的员工,应当及时暂停其工作,安排再培训或调整工作岗位并安排转岗培训,仍不能满足岗位职责要求的,应当按照规定的权限和程序解除劳动合同。

(2) 积极建立研发和技术团队,让关键技术为公司所有,而不是员工个人所有。企业不应当过分依赖一个或几个技术人员,这将对企业形成大大的限制,企业应当培养自己的研发团队,掌握主动权。

(3) 企业应当与退出员工依法约定保守关键技术、商业秘密、国家机密和竞业限制的期限,确保知识产权、商业秘密和国家机密的安全。

(4) 对关键人才签订"竞业禁止"的协定。竞业禁止,主要是指企业的员工(尤其是关键人才)在其任职期间不得在竞争公司兼职或兼营竞争性业务,在其离职后的特定时期或地区也不得去竞争公司从业或进行竞争性营业活动。人才的流动往往会对企业造成或大或小的冲击,因此提前利用法律手段降低此类风险就显得十分必要。

(5) 实施干部储备制度,平时注意培养有潜力的管理岗位接班人。为了减少员工主动离职为公司带来的岗位短缺及其他损失,企业应当进一步加强后备干部队伍的建设,选拔一些有资质的员工进行重点培养,这样可以保证管理岗位后继有人,在特殊情况发生时确保企业的正常运转。例如,IBM为了全方位打造具有企业领导力的后备军,设定了"人才新干线"。IBM从两个基本层面着手进行后备力量的发展。一个是从IBM China 4 000多人的员工队伍中选出15%～20%的人才,这些人或有突出表现、或有发展潜力,都是优秀的顶尖人才。另一个是领导梯队,通过"长板凳接班人计划"确认每一个关键性职位未来3～5年的接班人,并有针对性地制订培养计划。IBM"人才新干线"从战略高度开发领导型人才,通过不断的创新实践,打造出人才快速发展的体系架构,为企业持续稳定发展提供源源不断的后备军,极大提高了企业的核心竞争力。

(6) 企业的关键岗位人员离职前,应当根据有关法律法规的规定,对其进行工作交接或离任审计。

第十八章　工程项目内部控制

> **引入案例**
>
> ### 组织结构中内部控制体系的建立
>
> 　　某大型电力企业机组总装机容量达 200 万千瓦时，工程建设分两期进行。该企业在工程项目管理中，按《企业内部控制基本规范》要求，着重于组织架构中设置内部控制体系。
>
> 　　工程项目需要多部门之间的协调和配合，项目单位应当建立有效的项目管理组织架构，进行必要的职权分离，分别履行项目建议、管理、执行、审批、报告等职能；对项目进行的各个阶段、项目运作的各个环节进行管理和控制。
>
> 　　组织架构可包括总经理办公会(或董事会)、计划发展部、财务资产部、基建工程部、项目负责人、项目技术工程师、项目技经工程师、纪监审(内部审计)。①总经理办公会：负责对工程项目进行最终决策、领导工程招标以及对项目建议书、可行性研究报告、项目概预算报告、最终中标单位、工程更改报告、竣工验收报告的审批；②计划发展部：组织对项目前期工作的相关立项文件和概预算的实质性审核、负责和政府主管部门进行沟通，以获得项目所需的政府行政审批、办理工程项目备案、具体组织工程招标、拟定工程承包合同；③财务资产部：负责提出并落实项目的融资方案、对项目费用进行拨付、结算和财务监督、参与工程项目招标、竣工验收和竣工决算；④基建工程部：提交项目建议书和可行性研究报告、提交工程项目费用预算、与设计勘察施工单位沟通、研究工程的实施方式和方法、审批工程项目进度报告、审核工程项目更改报告、审核工程项目竣工验收报告、领导并协助项目负责人进行项目管理、参与工程项目招标、参与工程项目的竣工验收、对项目负责人转来的工程项目相关审核申请进行审核；⑤项目负责人：具体实施项目的管理工作、审核施工方提出的工程进度计划和进度款支付计划并上报工程部、审核施工单位的进度款支付申请并上报工程部、审核施工单位提出的工程变动申请、编制工程变动报告并上报工程部、监督施工单位施工进度、编制工程进度报告并上报工程部门、经常对施工现场进行监督检查、代表甲方和施工方监理方进行沟通、组织工程项目竣工决算验收工作、编制竣工决算报告 并上报工程部验收；⑥项目技术工程师：经常深入工地对施工方进行技术检查、与监理单位进行日常沟通、参与各种工程验收和工程物资的现场验收、对工程变动进行现场技术鉴证并提出专业意见供项目负责人参考、对于与项目负责人就施工方面发生的意见分歧和违法行为可以直接向工程部门或纪监审部门汇报；⑦项目技经工程师：对施工方完成的工程量和监理单位一起进行审核、对工程变动引发的工程量变动进行鉴证；⑧纪监审：对工程项目进行内部审计、受理针对工程项目的举报、监督工

程项目参与人员、参与工程竣工验收。

——朱永翔《工程项目内部控制体系建设案例分析》

第一节 工程项目内部控制概述

工程项目,是指企业自行或者委托其他单位所进行的建造、安装工程。具体来讲,它是指以规定的建设期间、一定的资金总额为前提,需要达到预期规模和质量水平或者达到预期可使用状态的一次性事业(季传先,2005)[①]。

它具有以下特点:①任务规模大,耗资巨大。工程项目的投入规模往往很大,耗资也从几十万元到上亿元不等,甚至更多。工程项目一旦失败,往往会造成巨大的损失。②工期长,涉及面广。由于工程项目的投入规模大,一般耗时也较长,同时加上其建设中涉及众多方面,给工程项目的管理工作带来了较大的难度。此外,还有质量要求高、工艺复杂、技术含量高、风险大等特点(张慧虎,2011)[②]。正是由于工程项目投入资源多、占用资金大、建设工期长、涉及环节多、利益关系错综复杂,往往构成了经济犯罪和腐败问题频发的"高危区"。

2015年4月,云南省原第一人民医院院长王某利用员工集资建房的名义,侵占房产100套、停车位100个,总价值约8000余万元,在工程项目建设过程中这种事件屡见不鲜。这些项目不仅没有按计划服务社会,反而对社会造成了严重的负面影响。当然,这些问题的发生有诸多原因,但其中最重要的原因之一,就是单位内部控制制度不健全或者说没有严格意义上执行单位设定的内部控制,侧面折射出我国对基本建设项目投资的内部控制重视不足的情况。

为了加强工程项目管理、提高工程质量、保证工程进度、控制工程成本、防范商业贿赂等舞弊行为,最终实现项目目标,实施系统有效的内部控制是十分必要的。

季传先(2005)曾提到,工程项目内部控制应当注意遵循以下基本原则:①业务流程规范的原则。企业应当明确项目决策、概预算编制、价款支付、竣工决算等环节的操作规范和处理流程,使每一个环节按照一定的程序和标准有序、协调地进行,从而确保工程项目的各环节得到有效的控制和管理。②内部牵制原则。企业应当明确与工程项目相关的各部门和各岗位的职责、权限,在部门与部门、员工与员工及各岗位与各岗位之间建立相互制约的关系。③权责明确、奖罚结合的原则。企业应当建立健全工程项目管理岗位责任制,在赋予其权利的同时,明确相应的责任,并确定查处责任的措施和奖惩办法。④适时性原则。内部控制本身是一个动态过程,这个过程就是不断地发现问题、解决问题、发现新问题、解决新问题。对工程项目内部的控制也必须随着工程建设期间的实际情况进行动态调整,不断完善工程项目内部的相关控制,以求达到最佳的管理控制效果。⑤信息综合管理的原则。在工程建设的整个周期内,会产生多方面和多种形式的信息,

---

[①] 季传先.浅谈工程项目的内部控制[J].财会通讯,2005(12):34.
[②] 张慧虎.工程项目内部控制相关问题研究[J].会计之友,2011(32):59-61.

如项目建议书、可行性研究、概预算文件等。我们需要将这些分散的信息及时、准确的搜集、存储、加工和整理,以满足工程项目管理的要求。

企业应当建立和完善工程项目各项管理制度,全面梳理各个环节可能存在的风险点。按照企业管理体制的要求,实事求是地建立一套符合企业内部管理实际情况的内控系统,并形成一个健全配套的控制监督网络,规范工程立项、招标、造价、建设、验收等环节的工作流程,明确相关部门和岗位的职责权限,做到可行性研究与决策、概预算编制与审核、项目实施与价款支付、竣工决算与审计等不相容职务相互分离,强化工程建设全过程的监控,确保工程项目的质量、进度和资金安全。这不仅是企业管理控制的客观要求,更是企业生产经营活动顺利开展的必要保证。

第二节 工程立项内部控制

工程立项属于项目决策过程,是对拟建项目的必要性和可行性进行技术经济论证,对不同建设方案进行技术经济比较并作出判断和决定的过程。立项的正确与否,将直接关系到整个工程项目的成败。

工程立项阶段的主要工作包括:编制项目建议书、可行性研究、项目评估和决策。

一、编制项目建议书

项目建议书是企业根据工程投资意向,综合考虑产业政策、发展战略、经营计划等提出的建设某一工程项目的建议文件,是对拟建项目提出的框架性总体设想。对于一些非重大的项目,也可以不编制项目建议书,但仍需开展该项目的可行性研究。季传先(2005)也提到,项目建议书的编制应当从实事求是出发,在充分调查研究的基础上对项目投资的必要性和可行性展开论证,随后再提出相关建议。

项目建议书的主要内容包括:项目的必要性和依据、产品方案、拟建规模、建设地点、投资估算、资金筹措、项目进度安排、经济效果和社会效益的估计、环境影响的初步评价等。

项目建议书的编制工作烦琐复杂,往往涉及众多程序和步骤,是项目可行性论证的前提和基础。为了保证项目建议书的合理性,确保项目顺利开展,我们应当尽可能识别项目建议书可能存在的风险。该环节存在的风险点主要体现在以下几点。

(1) 企业的投资意向与国家产业政策和企业发展战略脱节。

(2) 项目建议书内容不合规、不完整,项目性质、用途模糊,拟建规模、标准不明确,项目投资估算和进度安排不协调。

为了防范项目建议书可能存在的主要风险,确保项目的合理性和可行性,企业应当对以下几个方面进行重点关注和控制。

(1) 企业应当对投资分析、编制和评审项目建议书进行明确的职责分工,以保证项目建议书的合理性、有效性和规范性。

（2）企业应当全面了解所处行业和地区的相关政策规定，以法律法规和政策规定为依据，结合实际建设条件和经济环境变化趋势，客观分析投资机会，确定工程投资意向。

（3）企业应当根据国家和行业有关要求，结合本企业的实际情况，规定项目建议书的主要内容和格式，明确编制要求。其中，应当关注的是，在编制过程中，要对工程质量标准、投资规模和进度计划等进行分析论证，力求做到协调平衡。

（4）对于专业性较强和较为复杂的工程项目，企业应当考虑委托专业机构进行工程投资分析，编制项目建议书，以确保项目建议书的合理性和可行性。

（5）企业决策机构应当对项目建议书进行集体审议，必要时可以成立专家组或委托专业机构进行评审，应当注意的是，承担评审任务的专业机构不得参与项目建议书的编制。

（6）国家规定应当报批的项目建议书必须及时报批并取得有效批文，增强其规范性及合法性。

二、可行性研究

企业应当根据经批准的项目建议书开展可行性研究、编制可行性研究报告。季传先（2005）曾指出，可行性研究报告应重点对市场、技术、财务经济进行分析，保证其质量水平。

可行性研究报告的内容主要包括：项目概况，项目建设的必要性，市场预测，项目建设选址及建设条件论证，建设规模和建设内容，项目外部配套建设，环境保护，劳动保护与卫生防疫，消防、节能、节水，总投资及资金来源，经济、社会效益，项目建设周期及进度安排，招投标法规定的相关内容等。

可行性研究是涉及多学科知识的综合性复杂系统工程，是工程项目前期工作的一个重要环节，可行性研究的质量将直接关系到工程项目的投资决策水平，为了避免因决策失误而引起的一系列不必要的损失，我们应当对该环节可能存在的风险进行预测。可行性研究主要可能存在如下风险点。

（1）进行可行性研究的相关组织和人员缺乏必要的专业知识，不考虑企业的实际情况，甚至徇私偏袒，丧失公平公正性，最终导致项目缺乏可行性研究或可行性研究流于形式导致决策不当，使得企业难以实现预期效益，甚至可能导致项目失败。

（2）可行性研究过程中对未来可能出现的风险预测不够，使得可行性研究报告过于狭隘和乐观，最终可能导致项目的失败。

（3）可行性研究的深度达不到质量标准和实际要求，无法为项目决策提供充分、可靠的依据。

为了严格控制可行性研究中可能存在的各种风险，确保工程项目建设的顺利开展及实施，企业需要对可行性研究的相关环节进行严格的控制。

（1）企业应当根据国家和行业有关规定以及本企业实际，确定可行性研究报告的内容和格式，明确编制要求，以此规范可行性研究和可行性研究报告的编制。

(2) 对于委托专业机构进行可行性研究的,应当制定专业机构的选择标准,确保可行性研究科学、准确、公正。其中,在选择专业机构时,应当重点关注其专业资质、业绩和声誉、专业人员素质、相关业务经验等。

(3) 企业在进行项目的可行性研究时,应当切实做到投资、质量和进度控制的有机统一,即技术先进性和经济可行性要有机结合。建设标准要符合企业实际情况以及财力、物力的承受能力,技术要先进适用,对于拟采用的工艺,既要考虑其对产品质量的提升作用,又要考虑企业营销状况和走势,避免盲目追求技术先进而造成投资损失浪费。

三、项目评估和决策

可行性研究报告形成后,企业应当组织有关部门或委托具有相应资质的专业机构对可行性研究报告进行全面审核和评价,提出评审意见,作为项目决策的重要依据。季传先(2005)曾指出,进行工程项目决策时,应坚持集体决策的原则,顾全大局,抓住重点,将宏观效益分析和微观效益分析相结合,定量分析与定性分析相结合,动态分析与静态分析相结合,主体工程建设分析与配套工程分析相结合,在此基础上进行科学决策,杜绝盲目投资。

工程项目前期评估和决策的严谨性和科学性将直接关系到整个项目的实施,进而影响整个工程项目最终的成败。因此我们应当对该环节给予应有的重视,关注该环节可能存在的风险。该环节的主要风险为以下几点。

(1) 相关项目评审流于形式,误导项目决策。

(2) 权限配置不合理或决策程序不规范导致决策失误,最终给企业带来巨大的经济损失。

为了降低企业在项目评估和决策方面面临的风险,减少企业可能面临的因项目失败而遭遇的损失,企业应该加强在这一环节的相关控制。

(1) 企业应当组建项目评审组或委托具有资质的专业机构对可行性研究报告进行评审。其中,项目评审组成员不得参与可行性研究,委托专业机构进行评审的,该专业机构不得参与项目可行性研究;评审组成员应当熟悉工程业务,并具有较广泛的代表性;评审组的决策机制不能简单采用"少数服从多数"原则,而要充分兼顾项目投资、质量、进度各方面的不同意见,方能进行决策;项目评审应实行问责制,评审组成员要对其出具的评审意见承担责任,从而提高其责任意识,规范其行为。

(2) 在项目评审中,要重点关注项目投资方案、投资规模、资金筹措、生产规模、布局选址、技术、安全、环境保护等方面的情况,核实相关资料的来源以及取得的途径是否真实、可靠,特别要对经济技术可行性进行深入分析和全面论证。

(3) 企业应当按照规定的权限和程序对工程项目进行决策,决策过程必须有完整的书面记录,并实行决策责任追究制度。对于重大的工程项目,应当报经董事会或者类似决策机构集体审议批准,任何个人不得单独决策或者擅自改变集体决策意见。

第三节　工程招标内部控制

工程招标是指建设单位在立项之后、项目发包之前,依照法定程序,以公开招标或邀请招标等方式,鼓励潜在的投标人依据招标文件参与竞争,通过评标择优选定中标人的一种经济活动。实行招投标是提高工程项目建设相关工作公开性、公平性、公正性和透明度的重要制度安排,是防范和遏制工程领域商业贿赂的有效举措。

工程招标一般包括招标、投标、开标、评标和定标五个主要环节。

一、招标环节

招标环节主要包括招标前期准备、招标公告和资格预审公告的编制与发布等工作。在招标前期准备阶段,应确定招标组织方式,即是自行招标还是委托招标;招标方式,即是公开招标还是邀请招标等。招标公告、资格预审公告可以由招标人自行编制,也可以委托专业招标机构进行编制。投标资格的审查可以在投标前审查,即资格预审,也可以在开标后审查,即资格后审。

招投标制度便于供求双方更好地进行相互选择,使工程价格更加符合工程价值,从而有效地对工程造价进行控制。招标环节作为招投标制度的重要部分,其重要作用不言而喻,我们应当尽可能识别招标环节存在的相关风险,从而便于采取相关的控制措施。招标环节存在的主要风险包括以下几点。

(1) 招标人分解建设项目而导致招标项目不完整,或者逃避公开招标,违背公开、公平、公正的原则。

(2) 招标人未设置统一的投标资格条件,投标资格条件因人而设,未做到公平、合理,这就可能导致中标人并非最优选择,最终对工程项目的实施产生重大的不利影响。

(3) 进行招标的相关人员存在舞弊行为,泄露标底,使招标环节不能严格有序地进行。

为了将招标环节的风险控制到最低,最好地利用现有资源,从而维护企业权益,我们应该关注以下的关键控制点。

(1) 建设单位应当按照《中华人民共和国招标投标法》《工程建设施工招标投标管理办法》等相关法律法规,并结合本单位实际情况,本着公开、公正、平等竞争的原则,建立健全本单位的招投标管理制度,明确应当进行招标的工程项目范围、招标方式、招标程序,以及投标、开标、评标、定标等各环节的管理要求。

(2) 工程立项后,对于是否采用招标,以及招标方式、标段划分等,应由建设单位工程管理部门牵头提出方案,报经建设单位招标决策机构集体审议通过后执行。

(3) 建设单位确需划分标段组织招标的,应当进行科学分析和评估,提出专业意见;划分标段时,应当充分考虑项目的专业要求、管理要求、对工程投资的影响以及各项工作的衔接,不得违背工程施工组织设计和招标设计方案,将应当由一个承包单位完成的工程项目分解成若干部分发包给几个承包单位。

（4）招标公告的编制要公开、透明，严格根据项目特点确定投标人的资格要求，不得根据"意向中标人"的实际情况确定投标人资格要求。对于不具备自行招标能力的建设单位，应当委托具有相应资质的招标机构代理招标。

（5）建设单位应当根据项目特点决定是否编制标底，需要编制标底的，标底编制过程和标底应当严格保密。

二、投标环节

投标是与招标相对应的，它是指投标人应招标人特定或不特定的邀请，按照招标文件规定的要求，在规定的时间和地点，主动向招标人递交投标文件并以中标为目的的行为。

投标环节主要包括项目现场考察、投标预备会及投标文件的编制和递交。招标人可以根据招标项目的具体情况组织投标人考察项目现场，以便投标人更为深入地了解项目情况。同时，招标人也可以召开投标预备会，解答投标人对工程项目提出的具体问题。之后，投标人应当按照招标文件的要求编制投标文件，投标文件必须对招标文件提出的实质性要求和条件作出响应。

与招标相对应，投标环节主要存在以下几点风险。

（1）招标人与投标人串通投标以及投标人之间串通投标，存在舞弊行为，严重破坏招投标制度，导致企业利益受损。

（2）投标人的资质条件不符合要求或挂靠、冒用他人名义投标，这可能导致工程质量难以达到规定标准。

为了将招标环节企业所面临的风险降到最低，合理保证企业的利益，企业应当关注招标环节的以下控制点。

（1）企业应当对投标人的信息采取严格的保密措施，以防止投标人之间串通舞弊的行为。

（2）科学编制招标公告，合理确定投标人资格要求，尽量扩大潜在投标人的范围，增强市场竞争性，使工程价格更加趋于合理。

（3）严格按照招标公告或资格预审文件中确定的投标人资格条件对投标人进行实质审查，通过查验资质原件、实地考察或到工商和税务机关调查核实等方式，确定投标人的实际资质，从而预防假资质中标。

（4）建设单位应当履行完备的标书签收、登记和保管手续。签收人要记录投标文件签收日期、地点和密封状况，签收标书后应将投标文件存放在安全保密的地方，任何人不得在开标前开启投标文件。

三、开标、评标和定标环节

投标工作结束后，建设单位应当组织开标、评标和定标。开标时间和地点应当在招标文件中预先确定,评标由招标人依法组建的评标委员会负责,评标委员会应当按照招标文件确定的评标标准和方法,对投标文件进行评审和比较,推荐合格的中标候选人。之后,建设单位应当按照规定的权限和程序从中标候选人中确定中标人,向中标人发出中标通知书。

这些环节存在的主要风险为以下几点。

(1) 开标不公开、不透明,损害投标人利益。

(2) 评标委员会成员缺乏专业水平,或者建设单位向评标委员会施加影响,致使评标流于形式,丧失公正性和公平性。

(3) 评标委员会成员为牟取私利与投标人串通,违反了公正、公平的原则,损害招标人利益。

为了尽量降低开标、评标和定标环节存在的主要风险,维护招标人和投标人的切身利益,企业应当加强以下几点管控。

(1) 开标过程应邀请所有投标人或其代表出席,并委托公证机构进行检查和公证。

(2) 依法组建评标委员会,确保其成员具有较高的职业道德水平,并具备招标项目专业知识和丰富经验。同时,评标委员会成员名单在中标结果确定前,应当严格保密。评标委员会成员和参与评标的有关工作人员不得私下接触投标人,不得收受投标人任何形式的商业贿赂。

(3) 建设单位应当为保证评标委员会独立、客观地进行评标工作创造良好条件,不得向评标委员会成员施加影响,干扰其客观评判。

(4) 评标委员会应当在评标报告中详细说明每位成员的评价意见以及集体评审结果,对中标候选人和落标人要分别陈述具体理由,确保最终结果的公正合理。每位成员应对其出具的评审意见承担个人责任。

(5) 中标候选人是1个以上时,招标人应当按照规定的程序和权限,由决策机构审议决定中标人。

第四节 工程造价内部控制

工程造价的直意就是工程的建造价格,它是指进行某项工程建设所花费的全部费用,其核心内容是投资估算、设计概算、修正概算、施工图预算、工程结算、竣工决算等。工程造价的主要任务包括根据图纸、定额以及清单规范,计算出工程中所包含的直接费用、企业管理费、措施费、规费、利润以及税金等。

顾波(2010)[1]曾指出,在工程建设的实践中,概算超估算、预算超概算、决算超预算的现象普遍存在,加强项目的管理,控制工程造价是当前工程建设工作的重点和难点。工程造价控制贯穿于项目建设的全过程,工程造价的控制与管理是一个从投资决策到竣工决算的过程管理,它是一个系统的过程,每一个环节都不可或缺(刘丹,2010)[2]。但总的

---

① 顾波. 加强项目管理 控制工程造价[J]. 东南大学学报(哲学社会科学版),2010(S1):28-31.
② 刘丹. 建设工程造价控制的分析探讨[J]. 铁道工程学报,2010(10):109-114.

来说,关键控制点在于施工前的投资决策和项目设计环节,本节也将着重对这两个方面的内容展开阐述。

樊纪刚(2004)[1]提到,投资决策阶段对工程造价的控制、对项目建设全过程造价的控制都具有决定性作用,尤其是工程建设地点的选择、标准的确定、工程物资以及设备的选用等,都直接影响到工程造价的高低。这就要求企业在工程立项时,严格把控项目的可行性研究,尤其是工程投资估算,从而从全局对工程造价进行合理控制,节约工程资金。

一般情况下项目设计分为初步设计和施工图设计,对应的工程造价为设计概算和施工图预算。充分挖掘设计潜力、合理控制概预算,往往是控制工程造价的关键所在。工程项目概预算的编制、工程造价的确定存在于整个工程项目的建设过程中,因此概预算的编制和管理是基本建设过程中一项极为重要的工作,是有效进行投资控制、不断提高投资效益的关键(张慧虎,2011)。在实务中,设计部门一般是按照有关规范和建设单位的要求进行设计,但通常存在考虑不细致的问题,使最终设计可能存在深度不够、漏项、各工种设计之间不协调、不能完全满足建设单位的要求等情况,这些问题最终都会增加工程造价,加重企业的负担(顾波,2010)。

为了尽可能降低企业在工程造价环节的风险,使企业的投资获得最大的经济效益和社会效益,企业在该环节应着重关注以下几个方面。

(1) 企业应当加强工程造价管理,明确初步设计概算和施工图预算的编制方法,按照规定的权限和程序进行审核批准,确保概预算科学合理。同时,企业可以委托具备相应资质的中介机构开展工程造价的咨询工作。

(2) 企业应当向招标确定的设计单位提供详细的设计要求和基础资料,进行有效的技术、经济交流。初步设计应当在技术、经济交流的基础上,采用先进的设计管理实务技术,进行多方案比选。施工图设计深度及图纸交付进度应当符合项目要求,防止因设计深度不足、设计缺陷,造成施工组织、工期、工程质量、投资失控以及生产运行成本过高等问题。

(3) 企业应当建立设计变更管理制度。设计单位应当提供全面、及时的现场服务。因过失造成设计变更的,应当实行责任追究制度。

(4) 企业应当组织工程、技术、财会等部门的相关专业人员或委托具有相应资质的中介机构对编制的概预算进行审核,重点审查编制依据、项目内容、工程量的计算、定额套用等是否真实、完整和准确。

(5) 工程项目概预算按照规定的权限和程序审核批准后执行。

第五节 工程建设内部控制

这里的工程建设,指的是工程建设实施,即施工阶段,它包括工程监理、工程物资采购和工程价款结算等重要工作。建设成本、进度和质量的具体控制主要在这一阶段。

---

[1] 樊纪刚. 建设项目全过程工程造价控制[J]. 统计与决策,2004(03):126-127.

工程监理是指具有相关资质的监理单位受建设单位的委托,依据国家批准的工程项目建设文件、有关工程建设的法律、法规和工程建设监理合同及其他工程建设合同,代替建设单位对承建单位的工程建设实施监控的一种专业化服务活动。监理单位接受委任后应组建现场监理机构,并在发布开工通知前进驻工地,即时开展监理工作。工程监理本身就是工程中一项重要的监控措施,它与建设期间的其他工作是紧密联系在一起的。

一、施工质量、进度和安全环节

建设单位和承包单位应按设计和开工前签订的合同所确定的工期、进度计划等相关要求进行施工建设,并采用科学规范的管理方式保证施工的质量、进度和安全。

施工质量的好坏将直接影响到建设单位的后续使用问题,盲目追赶进度,不仅会导致施工的质量问题,更会提高安全事故发生的风险。在该环节存在的主要风险有以下几点。

(1) 盲目赶进度,牺牲质量、费用目标,导致质量低劣,费用超支。

(2) 质量、安全监管不到位,存在质量隐患。

为了降低该环节的风险,在确保施工人员生命安全,以及建设单位后续使用安全的基础上,合理保证施工进度,企业应加强以下几个方面的控制。

首先,在工程进度管控方面应做到以下几点。

(1) 监理单位应当建立监理进度控制体系,明确相关程序、要求和责任,确保工程项目按时合理地开展。

(2) 承包单位应按合同规定的工程进度编制详细的分阶段或分项进度计划,报送监理机构审批后,严格按照进度计划开展工作。制订的进度计划应当适合建设工程的实际条件和施工现场的实际情况,并与承包单位劳动力、材料、机械设备的供应计划协调一致。确需调整进度的,必须优先保证质量,并同建设单位、监理机构达成一致意见。

(3) 承包单位至少应按月对完成投资情况进行统计、分析和对比,工程的实际进度与批准的合同进度计划不符时,承包单位应提交修订合同进度计划的申请报告,并附原因分析和相关措施,报监理机构审批。

其次,在工程质量管控方面应做到以下几点。

(1) 承包单位应当建立全面的质量控制制度,按照国家相关法律法规和本单位质量控制体系进行建设,并在施工前列出重要的质量控制点,报经监理机构同意后,在此基础上实施质量预控。其中,质量控制点中的重点控制对象包括:人的行为,关键过程、关键操作,施工设备材料的性能和质量,施工技术参数,某些工序之间的作业顺序,有些作业之间的技术间歇时间,新工艺、新技术、新材料的应用,对工程质量产生重大影响的施工方法等。

(2) 承包单位应按合同约定对材料、工程设备以及工程的所有部位及其施工工艺进行全过程的质量检查和检验,定期编制工程质量报表,报送监理机构审查。同时,关键工序作业人员必须持证上岗。

(3) 监理机构有权对工程的所有部位及其施工工艺进行检查验收,发现工程质量不符合要求的,应当要求承包单位立即返工修改,直至符合验收标准为止。对于主要工序作业,只有监理机构审验后,才能进行下道工序。

最后,在安全建设管控方面应做到以下几点。

(1) 建设单位应当加强对施工单位的安全检查,并授权监理机构按合同约定的安全工作内容监督、检查承包单位安全工作的实施。此外,建设单位不得对承包单位、监理机构等提出不符合建设工程安全生产法律、法规和强制性标准规定的要求,不得压缩合同约定的工期。建设单位在编制工程概算时,应当确定建设工程安全作业环境及安全施工措施所需费用。

(2) 工程监理单位和监理工程师应当按照法律、法规和工程建设强制性标准实施监理,并对建设工程安全生产承担监理责任。在实施监理过程中,发现存在安全事故隐患的,应当要求施工单位整改;情况严重的,应当要求施工单位暂时停止施工,并及时报告建设单位。

(3) 承包单位应当设立安全生产管理机构,配备专职安全生产管理人员,依法建立安全生产、文明施工管理制度,细化各项安全防范措施。同时,承包单位应当对所承担的建设工程进行定期和专项安全检查,并做好安全检查记录。

二、工程物资采购环节

工程物资包括材料和设备。为了保证项目顺利进行,应按照施工进度需要,及时购置材料和设备。在实务中,材料和设备采购一般占到工程总造价的60%以上,对工程投资、进度、质量等具有重大影响,其质量的优劣、成本的高低,将直接影响整个工程项目的建设。

该环节存在的主要风险是:工程物资采购过程控制不力,导致材料和设备质次价高,不符合设计标准和合同要求,最终影响工程的质量和进度。

为了降低工程物资采购环节的主要风险,企业除了应当遵守《企业内部控制应用指引第7号——采购业务》的统一要求外,还应特别关注以下方面的控制。

(1) 重大设备和大宗材料的采购应当采用招标方式,保证公平公正,从而合理降低相关采购费用。

(2) 对于由承包单位购买的工程物资,建设单位应当采取必要措施,确保工程物资符合设计标准和合同要求。首先,在施工合同中,建设单位应具体说明建筑材料和设备应达到的质量标准,明确责任追究方式。其次,对于承包单位提供的重要材料和工程设备,应由监理机构进行检验,查验材料合格证明和产品合格证书,一般材料要进行抽检。未经监理人员签字,工程物资不得在工程上使用或安装,不得进行下一道工序施工。再次,运入施工场地的材料、工程设备,包括备品、备件、安装专用工器具等,必须专用于合同工程,未经监理人员同意,承包单位不得运出施工场地或挪作他用。

三、工程价款结算环节

建设单位与承包单位之间的工程价款结算是建设期间的一项重要内容。根据财政部、建设部印发的《建设工程价款结算暂行办法》的规定，工程价款结算，是指对建设工程的发包承包合同价款进行约定和依据合同约定进行工程预付款、工程进度款、工程竣工价款结算的活动。施工合同签订后，建设单位一般先向承包单位支付一笔预付款，之后按周期或项目目标拨付工程进度款。在实际工作中，工程进度款大部分按月结算，年终或工程竣工后进行清算。

该环节存在的主要风险是：建设资金使用管理混乱，项目资金不落实，最终导致工程进度延迟或中断。

为了降低工程价款结算环节的风险，确保工程按进度顺利展开，企业应当重点关注以下几点控制。

（1）建设单位应当建立完善的工程价款结算制度，明确工作流程和职责权限划分，并切实遵照执行。财会部门应当安排专职的工程财会人员，认真开展工程项目核算与财务管理工作。

（2）资金筹集和使用应与工程进度协调一致，建设单位应当根据项目组成结合时间进度编制资金使用计划，作为资产管控和工程价款结算的重要依据。

（3）建设单位财会部门应当加强与承包单位和监理机构的沟通，准确掌握工程进度，确保财务报表能够准确、全面地反映资产价值，并根据施工合同约定，按照规定的审批权限和程序办理工程价款结算。建设单位财会部门应认真审核相关凭证，严格按合同规定的付款方式付款，既不应违规预支，也不得无故拖欠。

（4）施工过程中，如果工程的实际成本突破了工程项目预算，建设单位应当及时分析原因，按照规定的程序予以处理。

四、工程变更环节

工程建设周期通常较长，在建设过程中由于某些情况发生变化，如建设单位对工程提出新要求、出现设计错误、外部环境条件产生变化等，有时需要对工程进行必要变更。工程变更包括工程量变更、项目内容的变更、进度计划的变更、施工条件的变更等，但最终往往表现为设计变更。

该环节存在的主要风险是：工程施工现场控制不当，工程变更频繁，导致费用超支、工期延误，最终使建设单位蒙受损失。

为了防范工程变更环节的主要风险，企业应当关注以下几点控制。

（1）建设单位要建立严格的工程变更审批制度，严格控制工程变更，确需变更的，要按照规定程序尽快办理变更手续，减少经济损失。对于重大的变更事项，必须经建设单位、监理机构和承包单位集体商议，同时严加审核文件，提高审批层级，依法需报有关政府部门审批的，必须取得同意变更的批复文件。

（2）工程变更获得批准后，应尽快落实变更设计和施工，承包单位应在规定期限内全面落实变更指令。

（3）如因人为原因引发工程变更，如设计失误、施工缺陷等，应当追究当事单位和人员的责任。

（4）对工程变更价款的支付实施更为严格的审批制度，变更文件必须齐备，变更工程量的计算必须经过监理机构复核并签字确认，防止承包单位虚列工程费用。

第六节　工程验收内部控制

工程验收是指工程项目竣工后，由建设单位会同设计、施工、监理单位以及工程质量监督部门等，对该项目是否符合规划设计要求及建筑施工和设备安装质量，进行全面检验的过程。竣工验收一般建立在分阶段验收的基础之上，前一阶段已经完成验收的工程项目在全部工程验收时，原则上不再重新验收。

在竣工验收环节，除对工程质量进行验收，还有竣工结算和竣工决算两项重要工作。工程竣工结算是指承包单位按照合同规定的内容全部完成所承包的工程，经验收质量合格并符合合同要求之后，与建设单位进行的最终工程价款结算。竣工结算由承包单位编制，建设单位可直接进行审查，也可以委托具有相应资质的工程造价咨询机构进行审查。竣工结算办理完毕，建设单位应根据确认的竣工结算书，在合同约定时间内向承包单位支付工程竣工结算价款。竣工决算是以实物数量和货币指标为计量单位，综合反映竣工项目从筹建开始到项目竣工交付使用为止的全部建设费用、财务情况和投资效果的总结性文件。建设单位应在收到工程竣工验收报告后，及时编制竣工决算。

竣工验收环节存在的主要风险有以下几点。

（1）竣工验收不规范，质量检验把关不严，可能导致工程存在重大质量隐患。

（2）虚报项目投资完成额、虚列建设成本或者隐匿结余资金，竣工决算失真。

（3）固定资产达到预定可使用状态后，未及时进行估价、结转。

为了降低竣工验收环节存在的风险，企业应注重以下几个方面的控制。

（1）建设单位应当健全竣工验收各项管理制度，明确竣工验收的条件、标准、程序、组织管理和责任追究等。

（2）竣工验收必须履行规定的程序，至少应经过承包单位初检、监理机构审核、正式竣工验收三个程序。正式竣工验收前，根据合同规定应当进行试运行的，应当由建设单位、监理单位和承包单位共同参与试运行。试运行符合要求的，才能进行正式验收。正式验收时，应当组成包含建设、设计、施工、监理等单位在内的验收组，共同审验。重大项目的验收，可吸收相关方面专家组进行评审。

（3）初检后，确定固定资产达到预定可使用状态的，承包单位应及时通知建设单位，建设单位会同监理单位初验后应及时对项目价值进行暂估，转入固定资产核算。建设单位财务部门应定期根据所掌握的工程项目进度，核对项目固定资产暂估记录。

（4）建设单位应当加强对工程竣工决算的审核，应先自行审核，再委托具有相应资质的中介机构实施审计；未经审计的，不得办理竣工验收手续。

（5）建设单位要加强对完工后剩余物资的管理。工程竣工后，建设单位对各种节约的材料、设备、施工机械工具等，要清理核实，妥善处理。

（6）建设单位应当按照国家有关档案管理的规定，及时收集、整理工程建设各环节的文件资料，建立工程项目档案。需报政府有关部门备案的，应当及时备案。

　　工程项目后评估是指在建设项目已经完成并运行一段时间后，对项目的目的、执行过程、效益、作用和影响进行系统的、客观的分析和总结的一种技术经济活动。项目后评估通常安排在工程项目竣工验收后6个月或1年后，多为效益后评价和过程后评价。工程项目后评估本身就是一项重要的管控措施，建设单位要予以重视并认真用好。首先，建设单位应当建立健全完工项目后的评估制度，对完工工程项目预期目标的实现情况和项目投资效益等进行综合分析与评价，总结经验教训，为未来项目的决策和提高投资决策管理水平提出建议。其次，建设单位应当采取切实有效措施，保证项目后评估的公开、客观和公正。原则上，凡是承担项目可行性研究报告编制、立项决策、设计、监理、施工等业务的机构不得从事该项目后评估工作，以保证项目后评估的独立性。最后，要严格落实工程项目决策及执行相关环节责任追究制度，项目后评估结果应当作为绩效考核和责任追究的依据。

附 录

内部控制审计报告的参考格式

1. 标准内部控制审计报告

内部控制审计报告

××股份有限公司全体股东：

按照《企业内部控制审计指引》及中国注册会计师执业准则的相关要求，我们审计了××股份有限公司（以下简称××公司）××年×月×日的财务报告内部控制的有效性。

一、企业对内部控制的责任

按照《企业内部控制基本规范》《企业内部控制应用指引》《企业内部控制评价指引》的规定，建立健全和有效实施内部控制，并评价其有效性是企业董事会的责任。

二、注册会计师的责任

我们的责任是在实施审计工作的基础上，对财务报告内部控制的有效性发表审计意见，并对注意到的非财务报告内部控制的重大缺陷进行披露。

三、内部控制的固有局限性

内部控制具有固有局限性，存在不能防止和发现错报的可能性。此外，由于情况的变化可能导致内部控制变得不恰当，或对控制政策和程序遵循的程度降低，根据内部控制审计结果推测未来内部控制的有效性具有一定风险。

四、财务报告内部控制审计意见

我们认为，××公司按照《企业内部控制基本规范》和相关规定在所有重大方面保持了有效的财务报告内部控制。

五、非财务报告内部控制的重大缺陷

在内部控制审计过程中，我们注意到××公司的非财务报告内部控制存在重大缺陷。[描述该缺陷的性质及其对实现相关控制目标的影响程度。]由于存在上述重大缺陷，我们提醒本报告使用者注意相关风险。需要指出的是，我们并不对××公司的非财务报告内部控制发表意见或提供保证。本段内容不影响对财务报告内部控制有效性发表的审计意见。

××会计师事务所　　　　中国注册会计师：×××（签名并盖章）
（盖章）　　　　　　　　中国注册会计师：×××（签名并盖章）
中国××市　　　　　　　××年×月×日

2. 带强调事项段的无保留意见内部控制审计报告

内部控制审计报告

××股份有限公司全体股东：

　　按照《企业内部控制审计指引》及中国注册会计师执业准则的相关要求，我们审计了××股份有限公司(以下简称××公司)××年×月×日的财务报告内部控制的有效性。

　　["一、企业对内部控制的责任"至"五、非财务报告内部控制的重大缺陷"参见标准内部控制审计报告相关段落表述。]

　　六、强调事项

　　我们提醒内部控制审计报告使用者关注,[描述强调事项的性质及其对内部控制的重大影响]。本段内容不影响已对财务报告内部控制发表的审计意见。

　　××会计师事务所　　　　中国注册会计师：×××(签名并盖章)
　　(盖章)　　　　　　　　中国注册会计师：×××(签名并盖章)
　　中国××市　　　　　　××年×月×日

3. 否定意见内部控制审计报告

内部控制审计报告

××股份有限公司全体股东：

　　按照《企业内部控制审计指引》及中国注册会计师执业准则的相关要求，我们审计了××股份有限公司(以下简称××公司)××年×月×日的财务报告内部控制的有效性。

　　["一、企业对内部控制的责任"至"三、内部控制的固有局限性"参见标准内部控制审计报告相关段落表述。]

　　四、导致否定意见的事项

　　重大缺陷,是指一个或多个控制缺陷的组合,可能导致企业严重偏离控制目标。

　　[指出注册会计师已识别出的重大缺陷,并说明重大缺陷的性质及其对财务报告内部控制的影响程度。]

　　有效的内部控制能够为财务报告及相关信息的真实完整提供合理保证,而上述重大缺陷使××公司内部控制失去这一功能。

　　五、财务报告内部控制审计意见

　　我们认为,由于存在上述重大缺陷及其对实现控制目标的影响,××公司未能按照《企业内部控制基本规范》和相关规定在所有重大方面保持有效的财务报告内部控制。

　　六、非财务报告内部控制的重大缺陷

　　[参见标准内部控制审计报告相关段落表述。]

　　××会计师事务所　　　　中国注册会计师：×××(签名并盖章)
　　(盖章)　　　　　　　　中国注册会计师：×××(签名并盖章)
　　中国××市　　　　　　××年×月×日

4. 无法表示意见内部控制审计报告

内部控制审计报告

××股份有限公司全体股东：

我们接受委托，对××股份有限公司（以下简称××公司）××年×月×日的财务报告内部控制进行审计。

［删除注册会计师的责任段，"一、企业对内部控制的责任"和"二、内部控制的固有局限性"参见标准内部控制审计报告相关段落表述。］

三、导致无法表示意见的事项

［描述审计范围受到限制的具体情况。］

四、财务报告内部控制审计意见

由于审计范围受到上述限制，我们未能实施必要的审计程序以获取发表意见所需的充分、适当证据，因此，我们无法对××公司财务报告内部控制的有效性发表意见。

五、识别的财务报告内部控制重大缺陷

［如在审计范围受到限制前，执行有限程序未能识别出重大缺陷，则应删除本段］。

重大缺陷，是指一个或多个控制缺陷的组合，可能导致企业严重偏离控制目标。尽管我们无法对××公司财务报告内部控制的有效性发表意见，但在我们实施的有限程序的过程中，发现了以下重大缺陷：

［指出注册会计师已识别出的重大缺陷，并说明重大缺陷的性质及其对财务报告内部控制的影响程度］。

有效的内部控制能够为财务报告及相关信息的真实完整提供合理保证，而上述重大缺陷使××公司内部控制失去这一功能。

六、非财务报告内部控制的重大缺陷

［参见标准内部控制审计报告相关段落表述。］

××会计师事务所	中国注册会计师：×××（签名并盖章）
（盖章）	中国注册会计师：×××（签名并盖章）
中国××市	××年×月×日

后 记

近些年来,我国内部控制体系逐步发展完善,而企业内部控制的有效性对组织健康发展起着至关重要的作用。在编写教材的过程中,我们从中国的实际出发,致力于探索一套适合中国市场经济发展的内部控制体系。

内部控制环境作为内部控制的基础,伴随着经济发展,与人、制度、企业文化相交融,而它又是其他要素的基础,重要性不言而喻。也正因如此,我们需要建设一个科学的、适合企业发展的内部控制环境,建立一个有利于完善内部控制的人才队伍。而如何建立良好的控制环境是我们亟待解决并有必要持续探索的。

内部控制贯穿于公司治理的各个层面,然而我们对内部控制有效性的评价标准、信息披露是否完善等问题并没有一个确定的评判标准。

20世纪80年代邓小平同志提出建设中国特色社会主义的构想,相应地,我们需要建立与中国经济体制相适应的会计准则、审计准则和内部控制体系等。这些需要我们慢慢去摸索、去总结,最终凭借经验取得进步。

内部控制问题也是广大企事业单位确确实实存在的问题,对于这些问题,我们大体提出了一些想法和解决方案,欢迎其他学者提出批评、指正和建议。我曾主持过2015年财政全国会计科研课题"我国管理会计信息化发展路径与机制研究"(2015KJB020)、2016中央高校基本科研业务费专项资金项目"制度背景约束、机构投资者与公司财务效率"(2016MS71)等工作,这些经历也为本教材的形成打下了良好的基础。

本教材为华北电力大学"双一流"人才培养类项目(研究生优质课程建设),教材中很多内容都在上课时与研究生、本科生进行过大量地讨论,引起了共鸣。以下同学在本教材结构形成与语言润色方面做了一些工作,他们是:邢南楠、杨洁、范晓杰、王月莹、杨鸣建、杨硕、庞博、蒲春燕、周上人、杨舒婷。

本教材的编写参考了许多文献与资料,在此感谢华北电力大学教务处等部门,感谢为本教材的编写作出贡献的工作人员和业界同仁,感谢所有为本教材提出修改意见、提供帮助和支持的专家、学者和社会各界朋友。我们还要感谢选择本教材的读者,希望你们在使用本教材的过程中,能够及时反馈您的意见和建议。对此,我们将不胜感激。

夏 宁 教授

华北电力大学经济与管理学院